V&R

Sammlung Philosophie

Herausgegeben von Jens Timmermann

In Zusammenarbeit mit Christof Rapp, Dominik Perler, Georg Mohr und Wolfgang Künne

Band 6

Platon

Protagoras

Eingeleitet, übersetzt und erläutert von

Bernd Manuwald

Vandenhoeck & Ruprecht

Bibliografische Information Der Deutschen Bibliothek

Die Deutsche Bibliothek verzeichnet diese Publikation in der Deutschen Nationalbibliografie; detaillierte bibliografische Daten sind im Internet über <http://dnb.ddb.de> abrufbar.

ISBN 10: 3-525-30605-9
ISBN 13: 978-3-525-30605-5

Druck und Bindung: ⊕ Hubert & Co, Göttingen

Vorwort

Der neben dem *Symposion* wohl abwechslungsreichste und szenisch lebendigste Dialog Platons wird hier in einer Studienausgabe vorgelegt, die neben der Übersetzung eine Einführung zum Verständnis des Dialogs und ausführliche Erläuterungen enthält. Die Ausgabe ist so angelegt, dass eine Vertrautheit mit der griechischen Sprache nicht vorausgesetzt ist. An relevanten Stellen sind griechische Begriffe in Umschrift hinzugefügt.

Der leitende Gesichtspunkt bei der Übersetzung war das Bemühen, einen möglichst unmittelbaren Zugang zum Sinnverständnis zu eröffnen.* Eine ungleichmäßige Nähe zum sprachlichen Ausdruck des griechischen Textes wurde dafür bewusst in Kauf genommen.

Die Erläuterungen sind entsprechend der ‚Gegliederten Inhaltsübersicht' (vgl. unten S. XXXVIIIf.) abschnittsweise strukturiert; sie sind im Wesentlichen auf die kompositorische und gedankliche Analyse des Dialogs gerichtet. Dabei sind mit Formulierungen wie ‚Protagoras / Sokrates usw. sagt, meint' o.ä., sofern nicht im Einzelfall eine Ansicht etwa für den historischen Protagoras wahrscheinlich gemacht werden kann, grundsätzlich die Gestalten des platonischen Dialogs gemeint, wie sie Platon sprechen lässt.

Diese Studienausgabe beruht auf meiner 1999 erschienenen Übersetzung (mit Einführung und Kommentar) des Dialogs *Protagoras*. Zahlreiche Einzelerklärungen, detaillierte Belege und etliche Verweise auf Sekundärliteratur mussten angesichts des geringeren Umfangs entfallen. Insbesondere sind so gut wie

* Der zugrunde gelegte griechische Text ist derjenige der Ausgabe von I. Burnet (Hrsg.), Platonis opera, tom. III, Oxford 1903, [2]1909. Zu einzelnen Abweichungen von diesem Text vgl. Manuwald 1999, 86–88 (zu abgekürzt zitierter Literatur vgl. unten S. 223ff.). Erläuternde Zusätze sind durch runde Klammern gekennzeichnet, in geschweiften Klammern stehende Ausdrücke entsprechen Tilgungen im griechischen Text.

alle sprachlich-philologischen Erläuterungen – und damit z.T. auch Rechtfertigungen der Übersetzung – weggeblieben zugunsten einer Konzentration auf die gedankliche Auslegung des Dialogs. Für vieles, was man in dieser Studienausgabe vermissen mag, muss also auf den ausführlicheren Kommentar verwiesen werden.

Die Studienausgabe bietet aber auch ein Mehr: Die Ausführungen wurden insgesamt überarbeitet und dabei die Literatur, die für die frühere Ausgabe nicht mehr berücksichtigt werden konnte oder seither erschienen ist, ausgewertet und in repräsentativer Auswahl eingearbeitet. Eine ins Einzelne gehende Auseinandersetzung mit diesen Arbeiten konnte (aus Platzgründen) nicht erfolgen; soweit jedoch in der neueren Forschung die in dieser Ausgabe vertretenen Auffassungen gestützt, ergänzt oder Gegenpositionen zu ihnen vertreten werden, wurde auf sie verwiesen. Die Studienausgabe spiegelt somit den aktuellen Forschungsstand wider.

Tatsächlich wurde dem *Protagoras* in den letzten Jahren in der Forschung international eine überraschend große Aufmerksamkeit zuteil. Es sind nicht nur Sammelbände mit Tagungsbeiträgen, sondern auch monographische Abhandlungen und zahlreiche Aufsätze erschienen. Bei der Durchsicht ergab sich allerdings, dass es an einem wirklich sprachenübergreifenden wissenschaftlichen Dialog noch vielfach mangelt. So lässt sich feststellen, dass Forschungspositionen, die nicht in der jeweils eigenen Sprache formuliert wurden, des Öfteren nicht einmal zur Kenntnis genommen werden.

Die Deutung des *Protagoras* stellt den Interpreten vor ein sehr vielfältiges Aufgabenspektrum. Es ist ein Ziel dieser Studienausgabe, zu weiteren Lösungsansätzen Anregungen zu geben.

Köln, im März 2006 B.M.

Inhalt

I. Einführung IX
1. Stichworte zu Platons Leben und Werk IX
2. Der Dialog *Protagoras* – ein systematischer Überblick XI
Thematik und thematische Kohärenz XI
Lehrinhalt XIII
Diskursform XV
Lehrmethode XVI
Dialogform und Komposition XX
Szenerie und Charakterisierung der Personen ... XXII
Biographisches zu den Gesprächsteilnehmern .. XXV
3. Datierung des *Protagoras* XXX
Fiktive Datierung des Dialoggeschehens XXX
Relative Datierung des Dialogs im *Corpus Platonicum* XXXII
4. Bibliographische Hinweise XXXIV
5. Gegliederte Inhaltsübersicht XXXVIII
II. Übersetzung 1
III. Erläuterungen 67
IV. Literatur und Abkürzungen 223
V. Register 237

I. Einführung

1. Stichworte zu Platons Leben und Werk

Selbst wenn man A.N. Whiteheads berühmten Ausspruch „The safest general characterization of the European philosophical tradition is that it consists of a series of footnotes to Plato" nicht wörtlich nehmen möchte, steht es außer Zweifel, dass es sich bei Platon um einen der bedeutendsten Philosophen (nicht nur der Antike) handelt, der als ein Hauptvertreter des Idealismus einen kaum zu überschätzenden Einfluss bis in die Gegenwart ausübt. Da Informationen über Platons Leben und Werk in Lexika, Philosophiegeschichten usw. zugänglich sind, sollen hier nur einige wichtige Punkte rekapituliert werden.[1]

Platon wurde 428/27 v. Chr. in Athen geboren. In der aus altem Adel stammenden Familie der Mutter gab es einige Persönlichkeiten, die in der Politik auf oligarchischer Seite eine führende Rolle spielten. So war eigentlich auch Platon ein Weg in die Politik vorgezeichnet, doch nach dem Terror der Dreißig Tyrannen (404) und der Hinrichtung des Sokrates (399), dem sich Platon etwa seit 407 angeschlossen hatte, sah er sein Lebensziel nicht mehr in der praktischen Politik und wandte sich ganz der Philosophie zu.

Im Alter von etwa 40 Jahren unternahm er seine erste ‚Sizilische Reise', die ihn nach Unteritalien, wo er Kontakt mit pythagoreischen Philosophen (u.a. Archytas von Tarent) hatte, und nach Sizilien führte; dort entwickelte sich am Hof des Dionysios I. von Syrakus eine tiefe Freundschaft mit dessen philosophisch interessiertem jungem Schwager Dion. Wieder in Athen gründete Platon seine ‚Akademie', d.h. seine Schule auf einem Gelände, das nach einem Heros namens Akademos benannt war. Als Dionysios I. 367 starb, wollte Dion mit Hilfe des Nachfolgers, Dionysios II., die politisch-philosophischen Vor-

[1] Einen ausführlicheren, instruktiven Überblick bietet Görgemanns 1994. Vgl. jetzt auch Erler 2006.

stellungen Platons verwirklichen. Platon reiste wieder nach Sizilien (‚Zweite Sizilische Reise'). Die Bemühungen blieben jedoch erfolglos, Dion wurde sogar verbannt, und Platon konnte nur mit Mühe durchsetzen, nach Athen zurückzukehren. 361 holte ihn Dionysios II. wieder nach Syrakus (‚Dritte Sizilische Reise'), doch war dieser weder zu einer ernsthaften philosophischen Bekehrung bereit, noch besserte sich die Lage Dions; Platon gelang mit Hilfe des Archytas die Rückkehr nach Athen. In Syrakus riss Dion die Macht mit Gewalt an sich, wurde aber 354 ausgerechnet auf Betreiben des Platonschülers Kallippos ermordet. Damit war der Versuch, auch nur Elemente der politischen Philosophie Platons in die Tat umzusetzen, gescheitert. Erfolgreich war er jedoch in seiner Lehrtätigkeit; seine Akademie sollte bis 529 n. Chr. bestehen bleiben. Platon starb 348/47 v. Chr. und wurde auf dem Gelände der Akademie begraben.

Platon, philosophisch vor allem von Sokrates, Parmenides und den Pythagoreern beeinflusst, hat außer einer dem Sokrates in den Mund gelegten Verteidigungsrede (der *Apologie*) und dem in seiner Echtheit nicht unumstrittenen *7. Brief* nur Dialoge geschrieben, d.h. (fiktive) philosophische Gespräche. Sie sind alle erhalten und innerhalb einer (bereits antiken) nach neun Tetralogien geordneten Sammlung überliefert.[2] In diesen Dialogen hat zumeist Sokrates die Gesprächsführung, die Gesprächspartner sind in der Regel weitere historisch nachweisbare Personen, in einigen Fällen Verwandte Platons: neben seinem Onkel Charmides und dessen Vetter Kritias seine Brüder Glaukon und Adeimantos. Platon selbst tritt in seinen Dialogen aber niemals auf, was zu der Konsequenz führt, dass die Dialoge keine direkten Äußerungen Platons enthalten. Einige Dialoge enden aporetisch, d.h. ohne ausformuliertes Ergebnis. Überdies kann als sicher gelten, dass Platon als eigentliche Form der Lehre den mündlichen Unterricht (für geeignete Schüler) verstand und daher seine Philosophie nicht vollständig schriftlich niedergelegt hat (vgl. Phdr. 274cff.).

---

[2] Zwar befinden sich unter diesen 36 Titeln alle Schriften Platons, aber nicht alles, was in den Tetralogien gesammelt wurde, gilt heute als echt. In einigen Fällen ist es strittig, ob eine Schrift echt oder unecht ist.

2. Der Dialog *Protagoras* – ein systematischer Überblick

In der Form eines Überblicks sollen zunächst für das Verständnis des *Protagoras* wichtige Aspekte knapp und thesenartig vorgestellt werden. Für die Begründung im Einzelnen sei auf die Erläuterungen verwiesen (vgl. unten S. 67ff.).

Thematik und thematische Kohärenz

Der *Protagoras*, wie viele andere Dialoge Platons nach einem der Hauptunterredner des Sokrates benannt, ist mit anderen Dialogen der frühen (und ggf. mittleren) Schaffensperiode Platons (vgl. unten S. XXXIIff.) durch vielfältige inhaltliche Bezüge verflochten: Mit dem *Gorgias*, dem *Euthydemos*, den beiden *Hippias*-Dialogen (die freilich in ihrer Echtheit umstritten sind) und dem ersten Buch der *Politeia* (sog. *Thrasymachos*) hat der *Protagoras* gemeinsam, dass die Gesprächspartner des Sokrates jeweils Sophisten (vgl. unten S. 69 Anm. 4) sind, deren Wissensanspruch, Grundüberzeugungen und Disputierfähigkeit auf die Probe gestellt werden. Dadurch, dass im *Protagoras* u.a. auch eine einzelne Form der Tugend, des Gut-Seins (*aretē*), näher bestimmt werden soll (die Tapferkeit), berührt er sich mit den sog. Definitions-Dialogen, und hier besonders mit dem *Laches*. Allerdings stehen im *Protagoras* die umfassenderen Fragen der Lehrbarkeit, der Einheit und damit des Wesens des Gut-Seins im Ganzen im Vordergrund. Dadurch ergeben sich teilweise sehr enge Beziehungen zur Thematik des *Menon*.

Die Auseinandersetzung mit der Sophistik wird im *Protagoras* in besonderer Weise akzentuiert. Schon durch das Vorgespräch zwischen Sokrates und Hippokrates (vgl. unten S. XX), das auf das Problem hinausläuft, ob sich die einer inhaltlichen Definition entziehende Lehre eines Sophisten als eine Nahrung für die Seele betrachten lässt, die sie gut mache (312b–314b), werden Maßstäbe zur Beurteilung der Sophisten an die Hand gegeben, und es wird die Norm des sokratischen Gesprächs, das über die Destruktion von Scheinwissen (vgl. bes. 312e5f.) zur Offenheit für wirkliche Erkenntnis führt (313aff.) und erst in gegenseitiger Übereinkunft seinen organischen Abschluss findet (314c), erkennbar.

Im Hauptgespräch steht auf der einen Seite Protagoras als Archeget der Sophistik, der sich – so Platon – als Fortsetzer einer langen geheimen Tradition erstmals offen zu diesem Metier bekennt (316dff.) und zusammen mit den namhaften Sophisten Hippias und Prodikos (vgl. u.a. 357e) die Sophistik überhaupt repräsentiert; auf der anderen Seite Sokrates, der als Interpret eines Gedichts des Simonides in Wahrheit seine eigenen (bzw. platonische) Gedanken verkündet (343c–347a) und sich – nicht ohne Ironie – mit der Deutung dieses Gedichts zumindest indirekt in die Tradition eines nicht weniger geheimen Ursprungs der Philosophie stellt (342a–343c). So sollen als die wahren Antipoden sophistisches Denken und (platonische) Philosophie gelten.

Dabei tritt Protagoras nicht als Lehrer der Beredsamkeit auf – dieser Aspekt der Sophistik und der Fähigkeiten des Protagoras klingt, wenngleich an seinem praktischen rednerischen Können kein Zweifel gelassen wird (vgl. seine Epideixis, 320c–328d; sowie 329b), nur kurz an (312d). Als Zielpunkt der Auseinandersetzung zeigt sich vielmehr sein umfassenderer sophistischer Anspruch, Menschen zu erziehen (317b), (gegen Bezahlung) als Lehrer des Gut-Seins (Tugend, *aretē*) aufzutreten (349a; vgl. auch 318e–319a). Zu dieser Ausbildung gehört zwar für den erfolgreichen Mann auch, fähig im Reden zu sein (319a), diskutiert wird im Dialog aber ohne Rückgriff auf dieses spezielle Können das grundsätzlichere Problem der Lehrbarkeit, der Vermittelbarkeit des Gut-Seins überhaupt (319aff.).

Im Unterschied zum *Menon* (71aff.) folgt daraus im *Protagoras* nicht unmittelbar die grundlegendere Frage, was das Gut-Sein selbst eigentlich sei – sie wird, obgleich hierin das Kriterium gesehen wird, mit dem sich die Frage der Lehrbarkeit entscheiden lässt, erst am Schluss formuliert (360e) –, sondern anknüpfend an die große Rede des Protagoras (zugunsten der Lehrbarkeit des Gut-Seins) die Frage nach der Art der Einheit seiner Formen (329b–d). Dies bedeutet letztlich nichts anderes als einen anderen Zugang zur Wesensfrage, die so latent immer gegenwärtig ist; denn wenn sich, worauf Sokrates hinauswill (vgl. auch 361b), die Einheit im Wissen zeigt, dann ist damit zumindest ein wesentliches Merkmal des Gut-Seins insgesamt bestimmt.

Mit dem Themenkomplex Lehrbarkeit, Einheit und Wesen des Gut-Seins sind wider den ersten Anschein die Simonides-Interpretation (338e–347a) und auch die sog. hedonistische

Erörterung (351b–359a) sachlich eng verbunden. Die Simonides-Interpretation erweist nicht nur Sokrates auf einem weiteren Lehrgebiet des Protagoras, der Versiertheit in der Dichtung (338e–339a), als überlegen, sie führt, was wichtiger ist, u.a. zu den sokratisch-platonischen Sätzen, dass gutes / richtiges Handeln auf Wissen beruhe (344c–345c) und niemand freiwillig etwas Schlechtes tue (345de), d.h. zur Lehre vom Tugendwissen. Die in dieser Lehre implizierte These von der Macht des Wissens wäre gefährdet, gelänge es nicht, sie gegen die These der Menge von der Macht der Lust zu verteidigen; das geschieht in der hedonistischen Erörterung, wenn auch auf der Ebene einer Anschauung, die Sokrates nicht teilt.

Zu einem Dialogthema wird darüber hinaus die richtige Form der Auseinandersetzung selbst (334c–338e; 347a–348c). Vgl. auch unten S. XVf.

Lehrinhalt

Offen zutage liegt das negative Ergebnis des Dialogs: Es wird der Nachweis unternommen, dass Protagoras, nach eigenem Bekunden Lehrer des Gut-Seins, in Wirklichkeit keine klaren, widerspruchsfreien Vorstellungen vom Gut-Sein hat bzw. jedenfalls nicht in der Lage ist, seine jeweils geäußerten Anschauungen wirkungsvoll gegenüber der Widerlegungskunst (Elenktik) des Sokrates zu verteidigen. Er kann somit auch nicht bieten, was für die Seele eines jungen Schülers gut ist. Protagoras' These von der Lehrbarkeit des Gut-Seins, das einerseits als Führungsqualität erscheint (318e5–319a7), andererseits als eine Qualität, an der alle Anteil haben müssen (z.B. 322e2–323a3), krankt, so ergibt sich, an Protagoras' unscharfem Verständnis der Einheit des Gut-Seins (vgl. 329b5–d2). Nachdem er sich auf die Unterschiedlichkeit der einzelnen Teile des Gut-Seins (329d–330b) festgelegt hat, kann er diese Position weder generell (349d) noch in dem von ihm schließlich behaupteten Sonderfall der Tapferkeit (ebd.) gegen die Einwände des Sokrates aufrechterhalten (360de). Mit dem Nachweis der mangelnden Kompetenz des sophistischen Lehrers hinsichtlich seines Lehrgegenstandes ist seinem Bildungsanspruch die Grundlage entzogen, unabhängig von der Frage, ob bzw. in welcher Weise Gut-Sein tatsächlich lehrbar sein könnte.

Aus verschiedenen Gründen (vgl. dazu unten S. XVIff.) ist es dagegen weniger leicht, den durchaus vorhandenen positiven Lehrgehalt zu erkennen. Mit aller Vorsicht lässt sich etwa das Folgende festhalten:

Bezüglich der thematisch zentralen Frage nach der Einheit der Formen des Gut-Seins vertritt der platonische Sokrates nicht, wie in der Forschung teilweise angenommen (‚Unity Thesis'), die These, dass Gerechtigkeit, Selbstbescheidung, Frömmigkeit, Weisheit und Tapferkeit nur unterschiedliche Namen für ein und dasselbe eine Gut-Sein seien (329c8f.). Auch dafür, dass die einzelnen Formen des Gut-Seins qualitativ nicht unterschiedene Teile des Tugendwissens seien (329d6–8), ergibt sich kein zureichender Anhaltspunkt (vgl. unten S. 115ff. u. 209ff.). Ebenso wenig hält Sokrates die Formen des Gut-Seins für unterschiedliche und selbständige Teile von der Art, dass es sie isoliert, also etwa Gerechtigkeit oder Tapferkeit ohne Weisheit (vgl. 329e; 349d), geben könnte.

Für Sokrates sind die einzelnen Formen des Gut-Seins etwas Substantielles (vgl. etwa 330cd): Gerechtigkeit und Frömmigkeit erscheinen geradezu ideenhaft (330c3–e1), und insofern jede Form des Gut-Seins ein Etwas ist, existieren Teile (*moria*) des Gut-Seins (sie werden von Sokrates auch in eigener Argumentation einmal so bezeichnet, 353b2). Sie können aber nicht isoliert besessen werden. Wissen / Weisheit ist das einheitsstiftende Wesensmerkmal des Gut-Seins (vgl. u.a. 361b). Ohne Wissen gibt es kein Gut-Sein. Die anderen Teile des Gut-Seins sind aber weder mit der Weisheit / dem Wissen als Ganzem identisch, noch lassen sie sich als Teilbereiche eines Genus ‚Wissen' verstehen. Das auf Wissen beruhende Gut-Sein ist dem Menschen zwar nicht dauerhaft, aber für eine gewisse Zeit erreichbar (344b–345c). Wenn es gegeben ist, ist das Wissen des Guten und Schlechten eine zureichende Bedingung für richtiges Handeln (345de; 352cd). Von den 329cff. genannten Modellen (Namen, Gold, Gesicht) trifft am ehesten das Modell des Gesichts zu, wenn man es nicht wie Protagoras mit der Möglichkeit zur Vereinzelung der Tugenden versteht (329d5f.; e2ff.), sondern als untrennbare organische Einheit, innerhalb derer es zwar qualitative Unterschiede gibt, aber nicht ein Teil ohne den anderen und auch nicht ohne das Ganze (sc. Wissen) besessen werden kann (vgl. unten S. 215).

Vor diesem Hintergrund ist das Problem der Lehrbarkeit des Gut-Seins komplexer, als es scheint, und wird daher selbst für den Fall, dass die Wesensfrage des Gut-Seins beantwortet sein sollte, am Schluss – anders als im *Menon* – zu Recht von neuem gestellt (361c). Was auf der Ebene des *Protagoras* teilweise als verrätselt erscheint (weil Platon eine Klärung im *Protagoras* vermeidet), kann eine mögliche (ihrerseits vorläufige) Lösung in der Verbindung der Tugend- mit der Seelenlehre in der *Politeia* erfahren: Danach hat der führende Teil der Seele (*logistikon*) das umfassende Wissen für das Ganze, es gibt aber auch einzelne Formen des Gut-Seins, und es ist etwa die Tapferkeit (als Teil des Gut-Seins und spezifisches Gut-Sein des muthaften Seelenteils) weder Wissen noch kann es sie ohne Wissen geben (vgl. R. 442b11–c3; vgl. unten S. 211ff.); im Hinblick darauf stellt sich die Erziehung zum Gut-Sein insgesamt als ein vielschichtiger Prozess dar (vgl. unten S. 218).

Maßstab des Handelns ist nach dem, was sich im *Protagoras* erkennen lässt, nicht ein Maximum an Lust, sondern ein Telos außerhalb der Lust (354b–355a), sc. das Gute. Es ist als Orientierungspunkt einer absoluten Messkunst vorstellbar, welche die verwirrende Macht der Erscheinung außer Kraft setzt und die Seele beim Wahren verharren lässt (356de). Gegenüber dieser Messkunst bietet die relative Lustmesskunst, die nur Lust und Unlust quantitativ aneinander misst, lediglich ein Zerrbild. Die Unterscheidung einer absoluten und einer relativen Messkunst, wie sie aus dem *Politikos* (283cff.) erhellt, ist im *Protagoras* bereits vorgebildet (vgl. unten S. 186ff.).

Allerdings kann nur ein Leser, der von platonischer Philosophie mehr weiß, als der *Protagoras* unmittelbar zu erkennen gibt, die teilweise scheinbar gegenläufigen Hinweise, die sich durch eingehende Interpretation gewinnen lassen, in ihrem sinnvollen Zusammenhang verstehen bzw. in ihrer Bedeutung einordnen.

Diskursform

In Platons *Protagoras* stehen sich Sophistik und (platonische) Sokratik nicht nur inhaltlich, sondern auch formal gegenüber. Nach Platons Darstellung tendiert der Sophist, trotz grundsätzlicher Fähigkeit zu Frage und Antwort (329b), zur Lehre in zusammenhängender Rede, gewissermaßen zum Verkauf von fertigen Wissensgegenständen, mit denen man die Seele anfüllt (vgl. 313c–314b). Exemplarisch dafür ist die große Rede des

Protagoras (320c–328d), der auch sonst versucht, aus dem von Sokrates praktizierten kleinteiligen Wechsel von Frage und Antwort auszubrechen (331de; 334a–c); und Hippias böte am liebsten einen eigenen Lehrvortrag (347a7–b2). Für Sokrates dagegen sind Redner in der Regel so dialogunfähig wie Bücher, nicht in der Lage, Fragen knapp zu beantworten oder selbst Fragen zu stellen (328e–329b), wie es Sokrates' Vorstellung vom Gespräch entspricht. Bei diesen Gegensätzen ist, obwohl Protagoras lang reden oder kurz antworten kann, wie ihm Sokrates zugesteht (329b), eine Auseinandersetzung um die Form unvermeidlich und sind Gesprächskrisen im Dialog geradezu vorherbestimmt (334c–338e; 347a–348c). In der ersten erzwingt der ‚vergessliche' Sokrates, der angeblich bei langen Reden den eigentlichen Gegenstand aus den Augen verliert (334c8–d1), aber ohne weiteres in der Lage war, die große Rede des Protagoras mit einer kleinen Frage zu Fall zu bringen (328dff.), und selbst eine lange Rede halten kann (342a–347a), dialogisches Fragen und Antworten mit dem Ziel des Rechenschaft-Gebens (336c6f.; 338d5). In der zweiten fügt er den existentiellen Aspekt hinzu, dass das Gespräch über die Wahrheit und die Prüfung der Gesprächspartner selbst gehen müsse (348a; vgl. auch 331c; 333c7–9). Deswegen bedürften die Gebildeten für ihre Gespräche auch nicht des Vehikels der Interpretation von Dichtern, deren Werke man (wie Bücher überhaupt und Redner) nicht befragen könne (347b–348a). Sokrates rückt damit formal von seiner eigenen ‚Epideixis' als ‚Interpret' des Simonides-Gedichts (343c–347a) ab. Seine ausführliche Darlegung zeigt aber, dass das Beharren auf dialogischer Form, die sich schließlich unangefochten durchsetzt, nicht auf (ironisch zur Schau getragener) Unfähigkeit zu langen Reden (335c1f.), sondern auf sachlicher Überzeugung beruht. Ein die eigene Existenz tangierendes dialogisches Gespräch und das Halten von Reden unterscheiden sich grundsätzlich (336b).

Lehrmethode

Der ‚weise' (310d6; 318b3; 335c1) Protagoras hat keine Schwierigkeiten, als Lehrer aufzutreten (318a–319a; 328ab; 349a) und seine Lehre geradeheraus zu verkünden (z.B. 320cff.). Wie aber lehrt Platon mit einem Dialog, der in der Aporie endet (insofern also kein klar formuliertes Gesamtergebnis haben kann), und durch einen Sokrates, der von sich sagt, dass er mit Protagoras nur in der Absicht diskutiere, diejenigen Dinge zu untersuchen, bei denen er selbst nicht weiterwisse (348c5–7)? Glücklicherweise ist Sokrates' Ratlosigkeit aber nicht absolut. Trotz des aporetischen Schlusses w e i ß er am Ende des Dialogs ausdrücklich, wie das Problem der Lehrbarkeit des Gut-Seins methodisch anzugehen ist (360e8), und der ständig Fragende ist an sich bereit, die Rolle des Antwortenden zu übernehmen und Protagoras zu zeigen, wie man antworten müsse (338d) – nur dass Protagoras die Gelegenheit nicht wirklich nutzt. Diese ‚widersprüchliche' Sokrates-Gestalt ist das Geschöpf Platons, der so einerseits deutlich macht, dass die diskutierten Probleme lösbar sind und er Lösungen weiß, andererseits aber dieses Wissen durch den nicht-wissenden Sokrates als direkte Lehre so weit zurückhalten kann, wie es seiner Einstellung zur schriftlichen Lehre entspricht (vgl. bes. Phdr. 274cff.). Die Fingerzeige auf ein vorhandenes Wissen geben die Berechtigung, nach Elementen platonischer Lehre zu suchen (vgl. oben S. XIIIff.). Im *Protagoras* lassen sich verschiedene Indizien finden, die zu ermitteln helfen, in welchen Punkten im Dialog positive Lehrinhalte zu gewinnen sind, aber auch (und wohl noch in größerem Umfang), wo das nicht – oder jedenfalls nicht in der vorgetragenen Weise – gegeben ist:

Sokrates unterscheidet ausdrücklich zwischen Fragen, die er gestellt hat, und seinen Aussagen (330e3–331a1). Auf erstere will er nicht festgelegt werden, nicht einmal, wie der Zusammenhang lehrt, wenn es sich um eine Frage handelt, die eigentlich nur formal eine Frage darstellt und geradezu dem Stellenwert einer Aussage gleichkommt (330a7–b1; vgl. e3–6). Daraus muss man den Schluss ziehen, dass sogar auf Bejahung angelegte Fragen zumindest nicht ohne weitere Signale als Auffassungen des platonischen Sokrates genommen werden dürfen, sehr wohl aber – im Umkehrschluss – dezidierte, z.T. emphatische Festlegungen des Sokrates bzw. Antworten, die er seinerseits auf Fragen gibt, jedenfalls solange nicht etwas anderes dagegen spricht.[3] Solche positiven Festlegungen finden sich etwa 330cd; 331b; 345d9–e4; 352cd.

---

[3] Z.B. wie bei Sokrates' angeblicher Überzeugung, Gut-Sein sei nicht lehrbar (319aff.), wo man die in seiner Sicht sachgerechte Betrachtungsweise am Ende des Dialogs erfährt (360e8ff.).

An einer Stelle lässt Platon Protagoras einen Fehlschluss des Sokrates aufdecken (350cff.). Das darf man als Hinweis darauf verstehen, dass man grundsätzlich mit Fehlschlüssen auch bei Sokrates rechnen muss und daher Ergebnisse von Beweisgängen nicht akzeptieren darf, wenn sie durch ein unzulässiges Schlussverfahren oder sonstige logische Fehler zustande kommen. Voraussetzung für ein solches Verhalten des Interpreten ist allerdings, dass die Annahme berechtigt ist, der Autor argumentiere bewusst logisch inkorrekt und ihm unterliefen nicht einfach nur Fehlschlüsse, und weiter, dass man vom Autor überhaupt annehmen darf, dass er einen Sinn darin sieht, Unzutreffendes oder wenigstens unzutreffend Begründetes vortragen zu lassen. Tatsächlich wird durch die Analysen der Beweisgänge im Einzelnen wahrscheinlich, dass es sich zumindest bei der Mehrzahl der Fehlschlüsse und anderer logisch inkorrekter Mittel um ein bewusstes Vorgehen handelt (vgl. unten S. 218 mit Anm. 196). Der Sinn dieses zunächst paradox erscheinenden Verfahrens lässt sich aus dem *Protagoras* selbst ableiten:

Im Dialog wird das Auf-die-Probe-Stellen eines anderen ausdrücklich thematisiert: Prodikos sagt etwas, von dem er genau weiß, dass es falsch ist. Aber er tut das, wie Sokrates ausführt, um Protagoras auf die Probe zu stellen, ob er in der Lage ist, seinem ‚Logos zu Hilfe zu kommen', d.h. seine These angemessen zu verteidigen (341d). Eine solche Fähigkeit zeichnet den Philosophen im Sinne Platons aus, als welcher sich Protagoras im Ganzen nicht erweist.[4] – Sokrates hält es für möglich, dass Protagoras von einer These nicht eigentlich überzeugt ist, sie nur vorbringt, um ihn auf die Probe zu stellen (349c5–d1). Er selbst stellt nach eigener Aussage Hippokrates auf die Probe, allerdings nicht mit einer falschen Behauptung, sondern indem er ihn mit Fragen prüft (311a8ff.). Aber, da der Leser auf das Verfahren des Auf-die-Probe-Stellens mit Nachdruck gestoßen wird, wird man auch bei Sokrates damit rechnen dürfen, dass er Thesen vorträgt oder Argumentationsverfahren verwendet, die nicht seiner Überzeugung entsprechen, um andere auf die Probe zu stellen.[5] Das bedeutet nicht nur eine Herausforderung für den jeweiligen Gesprächspartner, es ist auch eine für den Leser, der sich argumentativ üben und mit wacher Auf-

---

[4] Vgl. grundsätzlich zur ‚Hilfe für den Logos' Szlezák 1993, 77ff.

[5] Zweifellos macht Sokrates auch Aussagen, die er so nicht ernst meint; vgl. außer dem oben S. XVII Anm. 3 genannten Fall 334c8–d1 mit 336d2–4.

merksamkeit darauf achten muss, welchen Ausführungen er folgen darf und welchen nicht.

Dem gegenseitigen Auf-die-Probe-Stellen gibt Sokrates den Vorzug gegenüber der Interpretation von Dichter-Texten. Denn nach seiner Ansicht lässt sich die tatsächliche Auffassung eines Dichters, den man nicht mehr befragen kann, ohnehin nicht verifizieren, sondern jeder berufe sich für seine Deutung auf die Dichter, wie er wolle (347e–348a). Eine Dichter-Interpretation, die durch Willkürlichkeit gekennzeichnet ist, sagt also mehr über das Denken des Interpreten aus als über das des Dichters. Daraus ergibt sich ein Schlüssel zum Verständnis der ‚Interpretation' des Simonides-Gedichts durch Sokrates: Wenn Sokrates das Gedicht an einigen Stellen, wie sich zeigen lässt, evident falsch und willkürlich interpretiert, versteht man diese Fehldeutungen am ehesten als Ausdruck der eigenen Anschauungen des platonischen Sokrates. Platon hat so ironischerweise ausgerechnet in der epideiktischen Form der Simonides-Interpretation und innerhalb eines aporetischen Dialogs eine Weise gefunden, wie er dem Leser in dieser indirekten Weise seine Auffassungen nahebringen kann.

Eine andere, eher negative Form des Vermittelns ist gegeben, wenn Sokrates sich vom Hedonismus der Menge distanziert, indem er erkennen lässt, dass er selbst über ein Telos außerhalb der Lust verfügt, das die Menge nicht hat (354b–355a). Sein Telos kann man zwar erschließen (das Gute), aber es wird in diesem Zusammenhang nicht ausdrücklich gemacht. Auch über die Messkunst ist nicht das letzte Wort gesagt, wie sich aus der ‚Aussparungsstelle' 357b5f. ergibt, in der dafür, was für ein Wissen diese Messkunst sei, auf eine spätere Untersuchung verwiesen wird. Das ist ein deutliches Signal für den Leser, sich nicht mit dem zu begnügen, was er unmittelbar aus dem Dialog erfahren kann.

Auch aus der Art des argumentativen Fortschreitens im Dialog eröffnet sich dem Leser eine (negative) Erkenntnismöglichkeit: Wenn eine Bestimmung der Tapferkeit (350c) durch eine andere (360d) ersetzt wird, so ergibt sich daraus wenigstens, dass mindestens eine der beiden in der Sicht des platonischen Sokrates nicht gültig sein kann (vgl. unten S. 165ff. u. 208f.).

Im *Protagoras* wird also, wie auch in anderen (vor allem aporetischen) Dialogen, eine direkte wie indirekte, positive wie negative Form des Lehrens geboten, die vom Leser größte Aufmerksamkeit verlangt.

Dialogform und Komposition

Der *Protagoras* besteht im Wesentlichen aus einem (von Sokrates selbst) erzählten Dialog (310a8–362a4), dem ein kurzes Vorspiel in direkter Wechselrede (309a1–310a7) zwischen Sokrates und einem der anonym bleibenden Hörer der Erzählung vorangestellt ist. In den Werken Platons ist diese Konstellation (mit Sokrates als Erzähler) nur im *Protagoras* zu finden. Dagegen setzen die ebenfalls von Sokrates erzählten Dialoge *Charmides*, *Lysis* und *Politeia* unmittelbar mit der Erzählung ein; im *Euthydemos* gibt es nicht nur vor Sokrates' Erzählung eine Unterhaltung (zwischen ihm und Kriton), sondern, anders als beim *Protagoras*, auch einen entsprechenden Schlussteil. Dass der Dialog mit der Erzählung endet (d.h. ohne Wiederaufnahme des Eingangsgesprächs), hat der *Protagoras* mit den nicht von Sokrates erzählten, aber ebenfalls dramatisch eingeleiteten Dialogen *Phaidon*, *Symposion* und *Theaitetos* gemein. – Die Form des erzählten Dialogs bietet die Möglichkeit, durch den Erzähler Situationen und Personen direkt zu charakterisieren, was im *Protagoras* ausgiebig genutzt wird. Dies fällt bei der Lektüre des Dialogs unmittelbar auf und braucht daher im Kommentar nicht im Einzelnen erläutert zu werden.[6]

Der erzählte Teil des Dialogs gliedert sich in ein Vorgespräch bei Sokrates zwischen ihm und dem jungen Hippokrates (310a–314c) und ein Hauptgespräch zwischen Sokrates und Protagoras im Hause des Kallias vor einer großen Schar von Zuhörern; daran nehmen mit gelegentlichen Beiträgen auch noch Hippias und Prodikos sowie mit kurzen Äußerungen Kallias, Alkibiades und Kritias teil (316a–362a). Zwischen Vor- und Hauptgespräch steht ein Stück, das den Übergang vom Haus des Sokrates bis in das Haus des Kallias leistet (314c–316a). Das Ende der Erzählung wird mit einem einzigen Satz, der sich an die aus dem Vorspiel bekannten Hörer wendet, markiert (362a4).

---

[6] Eine Zusammenstellung solch charakterisierender Bemerkungen bietet Casertano 2004b, 733ff.

Zu dem Vorgespräch zwischen Sokrates und dem jungen Hippokrates (bei Sokrates) gehört inhaltlich noch der Teil des Übergangsabschnittes, der außerhalb des Hauses des Kallias spielt. Beide Passagen führen insgesamt (sowohl szenisch als auch sachlich) in die Lebens- und Gedankenwelt des Sokrates ein, noch vor seiner Auseinandersetzung mit den Sophisten bei Kallias. Sobald die Schwelle des Hauses des Kallias überschritten ist, erhält man einen Einblick in das dortige Treiben der Sophisten und ihrer Anhänger.

Innerhalb des Hauptgesprächs fallen drei umfängliche Komplexe auf, die sich aus dem Gang der Diskussion herausheben und sie strukturieren: Die große Rede des Protagoras (320c–328d), die Simonides-Interpretation (338e–347a) und die hedonistische Erörterung (351b–359a). Die Rede des Protagoras unterbricht die dialogische Diskussion (316a–320c) bzw. lässt eine solche beim Thema Lehrbarkeit des Gut-Seins erst gar nicht eigentlich in Gang kommen. Sie schließt gleichzeitig die ausdrückliche Behandlung dieses Themas vorläufig ab. Anknüpfend an die Rede folgt eine dialogische Untersuchung der Einheitsfrage (328d–334c). Diese Thematik wird durch den großen Block der Simonides-Interpretation – gerahmt durch die beiden ‚Gesprächskrisen' (334c–338e; 347a–348c), in denen Form und Inhalt der Unterredung als solche zum Thema werden – unterbrochen; die dabei gehaltene längere Rede des Sokrates (342a–347a) bildet ersichtlich ein formales Gegengewicht zu der großen Rede des Protagoras. Die Einheitsfrage wird mit dem dafür besonders signifikanten Problem des Verhältnisses von Weisheit und Tapferkeit (nach einer Rekapitulation des bisherigen Diskussionsstands) erneut gestellt, wobei es zu einem von Protagoras nicht akzeptierten Ergebnis kommt (348c–351b). Die abrupt einsetzende hedonistische Erörterung (351b–359a) bedeutet wiederum eine Unterbrechung der unmittelbaren Behandlung der Einheitsfrage. Nach Abschluss dieser Erörterung wird das Gespräch über die Einheitsfrage in einer zweiten Untersuchung des Verhältnisses ‚Weisheit – Tapferkeit' mit einer neuerlichen Rekapitulation fortgesetzt (359a–360e). So ist die hedonistische Diskussion in gleicher Weise von sich entsprechenden Gesprächspassagen umgeben wie die Simonides-Interpretation. Der Schluss des Hauptgesprächs (360e–362a) bezieht sich inhaltlich auf den Anfang zurück, indem das Thema der Lehrbarkeit des Gut-Seins ausdrücklich wieder aufgenommen wird. Es ergibt sich, dass eine Klärung von der Bestimmung des Wesens des Gut-Seins abhängt. Diese erfolgt jedoch nicht, und so endet der Dialog in der Aporie.

Szenerie und Charakterisierung der Personen

Die Handlung des *Protagoras* spielt ca. 433/32 v. Chr. (vgl. unten S. XXXf.). Sie hat, genaugenommen, vier Schauplätze: einen nicht näher bezeichneten Ort, an dem Sokrates auf Freunde trifft (vielleicht eine Palästra), das Haus (mit Hof) des Sokrates, den Weg von Sokrates zu Kallias (mit dem Türvorplatz vor dessen Haus) und Säulengänge im Innenhof von Kallias' Haus, in dem die Sophisten Protagoras, Prodikos und Hippias zu Gast sind. Während der erste Schauplatz nur einen der öffentlichen, im Freien gelegenen Orte repräsentiert, an denen sich Sokrates gerne bei Gesprächspartnern niederlässt (vgl. Ap. 30e7f.), ist der szenische Gegensatz zwischen dem Haus des Sokrates (und dem Weg bis zur Sophistenherberge) und demjenigen des Kallias für den *Protagoras* geradezu konstitutiv. Im schlichten Hof von Sokrates' Haus findet eben auf seine, ‚sokratische' Art das intime, prüfende Gespräch zwischen ihm und einem Hippokrates statt, das (mit nicht genanntem Thema) auf dem Weg fortgesetzt wird. Der Eintritt des Sokrates in das luxuriöse Anwesen des Kallias (Eunuch als Türhüter, 314c8; geräumige Säulengänge, 314e–315b; vgl. auch 337d6f.) ist dagegen wie ein Abstieg in die Welt der Schatten im Hades (315b9; c8). Statt des persönlichen, die Gesprächspartner selbst tangierenden Gesprächs lauscht man dort auf die Worte der sophistischen Meister (315a u. c): Protagoras geht lehrend mit einer Jüngerschar auf und ab und ist fast komödienreif von einer Art Starkult umgeben (314e–315b), Hippias gibt Auskünfte gewissermaßen *ex cathedra* (315c), Prodikos hat einige Hörer um seine Liegestatt versammelt (315de); in den Säulengängen des Hauses und in einem an den Innenhof angrenzenden Raum haben sich etliche namentlich benannte, zumeist recht jugendliche Repräsentanten großenteils vornehmer athenischer Familien eingefunden, auch viele Auswärtige, die mit Protagoras von Stadt zu Stadt ziehen (314e–316a). Das Hauptgespräch findet in dieser Umgebung statt, wobei Dialogpartner und Zuhörer in dem Säulengang, der demjenigen gegenüberliegt, auf den man beim Betreten des Hauses stößt, auf Bänken und Klinen sitzen (314e3f.; 315b9f.; 317d).

SOKRATES lebt – nach den Angaben im *Protagoras* – in bescheidenen Lebensverhältnissen (einfache Pritsche, 310c1; einfacher Mantel, 335d1). Er gilt als Liebhaber des adligen Alkibiades (309a), jedoch sind seine wirklichen Interessen anderer Art (309bff.). Die Ankunft des Protagoras in Athen hat ihn ziemlich kaltgelassen (310b8f.). Entsprechend kommt in dem (vor allem auch geistig) unsokratischen Ambiente in Kallias' Haus für Sokrates eine Unterhaltung mit Protagoras nur so lange in Frage, als es sich um ein echtes Gespräch handelt und dieses in seinem Verständnis fruchtbar bleibt. Droht das nicht mehr der Fall zu sein oder ist es tatsächlich nicht so, behauptet er, anderswohin gehen zu müssen (335c5f.; 362a), obwohl er offenkundig nichts Dringendes vorhat und durchaus Zeit hätte (310a). Im Vorgespräch mit Hippokrates gibt er sich mit überlegener Gesprächsführung als kundiger Seelenarzt (313e2) zu erkennen, ohne dass Hippokrates dies durchschaut, so dass Sokrates in ironischer Selbstverkleinerung den Vorschlag machen kann, sich mit Älteren beraten zu sollen (314b). Von überlegener Ironie geprägt ist auch sein Umgang mit Protagoras (vgl. 318b2f.; 319a8ff.; 328de; 334c8–d1; 339e–341e). Seine Überlegenheit wird ferner daran deutlich, dass er die Gesprächsführung, nachdem er sie freiwillig an Protagoras abgegeben hatte (338c7ff.), sehr schnell wiedergewinnt (339eff.) und Protagoras sie nicht erneut übernehmen will (348a–c). Zwar stellt sich Sokrates gegenüber Protagoras als den ratlos Fragenden dar (348c5–7), aber sein Vorgehen im Dialog insgesamt zeigt doch, dass er auch Wissen hat und daher in der Lage ist, mit Thesen und Beweisgängen, die er selbst nicht für richtig hält, Protagoras auf die Probe zu stellen (vgl. oben S. XVIII).

PROTAGORAS charakterisiert sich selbstbewusst als den ersten Sophisten, der sich offen zu seinem durchaus auf Anfeindung stoßenden Metier als Wanderlehrer bekennt und – schon viele Jahre im Geschäft – mit dieser Politik unberufen gut zu fahren behauptet (316c–317c). Er ist nicht ohne Eitelkeit (317c6–d4), von seinem Erfolg als (bezahlter) Lehrer und Erzieher zum Gut-Sein (317b4f.; 328b; 348d–349a) und der Angemessenheit seines Lehrgegenstandes (im Unterschied zu denen der Kollegen) rückhaltlos überzeugt (318a–319a). Seinen Schülern will er zum Erfolg im Leben verhelfen (318e5ff.), sieht aber auch bestimmte Formen des Gut-Seins, die Selbstbeschränkung auferlegen, als notwendig für das menschliche

Zusammenleben an (320cff.). Fragen anderer zu beantworten betrachtet er nicht als Problem (329d3).

Vor allem am Erfolg orientiert, ist er gewohnt, die Bedingungen der Auseinandersetzung zu bestimmen (335a). Obwohl er beansprucht, sich ebenso gut auf lange Reden wie auf kurze Antworten zu verstehen (335b; vgl. auch 329b), tendiert er als Lehrer der Beredsamkeit (312d5–7; 319a2) zur langen Rede oder wenigstens zur zusammenhängenden Darlegung (vgl. bes. seine Epideixis, 320c–328d; auch 334a–c; 350c–351b) und möchte sich am liebsten der strengen Form des Dialogs entziehen (333eff.; 347b–348c). An der Beschäftigung mit Dichtung will er seinen Scharfsinn zeigen (338eff.). Sein sachliches Interesse ist jedoch begrenzt (331c), Wesen und Lehrbarkeit des Gut-Seins sind keine für ihn existentiell drängenden Fragen (361e5f.). Seine Niederlage gesteht er ungern ein (360c–e), trotz seines Scheiterns behandelt er Sokrates jovial, von oben herab anerkennend als den jungen, hoffnungsvollen Kollegen (361d7–e5; vgl. auch 317c3).

Neben diesen Hauptunterrednern gewinnen auch andere Gesprächspartner in einem gewissen Umfang Farbe:

HIPPIAS erscheint als jemand, der über Kenntnisse in etlichen Fachgebieten verfügt (315c5f.; 318e2–4). Über die Natur (einschließlich der Himmelserscheinungen) kann er von seinem ‚Lehrstuhl' (315c1) aus ebenso gut definitiv Auskunft geben (315c), wie er in der Lage wäre, einen vorbereiteten, von ihm selbst als gut eingestuften Lehrvortrag über das Gedicht des Simonides zu halten (347a6–b2). In großartiger Rede tritt er unter Verwendung der Nomos-Physis-Antithese als Vermittler in der ersten Gesprächskrise auf (337c–338a), wobei er freilich mit seinem Vorschlag sofort an den Einwänden des Sokrates scheitert (338bff.).

PRODIKOS lehrt seine Schüler im Liegen; er befindet sich zunächst noch im Bett, in viele Decken gehüllt (315d). Im Dialog tritt er mehrfach – von Sokrates nicht ganz ernst genommen – als Experte für feinste synonymische Unterscheidungen und Sprachnormierungen hervor (337a–c; 339e–341e; 358a6–b2; d5–e1). Er ist aber auch seinerseits nicht ohne Humor (358b2) und erlaubt sich nach Einschätzung des Sokrates einen Scherz mit Protagoras (341b5ff., bes. d7).

HIPPOKRATES, Sokrates' Gesprächspartner im Vorgespräch und stummer Teilnehmer am Hauptgespräch, repräsentiert die vom Bildungsangebot der Sophisten geradezu elektrisierte athenische Jugend aus gutem Hause, die sich durch den Unterricht beim Sophisten Erfolg im öffentlichen Leben verspricht (316b8–c2). Die Dimension der Begeisterung des Hippokrates wird daran erkennbar, dass er auf die Nachricht von der Ankunft des Protagoras hin – noch zu nachtschlafender Zeit – Sokrates aufsucht, der ihn mit Protagoras bekannt machen soll (310aff.). Schüler des Protagoras wird er offenbar dennoch nicht, denn er geht am Ende der Unterredung zusammen mit Sokrates aus dem Haus des Kallias weg (362a4).

ALKIBIADES hilft tatkräftig mit bei den Vorbereitungen zum Gespräch (317d10–e2) und ist, was die Art der Gesprächsführung angeht, ganz Partei des Sokrates (309b6; 336b–d; 347b; 348b). Es gehört zu seinem Charakter (der moralisch nicht im besten Ruf steht, 320a), immer durchsetzen zu wollen, was er möchte (336e1f.).

KALLIAS ist der großzügige (315d1–4) und bemühte (317d) Gastgeber der Sophisten. Als solcher steht er in der ersten Gesprächskrise Protagoras bei (336b4–6; d7f.), möchte aber in seinem Bildungswillen die weitere Beteiligung des Sokrates nicht missen und verleiht seinem Wunsch handgreiflich dadurch Nachdruck, dass er Sokrates am Mantel festhält (335cd; 338b). Später redet er um des Fortgangs des Gesprächs willen auch Protagoras gut zu (348c).

Am blassesten bleibt von denjenigen, die ins Gespräch eingreifen, KRITIAS. Er äußert sich nur einmal kurz im Sinne eines unparteiischen Vermittlers (336d7–e4).

Biographisches zu den Gesprächsteilnehmern

Platons Dialoge haben eine fiktive Handlung, die Personen, die in ihnen auftreten, sind aber zumeist historisch bekannt. Zu denjenigen, die sich im *Protagoras* aktiv am Gespräch beteiligen, sind im Folgenden einige biographische Angaben zusammengestellt. Hinweise zu den im Dialog lediglich erwähnten Personen finden sich an Ort und Stelle in den Anmerkungen zur Übersetzung.

SOKRATES (ca. 469–399 v. Chr.) wurde als Sohn eines Steinmetzen in Athen geboren, wo er sein ganzes Leben verbrachte. In höherem Lebensalter war er mit Xanthippe verheiratet, er hatte drei Söhne. Über die ersten Jahrzehnte seines Lebens ist kaum etwas überliefert. In der Vorphase des Peloponnesischen Krieges und in dessen erstem Abschnitt (431–421) diente er dreimal als Hoplit (er kann also nicht ganz mittellos gewesen sein). 423 war er in Athen so bekannt, dass er Zielscheibe der Komiker Aristophanes (*Wolken*) und Ameipsias (*Konnos*) wurde. 406 war er Mitglied der Bule und Prytan und widersetzte sich als Einziger einem gesetzwidrigen Verfahren gegen die im Arginusen-Prozess angeklagten Feldherren. 404 führte er einen ungerechten Befehl der Dreißig Tyrannen nicht aus. 399 wurde er wegen (angeblichen) Religionsfrevels angeklagt, zum Tode verurteilt und mit dem Schierlingsbecher hingerichtet.

Da Sokrates keine Schriften verfasst hat und seine Schüler und Freunde in ihren ‚sokratischen' Schriften Sokrates weithin (auch) als Medium für eigene Anschauungen benutzten, ist es problematisch, etwas über die Ansichten des historischen Sokrates auszusagen. Nach allem, was sich ermitteln lässt, scheint ihm das Bild, das Platon in der *Apologie* zeichnet, nahezukommen. Dies kann hier nur in einigen Stichworten angedeutet werden: Sokrates geht es um das ethische Ziel der Sorge um die Seele, damit sie möglichst gut werde (Ap. 29de). Wer das Gute weiß (wobei vollkommenes Wissen dem Gott vorbehalten ist [23a], während das menschliche Wissen sehr begrenzt ist [20d–23b]), der tut es im eigenen Interesse auch (25e–26a; 37ab). Die Begrenztheit des Wissens anderer wies Sokrates durch die Methode der Elenktik nach, d.h. durch den prüfenden Nachweis, dass seine Gesprächspartner in Wirklichkeit nicht über das von ihnen beanspruchte Wissen verfügen.[7]

PROTAGORAS (ca. 490–ca. 420 v. Chr.) aus Abdera war der berühmteste und der erste professionelle, d.h. gegen Geld lehrende, Sophist, der als Lehrer von Stadt zu Stadt zog; einige Male kam er nach Athen, wo er auch Kontakt mit Kallias hatte. Über 40 Jahre (ab etwa 460) war er so mit beträchtlichem finanziellen Erfolg tätig (vgl. Plat. Men. 91e5–7). Der genaue Zeitpunkt und die näheren Umstände seines Todes sind unbekannt. Eine überlieferte Geschichte über einen Asebie-Prozess (wegen seiner Aussage über die Götter, VS 80 B 4), über Bücherverbrennung, Verbannung / Flucht, Schiffbruch, Tod im Meer ist wegen der Aussage Platons im *Menon* (dessen fiktive

[7] Vgl. die ausführliche Darstellung von Döring 1998, 146–155.

Handlung ca. 403–402 spielt), Protagoras habe während seiner gesamten Lehrtätigkeit und „bis auf den heutigen Tag“, d.h. über seinen Tod hinaus, ununterbrochen in gutem Ansehen gestanden (Men. 91e7–9), unwahrscheinlich.[8]

Für Protagoras sind ebenso grundlegende wie wirkungsmächtige Einsichten zu den Möglichkeiten des Argumentierens (‚Über jede Sache gibt es zwei entgegengesetzte Aussagen bzw. Auffassungen‘, ‚Die schwächere Sache zur stärkeren zu machen‘, VS 80 B 6a u. b) bezeugt, ferner der (erkenntnistheoretische) *Homo-mensura*-Satz, der seine Schrift *Wahrheit* (*Alētheia*) einleitete (VS 80 B 1), und eine Agnostizismus ausdrückende Feststellung über die Götter (VS 80 B 4). Zwei weitere Gebiete, mit denen sich Protagoras befasst hat, nämlich Fragen der Erziehung (VS 80 B 3; vgl. auch B 10 u. 11) und des Verständnisses von Dichtung, die er vor allem im Hinblick auf sprachliche Kategorien untersucht (VS 80 A 27–30), werden auch im Dialog *Protagoras* thematisiert. Auf den *Homo-mensura*-Satz geht Platon ausführlich im *Theaitetos* ein (151eff.).

HIPPIAS aus Elis war ein deutlich jüngerer Zeitgenosse des Protagoras. Er lebte noch zur Zeit von Sokrates' Prozess (399 v. Chr.). Platon stellt ihn mit Gorgias und Prodikos in Bezug auf den Anspruch, Menschen zu erziehen, in eine Reihe (Ap. 19e1–4), betrachtet ihn also als professionellen Sophisten. Als Gesandter seines Vaterlandes (und als Sophist) kam er viel herum, am häufigsten nach Sparta, seltener nach Athen.

Die Liste der Hippias zugeschriebenen theoretischen und praktischen Fähigkeiten ist geradezu überwältigend; sie reicht von der Astronomie bis zur Mnemotechnik (die Kallias von ihm erlernt haben soll), von der Dichtkunst bis zu der Fertigkeit, alles, was er an Kleidung usw. benötigte, selbst herzustellen. Bei den Olympischen Spielen soll er regelmäßig mit vorbereiteten Vorträgen (Epideixeis) aufgetreten sein, soll jede beliebige Frage beantwortet und sich im Agon niemals als jemandem unterlegen erwiesen haben ([Hp.Mi.] 363c7–364a9).

---

[8] Vgl. im Einzelnen Müller 1967/74, 323ff.; anders z.B. Kerferd 1981, 43; Capra 2000; vermittelnd Brancacci 2002, 26–30: Die Geschichte sei im Ganzen unhistorisch, aber eine Anklage oder ein Anklageversuch seien nicht auszuschließen.

PRODIKOS aus Iulis auf Keos war wie Hippias ein jüngerer Zeitgenosse des Protagoras und ebenfalls zur Zeit von Sokrates' Prozess noch am Leben (Ap. 19e1–4). Wie Hippias war auch er in politischer Mission unterwegs (hielt auch einmal eine viel beachtete Rede vor der Bule in Athen) und verdiente bei diesen Gelegenheiten durch private Vorträge und Unterrichten von Schülern viel Geld. Nicht umsonst bestimmte er die Sophisten als etwas, das zwischen Philosoph und Politiker einzuordnen sei (Euthd. 305c6f.). In Athen muss er eine bekannte Persönlichkeit gewesen sein und galt als eine Art Autorität. Sokrates, heißt es, war mit Prodikos näher bekannt ([Hp.Ma.] 282c1f.), nennt sich (ironisch) gar dessen ‚Schüler' (Prt. 341a4; vgl. auch Men. 96d6f.), weist Prodikos auch Schüler zu, die des Umgangs mit ihm selbst nicht bedürfen (Tht. 151b). An Kallias soll Prodikos durch Antisthenes vermittelt worden sein, als Kallias nach ‚Philosophie' strebte, Prodikos aber Geld brauchte (Xenophon, symp. 4,62).

Prodikos hat sich auf dem Gebiet der Synonymik hervorgetan, ein Gebiet, auf dem er offenbar Bedeutendes leistete (vgl. auch unten S. 131 Anm. 80). Außerdem ist Prodikos besonders durch eine rationalistische Erklärung des Götterglaubens und in seinen *Horai* durch Lobreden u.a. auf Herakles hervorgetreten (VS 84 B 1–2; 5). Auch eine Schrift *Über die Natur des Menschen* wird ihm zugeschrieben.

ALKIBIADES (ca. 450–404 v. Chr.), Sohn des Kleinias, ist der spätere Politiker und Feldherr. Als sein Vater 447 bei Koroneia gefallen war, kam er zusammen mit seinem Bruder Kleinias in die Obhut von Perikles und dessen Bruder Ariphron (Prt. 320a3ff.), mit denen er mütterlicherseits verwandt war. Weitere Daten: Erster Kriegsdienst bei Poteidaia 432/31 (zusammen mit Sokrates, der ihn rettete; vgl. Smp. 219e6f.; 220d5–e2), erste Strategie 420/19; als entschiedener Befürworter der Sizilischen Expedition war er auch 415 einer der Strategen; des Hermen- und Mysterienfrevels beschuldigt und aus Sizilien zurückbeordert floh er nach Sparta (wo er dann gegen Athen agitierte) und wurde in Abwesenheit zum Tode verurteilt. Er löste sich 412/11 von Sparta, wurde Stratege bei den Athenern auf Samos und erhielt nach dem Sturz der Vierhundert die Erlaubnis, nach Athen zurückzukehren. Für das J. 408/7 wurde er zum Strategen gewählt und – wieder in Athen – zum Oberbefehlshaber mit unbeschränkter Vollmacht ausgerufen, aber wegen der Niederlage seiner Flotte bei Notion im Frühjahr 407 nicht wieder zum Strategen gewählt. Nach dem Fall Athens 404 ließ ihn der Satrap Pharnabazos, zu dem sich Alkibiades begeben hatte, auf Betreiben des Spartaners Lysander und der Dreißig Tyrannen ermorden.

Da Alkibiades (in den späten zwanziger Jahren des 5. Jh.s) die Schwester des Kallias heiratete, konnte Platon von einer Beziehung des Alkibiades zu dessen Familie ausgehen und erscheint es ganz natürlich, wenn er auch ihn sich im Haus des Kallias hat einfinden lassen (Prt. 316a4). Von der Liebe des – überhaupt als homoerotisch entflammbar – dargestellten Sokrates (vgl. bes. Chrm. 155c–e; auch Smp. 216d; Men. 76bc) zu Alkibiades ist bei Platon auch außerhalb des *Protagoras* die Rede: Grg. 481d3f.; Smp. 213cd; [Alc. I] 103a–104d. Im *Gorgias* (a.O.) heißt es, Sokrates sei Liebhaber des Alkibiades und der *philosophia*. Im *Symposion* berichtet Alkibiades von seinem vergeblichen Versuch, Sokrates zu verführen (217a–219d).

KALLIAS (ca. 450–ca. 365 v. Chr.) war Halbbruder der Periklessöhne Xanthippos und Paralos und wurde Schwager des Alkibiades. 391/90 war er Stratege und nahm am Korinthischen Krieg teil, 371 gehörte er zur athenischen Friedensgesandtschaft nach Sparta. Der *Protagoras* wurde also sicher noch zu seinen Lebzeiten veröffentlicht.

Kallias war bekannt für seine Beziehungen zu den Sophisten; bei Protagoras, Gorgias, Hippias, Prodikos (und vielen anderen) soll er (gegen Bezahlung) Unterricht genommen haben (Xenophon, symp. 1,5; 4,62), und er konnte als Sachwalter (der Lehre) des Protagoras bezeichnet werden (Tht. 164e7f.). Der Dialog *Kallias* des Aischines enthielt u.a. eine Verhöhnung des Prodikos (fr. 73 Giannantoni), was doch wohl bedeutet, dass darin Kallias und Prodikos in irgendeine Verbindung gebracht wurden. Nach Platon hat Kallias den Sophisten mehr Geld gegeben als alle anderen zusammen und habe damit in dem Ruf gestanden, ‚weise' zu sein (Ap. 20a4f.; Cra. 391b11f.). Platon lässt Kallias aber auch an Sokrates Interesse haben und dies von Sokrates mit einem Kompliment zu dessen Bildungsstreben beantworten (Prt. 335c8–e1). Andererseits wurde Kallias von seinen Gegnern und besonders von den Komödiendichtern ein ausschweifendes Leben in Luxus und Verschwendung vorgehalten.

KRITIAS (ca. 460–403 v. Chr.) war ein Vetter des Charmides und über seine Cousine Periktione, der Mutter Platons, mit diesem verwandt. Auch er gehörte beim Mysterienprozess von 415 zu den Beschuldigten. Er war 411 einer der Vierhundert, und nach der Niederlage Athens 404 einer der fünf Ephoren und der Dreißig Tyrannen, als deren radikalster Vertreter er angesehen wurde. Kritias galt als „Laie unter den Philosophen und als Philosoph unter den Laien“ (Scholion zu Plat. Ti. 20a, p. 279 Greene). Von einer zeitweiligen Schülerschaft (ebenso wie der des Alkibiades) bei Sokrates, freilich nicht aus philosophischem Eros, berichtet Xenophon, der zeigen will, dass Sokrates für das spätere Verhalten der beiden keine Verantwortung habe (mem. 1,2,12ff.). Kritias hat sich auch vielseitig schriftstellerisch in Poesie und Prosa betätigt. – Außer im *Protagoras* kommt Kritias in den echten Dialogen Platons auch im *Laches*, im *Charmides*, im *Kritias* und im *Timaios* vor.

HIPPOKRATES sowie sein Vater und sein Bruder (Prt. 310a9) sind nur aus dem *Protagoras* bekannt. Die Erwähnung von Vater und Bruder soll Hippokrates als historische Person belegen, eine Verifikation ist aber nicht möglich.

3. Datierung des *Protagoras*

Fiktive Datierung des Dialoggeschehens

Die Indizien, welche im *Protagoras* für das fiktive Datum seiner Handlung erkennbar sind, ergeben kein einheitliches Bild (vgl. auch Wolfsdorf 1997). Sie weisen größtenteils auf das Ende der dreißiger Jahre des 5. Jh.s v. Chr., teilweise aber auch auf die Zeit um 420.[9]

(1) Für das Ende der dreißiger Jahre sprechen folgende Sachverhalte:

(a) Alkibiades, geb. ca. 450 v. Chr., ist zum Zeitpunkt des Dialogs für Sokrates angeblich noch erotisch attraktiv, aber doch gerade schon zum Mann geworden (309a1–5). Man wird sich ihn also ca. achtzehnjährig vorstellen dürfen und doch wohl in einer Situation, in der er noch nicht – zusammen mit Sokrates

[9] Vgl. im Einzelnen Manuwald 1999, 79ff.

(Smp. 219e6f.) – an seiner ersten kriegerischen Unternehmung teilgenommen hatte (Poteidaia, 432/31; vgl. Isokrates, or. 16,29). Dies führt auf ein fiktives Dialogdatum von ca. 433/32.
(b) Die Söhne des Perikles (gest. 429 v. Chr.), Paralos und Xanthippos, die noch vor ihrem Vater der großen Seuche erlagen, sind bei der Unterhaltung zugegen (315a1 u. 3; 319e3; 328c7–d2). Entsprechend wird auch von Perikles selbst wie von einem Lebenden gesprochen (320a1f.).

(2) Auf eine spätere Zeit weisen dagegen folgende Indizien:
(a) Kallias wurde um 450 v. Chr. geboren. Damit ist er für seine Funktion als Hausherr (311a1f.; 315d3f.; 317d5f.; 335c8ff.) Ende der dreißiger Jahre eigentlich zu jung. Vielmehr wird durch die Gastgeberschaft des Kallias die Situation der Komödie *Kolakes* des Eupolis evoziert, die 421 aufgeführt wurde.[10]
(b) Die an den Lenäen des J. 420 v. Chr. aufgeführte Komödie *Die Wilden* des Pherekrates bezeichnet Protagoras in seiner großen Rede als im letzten Jahr einstudiert (327d3f.) – obwohl er in derselben Rede über die bereits im J. 429 verstorbenen Söhne des Perikles als Anwesende spricht (328c7–d2); vgl. oben (1b).

Trotz der Uneinheitlichkeit der Datierungssignale wird man aber (anders als z.B. beim *Gorgias*; vgl. Dodds 1959, 17f.) sagen können, dass eine vorherrschende Vorstellung vermittelt wird, nämlich das Geschehen spiele gegen Ende der dreißiger Jahre des 5. Jh.s. Diese Vorstellung ist allerdings verbunden mit einem Gastgeber Kallias, der in dieser Rolle eigentlich erst in eine spätere Zeit passt. Protagoras' Hinweis auf die jüngst aufgeführten *Wilden* des Pherekrates ist in diesem Kontext wohl eher als eine verlebendigende Pointe für den Augenblick zu verstehen (wobei ein Widerspruch in Kauf genommen wird) und daher als chronologisches Indiz von geringerem Gewicht. Da Platon Kallias und die meisten anderen Athener, die er teilnehmen lässt, von ihren und seinen Lebensdaten her gekannt, also gewusst haben muss, dass etwa Alkibiades und Kallias annähernd oder sogar genau gleich alt waren, kann ihm kaum nur aus Unkenntnis der Anachronismus unterlaufen sein.

Platon gewinnt dadurch aber folgende Konstellation: Er kann das Haus des Kallias bei dessen bekannten Beziehungen zu den Sophisten als idealen Sophistentreffpunkt verwenden

---

10 Vgl. auch unten S. 78.

und gleichzeitig den um 433/32 über 50-jährigen, sich dem 60. Lebensjahr zuneigenden Protagoras auf der Höhe seiner Kunst vor einem (was die athenischen Teilnehmer angeht) überwiegend noch recht jugendlichen Publikum aus bedeutenden Kreisen vorstellen (d.h. dem Publikum, das auf das Lehrangebot der Sophisten besonders ansprach) – einen Protagoras, der sich auch angesichts von Sokrates' Alter wie ein längst arrivierter Professor gegenüber dem hoffnungsvollen, noch nicht so ganz ausgewiesenen Nachwuchs fühlen kann (317c3; 318d5–7; 361e2–5).

Relative Datierung des Dialogs im Corpus Platonicum

Einen Anhaltspunkt für die absolute Datierung der Abfassung des Dialogs gibt es nicht. Auch die relative Datierung lässt sich nicht präzise festlegen. Zwar kann es heute nach rund 140 Jahren chronologischer Untersuchungen zu Sprache, Stil und Prosarhythmus der platonischen Dialoge als sicher gelten, dass der *Protagoras* zur Großgruppe der frühen Dialoge bzw. Schriften gehört, d.h. vor die Gruppe der chronologisch mittleren Dialoge (in alphabetischer Folge) *Parmenides*, *Phaidros*, *Politeia* und *Theaitetos*.[11] Über seine Stellung innerhalb der früheren Gruppe lässt sich jedoch nichts Sicheres ausmachen.[12]

Dass der *Protagoras* später als der *Gorgias* und in der Zeit von 386–380 v. Chr., d.h. nach der ersten sizilischen Reise Platons (ca. 387 v. Chr.; Platon war ungefähr 40 Jahre alt, Ep. VII 324a6), verfasst worden sei, lässt sich nicht ausschließen, aber auch nicht wirklich sichern.[13] Wenn sich unter den im *Protagoras* vorkommenden Personen neben Sokrates und Alkibiades auch (als bloße Zuhörer und nicht als zusammenhängende Gruppe) Eryximachos, Phaidros, Pausanias und Agathon (315c–e) befinden, d.h. außer Aristophanes sämtliche Redner im *Symposion*,[14] ist das zwar bemerkenswert, beweist aber

[11] Vgl. Brandwood 1990; 1992; Kahn 1996, 42–48.

[12] Vgl. Brandwood 1992, 115: „On the sequence of dialogues in the early group little can be said."

[13] Kahn hatte die Datierung nach dem *Gorgias* nachdrücklich vertreten (1988), was sich aber nicht zwingend erweisen lässt (vgl. McPherran 1990, bes. 226–229). Das hat Kahn inzwischen auch selbst eingeräumt (1996, 46f.).

[14] Vgl. Frede 1986, 747ff.; Kahn 1988, 98f.

angesichts der Fülle der Zuhörer, die im *Protagoras* genannt werden, für die Datierung kaum etwas. Auch zu anderen Dialogen gibt es personale Bezüge: Nach Charmides (315a1), Phaidros (315c3) und Kritias (316a5) sind sogar Dialoge benannt, Kritias kommt noch im *Laches*, im *Charmides* und im *Timaios* vor. Platon hat im *Protagoras* möglicherweise unter den ihm bekannten Personen solche ausgewählt, die zum fiktiven Dialogdatum noch recht jung waren, um einen für die Lehre der Sophisten passenden Adressatenkreis zusammenzustellen.

Eine gewisse Relevanz für das Verständnis des *Protagoras* besitzt allerdings sein zeitliches Verhältnis zum *Laches*, weil es Einfluss auf die Einschätzung der im *Protagoras* vorgetragenen zweiten Definition der Tapferkeit (360d4f.) haben könnte (vgl. unten S. 209f.). Die inhaltliche Begründung der These, der *Laches* sei später als der *Protagoras*,[15] weil im *Protagoras* das Tapferkeitswissen noch technisch und noch nicht moralisch bestimmt sei (wie im *Laches*), beruht auf einer Fehldeutung des *Protagoras*: Auch in diesem Dialog ist erkennbar, dass dieses Wissen nicht technisch sein darf, wie nicht nur die ‚endgültige', durchaus moralisch geprägte Definition, sondern auch das ‚Vorzeigen' des richtigen Maßstabs (349e3–8) bei der früheren deutlich macht (vgl. unten S. 166f. u. 200ff.). Überhaupt scheint es problematisch, aus inhaltlichen Beziehungen zu anderen Dialogen eine zeitliche Abfolge abzuleiten, zumal bei einem Autor, der seine Lehre in der Schriftform nicht voll entfaltet (Phdr. 274cff.).

Vielleicht lässt sich aber mit einer Überlegung, die mit dem inhaltsbezogenen Lehrgehalt der Dialoge nichts zu tun hat, das zeitliche Verhältnis der beiden Dialoge bestimmen. Der *Laches* exponiert die Sokratesgestalt in sehr auffälliger Weise von Grund auf: Dem erstaunten Lysimachos muss erst klargemacht werden, dass Sokrates ein geeigneter Gesprächspartner für die Frage ist, was sein Sohn lernen soll (180c); Sokrates muss als Sohn des Sophroniskos identifiziert werden (180d–181a); Lysimachos weiß nichts davon, was einem beim Umgang mit Sokrates widerfahren kann, Nikias muss es ihm erst erklären (187dff.). Das spricht dafür, dass es sich beim *Laches* um einen der frühesten, wenn nicht den frühesten platonischen Dialog handelt.[16] Denn es ist unwahrscheinlich, dass Platon für seine

---

[15] Vgl. z.B. Gigon 1946, 148; Vlastos 1994.

Hauptgestalt erst nach einer ganzen Reihe von Dialogen, etwa nach deren selbstverständlichem Auftreten im *Protagoras*, so grundlegende Erklärungen gegeben haben sollte.

Für eine nicht zu frühe Datierung des *Protagoras* spricht auch eine allgemeine Überlegung: In seiner gedanklichen und strukturellen Komplexität kann er kaum zu den ersten Versuchen Platons gehören, sich in der Form des philosophischen Dialogs zu betätigen.

4. Bibliographische Hinweise

Die Literatur zu Platon und auch speziell zum Dialog *Protagoras* ist nahezu unübersehbar. Im Folgenden können daher nur einige sehr knappe Hinweise gegeben werden. Dabei wurde darauf geachtet, unterschiedliche Richtungen der Platondeutung zu berücksichtigen.
(Zu weiteren Angaben vgl. auch das Literatur- und Abkürzungsverzeichnis unten S. 223ff.)

Forschungsberichte, Bibliographien

Cherniss, H.: Plato (1950–1957), Lustrum 4, 1959, 5–308; 5, 1960, 321–648.

Brisson, L.: Platon 1958–1975, Lustrum 20, 1977, 5–304.

Brisson, L. – H. Ioannidi: Platon 1975–1980, Lustrum 25, 1983, 31–320; Corrigenda à Platon 1975–1980, Lustrum 26, 1984, 205–206; Platon 1980–1985, Lustrum 30, 1988, 11–285 (Addenda zu Platon 1950–1957; 1958–1975; 1975–1980, S. 286–294); Corrigenda à Platon 1980–1985, Lustrum 31, 1989, 270–271; Platon 1985–1990, Lustrum 34, 1992, 7–338 (mit Addenda und Verweisen zu den früheren Berichten).

Brisson, L. – F. Plin: Platon 1990–1995. Bibliographie, Paris 1999.

Brisson, L. – B. Castelnérac: Platon 1995–2000. Bibliographie, Paris 2004.

---

[16] Vgl. Steidle 1950, 129ff.; anders z.B. v. Arnim 1914, 24ff.; Erbse 1968, 25ff. – Zumindest dürfte es sich um den frühesten Dialog handeln, mit dem Platon auch ein außerathenisches Zielpublikum in den Blick nahm, dem Sokrates vermutlich eine erklärungsbedürftige Größe war.

Lexika, Index; Scholien

Ast(ius), F.: Lexicon Platonicum sive vocum Platonicarum index. Vol. I–III, Lipsiae 1835–1838 (Nachdrucke: Darmstadt 1956; New York 1969).

Lexique de la langue philosophique et religieuse de Platon par E. des Places, Bde. 1–2, Paris 1964 (Platon, Œuvre complètes, Tome XIV).

Platon, Lexikon der Namen und Begriffe, verf. v. O. Gigon u. L. Zimmermann, München / Zürich 1975 (Bibl. d. Alten Welt).

Brandwood, L.: A Word Index to Plato, Leeds 1976 (Compendia 8).

Scholia Platonica, ed. G.Ch. Greene, Haverford 1938 (Philol. Monographs VIII).

Textausgabe (Protagoras)

Platonis opera, ed. I. Burnet. Tom. III, Oxford 1903, ^{2}1909 (Nachdrucke).

Kommentare und kommentierte Übersetzungen (Protagoras)

Platonis Protagoras, with Introduction, Notes and Appendices by J. Adam and A.M. Adam, Cambridge 1893 (Reset 1971).

Platon, Protagoras. Hrsg. u. erkl. v. W. Nestle (^{7}1931). Achte Aufl. mit Ergänzungen von H. Hofmann, Stuttgart 1978.

Plato, *Protagoras*. Translated with Notes by C.C.W. Taylor, Oxford 1976, ^{2}1991 (Clarendon Plato Series).

Platon, Protagoras. Traduction inédite, introduction et notes par F. Ildefonse, Paris 1997.

Platon, Protagoras. Übersetzung und Kommentar von B. Manuwald, Göttingen 1999 (Platon Werke VI 2).

Literatur zu Platon allgemein

(mit besonderer Berücksichtigung der Literatur zu frühen und mittleren Dialogen)

Albert, K.: Über Platons Begriff der Philosophie, Sankt Augustin 1989 (Beitr. z. Philosophie 1).

Brandwood, L.: The chronology of Plato's dialogues, Cambridge 1990.

Erler, M.: Der Sinn der Aporien in den Dialogen Platons. Übungsstücke zur Anleitung im philosophischen Denken, Berlin / New York 1987 UaLG 25).

Erler, M.: Platon, München 2006 (Bibliographie S. 226–247).

Friedländer, P.: Platon, Bde. I–III, Berlin 1928–1930, ^{3}1964–1975.

Gaiser, K.: Protreptik und Paränese bei Platon. Untersuchungen zur Form des platonischen Dialogs, Stuttgart 1959.

Görgemanns, H.: Platon, Heidelberg 1994 (Heidelberger Studienhefte zur Altertumswissenschaft).

Hösle, V.: Platon interpretieren, Paderborn / München / Wien / Zürich 2004.

Irwin, T.: Plato's Ethics, New York / Oxford 1995.

Kahn, Ch.H.: Plato and the Socratic dialogue. The philosophical use of a literary form, Cambridge 1996.

Kraut, R. (Hrsg.): The Cambridge Companion to Plato (CCP), Cambridge 1992.

Stemmer, P.: Platons Dialektik. Die frühen und mittleren Dialoge, Berlin 1992.

Szlezák, Th.A.: Platon und die Schriftlichkeit der Philosophie. Interpretationen zu den frühen und mittleren Dialogen, Berlin / New York 1985.

Szlezák, Th.A.: Platon lesen, Stuttgart-Bad Cannstatt 1993 (legenda 1).

Wieland, W.: Platon und die Formen des Wissens, Göttingen 1982, ^{2}1999.

Literatur zum Dialog Protagoras

Casertano, G. (Hrsg.): Il *Protagora* di Platone: struttura e problematiche, Vol. 1–2, Napoli 2004.

Devereux, D.T.: The Unity of the Virtues in Plato's *Protagoras* and *Laches*, PhR 101, 1992, 765–789.

Dyson, M.: Knowledge and Hedonism in Plato's *Protagoras*, JHS 96, 1976, 32–45.

Ferejohn, M.T.: The Unity of Virtue and the Objects of Socratic Inquiry, JHP 20, 1982, 1–21.

Klosko, G.: Toward a Consistent Interpretation of the *Protagoras*, AGPh 61, 1979, 125–142.

Manuwald, B.: The Unity of Virtue in Plato's *Protagoras*, OSAPh 29, 2005, 115–135.

O'Brien, D.: Socrates and Protagoras on Virtue, OSAPh 24, 2003, 59–131.

Penner, T.: The Unity of Virtue, PhR 82, 1973, 35–68 (wieder abgedruckt in: H.H. Benson [Hrsg.], Essays on the Philosophy of Socrates, New York / Oxford 1992, 162–184).

Stokes, M.C.: Plato's Socratic Conversations. Drama and Dialectic in Three Dialogues, London 1986 [zum *Protagoras* S. 183–439; 471–492].

Sullivan, J.P.: The Hedonism in Plato's Protagoras, Phronesis 6, 1961, 10–28.

Vlastos, G.: The Unity of Virtues in the *Protagoras* (1971), RMeta 25, 1972, 415–58; wieder abgedruckt "with substantial additions and corrections" in: ders., Platonic Studies, Princeton 1973, 221–269; weitere Ergänzungen in der zweiten Aufl. 1981, 427–445.

Weiss, R.: The Hedonic Calculus in the *Protagoras* and the *Phaedo*, JHPh 27, 1989, 511–529.

Zeyl, D.J.: Socrates and Hedonism: Protagoras 351b–358d, Phronesis 25, 1980, 250–269.

5. Gegliederte Inhaltsübersicht

A. Vorspiel: Sokrates und Freunde *309a1–310a7*

B. Erzählung des Sokrates *310a8–362a4*

I. Vorgespräch: Sokrates und Hippokrates .. *310a8–314c2*

II. Auf dem Wege zu Protagoras *314c3–316a5*

III. Hauptgespräch: Sokrates und Protagoras.. *316a6–362a3*
1. Ist Gut-Sein lehrbar? – Fragestellung.. *316a6–320c1*
a) Das Anliegen des Hippokrates und die Art seiner Verhandlung *316a6–317e2*
b) Der Lehrgegenstand des Protagoras *317e3–319a7*
c) Ist der Lehrgegenstand des Protagoras wirklich lehrbar? – Zwei Argumente des Sokrates *319a8–320c1*
2. Ist Gut-Sein lehrbar? – Antwort des Protagoras (Große Rede) *320c2–328d2*
a) Klärung der Form der Antwort *320c2–320c7*
b) Antwort auf Sokrates' erstes Argument *320c8–324d1*
c) Antwort auf Sokrates' zweites Argument *324d2–328c2*
d) Zusammenfassung der Ergebnisse . *328c3–328d2*
3. Die Einheit der Formen des Gut-Seins *328d3–334c6*
a) Ein ‚kleines' Problem: Welcher Art ist die Einheit der Formen des Gut-Seins? *328d3–330b6*
b) Gerechtigkeit und Frömmigkeit *330b6–332a1*
c) Weisheit und *sōphrosynē* *332a2–333b6*
d) *sōphrosynē* und Gerechtigkeit *333b7–334c6*
4. Erste Gesprächskrise *334c7–338e5*
5. Simonides-Interpretation *338e6–347a5*
a) Protagoras' Kritik an Simonides *338e6–339d9*

b) Sokrates' Verteidigung des Simonides gegen Einwände des Protagoras *339d10–342a5*
c) Sokrates' Deutung der Intention des ganzen Gedichts *342a6–347a5*
6. Zweite Gesprächskrise *347a6–348c4*
7. Die Einheit der Formen des Gut-Seins: Rekapitulation und erste Argumentation zum Verhältnis Tapferkeit – Weisheit *348c5–351b2*
8. Hedonistische Erörterung *351b3–359a1*
a) Sokrates und Protagoras über Lust und Wissen *351b3–353b6*
b) Dialog mit der Menge *353c1–357e8*
c) Sokrates und die Sophisten über Lust und Wissen *358a1–359a1*
9. Die Einheit der Formen des Gut-Seins: Rekapitulation und zweite Argumentation zum Verhältnis Tapferkeit – Weisheit *359a2–360e5*
10. Schluss des Hauptgesprächs: Wesen und Lehrbarkeit des Gut-Seins *360e6–362a3*
IV. Abschluss der Erzählung des Sokrates *362a4*

II. Übersetzung

[*309a*] *Freund*: Woher kommst du, Sokrates? Was frage ich, natürlich warst du hinter Alkibiades in seiner jugendlichen Schönheit her! Und doch, als ich ihn kürzlich erst sah, machte er auf mich den Eindruck eines zwar noch schönen Mannes, aber schon, ganz unter uns gesagt, Sokrates, eines Mannes – bei dem der Bart bereits zu wachsen beginnt.

Sokrates: Na und? Bist du denn nicht ein Verehrer Homers, [*b*] der sagte, am reizvollsten sei das Alter des ersten Bartes,[1] das Alkibiades gegenwärtig hat?

Fr.: Wie steht es denn nun jetzt? Kommst du von ihm? Und wie ist die Einstellung des jungen Mannes zu dir?

So.: Gut, nach meiner Einschätzung, und ganz besonders gerade heute: Stand er mir doch bei und hat vieles zu meinen Gunsten gesagt, und tatsächlich komme ich gerade eben von ihm. Allerdings will ich dir etwas Ungewöhnliches berichten: Obwohl er anwesend war, schenkte ich ihm keine Aufmerksamkeit und dachte oft gar nicht an ihn.

Fr.: [*c*] Wirklich? Was könnte denn eine solche Wirkung auf dich und ihn gehabt haben? Denn in unserer Stadt (Athen) bist du doch wohl nicht einem anderen, noch Schöneren, begegnet.

So.: Sogar einem weit Schöneren.

Fr.: Was sagst du? Einem Athener oder einem Auswärtigen?

So.: Einem Auswärtigen.

Fr.: Woher stammt er?

So.: Aus Abdera.

Fr.: Und für derart schön hieltest du den Fremden, dass er dir schöner erscheinen konnte als der Sohn des Kleinias (Alkibiades)?

So.: Wie sollte denn, mein Bester, der Inbegriff der Weisheit nicht als etwas Schöneres erscheinen?

---

[1] Anspielung auf Il. 24, 348; Od. 10, 279.

Fr.: Wie, Sokrates? Du bist zu uns gekommen von der Begegnung mit einem Weisen?

So.: [*d*] Sogar mit dem weisesten wohl – von den Zeitgenossen –, wenn dir Protagoras als der weiseste gilt.

Fr.: Was sagst du da? Protagoras hält sich bei uns auf?

So.: Den dritten Tag schon.

Fr.: Du bist also gerade von der Zusammenkunft mit ihm gekommen?

So.: [*310a*] Ganz recht, und ich habe viel gesagt und gehört.

Fr.: Warum erzählst du uns denn dann nicht schon längst von der Zusammenkunft, wenn dich nichts hindert? Lass den Sklaven da aufstehen und nimm hier Platz.

So.: Gerne. Ich werde euch sogar dankbar sein, wenn ihr zuhört.

Fr.: Und auch wir dir, wenn du berichtest.

So.: Zweifach dürfte (dann) der Dank sein. Doch genug damit, hört zu.

Vergangene Nacht, noch deutlich vor Tagesanbruch, schlug Hippokrates, der Sohn des Apollodor und Bruder Phasons, [*b*] sehr heftig mit seinem Stock gegen die Tür. Als ihm jemand geöffnet hatte, kam er sogleich hastig herein und rief mit lauter Stimme: „Sokrates, bist du wach oder schläfst du?" – Und ich sagte – denn ich hatte seine Stimme erkannt: „Da ist ja Hippokrates! Du hast doch nicht eine unangenehme Neuigkeit zu berichten?" – „Nein", sagte er, „nur Gutes." – „Schön", sagte ich. „Worum handelt es sich denn und weswegen bist du so früh gekommen?" – Er trat zu mir und sagte: „Protagoras ist da." – „Seit vorgestern", sagte ich, „aber du hast es jetzt erst erfahren?" – „Bei den Göttern", sagte er, „gestern Abend." [*c*] Und dabei tastete er nach meiner Pritsche, setzte sich an meine Füße und sagte: „Ja, gestern Abend, nachdem ich sehr spät von Oinoë[2] nach Hause gekommen war. Denn mein Sklave, musst du wissen, der Satyros, war mir entflohen. Ich hatte ja auch vor, dir zu sagen, dass ich ihn verfolgen wolle, aber weil mir etwas anderes dazwischenkam, vergaß ich es. Und nach meiner Rückkehr, als wir mit dem Abendessen fertig waren und uns zur Ruhe begeben wollten, da erzählt mir mein Bruder, dass Prot-

---

[2] Name zweier attischer Demen. Vermutlich ist derjenige an der Grenze zu Boiotien gemeint, wohin der Sklave wohl zu entkommen suchte.

agoras gekommen sei. Und erst noch hatte ich die Absicht, sogleich zu dir zu kommen, doch dann schien es mir schon zu spät in der Nacht zu sein. [*d*] Aber sobald der Schlaf meine Müdigkeit vertrieben hatte, stand ich sofort auf und machte mich gleich hierher auf den Weg." – Da sagte ich – mir war ja seine ungestüme und leicht erregbare Art bekannt –: „Was geht dich denn der Aufenthalt des Protagoras an? Er hat dir doch nicht ein Unrecht getan?" – Er lachte und sagte: „Doch, bei den Göttern, Sokrates, insofern er als Einziger weise ist, aber mich nicht dazu macht." – „Aber gewiss, bei Zeus", sagte ich, „wenn du ihm Geld anbietest und ihn (damit als Lehrer für dich) gewinnen kannst, wird er auch dich weise machen." – „Wenn es nur, Zeus und ihr Götter, daran läge", sagte er, [*e*] „denn bis zum Letzten gäbe ich mein Vermögen und das meiner Freunde aus. Vielmehr bin ich ebendeswegen jetzt zu dir gekommen, damit du für mich bei ihm ein Wort einlegst. Denn ich bin einerseits entschieden zu jung, andererseits habe ich ihn überhaupt noch nicht gesehen und auch noch nicht (einen Vortrag von ihm) gehört; als er sich das vorige Mal hier aufhielt, war ich nämlich noch ein Kind. Indes, Sokrates, alle sprechen mit Hochachtung von dem Mann und behaupten, er sei ein besonders geschickter Redner. Doch warum gehen wir nicht zu ihm, damit wir ihn (noch) in seinem Quartier antreffen? [*311a*] Wie ich hörte, ist er bei Kallias, dem Sohn des Hipponikos, abgestiegen. Komm, lass uns gehen." – Da sagte ich: „Lass uns noch nicht hingehen, mein Lieber – denn es ist noch zu früh –, sondern wir wollen aufstehen und hier in den Hof gehen. Dort wollen wir uns mit Umhergehen die Zeit vertreiben, bis es hell geworden ist. Dann wollen wir gehen. Denn meistens hält sich Protagoras im Hause auf, so dass wir ihn, du kannst da ganz zuversichtlich sein, wahrscheinlich drinnen antreffen werden."

Danach standen wir auf und gingen im Hof umher. [*b*] Ich wollte Hippokrates auf die Probe stellen, was es mit seiner Zuversicht (sc. durch Protagoras weise zu werden) auf sich habe, und richtete prüfende Fragen an ihn. „Sage mir, Hippokrates", sagte ich, „du hast jetzt vor, zu Protagoras zu gehen, willst ihm Geld geben als Bezahlung für Bemühungen um dich. Welche Absicht verfolgst du dabei? Was ist das für einer, zu dem du gehen willst, und was willst du (selbst) werden? Ich meine das so: Wenn du beabsichtigtest, zu deinem Namensvetter Hippokrates aus Kos, der zur Zunft der Asklepiaden[3] gehört, zu gehen und ihm Geld zu geben als Bezahlung für Bemühungen um dich, wenn dich (dann) jemand fragte: ‚Sage mir Hippokrates, in welcher Eigenschaft soll Hippokrates von dir bezahlt werden?‘ [*c*] Was würdest du antworten?“ – „Ich würde sagen“, erwiderte er, „in seiner Eigenschaft als Arzt.“ – „Und was wolltest du dabei werden?“ – „Arzt“, sagte er. – „Und wenn du beabsichtigtest, zu Polykleitos aus Argos oder zu Pheidias aus Athen[4] zu gehen und sie für Bemühungen um dich zu bezahlen, wenn dich jemand fragte: ‚In welcher Eigenschaft sollen nach deiner Absicht Polykleitos und Pheidias dieses Geld erhalten?‘, was würdest du antworten?“ – „Ich würde sagen: als Bildhauer.“ – „Und was wolltest du dabei selbst werden?“ – „Natürlich Bildhauer.“ – „Gut“, sagte ich. [*d*] „Nun aber Protagoras: wir gehen jetzt zu ihm, ich und du, und werden bereit sein, ihm Geld zu geben als Bezahlung für Bemühungen um dich; wenn unser Vermögen ausreicht und wir ihn damit gewinnen können (geben wir ihm das), andernfalls wenden wir zusätzlich auch noch das Vermögen unserer Freunde auf. Wenn nun jemand uns, wo wir in dieser Angelegenheit so überaus engagiert sind, fragen sollte: ‚Sagt mir, Sokrates und Hippokrates, in welcher Eigenschaft soll nach eurer Absicht Protagoras Geld bekommen?‘, was könnten wir ihm [*e*] antworten? Welchen anderen Namen hören wir auf Protagoras angewandt? Z.B. wird Pheidias Bildhauer und Homer Dichter genannt: Welche derartige Bezeichnung hören wir auf Protagoras angewandt?“ – „Sophist“, sagte er, „das weißt du doch, Sokrates, nennt man den Mann.“ – „Als einem Sophisten also wollen wir ihm das Geld geben.“ – „Gewiss.“ – „Wenn nun jemand dich auch noch Folgendes fragen sollte: [*312a*] ‚Und du selbst? Was beabsichtigst du zu werden, wenn du zu Protagoras gehst?‘“ – Da sagte er errötend – es wurde nämlich schon ein wenig Tag, so dass man ihn recht gut erkennen konnte –: „Wenn eine Entsprechung zu den vorigen Beispielen besteht, habe ich offenbar die Absicht, Sophist zu werden.“ – „Und du würdest dich nicht schä-

---

3 Ärzte, wie Hippokrates von Kos (* 460 v. Chr.), wurden als Jünger des Heilgottes Asklepios bezeichnet. Vgl. auch R. 405d4; Phdr. 270c3.

4 Beide Künstler wirkten im 5. Jh. v. Chr. Polykleitos war u.a. Schöpfer des Goldelfenbeinbildes der Hera im argivischen Heraion und als Erzgießer (z.B. Doryphoros, Diadumenos) berühmt, von Pheidias stammen die Kultstatuen der Athena Parthenos auf der Akropolis von Athen und des Zeus in Olympia.

men, bei den Göttern“, sagte ich, „vor den Griechen in eigener Person als Sophist aufzutreten?“ – „Gewiss, bei Zeus, Sokrates, wenn ich durchaus sagen soll, was ich denke.“ – „Oder vielleicht meinst du, Hippokrates, dass die Ausbildung bei Protagoras nicht von solcher Art sein wird, [*b*] sondern so wie diejenige, die du vom Elementar-, vom Kithara- und vom Sportlehrer erhalten hattest. Denn jede ihrer Disziplinen erlerntest du nicht zu beruflichen Zwecken, um sie als Fachmann auszuüben, sondern zur allgemeinen Bildung, wie es für den, der nicht Fachmann werden will, und für den freigeborenen Bürger passend ist.“ – „Ja doch“, sagte er, „von der Art scheint mir die Ausbildung bei Protagoras eher zu sein.“

„Ist dir klar, was du jetzt gleich tun willst, oder wird es dir gar nicht bewusst?“, sagte ich. – „Was?“ – „Dass du daran bist, deine Seele von einem Sophisten, wie du sagst, behandeln zu lassen; [*c*] was aber ‚Sophist‘ eigentlich bedeutet, da würde ich mich wundern, wenn du das weißt. Wenn du nun aber davon keine Kenntnis hast, weißt du auch nicht, wem du deine Seele überlässt, weder, ob es sich bei diesem Wesen um etwas Gutes, noch, ob es sich um etwas Schlechtes handelt.“ – „Ich glaube es wenigstens zu wissen“, sagte er. – „Dann gib an, was ‚Sophist‘ deiner Ansicht nach bedeutet.“ – „Ich meine, dass der Sophist einer ist, der, wie der Name (*sophistēs*) sagt, über Kenntnisse verfügt (*tōn sophōn epistēmona*).“ – „Kann man das denn nicht auch“, bemerkte ich, „von den Malern und von den Baumeistern sagen, dass es Leute sind, die über Kenntnisse verfügen? [*d*] Wenn uns jedoch einer fragte: ‚Worin haben die Maler Kenntnisse?‘, dann antworteten wir ihm wohl: ‚In der Herstellung von Bildern‘, und bei entsprechenden Fragen verführen wir ebenso. Wenn uns jedoch einer danach fragte: ‚Der Sophist aber, worin hat er Kenntnisse?‘, was antworteten wir ihm? Welcher Tätigkeit ist er Meister?“ – „Welche andere Antwort sollten wir geben, Sokrates, als dass er ein Meister darin ist, redegewandt zu machen?“ – „Da geben wir vielleicht“, sagte ich, „eine richtige, keinesfalls aber eine zureichende Antwort; denn die gegebene Antwort zieht für uns noch eine Frage nach sich: Was ist der Gegenstand der Redegewandtheit, die der Sophist vermittelt? Wie es beim Kitharaspieler doch wohl dasselbe ist, worin er redegewandt und kundig macht, [*e*] im Kitharaspiel, nicht wahr?“ – „Ja.“ – „Gut; und der Sophist, worin macht er redegewandt?“ – „Natürlich darin, worin er auch kundig macht.“ – „Wahrscheinlich. Was ist es dann, worin der Sophist selbst kundig ist und den Schüler kundig macht?“ – „Bei Zeus“, sagte er, „diese Frage vermag ich nicht mehr zu beantworten.“

[*313a*] Meinerseits bemerkte ich daraufhin: „Wie steht es denn nun? Bist du dir darüber im Klaren, mit welchem Risiko du drauf und dran bist, deine Seele aufs Spiel zu setzen? Verhält es sich nicht vielmehr so: Wenn es für dich darum ginge, jemandem deinen Körper anzuvertrauen, und dies zwangsläufig mit dem Risiko verbunden wäre, dass davon sein gutes oder schlechtes Befinden abhinge, dann stelltest du zahlreiche Überlegungen an, ob du dich darauf einlassen solltest oder nicht, und zögest deine Freunde und Verwandten zur Beratung hinzu, tagelang kritisch abwägend. Was du aber für mehr wert hältst als deinen Körper – deine Seele – und wovon dein ganzes Wohl und Wehe abhängt, je nachdem, ob es in einen guten oder schlechten Zustand gerät, darüber hast du dich weder mit deinem Vater noch mit deinem Bruder noch mit einem von uns Freunden beraten, [*b*] ob du diesem ‚hergelaufenen‘ Fremden deine Seele anvertrauen sollst oder auch nicht. Vielmehr hast du gestern Abend (von seiner Ankunft) gehört, wie du sagst, bist frühmorgens schon hier und bereit, ohne jegliche Überlegung und Beratung darüber, ob du dich ihm anvertrauen sollst oder nicht, dein Vermögen und das deiner Freunde aufzuwenden, als ob deine Entscheidung schon feststünde, unter allen Umständen Schüler des Protagoras zu werden, mit dem du weder bekannt bist, wie du sagst, noch dich jemals unterhalten hast. [*c*] Trotzdem nennst du ihn einen Sophisten, was aber ‚Sophist‘ eigentlich bedeutet, weißt du offensichtlich nicht. Und so jemandem willst du dich anvertrauen?“ – Und der sagte daraufhin: „So sieht es aus, Sokrates, nach dem, was du sagst.“

„Ist denn nicht, Hippokrates, der Sophist in Wirklichkeit eine Art Handelsreisender oder Markthändler mit Gütern, von denen sich die Seele ernährt? Er scheint mir nämlich etwas Derartiges zu sein.“ – „Wovon, Sokrates, ernährt sich die Seele?“ – „Doch wohl von Gegenständen des Wissens“, sagte ich. „Und dass der Sophist, mein Freund, uns nur nicht, wenn er seine Ware anpreist, betrügt wie diejenigen, die mit der Nahrung für den Körper zu tun haben, nämlich Handelsreisende und Markthändler. [*d*] Denn auch diese wissen, so ist anzunehmen, weder selbst, welches von den Gütern, die sie herbeibringen, jeweils gut oder schlecht für den Körper ist, preisen aber beim Verkauf alles an, noch wissen es ihre Kunden, es sei denn, einer ist gerade Turnlehrer oder Arzt. So verhält es sich aber auch mit denen, die Wissensgüter von Stadt zu Stadt bringen und sie jedem, der sie haben will, zum Kauf anbieten und verhökern: Sie preisen zwar ihre sämtlichen Waren an, vielleicht, mein Bester, wissen aber auch von diesen einige nicht, welche ihrer Waren gut oder schlecht für die Seele ist; [*e*] ebenso wenig auch ihre Kunden, es sei denn, einer ist gerade Arzt für die Seele. Wenn du nun das Glück hast, dich darin auszukennen, was von diesen Dingen gut und was schlecht ist, kannst du gefahrlos Wissensgüter von Protagoras und jedem beliebigen anderen kaufen; andernfalls, mein Lieber, sieh zu, [*314a*] dass du nicht bei dem, was dir am meisten am Herzen liegt, ein Risiko wie beim Würfelspiel eingehst.

Denn tatsächlich ist das Risiko beim Einkauf von Wissensgütern noch viel größer als bei demjenigen von Nahrungsmitteln. Wenn man nämlich Speisen und Getränke beim Krämer oder Handelsreisenden gekauft hat, kann man sie in anderen Gefäßen mitnehmen und, bevor man sie essend und trinkend zu sich nimmt, kann man sie zu Hause deponieren und sich unter Hinzuziehung eines einschlägigen Sachverständigen beraten lassen, was man essen oder trinken soll und was nicht und wie viel und wann; daher ist das Risiko beim Kauf nicht groß. [*b*] Wissensgüter dagegen kann man nicht in einem anderen Gefäß mitnehmen; vielmehr muss man den Kaufpreis entrichten und das Wissensgut in der Seele selbst durch Lernen aufnehmen, bevor man weggeht; und da ist der Schaden oder der Nutzen bereits eingetreten.

Nun, dieses Problem lass uns auch zusammen mit Älteren untersuchen, als wir sind. Denn wir sind noch zu jung, als dass wir eine so große Aufgabe lösen könnten. Jetzt allerdings wollen wir, wie wir uns vorgenommen hatten, gehen und den Mann hören, anschließend, wenn wir ihn gehört haben, uns auch mit anderen unterhalten; denn nicht nur Protagoras ist dort, [*c*] sondern auch Hippias aus Elis – ich glaube aber auch Prodikos von Keos – und viele andere gebildete Leute."

So kamen wir überein und machten uns auf den Weg. Als wir zum Türvorplatz gekommen waren, blieben wir dort stehen und unterhielten uns über ein Thema, das uns unterwegs eingefallen war. Damit nun unser Gespräch nicht unvollendet bliebe, sondern wir erst hineingingen, wenn wir es zum Abschluss gebracht hätten, blieben wir auf dem Türvorplatz stehen und unterhielten uns, bis wir zu einer Übereinstimmung gekommen waren. Ich hatte den Eindruck, der Pförtner, ein Eunuch, hatte uns zugehört, und er scheint [*d*] wegen der Menge der Sophisten über diejenigen ärgerlich zu sein, die im Hause aus und ein gehen. Jedenfalls sagte er, als wir an die Tür geklopft und er geöffnet und uns erblickt hatte: „Ach, Sophisten! Der Herr hat keine Zeit." Und zugleich schlug er mit beiden Händen so heftig, wie er nur konnte, die Türe zu. Wir klopften noch einmal, und der gab – die Tür blieb dabei geschlossen – zur Antwort: „Leute, habt ihr nicht gehört, dass der Herr keine Zeit hat?" – „Aber mein Guter", sagte ich, „wir wollen weder zu Kallias, noch sind wir Sophisten. Lass gut sein! [*e*] Wir sind nämlich gekommen, musst du wissen, weil wir Protagoras treffen wollten; melde uns also an." Mit Mühe und Not öffnete uns der Kerl dann endlich die Tür.

Als wir hineingekommen waren, trafen wir Protagoras an, wie er im Säulengang hin- und herging, und neben und mit ihm gingen auf der einen Seite Kallias, der Sohn des Hipponikos, sein Halbbruder [*315a*] Paralos[5], der Sohn des Perikles, und Charmides[6], der Sohn des Glaukon, auf der anderen Seite der andere Sohn des Perikles, Xanthippos, Philippides[7], der Sohn des Philomelos, und Antimoiros aus Mende[8], welcher der angesehenste Schüler des Protagoras ist und mit dem Ziel bei ihm studiert, berufsmäßiger Sophist zu werden. Die hinter ihnen hergingen, wobei sie dem Gesprochenen zuhörten, schienen zumeist Auswärtige zu sein – Protagoras bringt sie aus jeder einzelnen Stadt, durch die er kommt, mit, sie wie Orpheus[9] mit seiner Stimme bezaubernd, [*b*] und die ziehen hinter ihm her, vom Zauber seiner Stimme ergriffen –, es waren aber auch einige Einheimische in seinem Gefolge. Der Anblick dieses

---

[5] Die Mutter der beiden hier genannten Söhne des athenischen Staatsmannes Perikles war in zweiter Ehe mit Kallias' Vater Hipponikos verheiratet. Die Söhne starben – wie auch Perikles selbst und noch vor ihm – an der großen Seuche des J. 429 v. Chr.

[6] Charmides (* 450 v. Chr. oder etwas später) war Platons Onkel, Bruder seiner Mutter Periktione. Er ist die Titelfigur des Dialogs *Charmides* und gehörte zu den 30 Tyrannen.

[7] Philippides ist Angehöriger einer wohlhabenden Familie. Für sein Bildungsinteresse spricht, dass er seinen Sohn in die Schule des Rhetors Isokrates schickte.

[8] Von diesem Schüler des Protagoras ist sonst nichts bekannt.

[9] Dieser mythische Sänger aus Thrakien galt als Sohn des Oiagros und der Muse Kalliope. Seinem Gesang wird eine große Wirkung zugeschrieben – selbst auf die belebte und die unbelebte Natur.

Gefolges bereitete mir ein besonderes Vergnügen, wie sorgfältig sie achtgaben, Protagoras niemals hinderlich vor die Füße zu kommen, sondern, sooft er selbst und seine Begleiter kehrtmachten, teilten sich die erwähnten Zuhörer wohlgeordnet nach beiden Seiten, gingen im Bogen herum und stellten sich jeweils hinten in Reih und Glied wieder auf.

‚Und nach diesem gewahrt' ich', sagte Homer,[10] Hippias aus Elis, [*c*] wie er im gegenüberliegenden Säulengang auf einem Stuhl saß. Um ihn herum saßen auf Hockern Eryximachos[11], der Sohn des Akumenos, Phaidros[12] aus dem Demos Myrrhinus, Andron[13], der Sohn des Androtion, sowie Auswärtige: Mitbürger von ihm und Leute anderswoher. Ihre Fragen an Hippias schienen sich auf die Natur und (speziell) die Himmelserscheinungen, irgendwelche astronomischen Probleme, zu beziehen, der aber gab auf seinem Stuhle sitzend jedem von ihnen Bescheid und ging die Fragen genau durch.

Und dann erst! ‚Ich erblickte' sogar ‚Tantalos'[14] – denn tatsächlich war [*d*] auch Prodikos aus Keos anwesend. Prodikos befand sich in einem Raum, den vordem Hipponikos als Vorratskammer verwendet hatte, jetzt aber Kallias wegen der Menge der Gäste leer geräumt und ebenfalls für die Fremden zu einer Unterkunft gemacht hat. Prodikos nun lag noch im Bett, eingehüllt in irgendwelche Felle und Decken, außerordentlich viele, wie es schien. Es saßen aber bei ihm auf den dabeistehenden Betten Pausanias[15] aus dem Demos Kerameis und zusammen mit Pausanias ein noch recht junger Bursche; er hat nach

---

[10] Od. 11, 601: „Nach diesem gewahrte ich die Gewalt des Herakles, …" (Übers. Schadewaldt).

[11] Eryximachos ist ein aus Platons *Symposion* (186e) bekannter Arzt. Wie er hier den Ausführungen des Hippias ‚Über die Natur' usw. zuhört, so hält er im *Symposion* eine ‚naturwissenschaftliche' Rede über den Eros (185eff.).

[12] Phaidros (* ca. 450 v. Chr.) ist die Titelgestalt des Dialogs *Phaidros*, im *Symposion* hält er die erste Rede auf den Eros (178aff.).

[13] Der hier genannte Andron ist möglicherweise identisch mit demjenigen Andron, der im J. 411 v. Chr. zu den Vierhundert gehörte. Nach Grg. 487cd war Andron mit Kallikles und anderen der Meinung, man solle sich der Philosophie ja nicht über ein gewisses zuträgliches Maß hinaus widmen.

[14] Od. 11, 582: „Und weiter sah ich Tantalos in harten Schmerzen, …" (Übers. Schadewaldt).

[15] Pausanias ist ebenfalls ein Teilnehmer des *Symposion*, wo der „Liebhaber des Dichters Agathon" (Xenophon, symp. 8, 32) eine Rede auf den Eros hält, die zum Preis der homoerotischen Liebe gerät (181aff.), die ein Leben lang bestehe (181d4f.).

meiner Einschätzung [*e*] treffliche Anlagen, jedenfalls ist er aber ausnehmend schön. Ich glaube, gehört zu haben, dass er Agathon[16] heißt, und es sollte mich nicht wundern, wenn er tatsächlich der Liebling des Pausanias ist. Der Junge war da, und die beiden Adeimantos[17], der Sohn des Kepis und der des Leukolophides, und einige andere waren zu sehen. Worüber sie sich aber unterhielten, konnte ich von außen nicht verstehen, obwohl ich ganz begierig war, Prodikos zu hören – denn hochweise scheint mir der Mann [*316a*] zu sein und göttlich –, aber wegen seiner Bassstimme entstand in dem Raum ein Dröhnen und machte das Gesprochene undeutlich.

Wir waren gerade hineingegangen, da kamen nach uns noch Alkibiades der Schöne, wie du sagst und ich gern glauben will, und Kritias, der Sohn des Kallaischros, herein.

Als wir nun hineingegangen waren, verweilten wir noch kurze Zeit und sahen uns das Treiben an, dann gingen wir zu Protagoras, [*b*] und ich sagte: „Protagoras, du bist es, zu dem ich und Hippokrates, der hier vor dir steht, gekommen sind.“ – „Mit dem Wunsche“, sagte er, „mich allein zu sprechen oder auch in Gegenwart der anderen?“ – „Uns ist das gleich“, sagte ich, „sieh selbst zu, wenn du gehört hast, weswegen wir gekommen sind.“ – „Was ist es denn nun“, sagte er, „weswegen ihr gekommen seid?“ – „Hippokrates ist ein Athener, der Sohn Apollodors, aus einem bedeutenden und wohlhabenden Hause; er selbst kann es, wie man glaubt, in dem, was er von Natur aus mitbringt, mit seinen Altersgenossen aufnehmen. Sein Streben ist aber nach meinem Eindruck darauf gerichtet, [*c*] in der Stadt Ansehen zu gewinnen, und dies glaubt er am ehesten erreichen zu können, wenn er dein Schüler würde. Das also bedenke du nunmehr, ob du glaubst, in dieser Angelegenheit allein nur mit uns sprechen zu sollen oder in Gegenwart von anderen.“

„Zu Recht“, sagte er, „machst du dir Gedanken um mich, Sokrates. Denn ein Mann, der von auswärts kommt, in bedeu-

---

[16] Agathon (ca. 448/47–ca. 401/00 v. Chr.) war neben Aischylos, Sophokles und Euripides einer der bedeutendsten Tragiker in Athen. Aus Anlass von dessen erstem Sieg beim tragischen Agon am Lenäen-Fest des J. 416 v. Chr. lässt Platon sein *Symposion* in Agathons Haus stattfinden.

[17] Über den Sohn des Kepis ist nichts weiter bekannt. Der Sohn des Leukolophides war 415 v. Chr. zusammen mit Alkibiades in den Mysterienprozess verwickelt und später mehrfach Stratege.

tende Städte geht und in diesen von den jungen Leuten die besten dazu gewinnt, die Zusammenkünfte mit den anderen, mit Angehörigen und Fremden, mit Älteren und Jüngeren, aufzugeben und Schüler von ihm zu sein, um tüchtiger zu werden aufgrund des Zusammenseins mit ihm [*d*] – wer das tut, muss auf der Hut sein. Denn nicht gering ist das Übelwollen, das dabei entsteht, und feindliche Einstellungen anderer Art und Nachstellungen. Ich behaupte nun, dass das Metier des Sophisten zwar alt ist, dass aber diejenigen von den Alten, die es ausübten, sich, weil sie die damit verbundenen Unannehmlichkeiten scheuten, einen Vorwand und Deckmantel geschaffen haben, die einen die Dichtung, wie Homer[18] und Hesiod[19] sowie Simonides[20], andere dagegen rituelle Handlungen und Orakelsprüche, nämlich die Anhänger des Orpheus und des Musaios[21]; einige sogar, wie ich bemerkt habe, die Gymnastik, wie z.B. Ikkos aus Tarent[22] und [*e*] Herodikos aus Selymbria – ursprünglich aus Megara –[23], der heute noch tätig ist und es mit jedem Sophisten aufnimmt. Die Musik benutzte euer Agathokles[24] als Deckmantel, ein bedeutender Sophist, und Pythokleides von

[18] Homer galt seinen Bewunderern aufgrund seines ihm zugeschriebenen umfassenden Wissens als Erzieher Griechenlands; vgl. Aristophanes, ran. 1036; Platon, R. 598d7–e2; 606e1–5.

[19] Der archaische Dichter Hesiod ist vor allem wegen seiner Lehrgedichte *Theogonie* und *Werke und Tage* hier einschlägig. Vgl. auch Aristophanes, ran. 1034.

[20] Der Elegiker, Epigrammatiker und Lyriker Simonides aus Iulis auf Keos (ca. 556–468 v. Chr.) wird hier wohl vor allem wegen seiner ethischen Reflexionen genannt, wofür das im *Protagoras* (338e6ff.) behandelte Gedicht (fr. 542 PMG) ein Beispiel ist.

[21] Zu Orpheus vgl. o. S. 8 Anm. 9. Musaios galt als Sohn des Antiphemos und der Mondgöttin Selene. Zu den Orpheus und Museaisos von Platon zugeschriebenen Lehren vgl. bes. Aristophanes, ran. 1032f.; Platon, R. 364e3–365a3 (in einem Kontext, der die Erlösungslehren der beiden als höchst problematisch erscheinen lässt).

[22] Ein Sieger im Fünfkampf in Olympia (vielleicht 476 v. Chr.), der später als bester Sportlehrer seiner Zeit galt.

[23] Herodikos war ein Sportlehrer, der für seine rigiden Anordnungen geradezu sprichwörtlich war (Phdr. 227d). Er erfand, wie Platon ironisch beschreibt, eine Verbindung von Gymnastik und Medizin, mit der er seinen Tod bis ins Greisenalter hinauszögerte (ohne sich von seiner tödlichen Krankheit heilen zu können) und mit der er viele andere gequält habe (R. 406a7ff.).

[24] Der Athener Agathokles war Schüler des Pythokleides und wird als Lehrer des Musiktheoretikers Damon und des Dichters Pindar genannt.

Keos[25] sowie viele andere. Diese alle gebrauchten aus Furcht, wie gesagt, Ressentiments zu erregen, diese Künste zur Verschleierung. Ich aber [*317a*] bin mit diesen allen in diesem Punkt nicht einer Meinung; denn ich glaube, dass sie keineswegs erreichten, was sie wollten – es gelang ihnen nämlich, wie ich meine, nicht, vor den Leuten in den Städten verborgen zu bleiben, auf die es ankommt, was doch das Ziel dieser Verschleierung ist. Denn die Masse merkt sozusagen nichts, sondern was die Führenden jeweils verkünden, das führt sie im Munde. – Beim Davonlaufen also nicht entkommen zu können, sondern von jedermann gesehen zu werden, ist schon als Versuch sehr töricht [*b*] und führt notwendig dazu, dass man sich die Menschen zu noch ärgeren Feinden macht; denn sie glauben, dass so jemand außerdem auch noch verschlagen sei. Folglich habe ich genau den entgegengesetzten Weg eingeschlagen wie diese: Ich gebe zu, ein Sophist zu sein, d.h. Menschen zu erziehen, und als Vorsichtsmaßnahme halte ich dies für besser als jenes, nämlich es lieber zuzugeben als abzuleugnen. Und dazu noch habe ich auch für andere Vorkehrungen gesorgt, so dass mein Eingeständnis, Sophist zu sein, mich – unberufen – in keine schlimme Lage brachte. [*c*] Und dabei übe ich meinen Beruf schon viele Jahre aus; ist doch auch die Zahl meiner Jahre insgesamt hoch: keiner unter euch allen, dessen Vater ich nicht von meinem Alter her sein könnte. Daher ist es mir bei weitem am angenehmsten, wenn ihr wollt, über diese Dinge in Gegenwart von allen, die hier drinnen sind, die Unterredung zu führen."

Und ich – mir war nämlich der Verdacht gekommen, er wolle vor Prodikos und Hippias damit angeben und sich damit schmücken, dass wir als Anhänger von ihm gekommen seien [*d*] – ich sagte: „Lasst uns doch Prodikos und Hippias rufen und diejenigen, die bei ihnen sind, damit sie uns zuhören." – „Auf jeden Fall", sagte Protagoras. – „Sollen wir nun", sagte Kallias, „eine Sitzgelegenheit herrichten, damit ihr euch im Sitzen unterhalten könnt?" – Das schien uns angebracht. Und gern fassten wir alle, um weise Männer zu hören, auch selbst bei den Hockern und Liegen mit an und arrangierten sie bei Hippias – dort waren nämlich die Hocker bereits vorhanden; währenddes-

[25] Der Musiker Pythokleides soll Lehrer des Perikles gewesen sein und galt als Erfinder der mixolydischen Weise.

sen kamen Kallias und Alkibiades [*e*] mit Prodikos – sie hatten ihn dazu gebracht, von seinem Bett aufzustehen – und denen, die bei Prodikos waren.

Als wir uns alle zusammen hingesetzt hatten, sagte Protagoras: „Jetzt, nachdem auch diese hier dabei sind, Sokrates, könntest du ausführen, was du kurz vorher mir gegenüber erwähnt hast, indem du für deinen jungen Freund sprachst.“ [*318a*] Und ich sagte: „Protagoras, in der Angelegenheit, derentwegen ich gekommen bin, beginne ich genauso wie eben: Hippokrates hat den entschiedenen Wunsch, dein Schüler zu werden. Was nun für ihn herauskommen wird, wenn er dein Schüler ist, das, so sagt er, erführe er gern. Soweit das, was wir zu sagen haben.“

Da nahm Protagoras das Wort und sagte: „Nun, junger Mann, wenn du mein Schüler bist, wirst du an dem Tag, an dem du zu mir gekommen bist, besser geworden nach Hause gehen können, und am folgenden Tage wird es genauso sein; und jeden Tag wirst du jeweils zum Besseren hin Fortschritte machen.“

[*b*] Als ich das gehört hatte, sagte ich: „Protagoras, da sagst du nichts Erstaunliches, sondern etwas, das man erwarten muss; denn auch du würdest, obwohl du ein solches Alter hast und so weise bist, wohl besser werden, wenn dich einer in einem Gebiet belehrte, worin du dich gerade einmal nicht auskennst. Doch nicht so (solltest du antworten), sondern nach Art folgender Beispiele: Nimm an, Hippokrates änderte auf einmal seinen Wunsch und wäre darauf aus, Schüler bei diesem jungen Mann zu werden, der jetzt seit kurzem bei uns im Lande ist, bei Zeuxippos aus Herakleia[26]; er käme zu ihm wie zu dir jetzt, [*c*] hörte von ihm ebendasselbe wie von dir, dass er jeden Tag, wenn er bei ihm sei, besser werde und Fortschritte mache; wenn er ihn weiter befragte: ‚Worin denn, meinst du, besser werden und in welcher Hinsicht Fortschritte machen?‘, würde ihm Zeuxippos antworten: ‚In der Malerei‘. Und wenn er Schüler bei Orthagoras aus Theben[27] würde, von ihm ebendasselbe wie von

[26] Zeuxippos ist wohl identisch mit dem berühmten, oft als exemplarischem Vertreter der Malkunst genannten Maler Zeuxis aus Herakleia, den Platon Grg. 453c6 erwähnt. Sein Wirken fällt etwa in das letzte Drittel des 5. Jh.s v. Chr.

[27] Orthagoras wird als Lehrer des thebanischen Heerführers und Politikers Epameinondas im Schalmeienspiel genannt.

dir hörte und ihn weiter befragte, worin er täglich besser werde, wenn er sein Schüler sei, würde Orthagoras antworten: ‚Im Spielen der Schalmei'. Eben in dieser Weise antworte auch du meinem jungen Freund und mir, [*d*] der ich für ihn frage: In welcher Hinsicht und auf welchem Gebiet, Protagoras, wird Hippokrates, wenn er Schüler des Protagoras geworden ist, an dem Tage, an dem er zu ihm gekommen ist, besser geworden nach Hause gehen und an jedem einzelnen anderen Tag ebenso Fortschritte machen?"

Als Protagoras das von mir gehört hatte, sagte er: „Du stellst eine gute Frage, Sokrates, und ich antworte denen gern, die gute Fragen stellen: Wenn Hippokrates zu mir gekommen ist, wird es ihm nicht so ergehen, wie es ihm ergangen wäre, wenn er Schüler bei einem beliebigen anderen Sophisten geworden wäre. Denn die anderen behandeln die jungen Leute schlecht: [*e*] Die den Fachunterricht hinter sich gelassen haben, bringen sie gegen ihren Willen wieder dahin zurück und stecken sie wieder in die Einzelfächer, indem sie ihnen Arithmetik, Astronomie, Geometrie und Musik beibringen" – und dabei richtete er seinen Blick auf Hippias –, „wenn er aber zu mir kommt, wird er nur das lernen, weswegen er gekommen ist. Gegenstand des Unterrichts ist Gut-beraten-Sein (*euboulia*) in häuslichen Angelegenheiten, wie man am besten sein eigenes Haus verwalten könne, [*319a*] und in öffentlichen, wie man bei Angelegenheiten des Gemeinwesens im Handeln wie im Reden möglichst geschickt sei."

„Verstehe ich deine Ausführungen recht?", sagte ich. „Du scheinst mir nämlich das die Tätigkeit eines Bürgers betreffende Fachwissen (*politikē technē*) zu meinen und zu versprechen, tüchtige Bürger zu schaffen."

„Genau das ist in der Tat die Profession, Sokrates, für die ich mich kompetent erkläre", sagte er.

„Wirklich", sagte ich, „ein tolles Kunststück beherrschst du da, wenn du es denn beherrschst; mit dir werde ich nämlich ganz offen sprechen: Denn ich war nicht der Auffassung, Protagoras, dass das lehrbar sei. [*b*] Wenn du es aber sagst, sehe ich nicht, wie ich dir nicht glauben soll. Warum ich aber der Ansicht bin, dass es nicht lehrbar sei, und die Auffassung ablehne, es könne von Menschen an Menschen vermittelt werden, bin ich verpflichtet zu sagen: Ich behaupte, wie auch die anderen Griechen, dass die Athener kluge Leute sind. Nun beobachte ich

Folgendes: Sooft wir zur Versammlung zusammengekommen sind, lässt man, wenn die Stadt auf dem Gebiet des Hausbaus etwas unternehmen muss, die Baumeister als Berater hinsichtlich der Bauten holen, wenn es um Schiffsbau geht, die Schiffsbauer, und in allen anderen Fällen entsprechend, [*c*] bei denen sie glauben, dass es sich um lern- und lehrbare Sachverhalte handle. Wenn aber ein anderer versucht, ihnen zu raten, den sie nicht für einen Fachmann halten, akzeptieren sie ihn, auch wenn er ausnehmend gut aussieht, reich ist und eine vornehme Herkunft hat, trotzdem nicht, sondern lachen ihn aus und machen Lärm, bis derjenige, der eine Rede halten will, niedergeschrien entweder selbst (von der Rednertribüne) geht oder die Ordnungshüter ihn auf Geheiß der Prytanen[28] wegzerren {oder entfernen}. Bei den Dingen also, von denen sie glauben, sie gehörten in den Bereich von Fachkenntnissen, verfahren sie so; sobald aber ein Beschluss gefasst werden muss über Angelegenheiten der [*d*] Staatsverwaltung, tritt ihnen als Ratgeber darüber unterschiedslos auf, sei es Zimmermann, sei es Schmied, Schuster, Kaufmann, Schiffseigner, Reich, Arm, Hoch, Niedrig, und denen wirft niemand vor wie den zuvor Genannten, dass sie, ohne es irgendwoher gelernt zu haben, ohne auch nur irgendeinen Lehrer vorweisen zu können, dennoch versuchten zu raten. Denn offensichtlich halten sie das nicht für lehrbar.

Und nicht nur bei den Angelegenheiten der staatlichen Gemeinschaft [*e*] verhält es sich so, sondern auch im privaten Bereich sind bei uns die gescheitesten und tüchtigsten Bürger nicht in der Lage, diejenige Tüchtigkeit (*aretē*)[29], über die sie verfügen, anderen zu vermitteln. Denn Perikles, der Vater dieser jungen Männer hier, ließ sie auf den Gebieten, wofür es Lehrer gab, sehr gut erziehen; [*320a*] worin er aber selbst kundig ist, erzieht er sie weder selbst noch vertraut er sie einem anderen an, sondern sie gehen auf sich gestellt hierhin und dorthin, wie herrenlose Tiere auf der Weide, ob sie vielleicht einfach so auf die Tüchtigkeit (*aretē*) stießen. Nimm meinetwegen auch Kleinias, den jüngeren Bruder von Alkibiades: Ebenderselbe Mann, Perikles, ist sein Vormund; er war in Sorge um ihn,

[28] Prytanen hießen die Mitglieder des geschäftsführenden Ausschusses der Ratsversammlung (*boulē*). Auch Sokrates war einmal Prytan.

[29] Zur Übersetzung des Begriffs vgl. unten S. 85 Anm. 25.

dass er – ausgerechnet – von Alkibiades verdorben würde, entfernte ihn von ihm, brachte ihn im Hause des Ariphron[30] unter und ließ ihn dort erziehen. Und vor Ablauf von sechs Monaten gab ihn Ariphron dem Perikles zurück, weil er nicht wusste, was er mit ihm anstellen sollte. [*b*] Noch sehr viele andere könnte ich dir nennen, die – selbst tüchtig – niemanden jemals besser gemacht haben, weder einen Angehörigen noch einen Fremden. Wenn ich also diese Beispiele betrachte, Protagoras, glaube ich nicht, dass Tüchtigkeit (Gut-Sein) etwas Lehrbares ist; da ich aber dich das habe behaupten hören, beuge ich mich und glaube, an deiner Behauptung sei etwas daran; denn ich bin der Auffassung, dass du vieles aus Erfahrung kennst, dir viel Wissen angeeignet und auch eigene Entdeckungen gemacht hast.

Wenn du nun in der Lage bist, uns deutlicher aufzuzeigen, [*c*] dass die Tüchtigkeit (das Gut-Sein) etwas Lehrbares ist, dann enthalte uns das nicht vor, sondern zeige es auf."

„Aber gewiss, Sokrates, werde ich euch das nicht vorenthalten", sagte er. „Indes, soll ich es euch aufzeigen, indem ich, wie ein Älterer Jüngeren, eine Geschichte erzähle oder indem ich Punkt für Punkt eine Erörterung anstelle?"

Da antworteten viele von denen, die dabeisaßen, er solle so verfahren, wie immer er wolle. „Dann", sagte er, „ist es, wie ich glaube, reizvoller, euch eine Geschichte zu erzählen:

Es gab einmal eine Zeit, als schon Götter existierten, es sterbliche Wesen aber nicht gab. [*d*] Als aber auch für diese die festgesetzte Zeit ihrer Entstehung gekommen war, formten Götter sie im Erdinnern aus einem Gemisch von Erde und Feuer und allen Stoffen, die sich mit Feuer und Erde verbinden lassen. Und als die Götter so weit waren, sie ans Licht zu bringen, trugen sie Prometheus und Epimetheus[31] auf, sie vollends auszustatten, und einer jeden Art die passenden Mittel zur Lebenserhaltung zuzuteilen. Epimetheus bat Prometheus, ihm das Zuteilen zu überlassen. ‚Wenn ich zugeteilt habe', sagte er,

---

[30] Ariphron war Bruder des Perikles.

[31] Nach Hesiod sind Prometheus (‚Vorbedacht') und Epimetheus (‚Nachbedacht') Söhne des Titanen Iapetos und der Okeanostochter Klymene. Sie werden außer durch ihre Namen auch durch entsprechende Epitheta in ihren intellektuellen Fähigkeiten charakterisiert; vgl. theog. 507–616, bes. 510f.; erg. 47ff., bes. 85–89.

‚dann besieh dir das Ergebnis.' Und so überredete er ihn und nahm die Zuteilung vor. Und beim Zuteilen gab er den einen Stärke ohne Schnelligkeit, [*e*] die Schwächeren aber stattete er mit Schnelligkeit aus; andere rüstete er mit Mitteln aus, sich zu wehren; wieder anderen aber gab er eine wehrlose Konstitution und ersann ihnen ein anderes Potential zur Erhaltung (ihrer Art). Welche von ihnen er nämlich mit kleiner Gestalt versah, denen wies er die Möglichkeit, durch Fliegen zu entkommen, oder eine unterirdische Behausung zu; welchen er aber den Vorzug der Größe gab, deren Existenz bewahrte er ebendadurch; [*321a*] und indem er auch bei den übrigen in dieser Weise einen Ausgleich herstellte, nahm er die Verteilung vor. Und diese Dinge ersann er aus Vorsicht, dass nicht eine Art vernichtet werde.

Nachdem er ihnen die Mittel, gegenseitiger Vernichtung zu entkommen, verschafft hatte, schuf er ihnen einen Schutz gegen die jahreszeitliche Witterung: Er umhüllte sie mit dichter Behaarung und fester Haut, einerseits geeignet, Kälte, andererseits tauglich, auch Hitze abzuwehren, auch sollten ihnen Behaarung und Haut, wenn sie sich zur Lagerstätte begäben, zugleich als einem jeden eigene und von Natur aus zugehörige Unterlage (und Bedeckung) dienen; [*b*] und er beschuhte die einen mit Hufen, die anderen mit {Haaren und} harten, blutlosen Häuten.

Danach verschaffte er den einzelnen Arten je andere Nahrung, den einen Weidefutter, wie es auf der Erde wächst, den anderen Baumfrüchte, wieder anderen Wurzeln. Und manchen gab er als Nahrung andere Tiere zum Fraß. Und den einen gab er nur geringe Fruchtbarkeit, denen aber, die von diesen vertilgt werden, große, und sicherte ihrer Art so das Überleben.

Weil er ja nun nicht besonders klug war, entging es Epimetheus, [*c*] dass er die Mittel zur Lebenserhaltung für die vernunftlosen Wesen aufgebraucht hatte. Folglich war ihm das Menschengeschlecht noch unausgestattet übrig, und er war ratlos, was er mit ihm anfangen sollte. Als er ratlos war, kam Prometheus zu ihm, um die Verteilung in Augenschein zu nehmen, und er sah, dass die übrigen Lebewesen passend mit allem versehen waren, der Mensch aber nackt, ohne Schuhe, ohne Bettzeug, ohne Wehr. Es war auch bereits der festgesetzte Tag da, an dem auch der Mensch aus der Erde ans Licht heraustreten musste. Da Prometheus nun keinen Ausweg sah, wie er für den Menschen ein Mittel zur Lebenserhaltung fände, [*d*] stahl er Hephaistos' und Athenas[32] technisches Können zusammen mit dem Feuer – denn es war unmöglich, dass es ohne Feuer von jemand hätte erworben oder ihm hätte nützlich werden können – und schenkte es so dem Menschen. Die Kenntnisse nun, die man für das physische Leben braucht, erhielt der Mensch auf diese Weise, über diejenigen für die staatliche Gemeinschaft verfügte er aber nicht; sie waren in der Obhut des Zeus. Prometheus war es nicht mehr möglich, in die Burg, den Wohnsitz des Zeus, hineinzugelangen – hinzu kam auch, dass die Wächter des Zeus[33] furchterregend waren –, in das gemeinsame Haus von Athena und Hephaistos, [*e*] worin die beiden ihrer Kunst nachgingen, konnte er aber heimlich gelangen. Er stahl die auf dem Gebrauch von Feuer beruhende Kunstfertigkeit des Hephaistos und die andere der Athena und gab sie dem Menschen. Und infolgedessen verfügt der Mensch reichlich über Mittel zur Bewältigung des [*322a*] Lebens; Prometheus aber ereilte, wie erzählt wird, wegen (des Versagens des) Epimetheus später die Strafe für seinen Diebstahl.

Sobald der Mensch am Göttlichen Anteil bekommen hatte, kam er zuerst wegen seiner Verwandtschaft mit den Göttern als einziges Lebewesen zum Glauben an Götter und ging daran, Altäre und Götterbilder zu errichten. Sodann machte er mit Hilfe seiner Kunstfertigkeit in kurzer Zeit seine Stimme artikuliert und brachte Bezeichnungen hervor, und wie man Häuser baut, Bekleidung, Schuhwerk und Bettzeug herstellt und wie man Nahrungsmittel durch Bestellung des Bodens gewinnt, fand er heraus. Auf dieser Stufe der Entwicklung lebten die Menschen [*b*] anfangs zerstreut, Städte gab es nicht. So kam es, dass sie durch wilde Tiere zugrunde gingen, weil sie in jeder Hinsicht schwächer waren als diese, und ihre praktischen Fertigkeiten waren ihnen zwar für das Gewinnen von Nahrung eine zureichende Hilfe, für den Kampf gegen die wilden Tiere aber

---

[32] Schon in der *Odyssee* werden Hephaistos und Athena zusammen genannt als die für das handwerkliche Geschick zuständigen Götter (6,233; 23,160). Im *Protagoras* wird im Folgenden (321e) die auf Feuer beruhende Kunst des Hephaistos – seit der *Ilias* der Schmied par excellence (z.B. 18,468ff.) – von derjenigen der Athena, die traditionell mit den handwerklichen Tätigkeiten der Frauen verbunden ist (vgl. z.B. Od. 2,116f.; 7,109–111), geschieden.

[33] Gemeint sind Kratos (‚Stärke') und Bia (‚Gewalt'). Vgl. Hesiod, theog. 385ff.; [Aischylos], Prom. 1ff.

unzureichend – denn über die Fähigkeit, sich staatlich zu organisieren (*politikē technē*), wovon die Kriegskunst ein Bestandteil ist, verfügten sie noch nicht. So suchten sie denn eine Gemeinschaft zu bilden und sich durch die Gründung von Städten zu behaupten. Sooft sie sich nun zusammengefunden hatten, schädigten sie (jedesmal) einander, weil sie die Fähigkeit, in Gemeinschaft zu leben (*politikē technē*), nicht besaßen, so dass sie – wieder getrennt – (jeweils) der Vernichtung anheimgegeben waren. [*c*] Da geriet Zeus in Besorgnis um unser Geschlecht, dass es vollständig zugrunde gehe, und schickte Hermes[34] zu den Menschen mit ‚Respektierung des anderen' (*aidōs*) und ‚rechtlichem Verhalten' (*dikē*), damit die Ordnung der Städte auf ihnen beruhe und sie als freundschaftsstiftende Bande dienten. Da fragte Hermes Zeus, auf welche Weise er nun rechtliches Verhalten und Respektierung des anderen den Menschen geben solle: ‚Soll ich, wie die fachlichen Fertigkeiten verteilt sind, so auch diese zuteilen? Sie sind folgendermaßen verteilt: Ein Einziger, der die Heilkunst beherrscht, ist genug für viele Nichtfachkundige, und bei den anderen Fachleuten verhält es sich ebenso. Soll ich also auf diese Weise auch rechtliches Verhalten und Respektierung des anderen [*d*] unter die Menschen bringen, oder soll ich sie unter alle verteilen?' ‚Unter alle', sagte Zeus, ‚und alle sollen daran teilhaben; es könnten nämlich Städte nicht entstehen, wenn nur wenige daran teilhätten wie an anderen Fähigkeiten. Und gib in meinem Namen ein Gesetz, dass man jeden, der nicht in der Lage ist, an der Respektierung des anderen und rechtlichem Verhalten teilzuhaben, töten soll als ein Unheil für die Stadt.'

Daher, Sokrates, und deswegen sind die Bürger anderer Städte und (vor allem) die Athener der Ansicht, sooft es um die Frage geht, was gut und richtig in einer Angelegenheit des Zimmerhandwerks (*aretē tektonikē*) oder in einem anderen Fachgebiet sei, hätten nur wenige darauf Anspruch, einen Rat zu geben, und, wenn [*e*] einer außerhalb des Kreises dieser wenigen einen Rat erteilen will, lassen sie sich das nicht gefallen, wie du sagst – zu Recht, wie ich hinzufüge. Sooft sie aber in eine Beratung darüber eintreten, [*323a*] was gut und richtig sei in einer Angelegenheit des Gemeinwesens (*politikē aretē*),

---

34 Hermes fungiert hier in der seit den homerischen Epen bekannten (vgl. Il. 24,333ff.; Od. 1,38; 5,29ff.) Rolle des Götterboten.

was ganz auf rechtlichem Verhalten und Selbstbescheidung beruhen muss, akzeptieren sie zu Recht jedermann, weil an dieser Form des Gut-Seins teilzuhaben sich für jedermann gehöre, sonst könnten Städte nicht bestehen. Das, Sokrates, ist der Grund dafür.

Damit du aber nicht glaubst getäuscht zu werden: Dafür, dass tatsächlich alle Menschen der Ansicht sind, jedermann habe teil an rechtlichem Verhalten und der sonstigen Haltung eines guten Bürgers (*politikē aretē*), nimm als Beweis noch Folgendes hinzu: Bei den anderen Formen des Tüchtig- und Gut-Seins lacht man, wie du sagst, einen aus oder ist ungehalten, wenn einer behauptet, ein guter Schalmeienspieler zu sein oder sonst in einer Fertigkeit gut, wenn er es darin nicht ist, [*b*] und seine Angehörigen kommen zu ihm und weisen ihn zurecht wie einen Verrückten. Anders beim rechtlichen Verhalten und der sonstigen Haltung eines guten Bürgers (*politikē aretē*): Obwohl man weiß, dass jemand ungerecht ist, hält man, wenn er selbst von sich in Gegenwart von vielen die Wahrheit sagt, was in den zuvor genannten Fällen als gesunder Menschenverstand (*sōphrosynē*) galt, nämlich die Wahrheit zu sagen, jetzt für Verrücktheit, und man sagt, alle müssten behaupten, gerecht zu sein, ob sie es nun seien oder nicht; vielmehr wer nicht (wenigstens) so tut, als sei ihm gerechtes Verhalten eigen, der müsse verrückt sein; denn notwendig [*c*] müsse jeder irgendwie an ihm teilhaben, sonst könne er kein Mitglied der menschlichen Gemeinschaft sein.

Dass man also jedermann als Berater darüber, was in diesem Bereich gut und richtig ist (*aretē*), zu Recht akzeptiert, weil man der Ansicht ist, jeder habe Anteil an dieser Form des Gut-Seins, darüber hatte ich das zu sagen; dass man aber glaubt, sie sei nicht von Natur aus vorhanden und (ergebe sich) auch nicht von selbst, sondern sei etwas Lehrbares und werde jedem durch Bemühung zuteil, wenn sie ihm zuteil werde, das werde ich dir im Anschluss daran zu beweisen suchen: Bei allen Mängeln, bei denen die Menschen voneinander glauben, sie hätten sie [*d*] von Natur aus oder durch Fügung des Geschicks, zürnt niemand denen, die damit behaftet sind, oder weist sie zurecht oder belehrt oder bestraft sie, damit sie eine derartige Eigenschaft ablegen, sondern man bedauert sie. Wer wäre so töricht, dass er versuchte, z.B. gegenüber den Hässlichen oder Kleinwüchsigen oder Schwachen eine von diesen Maßnahmen zu ergreifen? Dass nämlich diese Dinge, d.h. was eine ansehnliche Erscheinung ausmacht und das Gegenteil davon, für den Menschen von Natur aus und durch Fügung des Geschicks zustande kommen, das weiß man, wie ich glaube. Dagegen all die guten Eigenschaften, von denen man meint, sie würden den Menschen durch Bemühung, Übung und Lehre zu eigen: [*e*] Wenn einer diese Eigenschaften nicht hat, sondern die ihnen entgegengesetzten schlechten, sind sie, meine ich, der Grund, dass es zu den Zornesausbrüchen, Bestrafungen und Zurechtweisungen kommt. Von den schlechten Eigenschaften ist eine die Ungerechtigkeit und die Gottlosigkeit und [*324a*] zusammengenommen alles, was der Haltung eines guten Bürgers (*politikē aretē*) entgegengesetzt ist. Das ist das Gebiet, auf dem jeder über den anderen aufgebracht ist und ihn zurechtweist, selbstverständlich weil man der Meinung ist, das gute Verhalten könne durch Bemühung und Lernen erworben werden.

Wenn du nämlich bedenken willst, Sokrates, was die Bestrafung der Übeltäter eigentlich bedeutet, wird dich die Sache selbst darüber belehren, dass Menschen das Gut-Sein für etwas Vermittelbares halten. Denn niemand bestraft die Übeltäter im Hinblick darauf und aus dem Grund, dass einer Unrecht getan hat, es sei denn, er [*b*] rächt sich unüberlegt wie ein Tier; wer aber mit Überlegung beabsichtigt zu strafen, der übt nicht wegen der vergangenen Unrechtstat Vergeltung – denn die Tat könnte er nicht ungeschehen machen –, sondern um der (eventuell) bevorstehenden willen, damit weder der Täter selbst noch ein anderer, der gesehen hat, wie dieser bestraft wurde, wiederum ein Unrecht begeht. Und wenn der Strafende eine derartige Absicht hat, dann glaubt er, dass Gut-Sein anerzogen werden kann; jedenfalls straft er der Abschreckung wegen. Diese Auffassung haben alle, die [*c*] Vergeltung üben, sei es von sich aus, sei es in staatlicher Funktion. Und es üben die übrigen Menschen Vergeltung und strafen, wen sie für Übeltäter halten, und vor allem die Athener, deine Mitbürger. Daher gehören nach dieser Argumentation auch die Athener zu denjenigen, welche Gut-Sein für etwas Vermittel- und Lehrbares halten.

Dass also deine Mitbürger mit Recht Schmiede und Schuster zur Beratung in Staatsangelegenheiten zulassen und dass sie Gut-Sein für etwas Lehr- und Vermittelbares halten, habe ich dir, Sokrates, meines Erachtens hinreichend bewiesen. [*d*] Bleibt noch das Problem, das du hinsichtlich der führenden Persönlichkeiten hast, warum denn diese fähigen Leute auf den übrigen Gebieten, für die es Lehrer gibt, ihre Söhne unterrichten und bilden lassen, worin (*aretē*) sie aber selbst sich auszeichnen, es nicht dahin bringen, dass ihre Söhne darin vor irgendeinem beliebigen anderen etwas voraushaben. Darüber nun, Sokrates, werde ich dir keine Geschichte mehr erzählen, sondern eine Erörterung vortragen. Bedenke es folgendermaßen: Gibt es e i n e bestimmte Eigenschaft, oder gibt es sie nicht, an der notwendig alle Bürger teilhaben müssen, [*e*] wenn überhaupt ein Gemeinwesen existieren soll? Denn nur von der Entscheidung dieser Alternative und von nichts sonst hängt die Lösung des Problems ab, das du hast. Wenn diese Eigenschaft nämlich existiert, und diese eine nicht die Fertigkeit des Zimmermannes, Schmiedes oder Töpfers ist, [*325a*] sondern rechtliches Verhalten, Selbstbescheidung und Fromm-Sein, und in eines zusammengefasst nenne ich sie das Gut-Sein des Menschen – wenn es das ist, woran alle teilhaben müssen und das im Handeln von jedermann, wenn man überhaupt etwas lernen oder tun will, mitgegeben sein muss, ohne das man aber nicht handeln darf, andernfalls, wer nicht daran teilhat, belehrt und bestraft werden muss, sei es Kind, Mann oder Frau, bis er durch die Bestrafung sich gebessert hat, wer aber trotz Bestrafung und Belehrung nicht folgt, als unheilbar [*b*] aus den Städten zu verbannen oder zu töten ist – wenn es sich einerseits in der dargelegten Weise verhält und wenn andererseits trotz des derartigen Charakters dieser Eigenschaft die führenden Leute ihre Söhne auf den anderen Gebieten bilden lassen, darin aber nicht: Bedenke, ein wie unbegreifliches Verhalten die Führungsschicht dann an den Tag legt. Denn dass sie diese Eigenschaft für lehrbar halten im privaten wie im öffentlichen Leben, haben wir bewiesen. Obwohl sie aber lehrbar und durch Erziehung beizubringen ist, sollten sie ihre Söhne auf den anderen Gebieten unterweisen lassen, bei denen, wenn sie sich darin nicht auskennen, nicht die Todesstrafe folgt, wofür aber – bei ihren eigenen Söhnen! – die Strafe in Tod oder Verbannung besteht, wenn diese es nicht gelernt haben [*c*] und nicht zum Gut-Sein erzogen worden sind, und außer dem Tod in Einzug des Vermögens und, um es in einem Wort zusammenzufassen, im Ruin des Hauses, in diesen Dingen sollten sie sie nicht unterweisen lassen und nicht jegliche Sorge aufwenden? Gewiss tun sie das, Sokrates.

Angefangen von der frühesten Kindheit bis zum Ende ihres Lebens erzieht man die Menschen und weist sie zurecht. Kaum dass ein Kind verstehen kann, was man ihm sagt, bemühen sich Amme, Mutter, Betreuer und der Vater selbst [*d*] entschieden darum, dass es möglichst gut wird, indem sie bei jeder Tat und jedem Wort lehren und zeigen: Das eine ist gerecht, das andere ungerecht, dies gut, das schändlich, dies gottgefällig, das gottlos, das eine tu, das andere nicht! Und wenn es freiwillig gehorcht (dann ist es in Ordnung); wenn aber nicht, bringen sie es wie einen Stamm (eines jungen Baumes), wenn er sich krümmt und biegt, mit Drohungen und Schlägen auf den rechten Weg.

Später schicken sie es in die Schule und beauftragen die Lehrer, sich weit mehr um ordentliches Benehmen [*e*] der Kinder zu kümmern als um Lesen, Schreiben und Kitharaspielen. Und die Lehrer kümmern sich darum und, sobald die Schüler dann Lesen und Schreiben gelernt haben und zu erwarten ist, dass sie das Geschriebene verstehen wie zuvor das gesprochene Wort, legen sie den auf ihren Hockern (sitzenden) Schülern zur Lektüre die Dichtungen wertvoller Dichter vor und [*326a*] zwingen sie zum Auswendiglernen, (Dichtungen,) die viel Zurechtweisung enthalten, aber auch viel Erzählung, Lob und Preis von tüchtigen Männern aus alter Zeit, damit das Kind diese Vorbilder eifrig nachahmt und danach strebt, ihnen gleich zu werden. Und die Kitharalehrer bemühen sich ihrerseits entsprechend darum, dass die Jungen sich gut benehmen und nichts Ungehöriges tun. Außerdem, wenn sie gelernt haben, Kithara zu spielen, lehren sie sie die Gedichte von wieder anderen wertvollen Dichtern, von Lyrikern, in der Form des Gesangs zu den zugehörigen Kitharastücken [*b*] und bringen es mit Zwang dahin, dass die Rhythmen und Tonfolgen den Seelen der Kinder vertraut werden, damit sie sanfter und mit besserer innerer Disposition und Harmonie geeignet sind zum Reden und Handeln. Denn insgesamt bedarf das Leben des Menschen guter Ordnung und Harmonie.

Ferner schicken sie ihre Kinder auch noch zum Sportlehrer, damit sie in besserer körperlicher Verfassung der Führung ihres Intellekts, wenn er über seine Leistungsfähigkeit verfügt, folgen können und nicht wegen körperlicher Schwäche [*c*] in Kriegen und bei den übrigen Handlungen mutlos aufgeben müssen. Und die genannten Erziehungsmaßnahmen ergreifen die einflussreichsten Leute in höchstem Grade – am einflussreichsten aber sind die Vermögendsten –, d.h., deren Söhne beginnen mit dem Schulbesuch in besonders frühem Alter und beenden (die Schule) besonders spät. Wenn sie dann die Schule beendet haben, ist es das Gemeinwesen, das sie nötigt, sich mit den Gesetzen vertraut zu machen und ihnen gemäß zu leben {nach einem

Beispiel}, [*d*] damit sie nicht ganz auf sich selbst gestellt draufloshandeln. Vielmehr gerade wie die Elementarlehrer denjenigen Kindern, die das Schreiben noch nicht beherrschen, die Schreibtafel dann aushändigen, wenn sie mit dem Griffel Linien gezogen haben, und sie dazu bringen, sich beim Schreiben an diese Linien zu halten, so gibt auch das Gemeinwesen als Richtlinien Gesetze, ersonnen von guten Gesetzgebern in alter Zeit, und hält dazu an, ihnen entsprechend zu herrschen und sich beherrschen zu lassen, wer sich aber außerhalb von ihnen stellt, den bestraft es. Und für diese Strafe gibt es bei euch [*e*] und vielerorts anderswo den Begriff ‚Geraderichten' (*euthynai*[35]), weil das Recht ‚richtet'.

Wo es nun so viel Bemühung um das Gut-Sein gibt, im persönlichen wie im öffentlichen Bereich, da wunderst du dich, Sokrates, und zweifelst, ob es (*aretē*) etwas Lehrbares ist? Indes darf man sich darüber nicht wundern, sondern viel eher, wenn es nichts Lehrbares wäre.

Weiter: Weswegen stammen von tüchtigen Vätern vielfach Söhne ab, die nichts taugen? Lerne auch noch den Grund dafür kennen. Denn die Angelegenheit ist in keiner Weise erstaunlich, wenn es richtig ist, was ich zuvor sagte, dass es, wenn ein Gemeinwesen existieren soll, keinen geben darf, [*327a*] der davon, vom Gut-Sein, nichts versteht. Wenn es sich nämlich, wie gesagt, so verhält – und es verhält sich ganz gewiss so –, dann überdenke die Sache anhand eines beliebigen anderen Falles von Betätigungen und Kenntnissen: Wenn es ein Gemeinwesen nur geben könnte, wenn wir alle, so gut eben ein jeder vermöchte, Schalmeienspieler wären und im Spielen der Schalmei jeder jedem privat und öffentlich Unterricht gäbe und dem schlechten Schalmeienspieler Vorwürfe machte und ihm die eigene Kenntnis des Schalmeienspiels nicht aus Missgunst vorenthielte, wie jetzt keiner dem anderen seine Kenntnis dessen, was gerecht und gesetzlich ist, vorenthält und sie nicht [*b*] geheim hält wie bei anderen Fähigkeiten – denn es nützt uns, wie ich glaube, Gerechtigkeit und Gut-Sein im Verhalten zueinander; deswegen sagt jeder jedem bereitwillig und belehrt ihn, was gerecht und gesetzlich ist –; wenn wir also derart auch beim Spielen der

---

[35] Das Wort hat sowohl staatsrechtliche (Rechenschaftsablegung für Beamte mit möglicher nachfolgender Bestrafung) als auch eine generell strafrechtliche Bedeutung und hängt mit dem Verb *euthynein* (‚gerade richten') zusammen.

Schalmei mit jeglicher Bereitwilligkeit und Großzügigkeit einander belehrten, glaubst du, Sokrates", sagte er, „dass die Söhne der guten Schalmeienspieler in irgendeinem höheren Maße gute Schalmeienspieler würden als die der schlechten? Ich glaube es nicht, vielmehr, wer zufällig einen Sohn mit besonderer natürlicher Begabung zum Spielen der Schalmei bekäme, dessen [*c*] Sohn brächte es zu Ruhm; wer aber einen unbegabten, (dessen Sohn bliebe) ruhmlos. Und oft würde schließlich der Sohn eines guten Schalmeienspielers ein schlechter, oft aber der eines schlechten ein guter (Schalmeienspieler). Schalmeienspieler jedenfalls wären sie alle mit hinreichenden Fähigkeiten im Vergleich zu den Nicht-Ausgebildeten, die gar keine Kenntnisse im Schalmeienspiel haben. Ebenso sei auch im vorliegenden Fall davon überzeugt: Wer dir als ganz ungerecht erscheint von den Leuten, die in Verhältnissen, in denen Recht und Gesetz gilt, aufgewachsen sind, der ist gerecht und (damit) ein Fachmann auf diesem Gebiet, wenn er im Vergleich zu Menschen beurteilt werden müsste, [*d*] die weder Erziehung noch Gerichte noch Gesetze haben und die durch überhaupt keinen Zwang ständig dazu angehalten werden, sich darum zu bemühen, gut zu sein (*aretē*), sondern gewissermaßen Wilde wären, ganz wie die *Wilden*, die der Dichter Pherekrates im letzten Jahr an den Lenäen[36] einstudiert hat. In der Tat, wenn du unter solche Menschen gerietest, wärest du wie die Menschenverächter (im Theater), die auf jenen Chor (der Wilden) stießen, hoch beglückt, wenn du auf Eurybatos und Phrynondas[37] träfest, und würdest in lautes Klagen ausbrechen vor Sehnsucht nach der Schlechtigkeit der hiesigen Menschen.

[*e*] In Wirklichkeit lebst du in höchst angenehmen Verhältnissen, Sokrates, weil eben alle Lehrer des Gut-Seins sind, ein jeder, so gut er kann; und daher kannst du keinen (bestimmten) ausfindig machen. Es ist nämlich so, wie wenn du nach einem Lehrer für unsere Muttersprache suchtest: [*328a*] dann könnte auch nicht ein Einziger gefunden werden, und auch nicht, glaube ich, wenn du danach suchtest, wer uns die Söhne der Handwerker in ebendem Handwerk unterrichtete, das sie vom Vater gelernt haben, soweit der Vater dazu in der Lage war und die

---

[36] Fest zu Ehren des Gottes Dionysos mit Theateraufführungen.

[37] Eurybatos und Phrynondas sind notorische und sprichwörtliche Schurken.

Freunde des Vaters aus demselben Metier – (wie also, wenn du suchtest,) wer diese noch weiter unterrichten könnte, es, glaube ich, nicht leicht ist, für diese einen Lehrer zu finden, wogegen es für völlig Unausgebildete leicht ist, so (verhält es sich auch bei Lehrern) für das Gut-Sein und für alles andere. Vielmehr muss man zufrieden sein, wenn es jemanden gibt, der auch nur ein wenig besser [*b*] als wir (alle) Fortschritte zum Gut-Sein hin bewirken kann. Ein solch Befähigter glaube ich zu sein und meine, dass ich wohl besser als die anderen Menschen jemandem dazu nützlich sein kann, gut und tüchtig zu werden, und zwar der Bezahlung, die ich dafür fordere, und noch höherer, (so sehr) wert, dass sie auch der Ausgebildete selbst für angemessen hält. Deswegen habe ich auch das Verfahren, wie ich zu meiner Bezahlung komme, folgendermaßen eingerichtet: Sooft einer bei mir Unterricht gehabt hat, bezahlt er, wenn er will, das Geld, das ich verlange; [*c*] andernfalls geht er zu einem Heiligtum, schwört, wie viel seiner Ansicht nach das wert ist, was er gelernt hat, und bezahlt soviel.

Darauf, Sokrates“, sagte er, „laufen Geschichte und Erörterung hinaus, die ich dir vorgetragen habe, dass Gut-Sein etwas Lehrbares ist und die Athener dieser Auffassung sind und dass es keineswegs verwunderlich ist, wenn tüchtige Väter Söhne bekommen, die nichts taugen, und Väter, die nichts taugen, tüchtige Söhne; denn auch die Söhne des Polykleitos, im selben Alter wie Paralos und Xanthippos hier, stellen im Vergleich zu ihrem Vater nichts dar, und bei Söhnen anderer Fachleute kommt das auch vor. Den beiden hier [*d*] schon diesen Vorwurf zu machen wäre aber ungerechtfertigt; noch ruhen nämlich Hoffnungen auf ihnen; denn sie sind jung.“

Protagoras hatte seine Rede beendet – nach einer solchen, so umfänglichen Probe seines Könnens. Und ich – ich schaute ihn noch lange Zeit bezaubert an, als werde er noch etwas sagen, begierig, ihn zu hören. Als ich aber gemerkt hatte, dass er tatsächlich zu Ende gekommen war, sammelte ich mich, sozusagen, mit gewisser Mühe und sagte – meinen Blick hatte ich auf Hippokrates gerichtet: „Sohn Apollodors, wie dankbar bin ich dir, dass du mich dazu gebracht hast, hierher zu kommen; denn ich schätze es hoch ein, [*e*] gehört zu haben, was ich von Protagoras gehört habe. Ich war nämlich früher der Auffassung, es sei nicht menschliche Bemühung, wodurch die Guten gut werden; jetzt aber bin ich überzeugt. Außer dass mir eine Kleinigkeit noch im Wege steht, worüber Protagoras – kein Zweifel – leicht noch eine zusätzliche Belehrung geben wird, wo er doch auch gerade eben so vieles umfassend gelehrt hat.

In der Tat: Wenn man nämlich wegen ebendieses Sachgebiets mit einem beliebigen Redner, wie sie vor dem Volke auftreten, zusammenkäme, [*329a*] könnte man vielleicht derartige Reden hören, von Perikles oder einem anderen fähigen Redner; wenn man aber einem von ihnen eine Frage stellen sollte, sind sie zu (dialogischem) Antworten und Fragen genauso wenig in der Lage wie Bücher, sondern immer, wenn man sie auch nur eine Kleinigkeit über das, was sie gesagt haben, fragt: wie Gegenstände aus Erz angeschlagen lang erklingen und forttönen, wenn man nicht die Hand darauf legt, so geben auch die Redner auf eine kleine [*b*] Frage eine zur endlosen Suada gedehnte Antwort. Unser Protagoras jedoch kann einerseits lange – und schöne – Reden halten, wie sich eben zeigte, andererseits aber auch, wenn er gefragt worden ist, kurz antworten und, wenn er selbst fragt, abwarten, bis man antwortet, und zuhören, Eigenschaften, über die nur wenige verfügen.

Jetzt also, Protagoras, fehlt mir nur eine Kleinigkeit, dann habe ich alles, wenn du mir auf die folgende Frage eine Antwort geben könntest: Das Gut-Sein ist, wie du behauptest, etwas Lehrbares, und, wenn ich mich von irgendeinem Menschen davon überzeugen lassen sollte, dann bestimmt von dir. [*c*] Worüber ich mich aber bei dir verwunderte, als du es sagtest: diese Wissenslücke fülle mir in meiner Seele noch aus. Du sagtest nämlich, dass Zeus den Menschen das rechtliche Verhalten und die Respektierung des anderen gesandt habe, und andererseits wurde in deinen Ausführungen an vielen Stellen von dir gesagt, dass Gerechtigkeit, Selbstbescheidung, Frömmigkeit und alle diese Eigenschaften zusammengenommen eine Einheit bildeten, das Gut-Sein. Ebendas setze mir nun genau auseinander, ob das Gut-Sein eine Einheit ist, wobei rechtliches Verhalten, Selbstbescheidung und Frömmigkeit Teile von ihm ausmachen, oder ob das, was ich eben [*d*] aufzählte, alles (nur verschiedene) Bezeichnungen ein und derselben Sache sind. Das ist es, was ich noch dazu wissen möchte."

„Aber das ist doch leicht zu beantworten, Sokrates", sagte er: „Das Gut-Sein ist eine Einheit, und die Eigenschaften, nach denen du fragst, sind Teile davon." – „Sind", sagte ich, „die Teile Teile wie die des Gesichts – Mund, Nase, Augen und Ohren – oder unterscheiden sich, wie die Teile des Goldes, die einen von den anderen in nichts, weder voneinander noch vom Ganzen, außer durch Größe und Kleinheit?" – „Das Erstere, scheint mir, trifft zu, [*e*] Sokrates, wie die Teile des Gesichts sich zum Gesicht als Ganzem verhalten." – „Erhalten dann auch", sagte ich, „die Menschen von diesen Teilen des Gut-Seins jeder je einen anderen, oder hat einer, wenn er auch nur einen einzigen erlangt hat, dann notwendig alle?" – „Keineswegs", sagte er, „denn viele sind tapfer, aber ungerecht, und andererseits sind viele gerecht, weise aber nicht." – „Sind denn tatsächlich auch das Teile des [*330a*] Gut-Seins", sagte ich, „Weisheit und Tapferkeit?" – „In höchstem Maße", sagte er, „und der bedeutendste Teil ist die Weisheit." – „Jeder Teil", sagte ich, „ist je anders?" – „Ja." – „Hat jeder von ihnen auch seine besondere Fähigkeit? Wie z.B. bei den Teilen des Gesichts: Da ist das Auge nicht wie die Ohren, und auch seine Fähigkeit nicht dieselbe; und auch von den übrigen ist keines wie das andere, weder in seiner Fähigkeit noch in anderer Hinsicht. Ist nun so auch bei den Teilen des Gut-Seins der eine nicht wie der [*b*] andere, weder er selbst noch seine Fähigkeit? Was frage ich, natürlich verhält es sich so, wenn der Sachverhalt wirklich dem Beispiel entspricht." – „Ja, so verhält es sich, Sokrates", sagte er. – Und ich sagte: „Kein (je) anderer Teil des Gut-Seins ist also wie Wissen, auch nicht wie Gerechtigkeit, auch nicht wie Tapferkeit, auch nicht wie Selbstbescheidung, auch nicht wie Frömmigkeit." – „Nein", sagte er.

„Lass uns also", sagte ich, „gemeinsam untersuchen, welcher Art jedes von ihnen ist. Zuerst das Folgende: [*c*] Ist die Gerechtigkeit ein Etwas oder nicht? Ich glaube schon. Und du?" – „Auch ich", sagte er. – „Weiter: Wenn jemand mich und dich fragte: ‚Ihr beiden, Protagoras und Sokrates, sagt mir denn, ist dieses Etwas, dessen Namen ihr gerade genannt habt, die Gerechtigkeit, ist dieses (Etwas) selbst gerecht oder ungerecht?', würde ich ihm antworten: ‚Gerecht'. Und du, welches Urteil gäbest du ab? Dasselbe wie ich oder ein anderes?" – „Dasselbe", sagte er. – „‚Es ist also die Gerechtigkeit von solcher Art, dass sie gerecht ist', würde ich für meine Person dem Fragenden zur Antwort geben. Du doch auch?" – „Ja", sagte er. – [*d*] „Wenn er uns nun anschließend fragte: ‚Nicht wahr, ihr sagt, dass es auch so etwas wie Frömmigkeit gibt?', würden wir das bejahen, wie ich glaube." – „Ja", sagte er. – „‚Ebenfalls, dass auch dies ein Etwas ist?', würden wir beipflichten, oder nicht?"

– Auch darin stimmte er zu. – „,Behauptet ihr, dass dieses Etwas selbst seiner Natur nach so geartet ist, dass es unfromm ist oder dass es fromm ist?' Ich würde da ärgerlich über die Frage", sagte ich, „und antworten: ‚Hüte deine Zunge, Mensch! Wie könnte denn überhaupt etwas anderes fromm sein, wenn nicht wenigstens [*e*] die Frömmigkeit selbst fromm sein soll!' Und du? Würdest du nicht auch so antworten?" – „Auf jeden Fall", sagte er.

„Wenn er uns nun auch noch fragte: ‚Wie habt ihr kurz zuvor gesagt? Ich habe es doch richtig von euch gehört? Ihr habt, wie ich glaube, gesagt, die Teile des Gut-Seins verhielten sich so zueinander, dass keiner von ihnen wie der andere sei', würde ich sagen: ‚Ansonsten hast du recht gehört; wenn du aber meinst, auch ich hätte das gesagt, so hast du dich verhört. Denn es handelte sich um die Antwort des Protagoras, ich habe nur gefragt.' Wenn er dann fortführe: [*331a*] ‚Sagt der die Wahrheit, Protagoras? Behauptest du, von den Teilen des Gut-Seins sei der eine nicht wie der andere? Vertrittst du diese These?', was würdest du ihm antworten?" – „Ich kann ihm nur zustimmen, Sokrates", sagte er.

„Darin sind wir nun übereingekommen; was werden wir ihm aber antworten, Protagoras, wenn er uns fragt: ‚Frömmigkeit ist also nicht so etwas, dass sie gerecht ist, und auch nicht die Gerechtigkeit so, dass sie fromm ist, sondern nicht-fromm? Und die Frömmigkeit ist so, dass sie nicht gerecht ist, vielmehr also ungerecht, [*b*] die Gerechtigkeit dagegen unfromm?', was werden wir ihm da antworten? Ich selbst nämlich würde für meine Person sagen, dass sowohl die Gerechtigkeit fromm sei als auch die Frömmigkeit gerecht. Und auch für dich, wenn du es mir gestattetest, gäbe ich dieselbe Antwort: Entweder ist Gerechtigkeit genau dasselbe wie Frömmigkeit oder möglichst ähnlich, und auf jeden Fall ist die Gerechtigkeit wie Frömmigkeit und die Frömmigkeit wie Gerechtigkeit. Aber sieh zu, ob du etwas dagegen hast, dass ich so für dich antworte, oder ob auch du dieser Ansicht bist." – „Mir scheint es durchaus nicht so einfach zu sein, Sokrates, [*c*] dass ich dem zustimmen könnte, die Gerechtigkeit sei fromm und die Frömmigkeit gerecht, sondern es scheint mir dabei ein Unterschied zu bestehen. Aber darauf soll es nicht ankommen", sagte er. „Denn wenn du willst, soll uns Gerechtigkeit fromm und Frömmigkeit gerecht sein." – „Komme mir nicht so!", sagte ich; „denn ich habe keineswegs den Wunsch, dass dieses ‚wenn du willst' oder ‚wenn du meinst' auf die Probe gestellt werde, sondern ich und du. Das eben genannte ‚Ich und du' sage ich in der Überzeugung, dass so die These wohl am besten [*d*] untersucht wird, wenn man das ‚wenn' beiseite lässt." – „Gewiss doch", sagte er, „gleichen sich in irgendeiner Hinsicht Gerechtigkeit und Frömmigkeit; es gleicht ja jedes Beliebige jedem Beliebigen irgendwie. Das Weiße gleicht nämlich irgendwo dem Schwarzen und das Harte dem Weichen, ebenso die übrigen Dinge, die einander ganz entgegengesetzt zu sein scheinen. Und was wir vorhin bei den Teilen des Gesichts sagten, dass jeder Teil eine andere Fähigkeit habe und der eine nicht wie der andere sei: irgendwie gleichen sie sich und ist der eine wie der andere. Und so könntest du, wenn du wolltest, auf diese Art [*e*] auch beweisen, dass die Teile des Gesichts alle einander gleich sind. Jedoch ist es nicht richtig, Dinge, die (lediglich) eine gewisse Gleichheit haben, auch wenn sie nur ganz gering ist, gleich zu nennen, und auch nicht Dinge, die (lediglich) eine gewisse Ungleichheit haben, ungleich." – Und ich sagte verwundert zu ihm: „Verhalten sich denn für dich das Gerechte und das Fromme so zueinander, dass sie nur ein geringes Maß an Gleichheit untereinander haben?" – „Nicht ganz so", [*332a*] sagte er, „jedoch auch wieder nicht so, wie du anscheinend meinst."

„Nun gut", sagte ich, „da du, wie ich den Eindruck habe, dem (näheren Eingehen auf dieses Problem) abgeneigt bist, wollen wir das lassen und uns von den Dingen, die du erwähntest, folgendes andere vornehmen: Nennst du etwas Unvernünftigkeit?" – „Ja." – „Ist von diesem Etwas nicht ganz das Gegenteil die Weisheit?" – „Nach meiner Auffassung, ja", sagte er. – „Und, sooft die Menschen richtig und nutzbringend handeln, sind sie dann nach deiner Auffassung vernünftig, sofern sie so handeln, oder {wenn sie} das Gegenteil {taten}?" – „Vernünftig", sagte er. – „Sind sie nicht [*b*] durch Vernünftigkeit (*sōphrosynē*) vernünftig?" – „Notwendig." – „Handeln nicht diejenigen, die nicht richtig handeln, unvernünftig und sind nicht vernünftig, sofern sie so handeln?" – „Das meine ich auch", sagte er. – „Also ist das Unvernünftig-Handeln das Gegenteil vom Vernünftig-Handeln?" – „Ja." – „Wird nicht, was unvernünftig getan wird, mit Unvernünftigkeit getan, was aber vernünftig, mit Vernünftigkeit?" – Er stimmte zu. – „Wird nicht etwas, wenn es mit Kraft getan wird, kraftvoll getan, und wenn mit Schwäche, schwächlich?" – „Richtig." – „Und wenn mit

Schnelligkeit, schnell, und wenn mit Langsamkeit, [*c*] langsam?“ – „Ja.“ – „Und wenn also etwas in derselben Weise getan wird, wird es von demselben getan, und wenn etwas in der entgegengesetzten, vom Entgegengesetzten?“ – Er stimmte zu. – „Sag“, sprach ich, „gibt es das Schöne?“ – Er stimmte zu. – „Ist dem etwas entgegengesetzt außer dem Hässlichen?“ – „Das ist nicht der Fall.“ – „Weiter! Gibt es das Gute?“ – „Ja.“ – „Ist dem etwas entgegengesetzt außer dem Schlechten?“ – „Das ist nicht der Fall.“ – „Weiter! Gibt es das Hohe bei der Stimme?“ – „Ja.“ – „Ist dem etwa irgendetwas anderes entgegengesetzt außer dem Tiefen?“ – „Nein.“ – „Ist also nicht“, sagte ich, „einem jeden von den entgegengesetzten Dingen nur ein einziges entgegengesetzt und nicht viele?“ – Er stimmte zu.

[*d*] „Lass uns also“, sagte ich, „rekapitulieren, worin wir übereingekommen sind. Sind wir übereingekommen, dass lediglich eines einem entgegengesetzt ist, mehrere aber nicht?“ – „Das sind wir.“ – „Und dass, was auf entgegengesetzte Weise getan wird, von Entgegengesetztem getan wird?“ – „Ja.“ – „Und sind wir übereingekommen, dass alles, was unvernünftig getan wird, auf entgegengesetzte Weise getan wird wie das, was vernünftig getan wird?“ – „Ja.“ – „Und dass, was vernünftig getan wird, von der Vernünftigkeit getan wird, was aber unvernünftig, von der Unvernünftigkeit?“ – [*e*] Er stimmte zu. – „Wenn also auf entgegengesetzte Weise gehandelt wird, dann wird wohl (jeweils) von einem Entgegengesetzten gehandelt, nicht wahr?“ – „Ja.“ – „Und es wird das eine von der Vernünftigkeit getan, aber das andere von der Unvernünftigkeit?“ – „Ja.“ – „Auf entgegengesetzte Weise?“ – „Gewiss.“ – „Also von Größen, die einander entgegengesetzt sind, nicht wahr?“ – „Ja.“ – „Folglich ist Unvernünftigkeit das Gegenteil von Vernünftigkeit?“ – „Offenbar.“ – „Weiter: Erinnerst du dich, dass wir vorhin übereingekommen sind, Unvernünftigkeit und Weisheit seien einander entgegengesetzt?“ – Er stimmte zu. – „Und dass eines nur einem entgegengesetzt [*333a*] ist?“ – „Ja.“ – „Welche These wollen wir nun aufgeben, Protagoras? Die, dass eines nur einem entgegengesetzt ist, oder jene mit der Aussage, Weisheit sei etwas anderes als Vernünftigkeit (*sōphrosynē*) – beide jedoch Teile des Gut-Seins – und außer dem Anders-Sein seien sie auch ungleich, sie selbst und ihre Fähigkeiten, wie die Teile des Gesichts? Welche sollen wir also aufgeben? Denn diese Thesen, beide miteinander, lassen sich durchaus nicht zu einer harmonischen Aussage verbinden. Sie stimmen nämlich

nicht zusammen und passen auch nicht zueinander. Denn wie könnten sie zusammenstimmen, wenn notwendig gilt, dass einem nur [*b*] eines entgegengesetzt ist, nicht aber mehrere, jedoch der e i n e n Unvernünftigkeit sich (einerseits) die Weisheit als entgegengesetzt erweist und andererseits die Vernünftigkeit (*sōphrosynē*)? Ist es so, Protagoras", sagte ich, „oder irgendwie anders?" – Sehr unwillig gab er zu, es sei so. – „Also sind wohl die Vernünftigkeit (*sōphrosynē*) und die Weisheit ein und dasselbe, nicht wahr? Und zuvor hatten sich uns auch die Gerechtigkeit und die Frömmigkeit als so in etwa dasselbe herausgestellt.

Lass uns nicht aufgeben, Protagoras", sagte ich, „sondern auch noch das Übrige genau untersuchen. Glaubst du, dass ein Mensch, wenn er Unrecht tut, [*c*] vernünftig ist (*sōphronein*), insofern er Unrecht tut?" – „Ich würde mich schämen, Sokrates", sagte er, „dem zuzustimmen, wenngleich viele Leute diese Ansicht vertreten." – „Soll ich mich nun in meinen Worten auf jene beziehen", sagte ich, „oder auf dich?" – „Wenn du willst", sagte er, „setze dich zuerst mit der genannten Auffassung der Vielen auseinander." – „Das macht mir nichts aus, wenn du nur die Antworten gibst, unabhängig davon, ob du diese Meinung hast oder nicht. Denn mir geht es vornehmlich um die Prüfung der These, jedoch ergibt sich (dabei) vielleicht, dass gleichermaßen ich, der ich die Fragen stelle, und der, welcher antwortet, auf die Probe gestellt werden."

[*d*] Zuerst zierte sich Protagoras vor uns – er machte nämlich seine Abneigung gegen die These (der Vielen) geltend –, dann ließ er sich jedoch dazu herbei zu antworten. „Nun beantworte", sagte ich, „meine Ausgangsfrage: Scheinen dir manche vernünftig zu sein, wenn sie Unrecht tun?" – „Nehmen wir das einmal an", sagte er. – „Verstehst du unter Vernünftig-Sein gut (und richtig) zu denken?" – „Ja." – „Und unter Gut-(und-richtig)-Denken gut (und richtig) planend zu überlegen bei dem Unrecht, das man begeht?" – „Das wollen wir annehmen", sagte er. – „Wenn man seine Sache beim Unrecht-Tun gut macht", sagte ich, „oder wenn man sie schlecht macht?" – „Wenn man sie gut macht." – „Meinst du, dass es Dinge gibt, die gut sind?" – „Der Ansicht bin ich." – „Ist nun", sagte ich, „das gut, was für die Menschen nützlich ist?" – [*e*] „Ja doch, beim Zeus", sagte er, „und auch wenn Dinge für die Menschen nicht nützlich sind, nenne ich sie gut." – Und mir schien Protagoras bereits gereizt

und erregt zu sein und aggressiv gegen das (immer nur) Antworten(-Sollen) eingestellt. Da ich ihn nun in einer solchen Verfassung sah, fragte ich vorsichtig und behutsam: „Meinst du, [*334a*] Protagoras", sagte ich, „was für keinen Menschen nützlich ist, oder was überhaupt nicht nützlich ist? Nennst du auch Derartiges gut?" – „Keineswegs", sagte er, „vielmehr kenne ich vieles, was für Menschen schädlich ist, (gewisse) Speisen, Getränke, Arzneien und unzählige andere Dinge, anderes ist dagegen nützlich; wieder anderes für Menschen keines von beidem, aber für Pferde (nützlich oder schädlich); anderes nur für Rinder, wieder anderes für Hunde; anderes für keines von diesen, aber für Bäume; und manches ist für die Wurzeln des Baumes gut, für seine Triebe aber schlecht, wie z.B. die Zugabe von Mist [*b*] für die Wurzeln aller Pflanzen etwas Gutes ist, wolltest du ihn dagegen an die Schösslinge und die jungen Triebe geben, verdirbt er alles. Denn auch das Öl ist für alle Pflanzen ganz schlecht und äußerst schädlich für die Haare aller Lebewesen außer denen des Menschen, für die des Menschen aber förderlich und für seinen übrigen Körper. Und so etwas Vielgestaltiges und Mannigfaltiges ist das Gute, dass in diesem Fall sogar dieselbe Sache (sc. das Öl) äußerlich am [*c*] Körper angewandt für den Menschen gut ist, innerlich aber sehr schlecht. Und deshalb verbieten alle Ärzte den Kranken, Öl zu verwenden außer in möglichst geringer Menge bei dem, was der Kranke essen soll, gerade eben soviel, dass es die {geruchsbedingten} Missempfindungen unterdrücken kann, die sich (sonst) bei den verschiedenen Speisen einstellen."

Als er das gesagt hatte, brachen die Anwesenden in Beifallsrufe über seinen Beitrag aus, und ich sagte: „Protagoras, es ist nun einmal so, dass ich ein recht vergesslicher Mensch bin, und wenn mir einer lange Reden hält, [*d*] vergesse ich immer, worum es geht. Es ist, wie wenn ich schwerhörig wäre: dann hieltest du es für nötig, falls du dich mit mir unterhalten wolltest, lauter zu sprechen als bei anderen; entsprechend verhalte dich also auch jetzt: da du auf einen Vergesslichen gestoßen bist, begrenze für mich den Umfang deiner Antworten und mache sie kürzer, wenn ich dir folgen soll." – „Was heißt das denn, dass ich kurz antworten soll? Soll ich dir kürzer antworten", sagte er, „als nötig?" – „Keineswegs", sagte ich. – „Sondern so lang wie nötig?", sagte er. – [*e*] „Ja", sagte ich. – „Soll ich dir eine so lange Antwort geben, wie ich glaube, dass man antworten muss, oder wie du glaubst?" – „Jedenfalls habe ich gehört", sagte ich, „dass du selbst in der Lage bist und es auch anderen beibringen kannst, über dieselben Gegenstände so lange zu sprechen, wenn du willst, dass die Rede niemals ein Ende findet, und auch wieder so kurz, [*335a*] dass es niemand kürzer ausdrücken kann als du. Wenn du also vorhast, mit mir zu diskutieren, dann wende mir gegenüber die letztere Methode an, die knappe Ausdrucksweise." – „Mein Sokrates", sagte er, „schon mit vielen Leuten habe ich mich in Rede und Gegenrede gemessen, und wenn ich jeweils das gemacht hätte, was du von mir verlangst, nämlich die Disputation nach den Regeln des Gegenredners zu führen, wenn ich so disputiert hätte, dann wäre ich nie als der Überlegene hervorgegangen und Protagoras hätte sich bei den Griechen keinen Namen gemacht."

Und ich – denn ich hatte erkannt, dass er selbst mit sich bei seinen [*b*] vorigen Antworten nicht zufrieden war und dass er freiwillig nicht bereit sein werde, beim Gespräch die Rolle des Antwortenden zu übernehmen – kam zu der Auffassung, dass es nicht mehr meine Aufgabe sei, an den Gesprächen teilzunehmen, und sagte: „Aber auch ich, Protagoras, bin doch nicht darauf aus, dass unser Gespräch in einer Art stattfindet, die gegen deine Überzeugung ist. Jedoch, wenn du dich so unterhalten willst, wie ich folgen kann, dann werde ich mit dir diskutieren. Denn du kannst, wie es von dir heißt und du auch selbst behauptest, Gespräche führen mit langen und mit kurzen Äußerungen – [*c*] du bist ja weise –, ich aber bin zu diesen langen Äußerungen unfähig, wenngleich ich dazu gerne imstande wäre. Vielmehr hättest du als derjenige, der beide Formen beherrscht, uns Zugeständnisse machen müssen, damit das Gespräch stattfände. Da du aber, wie die Dinge stehen, dazu nicht bereit bist und ich etwas zu tun habe und nicht (bis zu Ende) bei dir bleiben könnte, wenn du deine Reden lang ausdehnst – ich muss nämlich wohin gehen –, werde ich mich auf den Weg machen, obgleich ich auch bei solchen Reden vielleicht nicht ungern dein Zuhörer gewesen wäre."

Und mit diesen Worten erhob ich mich, um wegzugehen. Und während ich aufstand, hielt mich Kallias mit seiner Rechten an der Hand fest, [*d*] mit seiner Linken klammerte er sich hier an meinen Mantel und sagte: „Wir werden dich nicht fortlassen, Sokrates. Denn wenn du gegangen bist, werden unsere Gespräche nicht mehr so sein wie vorher. Ich bitte dich also, bei uns zu bleiben. Denn es gibt wohl nichts auf der Welt, was ich lieber hörte als eine Unterredung zwischen dir und Protagoras. Drum tu uns allen den Gefallen.“

Und ich sagte – ich war aber bereits aufgestanden, um hinauszugehen –: „Sohn des Hipponikos, schon immer bewundere ich deinen Bildungseifer, und [*e*] auch jetzt lobe und schätze ich ihn, so dass ich dir gerne zu Gefallen sein wollte, falls du mich um etwas bätest, das ich ermöglichen kann. Tatsächlich verhält es sich aber so, wie wenn du mich bätest, mit Krison, dem Läufer aus Himera,[38] in seiner Bestform Schritt zu halten oder mit einem der Langstreckenläufer oder einem der Kuriere, die einen ganzen Tag lang laufen, im Wettlauf gleichauf zu bleiben; [*336a*] dann würde ich dir antworten: ‚Viel mehr als du verlange ich von mir, diesen im Lauf zu folgen, jedoch, ich kann es nicht; drum, wenn du wünschst, mich und Krison beieinander laufen zu sehen, bitte diesen, sich anzupassen. Denn ich kann nicht schnell laufen, der aber kann langsam.‘ Wenn du also darauf aus bist, mich und Protagoras zu hören, bitte ihn, wie er mir zunächst kurz und genau auf die Fragen bezogen antwortete, so auch jetzt zu antworten. [*b*] Wenn er dazu aber nicht bereit ist, wie soll dann die Unterredung vonstatten gehen? Denn ich bin der Überzeugung, ein gemeinschaftliches Gespräch zu führen sei etwas ganz anderes, als öffentliche Reden zu halten.“

„Aber – nicht wahr? – Sokrates“, sagte er, „Protagoras hat, wie es scheint, recht, wenn er verlangt, es müsse ihm gestattet sein, die Unterredung zu führen, wie er will, und andererseits dir, wie immer du willst.“

Da ergriff Alkibiades das Wort und sagte: „Was du sagst, ist nicht angemessen, Kallias. Sokrates nämlich gibt zu, dass lange Reden nicht seine Sache sind, und überlässt Protagoras den Vorrang, [*c*] beim Diskutieren-Können aber und der Fähigkeit, Rechenschaft zu geben und sich geben zu lassen, da sollte ich mich wundern, wenn er irgendjemandem nachsteht. Wenn nun entsprechend Protagoras zugibt, im Diskutieren schlechter zu sein als Sokrates, ist Sokrates zufrieden; wenn er ihm aber den Rang streitig macht, dann soll er mit Fragen und Antworten eine Diskussion führen, ohne bei jeder Frage zu einer langen

[38] Krison siegte 448, 444 und 440 v. Chr. im Stadionlauf (kürzeste Laufstrecke; in Olympia 192,24 m). Zum fiktiven Zeitpunkt des *Protagoras* dürfte die Zeit von Krisons Bestform schon vorbei gewesen sein. Krison fungiert einfach als Beispiel für das Gedankenexperiment der Absurdität eines Wettlaufs mit einem dreifachen Olympia-Sieger.

Rede auszuholen, womit er die Argumente (der anderen) einfach wegdrängt und nicht bereit ist, [*d*] Rechenschaft zu geben, sondern seine Ausführungen in die Länge zieht, bis die Mehrzahl der Zuhörer vergessen hat, worauf sich die Frage bezog. Denn dass Sokrates das nicht vergessen wird, dafür verbürge ich mich, wenn er auch scherzt und behauptet, vergesslich zu sein. Mir also scheint Sokrates den angemesseneren Standpunkt zu vertreten; es soll nämlich jeder seine Stellungnahme abgeben."

Nach Alkibiades war es, glaube ich, Kritias, der sich äußerte: „Prodikos und Hippias, Kallias scheint mir sehr auf Seiten [*e*] des Protagoras zu sein, Alkibiades hat bei allem, woran er sich macht, immer nur im Sinn, wie man sich durchsetzt. Wir aber dürfen weder Sokrates noch Protagoras zum Sieg verhelfen, sondern müssen gemeinsam beide bitten, das Gespräch nicht mittendrin abzubrechen."

[*337a*] Auf seine Äußerung hin sagte Prodikos: „Meiner Ansicht nach hast du recht, Kritias. Denn wer zu solchen Gesprächen kommt, muss zwar beide Gesprächspartner anhören, ohne parteiisch zu sein, aber nicht, ohne Unterschiede zu machen – das ist nämlich nicht dasselbe; denn man muss den einen wie den anderen hören, nicht aber jedem von beiden das Gleiche zugestehen, sondern dem Gelehrteren mehr, dem Ungelehrteren weniger. Ich halte es auch selbst für richtig, Protagoras und Sokrates, dass ihr euch entgegenkommt und euch untereinander über die Gesprächsform zwar auseinandersetzt, [*b*] aber nicht streitet – es setzen sich nämlich gerade, weil sie es gut miteinander meinen, Freunde mit Freunden auseinander, es streiten sich aber diejenigen, die entzweit und untereinander verfeindet sind – und so dürfte unsere Unterhaltung am schönsten verlaufen. Denn ihr Gesprächspartner würdet so am meisten von uns Zuhörern geachtet und nicht gelobt – denn die Achtung hat ihren Ort in den Seelen der Zuhörer ohne Trug, das Lob aber in den Äußerungen von solchen, die oftmals wider ihre Überzeugung lügen; [*c*] und wir Zuhörer andererseits hätten so am meisten Freude und nicht Lust – denn es handelt sich um Freude, wenn man etwas lernt und am Denken teilnimmt mit nichts anderem als dem Verstand, um Lust dagegen, wenn man etwas isst oder eine andere lustvolle Empfindung hat mit nichts anderem als dem Körper."

Diesen Worten des Prodikos stimmten sehr viele der Anwesenden zu. Nach Prodikos sprach Hippias, der Weise: „Ihr Anwesenden“, sagte er, „ich glaube, dass ihr alle Verwandte, Freunde und Mitbürger (von mir) seid – [*d*] von Natur aus, nicht durch Konvention; denn das Gleiche ist dem Gleichen von Natur aus verwandt, die Konvention aber, eine Gewaltherrschaft über die Menschen, erzwingt vieles wider die Natur –, und so ist es für uns eine Schande, dass wir zwar das Wesen der Dinge kennen, aber trotzdem, obwohl wir von den Griechen die gescheitesten sind und aus ebendem Grunde jetzt gerade in Griechenlands Zentrum der Weisheit[39] zusammengekommen sind und in das größte und reichste Haus ebendieser Stadt, nichts aufweisen, das diesem [*e*] Anspruch entspricht, sondern wie die primitivsten Menschen miteinander streiten. Ich nun bitte und rate, Protagoras und Sokrates, euch von uns wie von Schiedsleuten zu einer Übereinkunft bringen zu lassen, indem wir euch [*338a*] zu einem Kompromiss, der in der Mitte liegt, bewegen: Weder sollst du allzu sehr auf diese strenge Form der Diskussion mit kurzen Beiträgen versessen sein, wenn es Protagoras nicht gefällt, sondern du sollst den Reden die Zügel schießen und schleifen lassen, damit wir großartigere und ansehnlichere zu sehen bekommen, noch soll andererseits Protagoras mit vollen Segeln fahren und, indem er sich dem Wind überlässt, auf das Meer der Reden entfliehen und dabei das Land den Blicken entziehen, sondern beide sollen einen ungefähr mittleren Kurs einschlagen. So sollt ihr es denn machen, und lasst euch von mir dazu bewegen, einen Ordner, Leiter und Vorsitzenden zu wählen, der [*b*] auf die angemessene Länge der Reden eines jeden von euch beiden achten soll.“

Das gefiel den Anwesenden, und alle schlossen sich dem Vorschlag an; Kallias sagte, mich werde er nicht weggehen lassen, und man verlangte, einen Leiter zu wählen. Da entgegnete ich, es sei unschicklich, einen Diskussionsleiter zu wählen: „Denn wenn der Gewählte uns unterlegen ist, dann wäre es kaum richtig, dass der Geringere die Aufsicht über die Besseren hat, und ebenfalls, wenn er gleich ist wie wir, dann wäre es auch so nicht richtig; wer nämlich uns gleich ist, wird auch das Gleiche wie wir tun, so dass [*c*] seine Wahl überflüssig sein

---

[39] Gemeint ist Athen, das auch mit verschiedenen anderen Metaphern als geistiger Mittelpunkt Griechenlands bezeichnet wurde. – Mit ‚Zentrum' ist der griechische Begriff ‚Prytaneion' wiedergegeben. Dieses bezeichnet den Amtssitz des Prytanen, des Prytanenkollegiums oder anderer führender Amtspersonen einer Stadt.

wird. Aber ihr wollt ja einen Besseren als uns wählen. In Wirklichkeit jedoch ist es, wie ich glaube, unmöglich für euch, einen Gescheiteren zu wählen als Protagoras; wenn ihr aber einen wählt, von dem ihr nur behauptet, dass er besser sei, der es aber nicht ist, dann wird auch das zum Affront gegen ihn, nämlich ihm einen Leiter zu bestimmen, als ob er eine unbedeutende Persönlichkeit wäre; denn was mich angeht, so macht mir das nichts aus. Vielmehr bin ich bereit, damit wir eurem Wunsch gemäß beieinander bleiben und diskutieren, folgendermaßen zu verfahren: Wenn [*d*] Protagoras nicht die Rolle des Antwortenden übernehmen will, dann soll er die Fragen stellen und ich werde die Antworten geben, und dabei werde ich ihm zu zeigen versuchen, wie meiner Meinung nach der Antwortende antworten muss. Sobald ich aber auf alles geantwortet habe, was er fragen will, soll er mir wieder in entsprechender Weise Rede und Antwort stehen. Wenn er dann den Eindruck macht, nicht bereitwillig auf genau das zu antworten, was gefragt wurde, werden ich und ihr gemeinsam ihn darum bitten, worum ihr mich gebeten habt: das Gespräch miteinander nicht zu zerstören; [*e*] und dafür muss nicht ein Einzelner als Leiter auftreten, sondern alle werdet ihr gemeinsam die Aufgaben eines Leiters übernehmen." Alle waren der Ansicht, dass man so verfahren solle; und Protagoras wollte durchaus nicht, wurde aber dennoch zur Einwilligung gezwungen, Fragen zu stellen und, sobald er genug gefragt habe, wieder Rechenschaft zu geben mit kurzen Antworten.

Er fing nun etwa folgendermaßen an zu fragen: „Meiner Ansicht nach, Sokrates", sagte er, „besteht der bedeutendste Teil der Bildung für einen Mann darin, in der Dichtung [*339a*] kenntnisreich zu sein, d.h. erfassen zu können, was die Dichter sagen – was richtig gedichtet ist und was nicht –, und sich darauf zu verstehen, es zu analysieren und auf Fragen Rechenschaft darüber zu geben. Und so wird sich denn auch nunmehr meine Frage auf dasselbe beziehen, worüber ich und du jetzt

---

[40] Simonides (vgl. o. S. 11 Anm. 20) hielt sich u.a. auch bei dem thessalischen Adelsgeschlecht der Skopaden auf. Die Beziehung zu Skopas (II.) bezeugt u.a. die vorliegende Stelle. Theokrit führt den Nachruhm der Skopaden auf Simonides zurück, der sie besang (id. 16, 34ff.). – Skopas muss in den von Platon nicht zitierten Versen des Gedichts angeredet gewesen sein. Die erhaltenen Verse des Gedichts sind unten S. 135f. zusammenhängend wiedergegeben.

diskutieren, auf das Gut-Sein, allerdings auf das Gebiet der Dichtung verlagert; das wird der einzige Unterschied sein. Denn Simonides sagt doch zu Skopas[40], dem Sohn des Thessaliers Kreon:

[*b*] Ein wahrhaft guter Mann zu sein (werden[41]), ist schwierig,
an Armen, Beinen und Verstand
(vollkommen) wie ein Quadrat, tadellos beschaffen.

Du kennst dieses Lied, oder soll ich es dir vollständig vortragen?“ – Da sagte ich: „Nicht nötig; ich kenne es nämlich, und es trifft sich, dass ich mich mit dem Lied besonders beschäftigt habe.“ – „Gut“, sagte er. „Scheint es dir dann schön und richtig verfasst zu sein oder nicht?“ – „Sehr schön und richtig“, sagte ich. – „Du glaubst, es sei schön verfasst, wenn sich der Dichter selbst widerspricht?“ – „Nein“, sagte ich. – „Betrachte es also [*c*] genauer“, sagte er. – „Aber, mein Guter, ich habe mich hinreichend damit vertraut gemacht.“ – „Dann weißt du doch, dass er später im Lied an einer Stelle sagt:

Nicht einmal das Wort des Pittakos[42] hat nach meinem Urteil mit Fug Geltung,
mag es auch von einem weisen Manne ge-
sprochen sein: Er sagte, es sei schwierig, edel zu sein.

Merkst du, dass ebenderselbe Mann das sagt und was zuvor zitiert wurde?“ – „Ich weiß“, sagte ich. – „Scheint dir nun dieses mit jenem übereinzustimmen?“, sagte er. – „Mir stellt es sich so dar;“ – und zugleich hatte ich allerdings Bedenken, ob an seiner Auffassung nicht doch etwas dran sei – „aber dir“, sagte ich, „nicht?“ – „Wie könnte man denn [*d*] den Eindruck haben, dass derjenige, der diese beiden Aussagen macht, sich nicht widerspricht? Ging er doch selbst zunächst davon aus, es sei schwierig, wahrhaft ein guter Mann zu werden, hat es aber wenige Verse später vergessen, tadelt Pittakos, der dasselbe sagt wie er, nämlich es sei *schwierig, edel zu sein*,[43] und be-

---

41 Vgl. dazu unten S. 143 Anm. 94.

42 Pittakos war ein Staatsmann in Mytilene auf Lesbos, dessen politisches Wirken in das Ende des 7. und den Beginn des 6. Jh.s fällt. Er wurde zu den Sieben Weisen gerechnet (Prt. 343a2).

43 Soweit der Text des Simonides-Gedichts nicht durch Einrückung gekennzeichnet ist, werden bei den Interpretationen des Protagoras und des Sokrates diejenigen Wendungen durch kursive Schrift hervorgehoben, die als wörtli-

hauptet, er stimme ihm darin nicht zu, obwohl dieser dasselbe sagt wie er selbst. Dabei tadelt er doch, wenn er denjenigen tadelt, der dasselbe sagt wie er, offenkundig auch sich selbst, so dass er in seinem Lied entweder an der früheren oder an der späteren Stelle einen Fehler macht."

Mit diesen Ausführungen erregte er bei vielen Zuhörern Beifall und Zustimmung. [*e*] Und auf seine Worte und den Beifall der anderen hin wurde mir zuerst schwarz vor Augen und schwindelig, als ob ich einen Schlag von einem guten Boxer erhalten hätte; doch dann wandte ich mich an Prodikos – um wenigstens dir gegenüber die Wahrheit zu sagen: damit ich Zeit gewänne zu überlegen, was der Dichter sagen wolle –, redete ihn an und sagte: „Prodikos, Simonides ist doch ein Mitbürger von dir; [*340a*] daher ist es deine Pflicht, ihm zu helfen. Ich meine also, dich zu Hilfe rufen zu sollen. Wie nach Homer Skamander, als Achill seinen Lauf zu hemmen suchte, den Simoeis zu Hilfe ruft mit den Worten:

> Lieber Bruder, lass uns doch beide die Kraft des Mannes aufhalten,[44]

so rufe auch ich dich zu Hilfe, damit uns nicht Protagoras den Simonides zerstört. Denn in der Tat bedarf die Verteidigung des Simonides deiner Kenntnisse, mit denen du ‚wollen' und [*b*] ‚begehren' und die vielen schönen Ausdrücke, die du eben nanntest, in ihren unterschiedlichen Bedeutungen unterscheidest. Auch jetzt überlege, ob du derselben Ansicht bist wie ich: Es scheint nicht, dass sich Simonides selbst widerspricht. Lass uns nämlich, Prodikos, zuerst deine Meinung darüber wissen: Glaubst du, dass ‚Werden' dasselbe ist wie ‚Sein' oder etwas anderes?" – „Etwas anderes, bei Zeus", sagte Prodikos. – „Legte nicht in den ersten Versen", sagte ich, „Simonides selbst seine eigene Ansicht dar, dass [*c*] es schwierig sei, ein guter Mann in Wahrheit zu werden?" – „Du hast recht", sagte Prodikos. – „Den Pittakos jedoch tadelt er", sagte ich, „nicht, wie Protagoras meint, obwohl er dasselbe sagt wie er, sondern weil er etwas anderes sagt. Denn nicht dies nannte Pittakos schwie-

---

che oder nahezu wörtliche Übereinstimmungen mit dem Text des Simonides kenntlich sind.

[44] Il. 21, 308f. – Skamander und Simoeis sind nach der *Ilias* Flüsse (Fluss-Götter) in der Troas.

rig, edel zu *werden*, wie Simonides, sondern es zu *sein*. ‚Sein' und ‚Werden', Protagoras, sind aber nicht dasselbe, wie Prodikos bestätigt. Wenn aber das Sein nicht dasselbe ist wie das Werden, widerspricht sich Simonides nicht selbst. Und vielleicht würden [*d*] Prodikos und viele andere mit Hesiod sagen, dass gut zu werden schwierig sei – denn ‚vor das Gut-Sein hätten die Götter den Schweiß gesetzt' –, wenn man aber seine ‚Höhe erreicht habe, dann sei es leicht' zu besitzen, ‚obgleich es schwierig gewesen sei (es zu erwerben)'."[45]

Daraufhin stimmte mir Prodikos zu, Protagoras aber sagte: „Deine Berichtigung enthält einen größeren Fehler als das, was du berichtigst." – Und ich antwortete: „Etwas Schlechtes habe ich also zustande gebracht, wie es scheint, [*e*] Protagoras, und ich bin wirklich ein lächerlicher Arzt: Durch meine Behandlung mache ich die Krankheit schlimmer." – „Ja, so ist es", sagte er. – „Wieso denn?", sagte ich. – „Groß wäre die Torheit des Dichters", sagte er, „wenn er behauptet, es sei eine ganz einfache Angelegenheit, das Gut-Sein als festen Besitz zu haben, was doch nach allgemeiner Auffassung von allem das Schwierigste ist."

Da erwiderte ich: „Bei Zeus, gerade zur rechten Zeit ist Prodikos bei unseren Gesprächen zugegen. Denn, das sage ich dir, [*341a*] Protagoras, die Weisheit des Prodikos scheint göttlicher Art zu sein, schon seit langer Zeit, ob sie nun mit Simonides ihren Anfang nahm oder noch älter ist. Du aber bist zwar in vielen anderen Dingen erfahren, aber offenbar mit ihr nicht vertraut, nicht wie ich mich darin auskenne, weil ich Schüler des Prodikos bin. Und jetzt scheinst du mir nicht zu erfassen, dass Simonides jenen Ausdruck ‚schwierig' vielleicht nicht so verstand, wie du ihn verstehst; sondern es ist wie bei ‚furchtbar', wobei mich Prodikos jedes Mal zurechtweist, sooft ich dich oder einen anderen lobe und (z.B.) sage: ‚Protagoras ist ein furchtbar gescheiter Mann', da fragt er nämlich, [*b*] ob ich mich nicht schäme, das Gute furchtbar zu nennen. Denn das Furchtbare, stellt er fest, ist schlimm. Jedenfalls sagt keiner jemals ‚furchtbarer Reichtum' oder ‚furchtbarer Friede' oder ‚furchtbare Gesundheit', sondern ‚furchtbare Krankheit' und ‚furchtbarer Krieg' und ‚furchtbare Armut', weil man das Furchtbare für schlimm hält. Vielleicht verstehen nun auch unter ‚schwierig'

[45] Vgl. Hesiod, erg. 289–292.

die Keer[46] und Simonides entweder ‚schlimm' oder etwas anderes, wovon du keine Ahnung hast; fragen wir doch den Prodikos – denn ihn fragen wir zu Recht nach dem Dialekt des Simonides: Prodikos, was meinte Simonides mit ‚schwierig'?" – [*c*] „‚Schlimm'", sagte er. – „Ebendeswegen also, Prodikos", fuhr ich fort, „tadelt er den Pittakos für seine Bemerkung, es sei *schwierig, edel zu sein*, als ob er ihn hätte sagen hören, es sei schlimm, *edel zu sein*." – „Aber was denn sonst, Sokrates?", sagte er. „Natürlich meint Simonides das und wirft Pittakos vor, dass er, als Lesbier und in einem fremdartigen Dialekt aufgewachsen, es nicht verstehe, die Wortbedeutungen richtig zu unterscheiden." – „Protagoras, da hörst du es ja von Prodikos", sagte ich. [*d*] „Hast du etwas dazu zu bemerken?"

Da sagte Protagoras: „Das stimmt überhaupt nicht, Prodikos; vielmehr weiß ich genau, dass auch Simonides mit ‚schwierig' meinte, was wir anderen darunter verstehen, nicht das Schlimme, sondern was nicht leicht ist, vielmehr mit vieler Mühe zustande kommt." – „Aber auch ich bin dieser Ansicht, Protagoras", sagte ich. „So meint es Simonides, und gerade Prodikos weiß das, aber er erlaubt sich einen Scherz mit dir und will dich auf die Probe stellen, ob du in der Lage bist, deine Auffassung zu verteidigen. Denn dass Simonides gewiss mit ‚schwierig' nicht [*e*] ‚schlimm' meint, dafür ist die gleich anschließende Aussage ein schlagender Beweis. Er sagt nämlich:

Nur ein Gott dürfte im Besitz dieser Auszeichnung sein.

Da meint er doch nicht, es sei schlimm, *edel zu sein*, und sagt dann trotzdem, nur Gott dürfte diese Eigenschaft besitzen, und hat sie so Gott allein als Auszeichnung zugewiesen. Einen Frevler würde ihn nämlich sonst Prodikos nennen und keineswegs einen Keer. Indes, welche Intention Simonides meiner Meinung nach mit diesem Lied verfolgt, lege ich dir gern dar, [*342a*] wenn du eine Probe von mir zu erhalten wünschst, wie es, wie du es nennst, mit meiner Versiertheit in der Dichtung steht. Oder ich werde, wenn du willst, dir zuhören." Daraufhin sagte Protagoras: „Das liegt ganz bei dir, Sokrates." Prodikos und Hippias jedoch ermunterten mich beide entschieden, und auch die anderen.

---

[46] Bewohner der Insel Keos, woher Simonides und Prodikos stammten. Man sprach dort den ionischen Dialekt.

„So werde ich denn versuchen“, sagte ich, „euch meine Auffassung von diesem Lied im Einzelnen darzulegen: Die Philosophie besteht unter den Griechen nirgendwo seit so langer Zeit und in solchem Ausmaß wie in Kreta und [*b*] Sparta, und dortzulande gibt es die meisten weisen Männer. Aber sie verleugnen das und tun so, als seien sie unwissend, damit man nicht merkt, dass sie den (anderen) Griechen an Weisheit überlegen sind – wie die Sophisten, von denen Protagoras sprach –, sondern meint, sie seien durch tapferes Kämpfen überlegen; denn sie glauben, wenn man merke, wodurch sie überlegen seien, dass sich dann alle darum bemühten: um die Weisheit. Wie die Dinge liegen, haben sie es verborgen und damit die Nacheiferer Spartas in den (anderen) Städten getäuscht. Und die lassen sich in ihrer Nachahmung der Spartaner (beim Boxen) die Ohren zerschlagen [*c*] und legen sich Faustriemen an, sind (überhaupt) hinter dem Sporttreiben her und tragen kurze Mäntel – weil bekanntlich dadurch die Spartaner den (anderen) Griechen überlegen seien! Die Spartaner dagegen, sooft sie frei und offen mit ihren weisen Männern zusammenkommen wollen und es ihnen dann lästig ist, sich mit ihnen heimlich zu treffen, vertreiben sie diese Nacheiferer und andere etwa in ihrem Lande anwesende Fremde und haben mit den weisen Männern Umgang, ohne dass es die Fremden merken. Und selbst lassen sie keinen von ihren jungen Leuten [*d*] in die anderen Städte gehen – wie auch die Kreter nicht –, damit sie nicht verlernen, was sie selbst lehren. In ihren Städten gibt es aber nicht nur Männer, die auf ihre Bildung stolz sind, sondern auch Frauen. Und auf folgende Weise könntet ihr erkennen, dass ich die Wahrheit sage und die Spartaner für die philosophische Unterhaltung am besten gebildet sind: Wenn man sich darauf einlässt, auch nur mit einem ganz gewöhnlichen Spartaner zusammenzukommen, wird man finden, dass er sich in der Konversation fast durchweg [*e*] als recht unbeholfen erweist. Auf einmal aber, an irgendeinem Punkt der Unterredung, erzielt er – gleich einem fähigen Speerwerfer – kurz und bündig mit einem bemerkenswerten Ausspruch einen Treffer, so dass sein Gesprächspartner um nichts besser als ein Kind dasteht. Da haben manche in heutiger wie in früherer Zeit ebendiese Einsicht gewonnen, dass Spartafreundlichkeit weit mehr darin besteht, nach Weisheit zu streben, als sich gern sportlich zu betätigen; denn sie wussten: Solche Sentenzen äußern zu können [*343a*] macht den vollkommen gebildeten Menschen aus. Zu diesen Einsichtigen gehörten

Thales von Milet, Pittakos von Mytilene, Bias von Priëne, unser Solon, Kleobulos von Lindos, Myson von Chen, und als siebter wurde ein Spartaner, Chilon, zu ihnen gerechnet.[47] Alle diese waren Verehrer, Liebhaber und Schüler der spartanischen Bildung; man kann ja auch erkennen, dass ihre Weisheit von dieser Art ist: Von jedem liegen kurze, erwähnenswerte Aussprüche vor. Sie trafen auch gemeinsam zusammen [*b*] und weihten Apollon für seinen Tempel in Delphi das Beste, was ihre Weisheit hervorgebracht hatte, nämlich Inschriften jener Aussprüche, die in aller Munde sind: ‚Erkenne dich' und ‚Nichts im Übermaß'. Wozu ich das sage? Weil das die Weise philosophischer Äußerung bei den Alten war, kurze Aussprüche in lakonischer Art. Und so zirkulierte auch von Pittakos als sein persönlicher Ausspruch dieses von den Weisen gepriesene Wort ‚Es ist schwierig, edel zu sein'. Weil nun Simonides [*c*] den Ehrgeiz hatte, als Weiser zu gelten, erkannte er: Wenn er diesen Ausspruch wie einen berühmten Athleten zu Fall bringe und sich ihm überlegen erweise, werde er selbst unter den Menschen seiner Zeit zu Ruhm kommen. Gegen diesen Ausspruch also und in dieser Absicht hat er mit dem Ziel, ihn dadurch herabzusetzen, das ganze Lied geschaffen, wie mir scheint.

Lasst es uns also alle gemeinsam untersuchen, damit wir sehen, ob ich denn recht habe. Gleich am Anfang des Liedes nämlich erschiene es unsinnig, wenn er lediglich, um festzustellen ‚Ein guter Mann zu werden ist schwierig', [*d*] ein ‚auch nur'[48] eingefügt hätte. Denn das scheint ganz sachfremd eingefügt zu sein, wenn man nicht annimmt, Simonides spreche wie jemand, der sich mit dem Ausspruch des Pittakos auseinandersetzt: Die Aussage des Pittakos ‚*Es ist schwierig, edel zu sein*' bestreitet er und sagt: ‚Nein, sondern ein guter Mann *auch nur zu werden*, Pittakos, *ist* wahrhaft *schwierig*'; nicht ‚in Wahrheit gut', nicht bei diesem Begriff sagt er ‚in Wahrheit', als komme es unter den Guten vor, [*e*] dass die einen wahrhaft gut seien, die ande-

[47] Die Aufzählung dieser ausdrücklich sieben Personen ist die älteste Liste der so genannten Sieben Weisen (ohne dass sie hier allerdings so genannt würden, vgl. aber Ti. 20d8f.), bestehend aus dem Naturforscher und Staatsmann Thales, Pittakos (vgl. oben S. 39 Anm. 42), den Staatsmännern Bias und Solon, Kleobulos (über dessen Stellung nichts bekannt ist), dem Bauern Myson und dem Staatsmann Chilon. – ‚Erkenne dich' wurde (u.a.) Thales und Chilon zugesprochen, ‚Nichts im Übermaß' Solon, aber auch Chilon.

[48] Zu dieser Übersetzung vgl. unten S. 150 Anm. 102.

ren zwar gut, nicht jedoch wahrhaft gut – einfältig wäre das und Simonides nicht zuzutrauen. Vielmehr muss man annehmen, dass ‚*wahrhaft*' in dem Lied in Sperrung steht, wobei man das Wort des Pittakos etwa so hat vorausgehen lassen, wie wenn wir annähmen, Pittakos spreche selbst und Simonides antworte; d.h. auf die Äußerung des Pittakos ‚Ihr Menschen, es ist *schwierig, edel zu sein*' [*344a*] antworte Simonides: ‚Pittakos, du hast nicht recht; denn nicht es zu sein, sondern es auch nur zu werden, *ein guter Mann an Armen, Beinen und Verstand* (vollkommen) *wie ein Quadrat, tadellos beschaffen, ist* wahrhaft *schwierig.*' So scheint ‚*auch nur*' sachgemäß eingefügt und ‚*wahrhaft*' seine richtige Stellung am Ende zu haben. Und das ganze restliche Lied bestätigt, dass das so gemeint ist. Denn man kann zwar auch bei jeder einzelnen Äußerung [*b*] im Lied wieder und wieder zeigen, dass es kunstvoll verfasst ist – es ist nämlich sehr anmutig und sorgfältig ausgeführt –, indes, es würde zu weit führen, es so zu erörtern; vielmehr wollen wir uns die Gesamtaussage des Liedes, d.h. seine Intention, vornehmen, dass es nämlich von Anfang bis Ende vor allem eine Widerlegung von Pittakos' Ausspruch darstellt.

Nach der besprochenen Äußerung handelt er einige wenige Punkte ab und sagt, wie wenn er eine Rede hielte: ‚Ein guter Mann auch nur zu werden ist wahrhaft schwierig, jedoch für eine gewisse Zeit wenigstens möglich; aber, wenn man gut geworden ist, [*c*] in diesem Zustand zu bleiben und ein guter Mann zu sein, wie du sagst, Pittakos, das ist unmöglich und nicht menschengemäß, sondern nur ein Gott dürfte im Besitz dieser Auszeichnung sein,

ein Mann aber
kann nicht anders als schlecht sein,
wenn ihn eine Notlage, gegen die es keine Hilfe gibt, zum
Scheitern gebracht hat.'

Nun, was für einen Mann bringt eine Notlage, gegen die es keine Hilfe gibt, beim Führen eines Schiffes zum Scheitern? Gewiss nicht denjenigen, der darin gar keine Kenntnisse hat; denn der ist schon immer gescheitert. Wie man also nicht denjenigen, der bereits daliegt, niederwerfen könnte, sondern nur irgendwann einmal denjenigen, der steht, so dass man ihn zum Liegen bringt, nicht aber den, der schon daliegt, [*d*] so könnte auch denjenigen, der sich gut zu helfen weiß, irgendwann eine Notlage, gegen die es keine Hilfe gibt, zum Scheitern bringen, den schon immer Hilflosen aber nicht. Und den Steuermann könnte das Hereinbrechen eines gewaltigen Sturmes hilflos machen, den Bauern das Heraufziehen von schlimmem Wetter in einen Zustand der Hilflosigkeit versetzen und für einen Arzt gilt ganz Entsprechendes. Denn ein Edler kann schlecht werden – wie es auch ein anderer Dichter bezeugt mit den Worten:

> Aber ein guter Mann ist bisweilen schlecht, ein ander-
> mal aber wieder edel –,[49]

[*e*] der Schlechte aber kann es nicht werden, sondern ist es notwendig immer. Daher kann derjenige, der sich gut zu helfen weiß, der kenntnisreich und gut ist, sobald ihn eine Notlage, gegen die es keine Hilfe gibt, zum Scheitern gebracht hat, *nicht anders als schlecht sein.* Du aber, Pittakos, behauptest, es sei *schwierig, edel zu sein*; tatsächlich ist jedoch edel auch nur zu werden schwierig, aber möglich, es aber zu sein unmöglich:

> denn wenn er gut gehandelt hat, ist ein jeder Mann gut,
> schlecht aber, wenn (er) schlecht (gehandelt hat).[50]

[*345a*] Worin besteht nun das gute Handeln bei Lesen und Schreiben und was macht einen Mann darin gut? Natürlich die Kenntnis von diesen Dingen. Und worin besteht das gute Handeln, das einen zum guten Arzt macht? Natürlich in der Kenntnis, wie man Kranke behandelt. ‚*Schlecht aber*, (wenn er) *schlecht* (gehandelt hat)‘: Nun, wer könnte ein schlechter Arzt werden? Natürlich wer erstens überhaupt Arzt ist, zweitens ein guter Arzt, denn der könnte auch ein schlechter werden. Wir Laien in der Heilkunst aber könnten niemals aufgrund von schlechtem Handeln Ärzte oder Baumeister oder [*b*] irgendetwas anderes Derartiges werden. Wer aber aufgrund von schlechtem Handeln nicht Arzt werden könnte, kann natürlich auch kein schlechter Arzt werden. So könnte auch der gute Mann tatsächlich einmal schlecht werden, durch Alter, Beschwernis, Krankheit oder ein anderes Missgeschick – denn das allein ist Unglück: des Wissens verlustig zu gehen –, der schlechte Mann dagegen könnte niemals schlecht werden –

---

49 Der Dichter dieses Verses (Hexameter) ist nicht zu identifizieren (= fr. adesp. eleg. *2 West).

50 Damit sich die Auslegung des Sokrates verständlich anschließt, wurden die Verse hier (anders als bei der Gesamtwiedergabe des Gedichts, unten S. 136) im Sinne des Sokrates übersetzt.

denn er ist es immer –, sondern wenn er schlecht werden soll, muss er zuvor gut geworden sein. Und so läuft auch dieser Teil des Liedes darauf hinaus, [*c*] dass ein guter Mann zu sein, d.h. immer gut, nicht möglich ist, gut zu werden aber möglich und dass ebender, der es geworden ist, auch wieder schlecht werden kann; über die längste Zeit gut und damit am besten sind jeweils diejenigen, welche die Zuneigung der Götter haben.

Das alles ist gegen Pittakos gesagt, und gerade der Fortgang des Liedes macht das noch deutlicher. Er sagt nämlich:

> Deswegen werde ich niemals auf der Suche nach dem,
> was es nicht geben kann,
> das Leben, das mir zusteht, vergeblich an eine nicht zu
> verwirklichende Hoffnung verschwenden,
> den ganz untadeligen Menschen unter allen, die wir uns
> von der Frucht der weiten Erde ernähren;
> sollte ich auf ihn treffen, werde ich es euch verkünden,

[*d*] sagt er – so entschieden geht er durch das g a n z e Lied hindurch gegen den Ausspruch des Pittakos vor.

> Sondern alle lobe und schätze ich
> freiwillig, die nichts Schimpfliches tun;[51] gegen den
> Zwang der Notwendigkeit
> kämpfen noch nicht einmal die Götter.

Auch das ist gegen ebendenselben Ausspruch gesagt. Denn Simonides war nicht so ungebildet zu sagen, er lobe diejenigen, die freiwillig nichts Schlechtes tun, als ob es welche gäbe, die freiwillig Schlechtes tun. Denn für meine Person bin ich so ziemlich davon überzeugt, dass von den [*e*] Weisen niemand der Ansicht ist, irgendein Mensch begehe freiwillig einen Fehler oder tue freiwillig Schimpfliches und Schlechtes, sondern sie wissen genau, dass alle, die das Schimpfliche und das Schlechte tun, es unfreiwillig tun. Und so behauptet denn auch Simonides nicht, er sei ein Lobredner derjenigen, die freiwillig nichts Schlechtes tun, sondern er bezieht dieses ‚*freiwillig*‘ auf sich. Er glaubte nämlich, ein rechtschaffener Mann zwinge sich oft, jemandem freundlich und voller Anerkennung gegenüberzutreten, [*346a*] z.B. in dem häufigen Fall, dass jemand eine Mutter, einen Vater, ein Vaterland oder sonst etwas dieser Art hat, das sich (ihm gegenüber) ungebührlich verhält. Wenn nun

[51] Auch hier gilt das in der vorigen Anmerkung Gesagte.

schlechten Menschen etwas Derartiges geschehe, komme ihnen die Schlechtigkeit ihrer Eltern oder des Vaterlandes gerade recht, trügen sie sie durch ihren Tadel in die Öffentlichkeit und klagten sie an, damit ihnen, wenn sie sich nicht um sie kümmerten, die Leute keine Vorwürfe machten und sie beschimpften, dass sie sich nicht um sie kümmerten; daher tadelten sie sie noch mehr als angemessen und zögen sich selbstgewählte Feindschaften [*b*] über die aufgezwungenen hinaus zu. Die guten Menschen aber verheimlichten das und sähen sich gezwungen, es zu billigen, und wenn sie wegen des ihnen angetanen Unrechts über die Eltern oder das Vaterland in Zorn gerieten, redeten sie sich gut zu und söhnten sich aus, zwängen sich darüber hinaus noch dazu, die Ihren zu lieben und zu loben. Und oftmals, meine ich, sah sich auch Simonides veranlasst, sogar selber einen Tyrannen oder einen anderen derartigen Machthaber zu loben und zu preisen, nicht freiwillig, sondern gezwungen.

Und so sagt er auch zu Pittakos: Ich, [*c*] Pittakos, tadle dich nicht deswegen, weil mir am Tadeln liegt, denn mir genügt, wer nicht schlecht ist

und nicht allzu unbeholfen,
einer, der sich auf das Recht versteht, das der Stadt nützt,
ein gesunder Mann. Nicht werde ich ihn
tadeln,

– denn ich bin nicht tadelsüchtig –;

denn der Toren
Geschlecht ist unbegrenzt groß

– so dass, wenn jemand gerne tadelt, er jenen Vorhaltungen machen könnte bis zum Überdruss –.

Alles – das bedenke – ist schön, dem
Hässliches nicht beigemischt ist.

[*d*] Er meint das nicht, wie wenn seine Aussage lautete: ‚Alles – das bedenke – ist weiß, dem Schwarzes nicht beigemischt ist' – das wäre vollkommen lächerlich –, sondern er will sagen, dass er selbst auch die Mitte (zwischen den Extremen) akzeptiert, ohne Kritik zu üben. ‚Denn ich suche nicht', sagte er, *‚den ganz untadeligen Menschen unter allen, die wir uns von der Frucht der weiten Erde ernähren; sollte ich auf ihn treffen, werde ich es euch verkünden*. Wenn ich darauf warten wollte, könnte ich nie einen loben. Vielmehr genügt es mir, wenn einer die Mitte

hält und nichts Schlechtes tut; denn ich *lobe und schätze alle*‘ – und da gebraucht er den [*e*] mytilenäischen Dialekt, als einer, der zu Pittakos die Worte spricht: ‚*alle aber lobe und schätze ich freiwillig*‘ (hier, erst nach ‚*freiwillig*‘, darf man beim Vortragen einen Einschnitt machen) –, ‚*die nichts Schimpfliches tun*; es gibt aber welche, die ich gegen meinen Willen lobe und schätze. Wenn du nun, Pittakos, auch nur halbwegs [*347a*] Richtiges und Wahres gesagt hättest, hätte ich dich niemals getadelt. So aber, weil du sogar über die bedeutendsten Dinge völlig falsche Aussagen machst und dabei den Eindruck erweckst, die Wahrheit zu sagen, muss ich dich deswegen tadeln.‘ – Darauf, Prodikos und Protagoras“, sagte ich, „wollte Simonides, wie ich glaube, hinaus, als er dieses Lied verfasst hat.“

Da sagte Hippias: „Zwar ist auch deine Erörterung des Liedes gut, Sokrates, wie ich meine, indes“, sagte er, „habe auch [*b*] ich einen gut ausgearbeiteten Vortrag dazu, den ich euch halten werde, wenn ihr wollt.“

Darauf antwortete Alkibiades: „Schon gut, Hippias, ein anderes Mal; jetzt aber muss entsprechend der Übereinkunft, die Protagoras und Sokrates miteinander getroffen haben, Protagoras, wenn er es weiterhin will, die Fragen stellen, Sokrates antworten, wenn er es aber vorzieht, Sokrates zu antworten, Sokrates die Rolle des Fragenden übernehmen.“

Und ich sagte: „Soweit es an mir liegt, überlasse ich Protagoras, was er lieber mag. Wenn es ihm aber recht ist, wollen wir Lieder und Dichtung [*c*] nicht weiter untersuchen. Vielmehr würde ich gerne, Protagoras, das, wonach ich dich zuerst fragte, mit dir zu Ende untersuchen. Tatsächlich scheint mir nämlich die Unterhaltung über Dichtung größte Ähnlichkeit mit den Trinkgelagen einfacher und gewöhnlicher Leute zu haben. Denn auch diese bringen es infolge ihrer Unbildung nicht fertig, nur auf sich selbst gestellt beim Trinken miteinander gesellig zu sein – mit eigener Stimme und eigenen Diskussionsbeiträgen! –, und treiben deswegen die Preise [*d*] für Schalmeienspielerinnen hoch: Sie mieten nämlich für viel Geld als fremde Stimme die der Schalmeien, und darauf beruht ihre Geselligkeit. Wo aber die Teilnehmer am Trinkgelage von feinerer Art und gebildet sind, da wirst du wohl keine Schalmeienspielerinnen, Tänzerinnen oder Harfenspielerinnen erblicken, sondern sehen, dass sie selbst sich für ihr Zusammensein genügen, ohne diese kindischen Albernheiten, kraft ihrer eigenen Stimme, indem sie in geordnetem Wechsel sprechen und einander zuhören, auch wenn sie sehr [*e*] viel Wein getrunken haben. Daher brauchen auch Zusammenkünfte, wie wir sie hier haben, wenn sie aus so qualifizierten Männern bestehen, wie die meisten von uns zu sein behaupten, keineswegs eine fremde Stimme und auch keine Dichter: Diesen kann man zu dem, was sie sagen, keine Fragen stellen; vielmehr behaupten, indem sich die Leute in ihrer Argumentation auf sie berufen, die einen, der Dichter meine dies, die anderen, er meine das, wobei man sich über etwas unterhält, was man nicht verifizieren kann. Dagegen interessieren sich die Gebildeten für derartigen Umgang [*348a*] nicht, sondern kommunizieren gestützt auf ihre eigene Persönlichkeit miteinander und stellen bei ihren Gesprächen die anderen auf die Probe und lassen sich von den anderen auf die Probe stellen: Solche Leute, glaube ich, müssen ich und du eher zum Vorbild nehmen, indem wir die Dichter beiseite legen, unsere Gespräche miteinander selber aus uns selbst heraus führen und dabei überprüfen, was sachlich richtig ist und wie es mit uns selbst dabei steht. Und wenn du weiterhin Fragen stellen willst, stehe ich dir gerne als Antwortender zur Verfügung; wenn du es aber vorziehst, stelle du dich mir zur Verfügung, die Untersuchung, die wir mittendrin abgebrochen hatten, zu Ende zu führen."

[*b*] Als ich nun dies und anderes solcher Art gesagt hatte, machte Protagoras in keiner Weise deutlich, was er tun wolle. Da blickte Alkibiades Kallias an und sagte: „Kallias", sagte er, „scheint dir Protagoras auch jetzt recht daran zu tun, wenn er nicht klarmachen will, ob er Rede und Antwort stehen wird oder nicht? Ich bin nämlich nicht dieser Ansicht; sondern entweder soll er diskutieren oder sagen, dass er nicht diskutieren will, damit wir in diesem Punkt wissen, woran wir mit ihm sind, und Sokrates sich mit einem anderen unterhält oder wer sonst mit wem sich unterhalten will."

[*c*] Nach meinem Eindruck schämte sich Protagoras, als Alkibiades das sagte und Kallias und fast alle übrigen Anwesenden ihn baten; er bequemte sich also, wenn auch nur mit Mühe, zum Gespräch und forderte mich auf, ihm Fragen zu stellen, er werde schon antworten.

Da sagte ich: „Protagoras, glaube nicht, dass ich mit dir in anderer Absicht diskutiere, als die Dinge zu untersuchen, bei denen ich selbst jeweils nicht weiterweiß. Ich meine nämlich, dass Homer durchaus etwas Bedenkenswertes sagt mit seinem Vers:

[*d*] Wo zwei zusammengehen, bemerkt auch der eine
vor dem anderen.[52]

Denn wir Menschen kommen dann alle irgendwie weiter bei jeglichem Werk, Wort und Gedanken.

Einer allein aber, wenn er etwas entdeckt hat,[53]

geht sogleich umher und sucht so lange, wem er es vorzeigen und von wem er eine Bestätigung erhalten kann, bis er einen getroffen hat. Entsprechend diskutiere auch ich deswegen lieber mit dir als mit einem anderen, weil ich glaube, dass du am besten eine Untersuchung anstellen könntest über die sonstigen Dinge, [*e*] von denen es sich gehört, dass sich ordentliche Leute damit näher befassen, und insbesondere über das Gut-Sein. Wer denn sonst, wenn nicht du? Du bist ja nicht nur der Ansicht, selbst gut und tüchtig zu sein, so wie sonst einige selbst in gehöriger Weise tüchtig sind, aber andere nicht dazu machen können; vielmehr bist du zugleich selbst gut und in der Lage, andere gut zu machen, und so groß ist dein Selbstvertrauen, dass du, während doch andere dieses Metier [*349a*] geheim halten, dich selbst öffentlich mit der Bezeichnung ‚Sophist' bei allen Griechen bekannt gemacht, als Lehrer im Bereich von Erziehung und Gut-Sein offen erklärt und dabei es als Erster für richtig gehalten hast, damit Geld zu verdienen. Wie sollte man dich da nicht zur Untersuchung dieser Dinge hinzuziehen und dich fragen und sich mit dir beraten? Das ist unumgänglich.

So wünsche ich denn jetzt wiederum das, wonach ich dich zuerst auf diesem Gebiet fragte, von Anfang an teils mit deiner Hilfe ins Gedächtnis zurückzurufen, teils es mit dir zusammen zu untersuchen. Es lautete, [*b*] wie ich meine, die Frage folgendermaßen: Weisheit, Selbstbescheidung, Tapferkeit, Gerechtigkeit und Frömmigkeit, sind das fünf Bezeichnungen für eine einzige Sache oder liegt jeder dieser Bezeichnungen ein je spezifisches Wesen und eine Sache zugrunde mit je eigener Fähigkeit, wobei das eine von ihnen nicht wie das andere ist? Du hast nun behauptet, es handle sich nicht um (bloß verschiedene) Bezeichnungen für eine einzige Sache, sondern [*c*] jede dieser Bezeichnungen gehöre zu einer eigenen Sache und diese alle

---

[52] Il. 10, 224. Im nächsten Vers geht es weiter: „Wo ein Vorteil sich bietet." (Übers. Schadewaldt).

[53] Il. 10, 225 (zweite Vershälfte).

seien Teile des Gut-Seins, nicht (so), wie die Teile des Goldes einander und dem Ganzen, wovon sie Teile sind, gleich sind, sondern wie die Teile des Gesichts dem Ganzen, wovon sie Teile sind, und einander ungleich sind und dabei jedes seine eigene Fähigkeit hat. Wenn du darüber noch dieselbe Ansicht hast wie vorhin, sage es; wenn aber irgendeine andere, dann bestimme sie genau, denn ich lege es dir in keiner Weise zur Last, wenn du dich jetzt irgendwie anders äußerst. Es sollte mich nämlich nicht wundern, wenn du deine damalige Ansicht [*d*] vorgebracht hättest, um mich auf die Probe zu stellen."

„Aber ich sage dir, Sokrates", antwortete er, „dass diese alle Teile des Gut-Seins sind und dass zwar vier davon einander ziemlich ähnlich sind, die Tapferkeit sich aber ganz erheblich von allen diesen unterscheidet. Und so wirst du erkennen, dass ich recht habe: Du wirst nämlich finden, dass viele Menschen außerordentlich ungerecht, gottlos, zuchtlos und kenntnislos sind und dennoch alle anderen an Tapferkeit übertreffen."

[*e*] „Halt", sagte ich. „Was du sagst, verdient nämlich gewiss eine Überprüfung. Nennst du die Tapferen wagemutig oder etwas anderes?" – „Sogar draufgängerisch", sagte er, „auf das, worauf loszugehen sich die meisten fürchten." – „Dann sage mir: Hältst du das Gut-Sein für etwas Lobenswertes und bietest du dich, weil es etwas Lobenswertes ist, als Lehrer dafür an?" – „Sogar für das Lobenswerteste ", sagte er, „ich müsste sonst den Verstand verloren haben!" – „Ist es nun", sagte ich, „teils verwerflich, teils lobenswert, oder insgesamt lobenswert?" – „Insgesamt lobenswert, meine ich, so sehr wie nur irgend möglich." – „Weißt du, wer [*350a*] wagemutig in die Brunnen taucht?" – „Ja, die Taucher." – „Weil sie sich darauf verstehen oder aus einem anderen Grund?" – „Weil sie sich darauf verstehen." – „Wer ist wagemutig beim Kampf zu Pferde? Die sich aufs Reiten verstehen oder die sich nicht darauf verstehen?" – „Die sich aufs Reiten verstehen." – „Und wer im Kampf der Leichtbewaffneten? Die darin Versierten oder die Unversierten?" – „Die darin Versierten. Und in allem Übrigen, wenn du darauf hinauswillst", sagte er, „sind diejenigen, die sich darauf verstehen, wagemutiger als diejenigen, die sich nicht darauf verstehen, und als sie selbst, [*b*] sobald sie es gelernt haben, im Vergleich zu der Zeit, als sie es noch nicht gelernt hatten." – „Hast du schon gesehen", sagte ich, „dass manche, obwohl sie in all diesen Bereichen keine Kenntnisse haben, trotzdem in jedem von ihnen wagemutig sind?" – „Ja", antwortete er, „sogar

viel zu wagemutig.“ – „Nicht wahr, diese Wagemutigen sind auch tapfer?“ – „Etwas Verwerfliches“, sagte er, „wäre da doch die Tapferkeit; denn diese Leute sind von Sinnen.“ – „Wie bezeichnetest du denn“, sagte ich, „die Tapferen? Nicht als wagemutig / die Wagemutigen[54]?“ – „Doch, auch jetzt noch“, sagte er. – [*c*] „Nicht wahr“, sagte ich, „diese auf jene Art Wagemutigen sind offenbar nicht tapfer, sondern von Sinnen? Und andererseits sind – wie sich vorhin ergab – diese (sc. die in ihrem jeweiligen Metier) Kenntnisreichsten auch die Wagemutigsten, und als Wagemutigste die Tapfersten? Und nach dieser Argumentation dürfte Wissen Tapferkeit sein?“

„Du hast nicht richtig in Erinnerung, Sokrates“, sagte er, „was ich sagte und dir antwortete. Von dir gefragt, ob die Tapferen wagemutig seien, habe ich das bejaht. Ob aber auch die Wagemutigen tapfer seien, wurde ich nicht gefragt – wenn du mich nämlich damals (danach) gefragt hättest, hätte ich gesagt: [*d*] nicht alle –, und dass die Tapferen nicht wagemutig seien, dass meine Zustimmung (sc. zu dem Satz, dass die Tapferen wagemutig sind) nicht richtig gewesen wäre, hast du nirgendwo nachgewiesen. Sodann zeigst du, dass Leute, die Kenntnisse haben, wagemutiger sind als sie selbst (sc. bevor sie Kenntnisse hatten) und andere ohne Kenntnisse, und glaubst, dass auf dieser Grundlage Tapferkeit und Wissen dasselbe seien. Aber wenn du auf diese Weise vorgehst, könntest du auch zu der Auffassung kommen, dass Körperkraft Wissen sei. Denn wenn du mich nach dieser Methode erstens fragtest, ob die Kräftigen [*e*] zu etwas imstande sind, bejahte ich das; zweitens, ob diejenigen, die sich aufs Ringen verstehen, zu mehr imstande sind als diejenigen, die sich nicht darauf verstehen, und als sie selbst, sobald sie es gelernt haben, im Vergleich zu der Zeit, als sie es noch nicht gelernt hatten, bejahte ich das. Und wenn ich das zugegeben hätte, könntest du mit ebendemselben Schlussverfahren behaupten, dass gemäß meiner Zustimmung Wissen Körperkraft sei. Ich aber gebe weder anderswo noch auch hier zu, dass die, welche zu etwas imstande sind, kräftig sind, allerdings, dass die Kräftigen zu etwas imstande sind. [*351a*] Denn Zu-etwas-imstande-Sein und Körperkraft sind nicht dasselbe, sondern das eine entsteht durch Beherrschung der Technik, das

[54] Zum möglichen Doppelsinn im griechischen Text vgl. unten S. 165 Anm. 122.

Zu-etwas-imstande-Sein, und auch durch Wahnsinn und durch Zornesaufwallung, Körperkraft aber durch Naturanlage und gute Nahrung für den Körper. Entsprechend waren aber auch vorhin Wagemut und Tapferkeit nicht dasselbe. Daher ergibt sich, dass zwar die Tapferen wagemutig sind, allerdings nicht, dass alle Wagemutigen tapfer sind. Denn Wagemut wächst den Menschen zu durch einschlägigen Sachverstand und auch [*b*] durch Zornesaufwallung und durch Wahnsinn, ebenso wie das Zu-etwas-imstande-Sein, Tapferkeit aber durch Naturanlage und gute Nahrung für die Seele."

„Bist du der Ansicht, Protagoras", sagte ich, „dass manche Menschen gut leben, andere schlecht?" – „Ja." – „Lebte ein Mensch nach deiner Meinung wohl gut, wenn er ein Leben in Betrübnis und Schmerzen führte?" – „Nein." – „Und wie steht es, wenn er bis zu seinem Ende angenehm gelebt haben sollte? Meinst du nicht, dass er dann ein gutes Leben gehabt hätte?" – „Ja", sagte er. – „Folglich ist das [*c*] angenehme Leben gut, das unangenehme schlecht?" – „Jedenfalls wenn einem im Leben die lobenswerten Dinge angenehm sind", sagte er. – „Wie denn, Protagoras? Nennst etwa auch du, wie die meisten Leute, manches Angenehme schlecht und manches Unangenehme gut? Denn ich meine: Sofern es angenehm ist, ist nicht insofern das Angenehme gut, die Konsequenzen, die sich etwa daraus ergeben, außer Betracht gelassen? Und andererseits das Unangenehme: Ist es nicht ganz entsprechend, insofern es unangenehm ist, schlecht?" – „Ich weiß nicht, Sokrates", sagte er, „ob ich so einfach, wie es deiner Frage entspricht, [*d*] antworten soll, dass alles Angenehme gut und alles Unangenehme schlecht ist. Vielmehr scheint es mir nicht nur für die Antwort jetzt, sondern auch für mein ganzes weiteres Leben für mich sicherer zu antworten, dass es Angenehmes gibt, das nicht gut ist, aber auch Unangenehmes, das nicht schlecht ist, und dass es Angenehmes gibt, das gut, und Unangenehmes, das schlecht ist, und als dritte Gruppe solches, das keines von beidem ist, weder schlecht noch gut." – „Aber angenehm nennst du doch", sagte ich, „was lustvoll [*e*] ist oder Lust bewirkt?" – „Gewiss", sagte er. – „Nun, ebendas meine ich: Ist etwas, insofern es angenehm ist, nicht gut? Ich frage nach der Lust als solcher: Ist sie nicht etwas Gutes?" – „Wie du immer sagst, Sokrates", antwortete er, „lass uns das untersuchen und, wenn die Untersuchung (für dich) zweckdienlich zu sein scheint und ‚angenehm' und ‚gut' sich als dasselbe erweisen, werden wir das zugeben; andernfalls werden wir dann geteilter Meinung sein." – „Willst du die Führung haben bei der Untersuchung", sagte ich, „oder soll ich sie übernehmen?" – „Es gehört sich", sagte er, „dass du sie leitest; denn du hast mit diesem Thema auch angefangen."

[*352a*] „Könnte uns der Sachverhalt etwa auf folgende Weise deutlich werden?", sagte ich. „Wie wenn jemand einen Menschen aufgrund seiner äußeren Erscheinung auf körperliche Gesundheit und außerdem auf seine Körperfunktionen hin untersuchen wollte und, wenn er Gesicht und Unterarme gesehen hat, sagte: ‚Komm, entblöße Brust und Rücken und zeige sie mir, damit ich dich genauer untersuchen kann', so wünsche auch ich mir etwas Derartiges für unsere Untersuchung. Nachdem ich nämlich gesehen habe, dass du eine solche Einstellung zum Guten und Angenehmen hast, wie du sagst, möchte ich etwa Folgendes äußern: ‚Komm, enthülle mir, Protagoras, [*b*] auch diesen Bereich deines Denkens: Welche Einstellung hast du zum Wissen? Denkst du auch darüber wie die meisten Leute oder anders? Die meisten haben vom Wissen ungefähr die Auffassung, dass es nicht stark, nicht führend und nicht herrschend sei. Und sie betrachten es auch nicht als etwas Derartiges, sondern glauben, dass das Wissen, obwohl der Mensch häufig über es verfüge, trotzdem nicht die Herrschaft über ihn habe, sondern etwas anderes, bald leidenschaftliches Ungestüm, bald Lust, bald Unlust, zuweilen Liebesverlangen, häufig Furcht; dabei [*c*] denken sie über das Wissen einfach wie über einen Sklaven, etwas, das von allen anderen herumgezerrt wird. Hast nun auch du eine solche Auffassung davon, oder scheint dir das Wissen etwas Schönes zu sein und so, dass es über den Menschen herrscht? Und wenn einer das Gute und das Schlechte weiß, dass er dann nicht von irgendetwas beherrscht würde mit der Folge, dass er jeweils etwas anderes tut als das, was das Wissen befiehlt, sondern dass die Einsicht dem Menschen eine zureichende Hilfe ist?' "

„Meine Ansicht ist tatsächlich so, wie du sagst, Sokrates", antwortete er, „und es wäre sogar [*d*] für niemand mehr als gerade für mich eine Schande zu behaupten, Weisheit und Wissen hätten nicht von allen menschlichen Dingen die größte Macht."

„Gut und wahr gesprochen", sagte ich. „Nun weißt du, dass die meisten Leute mir und dir darin nicht folgen, sondern behaupten, viele wüssten, was am besten sei, seien aber nicht bereit, es zu tun, obwohl es ihnen freistünde, sondern täten anderes. Und alle, die ich fragte, was denn der Grund dafür sei, sagen, von Lust [*e*] oder Unlust besiegt oder von einem der Affekte, die ich eben nannte, überwältigt, täte das, wer es tut."

„Ja, Sokrates", sagte er, „auch in vielen anderen Dingen haben die Leute, wie ich glaube, nicht recht."

„Dann versuche mit mir die Leute zu überzeugen und sie zu belehren, worin diese ihre Erfahrung eigentlich besteht, die sie [*353a*] Von-den-Lüsten-besiegt-Werden nennen, und weswegen sie sagen, sie täten nicht, was am besten sei, obgleich sie es doch kennten. Wenn wir sagten: ‚Ihr habt nicht recht, Leute, sondern sagt etwas Falsches', fragten sie uns nämlich vielleicht: ‚Protagoras und Sokrates, wenn diese Erfahrung nicht darin besteht, dass man der Lust unterliegt, worin denn dann und was ist sie denn nach eurer Meinung? Sagt es uns!'"

„Aber warum, Sokrates, müssen wir die Ansicht der großen Menge untersuchen, die irgendetwas Beliebiges daherredet?"

[*b*] „Ich glaube", sagte ich, „dass das für uns von einiger Bedeutung ist, um von der Tapferkeit herauszufinden, wie sie sich eigentlich zu den übrigen Teilen des Gut-Seins verhält. Wenn du nun bei dem bleiben willst, was wir eben beschlossen, dass ich die Führung (bei der Untersuchung) so übernehme, wie ich glaube, dass der Sachverhalt am besten klar werde, dann folge; andernfalls lasse ich das, wenn es dir lieb ist, sein."

„Aber du hast ja recht", sagte er, „mach nun weiter, wie du angefangen hast."

[*c*] „Also noch einmal", sagte ich, „wenn sie uns fragen sollten: ‚Was ist denn nun nach eurer Meinung das, was wir als Den-Lüsten-unterlegen-Sein bezeichnen?', antwortete ich ihnen folgendermaßen: ‚So hört denn zu: Ich und Protagoras werden versuchen, es euch zu erklären. Nicht wahr, ihr Leute, ihr sagt, dass euch dies bei folgenden Dingen widerfahre? Z.B. könnt ihr oft Speisen, Getränken und Liebesgenuss nicht widerstehen, weil sie angenehm sind, und obwohl ihr wisst, dass diese Dinge schlecht sind, tut ihr sie dennoch?'" – „Da würden sie zustimmen." – „Würden dann nicht ich und du sie weiter fragen: ‚Inwiefern behauptet ihr, dass sie schlecht seien? [*d*] Weil jedes von ihnen beim gegenwärtigen Erleben jene Lust verschafft und angenehm ist oder weil es später zu Krankheit und Armut führt und vieles andere dieser Art bewirkt? Oder wären sie, auch wenn sie nichts davon für später bewirken, sondern nur Freude bereiten, dennoch schlecht, nur weil sie überhaupt irgendwie

Freude bereiten?‘ Sollen wir glauben, Protagoras, dass sie etwas anderes antworteten, als dass diese Dinge nicht wegen der Lust, die sie unmittelbar hervorrufen, als solcher schlecht sind, [*e*] sondern wegen der späteren Folgen, wegen der Krankheiten usw.“ – „Ich glaube“, sagte Protagoras, „dass die meisten Leute diese Antwort gäben.“ – „‚Bewirken sie nicht, wenn sie Krankheiten auslösen, Beschwernisse und, wenn sie zu Armut führen, ebenfalls Beschwernisse?‘ Sie würden wohl zustimmen, wie ich glaube.“ – Protagoras billigte diese Ansicht. – „‚Offenbar, ihr Leute, sind doch diese Dinge, wie ich und Protagoras behaupten, für euch nur deswegen schlecht, weil sie auf Beschwernisse hinauslaufen und einen um weitere [*354a*] Lustempfindungen bringen?‘ Würden sie da zustimmen?“ – Das nahmen wir beide an. – „Würden sie nicht entsprechend, wenn wir sie nach dem Entgegengesetzten fragten: ‚Ihr Leute, die ihr andererseits sagt, Gutes sei unangenehm, meint ihr nicht solche Dinge wie körperliches Training, Kriegsdienst und ärztliche Behandlung durch Brennen, Schneiden, Verabreichen von Arzneimitteln und Hungerkuren, dass diese Dinge zwar gut sind, aber unangenehm?‘ – würden sie das nicht bejahen?“ – Das nahmen wir an. – [*b*] „‚Nennt ihr diese Dinge nun darum gut, weil sie hier und jetzt äußerste Qualen und Schmerzen bereiten oder weil sie danach zu Gesundheit, guter körperlicher Kondition, staatlicher Unversehrtheit, Herrschaft über andere und Reichtum führen?‘ Sie würden (Letzterem) zustimmen, wie ich glaube.“ – Er glaubte das auch. – „‚Sind diese Dinge aus einem anderen Grund gut, als weil sie auf Lust sowie Befreiung und Verhinderung von Unlust hinauslaufen? Oder könnt ihr ein anderes Ziel [*c*] angeben, mit Blick worauf ihr sie gut nennt, als Lust und Unlust?‘ Sie würden Nein sagen, wie ich glaube.“ – „Auch ich glaube nicht“, sagte Protagoras („dass sie etwas anderes angeben könnten“). – „‚Nicht wahr, ihr geht der Lust als einem Gut nach, meidet aber die Unlust als ein Übel?‘“ – Das schien uns so. – „‚Das also, glaubt ihr, sei ein Übel, die Unlust, und ein Gut die Lust, da ihr dann sogar vom Lustgenuss selbst sagt, er sei schlecht, wenn er einen um größere Lust bringt als die, die er selbst gewährt, oder größere Unlust bereitet als die durch [*d*] ihn gewährte Lust. Denn wenn ihr aus einem anderen Grund und mit Blick auf ein anderes Ziel den Lustgenuss selbst schlecht nennt, könntet ihr es uns auch sagen; aber ihr werdet es nicht können.‘“ – „Auch ich glaube nicht, dass sie das können“, sagte Protagoras. – „‚Nicht wahr, entsprechend gilt dasselbe auch für die Unlustempfindung selbst? Ihr nennt dann die Unlustempfindung selbst gut, sooft sie entweder größere Unlust als die durch sie bedingte verhindert oder mehr Lust als Unlust verschafft? Denn wenn ihr auf ein anderes Ziel blickt, sooft ihr die [*e*] Unlustempfindung selbst gut nennt, als auf das, was ich sage, könnt ihr es uns sagen; aber ihr werdet es nicht können.'" – „Du hast recht", sagte Protagoras. – „Weiter also", sagte ich. „Wenn ihr mich fragtet, ihr Leute: ‚Wozu denn nur redest du darüber so ausführlich und erörterst es in alle Richtungen?', würde ich sagen: ‚Verzeiht mir; erstens ist es nämlich nicht leicht aufzuweisen, worum es sich eigentlich bei dem handelt, was ihr Den-Lustempfindungen-unterlegen-Sein nennt. Zweitens gründen darauf alle Beweise. Indes steht es euch auch jetzt noch frei, eure Auffassung wieder zurückzunehmen, [*355a*] wenn ihr das Gute als etwas anderes benennen könnt denn die Lust oder das Schlechte als etwas anderes denn die Beschwernis. Oder ist es euch genug, das Leben angenehm hinzubringen ohne Unlust? Wenn es euch aber genügt und ihr überhaupt nur das gut oder schlecht nennen könnt, was auf Lust oder Unlust hinausläuft, hört das Folgende:

Ich behaupte, dass bei dieser Sachlage eure immer wieder vorgebrachte These sich als lächerlich herausstellt, dass man oft vom Schlechten wisse, dass es schlecht ist, man es aber dennoch tue, obwohl es einem freistünde, es nicht zu tun, durch Lustempfindungen [*b*] getrieben und außer sich geraten. Und entsprechend sagt ihr, dass man das Gute wisse, es aber trotzdem nicht tun wolle wegen des Lustgewinns für den Augenblick, davon überwältigt. Dass das aber lächerlich ist, wird klar werden, wenn wir nicht viele Bezeichnungen nebeneinander verwenden, ‚angenehm' und ‚unangenehm' und ‚gut' und ‚schlecht', sondern nachdem sich diese Sachverhalte als nur zwei herausgestellt haben, (jeweils) auch nur zwei Bezeichnungen dafür gebrauchen, zuerst ‚gut' und ‚schlecht', dann ‚angenehm' [*c*] und ‚unangenehm'. Nachdem wir das so festgelegt haben, wollen wir sagen: Obwohl man vom Schlechten weiß, dass es schlecht ist, tut man es trotzdem. Wenn uns nun jemand fragt: ‚Warum?', werden wir sagen: ‚Weil man überwältigt wird'; ‚Wovon?', wird uns jener fragen. Wir dürfen dann nicht mehr sagen: ‚Von der Lust'; denn sie hat statt ‚Lust' als andere Bezeichnung ‚das Gute' angenommen. Wir wollen also jenem antworten und sagen: ‚Weil man überwältigt wird'; ‚Wovon?', wird er sagen. ‚Vom Guten, bei Zeus', werden wir antworten.

Wenn nun der Fragesteller einer ist, der uns auf den Arm nehmen will, wird er lachen [*d*] und sagen: ‚Da sprecht ihr wirklich einen lächerlichen Sachverhalt aus, wenn jemand im Wissen, dass es schlecht ist, Schlechtes tut, obwohl er es nicht tun müsste, überwältigt von Gutem. Wobei‘, wird er sagen, ‚es das Gute nach eurem Urteil nicht wert ist, das Schlechte zu besiegen, oder wobei es das wert ist?‘ Natürlich werden wir in unserer Antwort sagen: ‚Wobei es das nicht wert ist.‘ Denn sonst würde derjenige, von dem wir sagen, er erliege den Lustempfindungen, nicht falsch handeln. ‚Aber in welcher Hinsicht‘, wird er vielleicht sagen, ‚wiegt das Gute das Schlechte nicht auf oder das Schlechte das Gute? Ist das nicht immer dann der Fall, wenn das eine größer, das andere [*e*] kleiner ist? Oder das eine mehr, das andere weniger?‘ – Wir werden nichts anderes sagen können als das. – ‚Offenkundig also‘, wird er sagen, ‚versteht ihr unter dem Überwältigt-Werden Folgendes: sich für eine geringere Menge an Gutem (die man gewinnt) größere Übel einzuhandeln.‘ Soviel also dazu.

Wir wollen nun die Bezeichnungen wieder austauschen, indem wir für ebendieselben Sachverhalte ‚angenehm‘ und ‚unangenehm‘ verwenden, und sagen: Man tut, damals sagten wir: das Schlechte, jetzt aber wollen wir sagen: das Unangenehme, im Wissen, dass es unangenehm ist, überwältigt [*356a*] vom Angenehmen, obwohl es offenkundig nicht wert ist, den Vorrang zu haben. Und welchen anderen Unwert der Lust gegenüber der Unlust gibt es außer ein Zuviel (auf der einen) und ein Zuwenig (auf der anderen Seite) im Vergleich zueinander? D.h., dass das eine größer bzw. kleiner als das jeweils andere wird und mehr oder weniger und in höherem oder geringerem Grad auftritt. Denn wenn einer sagte: ‚Aber es besteht ein großer Unterschied, Sokrates, zwischen dem Angenehmen, das man jetzt hat, und dem erst in Zukunft Angenehmen und Unangenehmen‘, würde ich antworten: ‚Besteht er etwa in etwas anderem als in Lust und Unlust? Unmöglich in etwas anderem. Vielmehr wie [*b*] jemand, der gut wiegen kann, stelle das Angenehme zusammen und stelle das Unangenehme zusammen und, wenn du (auch noch) die Gesichtspunkte der unmittelbar bevorstehenden Zeit und der ferneren Zukunft auf die Waage gelegt hast, sage, welches von beidem mehr ist. Wenn du nämlich Angenehmes im Vergleich zu Angenehmem wägst, musst du jeweils das nehmen, was größer und mehr ist; wenn Unangenehmes im Vergleich zu Unangenehmem, das, was weniger und kleiner ist; wenn Angenehmes im Vergleich zu Unangenehmem, musst du, falls das Angenehme das Unangenehme überwiegt, sei es das in fernerer Zukunft liegende Angenehme das unmittelbar bevorstehende Unangenehme, sei es das unmittelbar bevorstehende Angenehme das in fernerer Zukunft liegende Unangenehme, jeweils die Handlung ausführen, bei welcher das Angenehme überwiegt; falls [*c*] aber das Unangenehme gegenüber dem Angenehmen überwiegt, darfst du diese Handlung nicht ausführen. Verhält sich das etwa irgendwie anders, ihr Leute?', würde ich sagen. Ich weiß, dass sie keine andere Antwort geben könnten." – Auch Protagoras war dieser Ansicht.

„‚Da sich das nun so verhält, beantwortet mir die folgende Frage', werde ich sagen. ‚Erscheint euch beim Sehen dieselbe Größe aus der Nähe größer, aus der Ferne kleiner? Nicht wahr, das ist doch so?'" – „Sie werden das bejahen." – „‚Und bei Dicke und Menge verhält es sich entsprechend? Und derselbe Ton hört sich aus der Nähe lauter, aus der Ferne leiser an?'" – „Sie würden dem zustimmen." – „‚Wenn nun [*d*] unser Wohlergehen darauf beruhte, dass man tut und wählt, was von großer Länge ist, was aber klein ist, meidet und nicht tut, was erschiene uns dann als Heil des Lebens? Wäre es die Messkunst oder die Macht der Erscheinung? Oder führt uns Letztere (wie sich zeigte) irre und lässt uns dieselben Dinge oftmals (mit anderen) durcheinanderbringen und es uns hinterher bedauern im Tun und Wählen von Großem und Kleinem? Dagegen würde die Messkunst dieses Trugbild wirkungslos machen, [*e*] die Wahrheit offenbaren und bewirken, dass die Seele beim Wahren bleibt und Ruhe hat, und so dem Leben Sicherheit geben?' Würden die Leute im Hinblick darauf zustimmend sagen, dass uns die Messkunst sicher bewahrt, oder eine andere?" – „Die Messkunst", pflichtete er bei. – „‚Wie nun, wenn für uns jeweils auf der Wahl von Ungerade oder Gerade das Heil des Lebens beruhte, sooft man für eine richtige Wahl die größere oder die kleinere Zahl wählen müsste, entweder dieselbe Art von Zahlen untereinander verglichen oder die eine mit der anderen, sei es aus der Nähe oder aus der Ferne? Was würde uns das Leben sicher bewahren? [*357a*] Wäre das nicht ein Wissen? Und wäre es nicht eines, das mit Messen zu tun hat, da sich die Fertigkeit auf das Mehr und das Weniger bezieht? Und da es um ‚ungerade' und ‚gerade' geht, nicht wahr, dann handelt es sich um Arithmetik?' Würden uns die Leute da zustimmen oder nicht?“ – Auch Protagoras rechnete mit ihrer Zustimmung. – „‚Nun gut, ihr Leute. Da es sich uns aber gezeigt hat, dass das Heil des Lebens auf einer richtigen Wahl von Lust und Unlust beruht, von Mehr und Weniger, [*b*] Größerem und Kleinerem, Entfernterem und Näherem, erweist es sich da nicht erstens als eine Fähigkeit zu messen, eine, die untersucht, ob das gegenseitige Verhältnis von Mehr, Weniger oder Gleich vorliegt?‘“ – „Ganz notwendig.“ – „‚Dann, weil als Fähigkeit zu messen, doch wohl notwendig als Fertigkeit und Wissen?‘“ – „Da werden sie zustimmen.“ – „‚Was für eine Fertigkeit und was für ein Wissen das nun ist, werden wir ein andermal untersuchen; dass es aber ein Wissen ist, soviel genügt uns für den Beweis, den ich und Protagoras darüber [*c*] führen müssen, wonach ihr uns fragtet. Ihr fragtet, wenn ihr euch erinnert, als wir beide einer Meinung darüber waren, es gebe nichts Mächtigeres als Wissen, sondern das habe immer die Herrschaft, wo immer es vorhanden ist, über Lust und alles andere; ihr aber behauptetet, die Lust herrsche oftmals auch über den Menschen, der Wissen hat, und als wir euch nicht zustimmten, stelltet ihr uns danach die Frage: ‚Protagoras und Sokrates, wenn diese Erfahrung nicht darin besteht, dass man der Lust unterliegt, worin denn dann und was ist sie denn nach eurer Meinung? Sagt es [*d*] uns!‘ Wenn wir euch nun damals gleich gesagt hätten: ‚Unwissen‘, hättet ihr euch über uns lustig gemacht. Tatsächlich aber werdet ihr euch, wenn ihr euch über uns lustig macht, über euch selbst lustig machen. Habt ihr doch selbst zugestanden, dass diejenigen, die falsch handeln, aus Mangel an Wissen falsch handeln bei der Wahl von Lust und Unlust – d.h. aber von Gutem und Schlechtem – und nicht nur an Wissen, sondern auch an demjenigen, das, wie ihr eben noch zugestimmt habt, in der Fähigkeit zum Messen besteht. Die Handlung, die ohne Wissen falsch ausgeführt wird, geschieht, [*e*] wie ihr doch wohl auch selbst wisst, aus Unwissenheit. Der-Lust-unterlegen-Sein ist also dies: die größte Unwissenheit. Sie heilen zu können, behauptet unser Protagoras, ebenfalls Prodikos und Hippias. Weil ihr aber glaubt, es sei etwas anderes als Unwissenheit, (geht) ihr weder selbst zu den Lehrern in diesen Dingen, zu den hier anwesenden Sophisten, noch schickt ihr eure Söhne zu ihnen, in der Meinung, es handle sich nicht um etwas Lehrbares, sondern aus Sorge um euer Geld gebt ihr es denen nicht, und so handelt ihr falsch und geht es euch schlecht, im privaten wie im öffentlichen Leben.‘

[*358a*] Das wäre unsere Antwort an die große Menge. Jetzt aber zu euch, Hippias und Prodikos, denn gemeinsam mit euch soll die Unterredung vonstatten gehen: Ich frage euch zusammen mit Protagoras, ob ihr glaubt, dass ich recht habe oder etwas Falsches sage." – Alle waren von der Richtigkeit meiner Ausführungen ganz rückhaltlos überzeugt. – „Stimmt ihr also zu", sagte ich, „dass das Angenehme gut, das Unangenehme aber schlecht ist? Die Wortunterscheidungen unseres Prodikos möchte ich beiseite lassen: Magst du von ‚angenehm' oder von ‚ergötzlich' oder von ‚erfreulich' sprechen, oder wonach und wie du Derartiges zu benennen liebst, [*b*] bester Prodikos, gib mir darauf eine Antwort, worauf meine Frage zielt." – Da lachte Prodikos und gab seine Zustimmung, und auch die anderen. – „Wie steht es denn aber nun mit Folgendem, meine Freunde?", sagte ich. „Sind nicht alle darauf gerichteten Handlungen, auf das angenehme Leben ohne Unlust, lobenswert {und nützlich}? Und ist nicht die lobenswerte Tat gut und nützlich?" – Sie stimmten zu. – „Wenn also", sagte ich, „das Angenehme gut ist, tut niemand im Wissen oder Glauben, anderes sei besser als das, [*c*] was er tun will, und auch realisierbar, dennoch dies (Schlechtere), wenn es ihm freisteht, das Bessere zu tun. Und Sich-unterlegen-Sein ist nichts anderes als Unwissenheit, und Herr-über-sich-Sein nichts anderes als Wissen." – Das hielten alle für richtig. – „Weiter! Versteht ihr unter Unwissen das Folgende, nämlich eine falsche Auffassung zu haben und im Irrtum zu sein über wichtige Dinge?" – Auch das schien allen richtig. – „Nicht wahr", sagte ich, „das Schlechte geht niemand freiwillig an,[55] auch nicht das, was er für schlecht hält, und [*d*] das liegt, wie es scheint, nicht in der Natur des Menschen, das angehen zu wollen, was er für schlecht hält, statt des Guten? Und sooft man gezwungen wird, eines von zwei Übeln zu wählen, wird niemand das größere wählen, wenn er das kleinere wählen könnte?" – All das hielten wir alle für richtig. – „Weiter", sagte ich, „nennt ihr etwas Angst und Furcht? Und zwar das, was ich darunter verstehe? Zu dir spreche ich, Prodikos. Ich verstehe darunter so etwas wie Erwartung eines Übels, ob ihr es nun Furcht oder Angst nennt." – Protagoras und Hippias waren der Ansicht, das sei Angst und Furcht, [*e*] Prodikos da-

55 Zur Übersetzung des im Griechischen ambivalenten Ausdrucks vgl. unten S. 197f.

gegen, das sei Angst, aber nicht Furcht. – „Aber darauf kommt es nicht an, Prodikos“, sagte ich, „vielmehr auf Folgendes: Wenn das zuvor Gesagte zutrifft, wird dann irgendjemand das angehen wollen, wovor er sich fürchtet, wenn er die gegenteilige Möglichkeit hat? Oder ist das aufgrund dessen, worin wir übereingekommen sind, unmöglich? Denn was man fürchtet, hält man, darüber besteht Übereinstimmung, für schlecht; und was man für schlecht hält, das geht freiwillig niemand an noch wählt er es.“ – [*359a*] Auch das hielten alle für richtig.

„Auf dieser Grundlage nun, Prodikos und Hippias“, sagte ich, „soll sich Protagoras uns gegenüber rechtfertigen, wie seine erste Antwort richtig sein kann – ich meine nicht seine allererste Antwort; denn damals sagte er, von den fünf Teilen des Gut-Seins sei kein Teil wie der andere, sondern jeder habe seine eigene Fähigkeit. Indes nicht das meine ich, sondern was er später sagte. Später sagte er nämlich, dass vier Teile einander ziemlich ähnlich [*b*] seien, einer sich aber von den anderen sehr stark unterscheide, die Tapferkeit, und er sagte, ich werde das aus folgendem Indiz erkennen: ‚Du wirst nämlich finden, Sokrates, dass Menschen außerordentlich gottlos, ungerecht, zuchtlos und kenntnislos sind, aber sehr tapfer; dadurch wirst du erkennen, dass sich die Tapferkeit von den anderen Teilen des Gut-Seins erheblich unterscheidet.‘ Und ich war damals gleich über die Antwort sehr verwundert und bin es jetzt noch mehr, nachdem ich die vorausgehende Untersuchung mit euch durchgeführt habe. Nichtsdestoweniger fragte ich ihn (weiter), ob er die Tapferen wagemutig nenne. Seine Antwort war: ‚Sogar [*c*] draufgängerisch.‘ Erinnerst du dich, Protagoras“, sagte ich, „dass du diese Antwort gegeben hast?“ – Er sagte Ja.

„Dann sag uns“, fuhr ich fort, „wobei, meinst du, sind die Tapferen draufgängerisch? Bei dem, wobei es die Feigen sind?“ – „Nein“, sagte er. – „Also bei anderem.“ – „Ja“, sagte er. – „Gehen die Feigen das Ungefährliche an, dagegen die Tapferen das Gefährliche?“ – „So sagen bekanntlich die Leute, Sokrates.“ – „Du hast recht“, sagte ich, „aber nicht das [*d*] will ich wissen, sondern was d u zu der Frage sagst, wobei die Tapferen draufgängerisch sind. Beim Gefährlichen, im Glauben, es sei gefährlich, oder beim Nicht-Gefährlichen?“ – „Aber Ersteres ist doch“, sagte er, „durch die von dir geführte Argumentation eben erst als unmöglich erwiesen worden.“ – „Auch darin hast du recht“, sagte ich. „Daher geht, wenn dies richtig erwiesen wurde, niemand das an, was er für gefährlich hält, da Sich-unterlegen-Sein Unwissenheit ist, wie sich herausstellte." – Er stimmte zu. – „Vielmehr gehen umgekehrt alle, Feige wie Tapfere, gerade das an, bei dem sie zuversichtlich sind, und in dieser Hinsicht [*e*] gehen die Feigen und die Tapferen dasselbe an." – „Aber Sokrates", sagte er, „es ist doch genau das Entgegengesetzte, was die Feigen und die Tapferen angehen. Zum Beispiel wollen die einen in den Krieg ziehen, die anderen nicht." – „Wobei es lobenswert ist", sagte ich, „in den Krieg zu ziehen, oder verwerflich?" – „Lobenswert", sagte er. – „Wenn es lobenswert ist, dann auch gut: Darin sind wir zuvor übereingekommen. Denn wir hatten uns darauf geeinigt, dass alle lobenswerten Handlungen gut sind." – „Du hast recht, und i c h war schon immer dieser Ansicht." – „Recht so", sagte ich. [*360a*] „Indes, welche, sagst du, wollen nicht in den Krieg ziehen, obwohl es lobenswert und gut ist?" – „Die Feigen", antwortete er. – „Ist es nicht", sagte ich, „wenn es lobenswert und gut ist, dann auch angenehm?" – „Darin sind wir jedenfalls übereingekommen", sagte er. – „Wollen nun die Feigen wissentlich nicht das Lobenswertere, Bessere und Angenehmere angehen?" – „Aber wenn wir d a s zugestehen, setzen wir die früheren Übereinkünfte außer Kraft." – „Wie steht es mit dem Tapferen? Geht er nicht das Lobenswertere, Bessere und Angenehmere an?" – „Das muss man zugeben", sagte er. – „Nicht wahr, überhaupt haben die [*b*] Tapferen keine verwerfliche Furcht, wenn sie sich fürchten, und auch keine verwerfliche Verwegenheit?" – „Richtig", sagte er. – „Wenn aber nicht verwerflich, sind diese Dinge dann nicht lobenswert?" – Er stimmte zu. – „Und wenn lobenswert, auch gut?" – „Ja." – „Haben nicht die Feigen, die Tollkühnen und die Wahnsinnigen im Gegensatz dazu verwerfliche Furcht bzw. verwerfliche Verwegenheit?" – Er stimmte zu. – „Haben sie (sc. die Tollkühnen und die Wahnsinnigen) diese verwerfliche und schlechte Verwegenheit aus einem anderen Grund als aus Unkenntnis und Unwissenheit?" – „Nein, so [*c*] ist es", sagte er. – „Weiter: Das, wodurch die Feigen feige sind, nennst du das Feigheit oder Tapferkeit?" – „Ich nenne das Feigheit", sagte er. – „Erwiesen sie sich nicht als feige aus Unkenntnis dessen, was gefährlich ist?" – „Gewiss", sagte er. – „Wegen dieser Unwissenheit also sind sie feige?" – Er stimmte zu. – „Und weswegen sie feige sind, das ist Feigheit, wie du zugestehst?" – Er bejahte das. – „Dürfte dann nicht das Unwissen darin, was gefährlich ist und was nicht gefährlich ist, Feigheit sein?“ – Er nickte zustimmend. – „Ferner“, sagte ich, „ist Tapferkeit das Gegenteil [*d*] von Feigheit.“ – Er sagte Ja. – „Ist nicht das Wissen von dem, was gefährlich und was nicht gefährlich ist, dem Unwissen in diesen Dingen entgegengesetzt?“ – Auch da nickte er noch zustimmend. – „Die Unwissenheit darin ist Feigheit?“ – Nur sehr widerwillig gab er da durch Nicken seine Zustimmung. – „Das Wissen also davon, was gefährlich und was nicht gefährlich ist, ist Tapferkeit, als Gegenteil des Unwissens in diesen Dingen?“ – Da war er nicht mehr bereit, durch Nicken sein Einverständnis anzuzeigen, und er schwieg auch. – Ich sagte: „Was denn nun, Protagoras; sagst du zu dem, was ich frage, weder Ja noch Nein?“ – „Bring es selbst zu Ende“, sagte er. – „Durch eine einzige [*e*] Frage noch an dich“, sagte ich, „ob du noch wie zuerst der Auffassung bist, dass es welche gibt, die ganz unwissend sind, aber sehr tapfer.“ – „Du scheinst mir darauf zu bestehen, Sokrates“, sagte er, „dass ich es bin, der antwortet. So will ich dir denn den Gefallen tun und erkläre, dass ich das aufgrund dessen, worin man übereingekommen ist, für unmöglich halte.“

„Diese Fragen stelle ich alle“, sagte ich, „wirklich nur in der Absicht, Probleme zu klären, die das Gut-Sein betreffen, und zu untersuchen, was eigentlich das Gut-Sein an sich ist. Denn ich weiß: Wenn Letzteres geklärt [*361a*] ist, ergäbe sich am ehesten Aufschluss über jene Frage, über die wir beide, ich und du, jeder eine lange Rede gehalten haben, ich mit der These, dass Gut-Sein nichts Lehrbares sei, du, dass es etwas Lehrbares sei. Und ich habe den Eindruck, dass das eben erzielte Ergebnis der Untersuchung uns wie eine Person anklagt und auslacht und, wenn es sprechen könnte, sagte: ‚Seltsame Leute seid ihr, Sokrates und Protagoras. Obwohl du (Sokrates) früher sagtest, Gut-Sein sei nichts Lehrbares, arbeitest du jetzt auf die Gegenposition zu dir hin, [*b*] indem du versuchst zu beweisen, dass alle Dinge Wissen seien, Gerechtigkeit, Selbstbescheidung und auch Tapferkeit; so aber dürfte sich das Gut-Sein vor allem anderen als etwas Lehrbares herausstellen. Denn wenn das Gut-Sein etwas anderes wäre als Wissen, wie Protagoras darzulegen versuchte, wäre es sicherlich nichts Lehrbares. Jetzt aber, wenn es sich ganz als Wissen erweisen wird, wofür du dich einsetzt, Sokrates, sollte es erstaunlich sein, wenn es nichts Lehrbares ist. Protagoras dagegen stellte damals die These auf, es sei etwas Lehrbares, jetzt aber ist er im Gegensatz dazu offenbar darum bemüht, dass es sich als fast alles [*c*] eher erweist denn als Wissen. Und so ist es wohl am wenigsten etwas Lehrbares.' Weil ich nun all dies, Protagoras, in heilloser Verwirrung sehe, liegt mir alles daran, dass der Sachverhalt klar wird; und ich hätte gerne, dass wir nach dem, was wir (bereits) erörtert haben, auch die Frage in Angriff nehmen, was das Gut-Sein ist, und (dann) noch einmal eine Untersuchung darüber anstellen, ob es etwas Lehrbares ist oder nicht, damit uns nicht etwa jener Epimetheus auch bei der Untersuchung [*d*] betrügt und uns scheitern lässt, gerade wie er uns – so sagst du – bei der Verteilung vernachlässigt hat. Es gefiel mir auch in der Geschichte Prometheus besser als Epimetheus. Weil ich mir ihn zum Vorbild nehme und für mein ganzes Leben vorsorge, betreibe ich all das und, wenn du willst, würde ich, wie ich auch zu Anfang sagte, am liebsten zusammen mit dir diese Fragen untersuchen."

Da sagte Protagoras: „Sokrates, ich lobe deine Bereitwilligkeit und deine Durchführung der Untersuchung. Denn [*e*] ich glaube, auch sonst kein schlechter Mensch zu sein, und kein Mensch ist weniger missgünstig als ich; denn tatsächlich habe ich von dir zu sehr vielen gesagt, dass ich von allen, mit denen ich zusammenkomme, dich bei weitem am meisten bewundere, ganz besonders unter deinen Altersgenossen. Und ich stelle fest, dass es mich nicht wundern sollte, wenn du in den Kreis der Männer gelangen solltest, die für ihre Weisheit berühmt sind. Unseren Gesprächsgegenstand aber werden wir, wenn es dir recht ist, ein andermal erörtern. Jetzt aber ist es endlich Zeit, sich auch etwas anderem zuzuwenden."

[*362a*] „Ja", sagte ich, „so soll es geschehen, wenn du es so willst. Denn auch für mich ist es schon längst Zeit dorthin zu gehen, wohin ich sagte, jedoch Kallias, dem Schönen, zuliebe bin ich geblieben."

Das war es, was wir sagten und zu hören bekamen; dann gingen wir weg.

III. Erläuterungen

A. Vorspiel: Sokrates und Freunde (309a1–310a7)

309a1–310a7 Sokrates kommt von einem Gespräch mit Protagoras und trifft auf Freunde, denen er bereitwillig von seiner Unterredung berichtet.

Der *Protagoras*, der im wesentlichen aus einer Erzählung des Sokrates besteht, wird durch ein kurzes Vorspiel in der Form eines dramatischen Dialoges eingeleitet. Dabei wird der Leser mitten in eine Gesprächsszenerie hineinversetzt, deren Umstände sich ihm erst allmählich und nur rudimentär erschließen: Mehrere (namentlich nicht genannte) Freunde des Sokrates und (wenigstens) ein Sklave sitzen an einem (nicht näher bezeichneten) Ort (vgl. 310a2ff.), als Sokrates von einem Gespräch mit Protagoras (vgl. 309d5f.) herankommt und von einem der Freunde in eine Unterhaltung verwickelt wird (309a1ff.), an deren Ende er den Platz des Sklaven einnimmt und von seiner Zusammenkunft mit Protagoras erzählt.

Die Unterhaltung geht aus von der als bekannt vorausgesetzten und von ihm keineswegs geleugneten homoerotischen Neigung des Sokrates zum jungen Alkibiades,[1] wobei sich dann zeigt, dass die wirklichen Interessen des Sokrates nicht dem sinnlich Schönen, sondern d e m Schönen, dem geistig Schönen, gelten. Ganz entsprechend ist die Funktion des Alkibiades im *Protagoras* auch nicht erotischer Art, sondern er steht Sokrates im Gespräch mit Protagoras bei,[2] und es verlagert sich die Neugierde des Freundes, der nach Alkibiades gefragt hatte, von

---

[1] Vgl. oben S. XXIX.
[2] Vgl. 336b7–d5; 347b3–7; 348b2–8.

der erotischen Beziehung des Sokrates auf dessen Begegnung mit Protagoras.

Für die hier zugrunde liegende Rangordnung sind vergleichbar die von Sokrates im *Symposion* referierten Ausführungen Diotimas über den Stufenweg der Erkenntnis vom einzelnen Schönen zum einen Urgrund des Schönen (Smp. 210aff.). Doch verkörpert Protagoras natürlich nicht „die seelische Schönheit" (Smp. 210b6f.) im Sinne von Diotimas Darlegungen. Vielmehr wird Protagoras, von Sokrates als ‚Inbegriff der Weisheit' (‚weise' im Superlativ, Prt. 309c11) apostrophiert, von vornherein ironisch distanziert betrachtet und das Urteil, ob Protagoras der Weiseste sei, demgemäß von der Meinung des Gesprächspartners abhängig gemacht.

Sokrates hat Zeit, dem Wunsch des Freundes nachzukommen – ihn hindert nichts (310a2f.) –, und er ist sogar dankbar, wenn man ihm zuhört (310a5). Diese scheinbar belanglosen Äußerungen erlauben es dem Leser, in der späteren Erzählung die Aussagen des Sokrates, er habe keine Zeit und müsse irgendwohin gehen (335c4–6; 362a2), als Zweckbehauptungen zu durchschauen, die erfolgten, als durch Protagoras' Verhalten das Gespräch für Sokrates unfruchtbar zu werden drohte.[3] Nicht zuletzt um dieser Erkenntnismöglichkeit des Lesers willen dürfte das Vorspiel geschaffen sein; denn unter den platonischen Dialogen gibt es durchaus solche (*Charmides*, *Lysis* und *Politeia*), bei denen ein erzählter Dialog unmittelbar mit der Erzählung des Sokrates einsetzt.

---

[3] Zum Philosophieren hat Sokrates immer Zeit. Vgl. auch Tht. 172d; Szlezák 1985, 177f.

B. Erzählung des Sokrates (310a8–362a4)

I. Vorgespräch: Sokrates und Hippokrates (310a8–314c2)

Sokrates berichtet nicht gleich von seinem Gespräch mit Protagoras, sondern zuerst von seiner Unterhaltung mit dem lernbegierigen Hippokrates, die den Anlass für das Zusammentreffen mit Protagoras bildete. Die Unterredung mit Hippokrates gliedert sich szenisch in einen Abschnitt, der im Schlafgemach des Sokrates (310a8–311a7), und einen, der im Hof seines Hauses spielt (311a8–314c2). Inhaltlich lassen sich vier Abschnitte unterscheiden (310a8–311a7; 311a8–312b6; 312b7–e6; 313a1–314b4), deren erster sich mit dem ersten szenischen deckt, sowie eine Schluss- und Übergangsbemerkung (314b4–c2). Die Szene im schlichten Vorhof von Sokrates' Haus, in dem die beiden beim intimen, prüfenden Gespräch umhergehen (311a8), wird ihre kontrastierende Entsprechung in dem Ambiente des vornehmen Anwesens des Kallias erhalten, wo Protagoras in einem Säulengang, wie ein Star behandelt, redend mit seiner Anhängerschar auf- und abgeht (314e3ff.).

Insgesamt (im Einzelnen vgl. die Ausführungen zu den jeweiligen Abschnitten) stellt das Vorgespräch dem Leser bestimmte Informationen und Vorklärungen bereit, die ihn befähigen, das Hauptgespräch besser beurteilen zu können (vgl. Bonitz 1886, 259):

Die von Sokrates herausgearbeitete Unterscheidung zwischen beruflicher (fachlicher) Ausbildung und allgemeiner Bildung (311a8–312b6) wird im Hauptgespräch bei Protagoras' Darlegung seines Erziehungsanspruchs (vgl. 317e–319a) bedeutsam. Durch das Vorgespräch wird dieser Anspruch schon

---

[4] Mit *sophistēs* konnte – ausgehend von einem ursprünglichen *sophia*-Begriff mit der Bedeutung ‚Weisheit' (vgl. Kerferd 1976, bes. 23ff.) – ohne pejorativen Sinn benannt werden, wer Experte auf seinem Gebiet oder ganz allgemein ein weiser Mann ist. Es passt zu diesem Begriff von ‚Sophist', wenn Hippokrates darunter jemanden versteht, der Kenntnisse hat (312c6); vgl.

vorweg in Frage gestellt, indem es einerseits Hippokrates nicht gelingt, einen spezifischen Wissens- und Lehrgegenstand des Sophisten[4] anzugeben (312b7–e6), andererseits Sokrates den Sophisten als einen Händler mit Wissensgütern bestimmt, der möglicherweise von seiner Ware keine wirkliche Kenntnis hat (vgl. 313c4–314a1) – nichts anderes wird sich im Gespräch mit Protagoras für ihn herausstellen.

Die aus seiner Einschätzung der Sophisten resultierende Warnung des Sokrates vor der Gefährlichkeit des Umgangs mit solchen Leuten, wenn man nicht zufällig selbst ‚Seelenarzt' (313e2) sei und beurteilen könne, ob das, was der Sophist zu bieten hat, der Seele nützt oder schadet (313a1–314b4), ist gleichzeitig ein Warnhinweis vor den im Folgenden erzählten Ausführungen des Protagoras. Bei der gegenüber Hippokrates gefolgerten Notwendigkeit, sich mit ‚Älteren' zu beraten (314b4–c2), stellt sich Sokrates ironisch auf die Stufe des Hippokrates und versteckt sich hinter dem angeblichen Wissen anderer – dabei hat das Vorgespräch bereits erwiesen, dass Sokrates über die erforderlichen Beurteilungskriterien verfügt und damit in Wirklichkeit die Qualitäten des genannten Seelenarztes hat.

310a8–311a7 Der junge Hippokrates, der gehört hat, Protagoras sei im Lande, kommt zu nachtschlafender Zeit zu Sokrates und bittet diesen, ihn bei Protagoras einzuführen.

Die lebendige Szene vermittelt einen Eindruck davon, wie das Auftreten eines Star-Sophisten in Athen auf die intellektuell

---

Kerferd 1950, 8f. Diese allgemeine, neutrale bis sehr anerkennende Bedeutung blieb auch später noch erhalten, *sophistēs* wurde dann aber auch (wie z.B. 311e4) zu einer spezifischen, (von ihnen auch selbst beanspruchten; vgl. 349a2) Bezeichnung für eine bestimmte Gruppe von Intellektuellen, die als Lehrer (‚Professoren'; vgl. unten S. 83 Anm. 24) von Stadt zu Stadt zogen und sich anboten, gegen Bezahlung Erziehung und Bildung (auf verschiedenen Gebieten) zu vermitteln (vgl. bes. Xenophon, mem. 1,6,13). In dieser Verwendung konnte der Begriff eine sehr pejorative Färbung annehmen. Der wohl älteste Beleg dafür ist Aristophanes, Nub. 331 (Leute, die wertloses und überflüssiges Zeug treiben; vgl. Dover 1968, 144). Die mögliche negative Konnotation hängt u.a. auch damit zusammen, dass die professionellen Sophisten durch ihre Tätigkeit zumindest in manchen Kreisen Anstoß erregten; vgl. etwa Plat. Grg. 520a1f; Men. 91b7–c5, Xenophon, kyn. 13,8. – Vgl. insgesamt Guthrie III 27ff.

interessierte Jugend gewirkt haben muss. Während Sokrates das Auftreten des Sophisten reichlich kühl lässt (vgl. 310b8f.) und es ihm keineswegs den Schlaf raubt – wäre er doch ohne Hippokrates kaum zu Protagoras gegangen –, ist Hippokrates voll naiver Begeisterung: Er hält Protagoras für den einzig Weisen (310d5f.) und hat gehört, er sei der fähigste Redner (310e6f.). Mit seinen unklaren Vorstellungen hat Hippokrates, ohne es zu bemerken, das Problem des Wissensgegenstandes des Sophisten berührt, das später (312b7–e6) zum Thema werden wird.

Bedingung für eine Schülerschaft bei Protagoras ist Bezahlung (wofür Hippokrates alles einsetzen würde, was er aufbringen kann). Ein solches Lehrer-Schüler-Verhältnis gegen Geld und nur für diejenigen, die bezahlen können, ist für Platon (Sokrates) geradezu ein Topos verächtlicher Sophistencharakterisierung. Der platonische Sokrates ist niemals wie die Sophisten als ‚Lehrer' aufgetreten und hat Geld dafür genommen, sondern hat sich ohne Bezahlung grundsätzlich mit jedem, der es wollte, unterhalten und wird entsprechend als arm dargestellt (Ap. 19dff.; 31bc; 33ab; ist doch der Philosoph prinzipiell nicht auf Geld aus: R. 485e). Für die Sophisten galt es dagegen als so typisch, Geld für ihre Lehrtätigkeit zu nehmen,[5] dass Aristophanes diese Eigenheit auch dem von ihm als Sophisten stilisierten Sokrates beilegt (Nub. 98; 245).

Während die Vermittlung von Fachwissen gegen Bezahlung auch für den platonischen Sokrates selbstverständlich und völlig unanstößig ist (vgl. Prt. 311b5ff.; Men. 90c9ff. u. bes. Grg. 520d9–11), gilt das – mehr oder weniger deutlich ausgedrückt – nicht für die Lehre der Sophisten (ganz explizit äußert sich Sokrates bei Xenophon, mem. 1,6,13): In den Fragen, wie man möglichst gut wird und wie man sein Haus am besten verwaltet, gilt es als schändlich, seinen Rat nur gegen Bezahlung zu geben (Grg. 520e2–5); nach Xenophon (a.O.) ist solche Belehrung geradezu Bürgerpflicht. Wenn also nach Platon Protagoras gegen Bezahlung als „Lehrer im Bereich von Erziehung und Gut-Sein" auftritt (349a3f.), sein Erziehungsziel auf das Versprechen hinausläuft, gute Bürger hervorzubringen (319a4f.), so

---

[5] Vgl. zum allgemeinen Phänomen Guthrie III 36ff.; Dodds 1959, 365f.; Bluck 1961, 353f.; Kerferd 1981, 25ff.; Blank 1985 (mit Testimoniensammlung).

bietet er gerade das gegen Geld an, was für Geld anzubieten sich nicht gehört (vgl. Guthrie III 38f.).

311a8–312b6 Wozu will Hippokrates Schüler bei Protagoras werden? Unterschied zwischen beruflicher Ausbildung und allgemeiner Bildung.

Die Prüfung der Vorstellungen des Hippokrates (die er nicht besteht) unternimmt Sokrates mit Hilfe eines Analogieschlussverfahrens, wobei ebenso die Leistungsfähigkeit wie die Gefährlichkeit dieses Verfahrens deutlich wird: Analogien sind nur in der Hand dessen nützlich, der erkennen kann, wie weit die Gleichartigkeit reicht und ob überhaupt der entscheidende Vergleichspunkt gewählt ist. Hippokrates dagegen lässt sich durch die Analogien der Ausbildung beim Arzt (Hippokrates von Kos) und bei den Bildhauern (Polykleitos oder Pheidias) zu dem verschämten Eingeständnis verführen, er wolle bei Protagoras als einem Sophisten bezahlten Unterricht nehmen, um selbst Sophist zu werden,[6] ohne die ihm nachträglich von Sokrates angebotene, ihm wesentlich angenehmere und schließlich akzeptierte Analogie des Unterrichts beim Elementarlehrer, Kitharaspieler und Sportlehrer zu bedenken, den man normalerweise der allgemeinen Bildung wegen nimmt und nicht, um deren Tätigkeiten berufsmäßig auszuüben.

Beiden Analogiereihen ist gemeinsam, dass die Inhaber der jeweiligen Berufe über einen genau benennbaren, inhaltlich bestimmten Lehrgegenstand verfügen. Durch diese Beziehung zwischen Beruf und Lehrgegenstand wird die danach diskutierte Problematik (312b7–e6) implizit schon vorbereitet.

312b7–e6 Wie durch die Unfähigkeit des Hippokrates, einen spezifischen Kenntnis- und Lehrbereich des Sophisten anzugeben, belegt wird, ist Hippokrates die Relevanz seines Vorhabens, zu Protagoras zu gehen, nicht klar.

Hippokrates reagiert auf die Fragen des Sokrates, als ob er wisse, was ein Sophist sei. Wenn man aber das Modell zugrunde legt, das Sokrates anwendet, dass jeder Fachmann bestimmte

---

[6] Wie es von Antimoiros von Mende berichtet wird (vgl. 315a3–5).

inhaltlich definierte Fachkenntnisse hat, bietet Hippokrates mit seiner Bestimmung, ein Sophist sei jemand, der über Kenntnisse verfüge, eine zu weite Definition. Bei dem Versuch, ein zu dem eines traditionellen Fachmannes (Maler, Baumeister) analoges Fachgebiet bzw. Lehrgebiet zu nennen, gibt Hippokrates eine formale Fähigkeit an (Vermittlung von Gewandtheit im Reden), was sofort wieder die für Hippokrates nicht mehr beantwortbare Frage nach dem spezifischen Gegenstand der Redegewandtheit nach sich zieht – sein vermeintliches Wissen (312e3f.) stellt sich als (eingestandenes) Nichtwissen (e5f.) heraus. Mit dieser Destruktion des Scheinwissens ist die Voraussetzung dafür geschaffen, zu echter Erkenntnis zu gelangen (vgl. dazu Men. 84a–c): Hippokrates ist nun dafür vorbereitet, die Warnungen des Sokrates (Prt. 313aff.) aufzunehmen.

Die Ergebnislosigkeit des Bestimmungsversuches liegt kaum nur am Unvermögen des Hippokrates; denn Sokrates selbst wird den Sophisten als Händler mit Wissensgegenständen bestimmen (313c) und damit zu erkennen geben, dass (nach seiner Meinung) ein Sophist nicht über spezifische und originäre Fachkenntnisse verfügt.

Die Schlüssigkeit von Sokrates' Position hängt davon ab, ob man die bloß formale Fähigkeit, irgendwelche Gegenstände zu vermitteln, als selbständige und mit inhaltlich bestimmten Fähigkeiten gleichrangige Disziplin anerkennt oder ob man einen Primat der inhaltlich bestimmten Kenntnisse sieht, gegenüber denen die Vermittlungsfähigkeit sekundär, möglicherweise sogar bereits in ihnen impliziert ist. Die zuerst genannte Annahme gleicht der Auffassung, die Gorgias im gleichnamigen Dialog zugeschrieben wird (die Redekunst sei ‚Bewirkerin von Überredung' [*peithous dēmiourgos*], wobei Sokrates bezeichnenderweise gleich die Frage nach dem spezifischen Gegenstand stellt [Grg. 453a; bff.]). Geht man von einem solchen Standpunkt aus, muss man zu dem Schluss kommen, Sokrates' Argumentation im *Protagoras* sei „inadequate" (vgl. Taylor 1991, 67). Der Text belegt aber eindeutig eine Argumentation auf der Basis der zweiten Alternative, wie das auf den Kitharisten bezügliche Beispiel (312d9–e2) zeigt. Redekunst nur als formales Vermögen, ohne zugrunde liegendes Wissen, ist für Platon undenkbar, wie der *Phaidros* lehrt, wo das wirkliche (philosophische) Wissen als eine notwendige Bedingung für kunstmäßiges Reden (oder Schreiben) erscheint (vgl. bes. 277bc).

313a1–314b4 Es ist gefährlich, seine Seele einem Sophisten auszuliefern, wenn man nicht beurteilen kann, ob die Wissensgüter, die man erwirbt, für einen selbst gut oder schlecht sind.

Unter dem Aspekt ‚Gefährdung der Seele', indem man sie einem Sophisten anvertraut, wird die bereits 312b7–c4 zur Sprache gebrachte existentielle Dimension sophistischer Lehrtätigkeit thematisiert, vor deren Hintergrund das Hauptgespräch zu sehen ist. Sokrates erläutert (als Warnung für Hippokrates) das Risiko mit drei Argumenten:

1) Bei dem als selbstverständlich angenommenen Dualismus von Seele und Körper und der auch von Hippokrates anerkannten Höherwertigkeit der Seele erscheint es widersinnig, wenn er bei Maßnahmen, die seinen Körper betreffen, sich sorgfältig beraten hätte, aber unbedacht zu dem ihm in jeder Hinsicht unbekannten Protagoras stürmen will (313a1–c4).

2) Ein Sophist ist (nach Sokrates) ein Händler mit Wissensgütern, der vom Nutzen oder Schaden seiner Ware für den Kunden möglicherweise genauso wenig weiß wie der Händler mit Lebensmitteln (313c4–314a1). – Dass jedenfalls Protagoras kein zureichendes Wissen von dem von ihm beanspruchten Lehrgegenstand hat, wird sich aus dem ganzen Dialog ergeben.

Bei der Charakterisierung der Sophisten als Händler mit Wissensgütern legt Sokrates deren Bildungsbegriff zugrunde, wie er ihnen nach Platon eignet, wonach das Wissen etwas ist, das in die Seele hineingetan (vgl. R. 518b6ff.) bzw. von ihr wie von einem Gefäß aufgenommen wird (Prt. 314a1–b4). Im Gegensatz dazu ist für den platonischen Sokrates Bildung nicht das ‚Sehend-Werden' der zuvor ‚blinden' Seele (indem Wissen hineingetan wird; vgl. auch Smp. 175d3ff.), sondern die Umwendung der schon immer ‚sehtüchtigen' Seele von der Welt des Werdens zu derjenigen des Seins (R. 518c4–519b6). Vgl. auch Müller 1975, 236f.

3) Im Unterschied zu Nahrungsmitteln, die man in Gefäßen nach Hause tragen und über deren Verwendung man später entscheiden kann, nimmt man Wissen lernend sofort in sich auf und hat dann den Nutzen oder Schaden schon erfahren (314a1–b4) – ein Risiko, das man nur vermeiden kann, wenn man einschlägige Kenntnisse hat, d.h. ein ‚Seelenarzt' ist (vgl. 313e2ff.).[7] Das Kriterium für Nutzen oder Schaden dürfte für Platon darin bestehen, ob die Beschäftigung mit einem Gegen-

stand (und die Art, wie sie geschieht) zur erwähnten Umwendung beiträgt und so die Denkfähigkeit der Seele brauchbar macht oder ob sie das nicht tut (vgl. bes. R. 518e4f.). – Im Übrigen setzt das Argument voraus, dass Lehren ausschließlich oder wenigstens primär mündlich erfolgt, wie es zur Zeit des Protagoras und bei Sokrates selbstverständlich war, aber auch von Platon, selbst nach Aufblühen einer Buchkultur, aus verschiedenen Gründen, die hier nicht näher erörtert werden können, noch entschieden vertreten wurde (vgl. bes. Phdr. 274cff. u. z.B. Kullmann 1991). Hält man Lehre und Erkenntnis durch Bücher (oder andere Medien) uneingeschränkt für möglich, wird das Argument des Sokrates hinfällig, weil dann auch noch nach dem Erwerb des Materials über seine Verwendung beraten und entschieden werden könnte (vgl. auch oben Punkt 2 zu dem zugrunde gelegten Bildungsbegriff.).

314b4–c2 Abschluss des Gesprächs bei Sokrates und Ankündigung des Aufbruchs zu Protagoras und anderen Sophisten.

Die Unterhaltung im Hof bricht ab: Sokrates erklärt das zu lösende Problem, d.h. die Frage, wie man das Risiko vermeidet, eine für die Seele schädliche Nahrung zu sich zu nehmen, zum Gegenstand für eine Prüfung „auch zusammen mit Leuten, die älter sind als wir“, wobei er, der sich selbst als jener Seelenarzt erwiesen hat, sich in ironischer Selbstverkleinerung ebenso wie Hippokrates als zu jung für eine so große Aufgabe bezeichnet (314b4–6). Diese Untersuchung, bei der es letztlich um die Bestimmung der richtigen ‚Seelennahrung‘ und die Kompetenz (vgl. 313e3) auf diesem Gebiet geht, wird allerdings bei dem anstehenden Gespräch im *Protagoras* gar nicht stattfinden; zweifellos weiß aber der platonische Sokrates in der *Politeia*, wie die Seele richtig gebildet wird. – Der jetzt anstehende Gang zu den Sophisten im Haus des Kallias (314b6–c2), der schon zu Beginn des Gesprächs mit Hippokrates vereinbart worden war (310e7–311a5), steht somit im Gegensatz zu der prüfenden

[7] Dadurch, dass Hippokrates zusammen mit Sokrates Protagoras hört, wird er (wegen der prüfenden Elenktik des Sokrates und des aporetischen Endes des Gesprächs) nicht dem Risiko einer unkontrollierten Aufnahme von Wissensgegenständen ausgesetzt sein. Vgl. auch unten S. 221.

Untersuchung mit den Älteren: Die Sophisten (die möglicherweise selbst nicht über die Nützlichkeit oder Schädlichkeit ihrer Gegenstände Bescheid wissen; 313d5–e1) erscheinen so als offenbar ungeeignete Gesprächspartner für jene positive Klärung. Das wird angedeutet, noch bevor sich Protagoras für seinen Lehrgegenstand als inkompetent erwiesen hat.

II. Auf dem Wege zu Protagoras (314c3–316a5)

Der Abschnitt leistet den Übergang von der Welt des Sokrates zu derjenigen der Sophisten, vom sokratischen Gespräch mit dem Ziel der Homologie (314c5) zur Zurschaustellung des Wissens sophistischer Meister vor ihren Schülern im luxuriösen Anwesen des Kallias (314e3ff.), in das Sokrates gleichsam wie der einzig Lebendige in das Reich der Schatten eindringt.

314c3–e2 Sokrates und Hippokrates gehen zum Hause des Kallias und können sich dort nur mit Mühe Zutritt verschaffen.

Die Szene ist bestimmt durch den Gegensatz des (zunächst) Noch-nicht-eintreten-Wollens und (dann) Nicht-eintreten-Dürfens.

Das Noch-nicht-eintreten-Wollen hat seinen Grund darin, dass Sokrates und Hippokrates erst noch ein begonnenes Gespräch vollenden wollen, was dann erreicht ist, als man über den Gegenstand ein übereinstimmendes Ergebnis erzielt hat. Damit wird demonstriert, dass ein sokratisches Gespräch nicht unvollendet bleiben darf[8] und ein Ergebnis dann vorliegt, wenn die Gesprächspartner zu einer Übereinstimmung (*homologia*) gekommen sind.[9] So erscheint an einem nicht genannten Gegenstand die Norm eines regelrechten sokratischen Gesprächs, dem das Hauptgespräch mit Protagoras nicht genügen wird: Bevor das Problem geklärt ist, wird sich Protagoras einem anderen Thema zuwenden (361e6).

Das Nicht-eintreten-Dürfen ist in einem tieferen Sinne in der Schwierigkeit begründet, wie Platon anzudeuten scheint, Sokrates von den so genannten Sophisten zu unterscheiden, jedenfalls wenn man die Vorgehensweise des Sokrates nicht sehr differenziert betrachtet: Weist doch der Pförtner[10] Sokrates und Hippokrates als Sophisten zurück, n a c h d e m er ihrem Ge-

---

[8] Vgl. Friedländer 1964, 3, der auf Grg. 505d verweist.

[9] Vgl. Görgemanns 1994, 60f.; vgl. bes. Grg. 486e5f.; 487e1–3.

[10] Dass Kallias einen Pförtner hat, und dazu noch einen Eunuchen (sie galten als zuverlässiger, waren aber auch teurer), ist ein Zeichen von Luxus.

spräch zugehört hat (man denke an die Einreihung des Sokrates unter die Sophisten in Aristophanes' *Wolken*). Vordergründig spiegelt die Haltung des Türhüters die in Athen verbreitete Aversion gegen die Sophisten wider. Zugleich betont das Eingangshindernis, dass eine Schwelle zu einem anderen Bereich überschritten wird.

314e3–316a5 Nach dem Betreten des Hofes erblicken Sokrates und Hippokrates Protagoras, Hippias und Prodikos, die in unterschiedlicher Weise ihrer Lehrtätigkeit nachgehen.

Bei der chronologischen ‚Sorglosigkeit' Platons[11] dürfte die Frage müßig sein, ob wirklich einmal Protagoras, Hippias und Prodikos gleichzeitig bei Kallias versammelt waren. Andererseits beruhen die Szenerie und die Bekanntschaft des Kallias mit den genannten Sophisten auch nicht einfach auf Erfindung Platons. Für die Szenerie konnte sich Platon durch die 421 v. Chr. aufgeführte Komödie *Kolakes* (~ *Parasiten*) des Eupolis anregen lassen, die im Hause des Kallias spielt, wo Protagoras als ‚Meteorosophist' großtut, freilich durchaus irdische, auf das Essen gerichtete Interessen hat.[12]

Das Haus des Kallias war für damalige Verhältnisse außerordentlich geräumig und luxuriös – es wird von Hippias als das größte und reichste Haus Athens bezeichnet (337d6f.). Kallias hat es bereits von seinem Vater Hipponikos (gest. ca. 422 v. Chr.) offenbar in der bestehenden architektonischen Form übernommen (vgl. 315d1ff.).

Platon nutzt die Gelegenheit, das Sophistenwesen, mit dem aus seiner Sicht Starallüren, aber auch die zugehörige Starverehrung (vgl. auch R. 600d3f.) verbunden waren, zu schildern bzw. zu karikieren.[13] Er gliedert dabei ebenso nach Personen wie nach Örtlichkeiten und Lehrsituationen. Während Protagoras sich unterhält, indem er (vermutlich in dem Teil des Säulenganges, auf den Sokrates und Hippokrates nach dem

---

[11] Vgl. oben S. XXXf. zum fiktiven Datum des Dialogs.

[12] Zu Kallias' sonstigen Beziehungen zu den Sophisten (bes. zu Protagoras, Hippias und Prodikos) vgl. oben S. XXIX.

[13] Mit den komödienhaften Zügen des *Protagoras* befasst sich Capra 2001.

Öffnen der Tür gestoßen waren) mit Begleitung und Gefolge hin- und herwandelt (314e3–315b8), gibt Hippias im gegenüberliegenden Säulengang gewissermaßen *ex cathedra* Bescheid auf Fragen der um ihn herum sitzenden Schüler (315b9–c7) und spricht Prodikos in einem vom Eingang her sichtbaren, zum Gastzimmer hergerichteten Vorratsraum – in Decken gehüllt auf einem Bett liegend – mit den bei ihm sitzenden Schülern (315c8–316a2).

Wenn Platon Sokrates bei der Schilderung seiner Wahrnehmungen von Protagoras zu Hippias und weiter zu Prodikos jeweils mit Versen aus der Unterweltschilderung in Buch 11 der *Odyssee* überleiten lässt (wo der lebende Odysseus den Schatten berühmter Verstorbener begegnet), so kommt durch diese Anspielung einerseits zum Ausdruck, dass man einer bekannten Persönlichkeit nach der anderen begegnet, andererseits aber auch, dass sich Sokrates (als der wahre Philosoph) gleichsam als Lebender in das Reich der Schatten begeben hat.

III. Hauptgespräch: Sokrates und Protagoras (316a6–362a3)

1. Ist Gut-Sein lehrbar? – Fragestellung (316a6–320c1)

a) Das Anliegen des Hippokrates und die Art seiner Verhandlung (316a6–317e2)

316a6–317e2 Protagoras bekennt sich offen zu seiner Profession als Sophist und zieht es vor, über das Anliegen des Hippokrates vor allen Anwesenden zu sprechen.

Im Gespräch mit Sokrates hatte sich ergeben, dass Hippokrates zwar um jeden Preis bei Protagoras Unterricht haben will, aber keine präzisen Vorstellungen hat, zu welchem Zweck. So substituiert Sokrates gegenüber Protagoras aufgrund eigener Vermutung das Ziel: „in der Stadt angesehen zu werden" (316c1; durch Wort und Tat, wie Protagoras 319a1f. ergänzen wird), das man offenbar auch sonst von Sophistenschülern annahm.[14]

Die Frage, ob das Anliegen des Hippokrates privatissime oder vor allen Anwesenden erörtert werden soll, beantwortet Protagoras im Bewusstsein der Anfeindungen, denen ein Sophist – zumal als Auswärtiger in einer fremden Stadt – bei dem Anspruch, den er erhebt, ausgesetzt ist,[15] und nutzt die Gelegenheit zu einem kleinen Lehrvortrag sowohl über die lange Tradition, in der er stehe, als auch über die Art, wie er sich davon absetze. Da für Protagoras seine Tätigkeit als Sophist im ‚Erziehen von Menschen' besteht (317b4f.),[16] kann er sich in

---

14 Vgl. Xenophon, an. 2,6,16 (über den Gorgiasschüler Proxenos).

15 Vgl. auch Plat. Men. 91b7–c5; 92a7–b4; e3–6. Zum Einfluss der Sophisten auf die Jugend vgl. Ap. 19e1–20a2.

16 Wie aus Ap. 19d8–e4 hervorgeht, gebraucht Platon die Wendung ‚Menschen erziehen' (gegen Geld, versteht sich) als einen Fachausdruck für die Tätigkeit der (professionellen) Sophisten (der Begriff: 20a4); namentlich werden Gorgias (vgl. aber Men. 95c1–4), Prodikos, Hippias (vgl. auch [Hp.Ma.] 283c2–5) sowie Euenos (Ap. 20b) genannt, wozu im *Euthydemos* noch Euthy-

die Tradition aller stellen, deren Bemühungen sich als auf Erziehung gerichtet verstehen lassen (auch wenn diese, wie Protagoras anachronistisch feststellt, sich aus Furcht vor Unannehmlichkeiten hinter anderen Tätigkeiten versteckt hätten).[17]

Diese These wird dadurch ermöglicht, dass der Begriff ‚Sophist' ursprünglich eine umfassendere Bezeichnung für weise Männer (auf verschiedenen Gebieten) war und tatsächlich z.B. auch von Dichtern gebraucht werden konnte, aber eben nicht in der spezifischen Bedeutung der späteren professionellen Sophisten.[18] Wenn Protagoras vor allen anderen ‚Vorläufern' die Dichter von Homer an nennt, gibt er dabei außerdem eine verbreitete Auffassung von der Funktion der Dichtung als erzieherischer Macht zu erkennen (vgl. auch 325eff.), wie sie uns insbesondere auch aus den *Fröschen* des Aristophanes entgegentritt. Dort ist diese Funktion so selbstverständlich, dass sie beide Kontrahenten (Euripides und Aischylos) beanspruchen.[19] Letztlich nimmt auch Platon selbst eine erzieherische Wirkung der Dichtung an, wenn er sie (in der *Politeia*) als für die Erziehung der ‚Wächter' ungeeignet weitgehend aus seinem Staat eliminiert. Insofern sind in Protagoras' Auffassung (Erziehungsanspruch des Sophisten in der Tradition einer so verstandenen Dichtung) zwei von Platon negativ gesehene Einflussnahmen auf die Menschen vereint. Auch die Fortsetzung der ‚Ahnengalerie' des Sophisten ist aus der Sicht Platons anrüchig: Über einen Teil der Personen, die Protagoras nennt, liegen mehr oder weniger abfällige Äußerungen im Werk Platons vor.[20]

Platon lässt Protagoras sich – im Unterschied zu seinen ‚Vorgängern' – offen zu seinem Sophist-Sein und damit als ein Ausübender der *sophistikē technē* bekennen und sich brüsten, damit über all die Jahre seiner Tätigkeit hinweg gut gefahren zu

---

dem und Dionysodor kommen (273d5–9), während Sokrates sich gegen diesen Anspruch verwahrt (Ap. 19d8–20c3).

[17] Allerdings spricht im *Menon* (92a1) auch der platonische Sokrates von Vorgängern des Protagoras.

[18] Vgl. oben S. 70 Anm. 4.

[19] Vgl. bes. Ran. 1009f.; 1053–1056; allerdings lässt Aristophanes Aischylos bestreiten, dass Euripides dem Erziehungsanspruch (die Menschen besser zu machen in den Städten, 1009f.; vgl. Prt. 318e5–319a5, Guthrie III 29f.) gerecht wird (vv. 1010ff.). Vgl. auch Plat. R. 598ef.; 606e.

[20] Vgl. oben S. 11 Anm. 21 u. 23.

sein. Die Einschätzung, wie Platon diese Haltung beurteilt sehen wollte, hängt davon ab, ob der Nachricht, Protagoras sei in Athen in einen Asebie-Prozess verwickelt worden und in dessen Folge zum Tode gekommen, zu trauen ist oder nicht.[21] Wenn Platon bei seinen Lesern ein Wissen davon voraussetzen konnte, liegt in den Worten des Protagoras tragische Ironie vor. Ist die Geschichte unhistorisch, wofür allerdings entschieden die Art spricht, in der im *Menon* (91e) von Protagoras die Rede ist, dann liegt der Akzent auf der Großtuerei des Protagoras.

b) Der Lehrgegenstand des Protagoras (317e3–319a7)

317e3–319a7 Auf Nachfrage des Sokrates präzisiert Protagoras seinen Lehrgegenstand als Gut-beraten-Sein in häuslichen und öffentlichen Angelegenheiten.

Die erste Antwort des Protagoras auf die Frage, was für Hippokrates als seinen Schüler herauskommen werde, nämlich stetiges ‚Besser-Werden' (318a6–9), war schon in der ersten längeren Ausführung des Protagoras impliziert (316c9f.) und befriedigt Sokrates genauso wenig wie die früher von Hippokrates gegebene Auskunft, der Sophist verfüge über Kenntnisse bzw. sei gewandt im Reden (312cd). Zur Bestimmung des Bezugsfelds und Inhalts (318c3; d3f.) von ‚besser' zieht Sokrates daher – wie zuvor bei Hippokrates – anerkannte ‚Fertigkeiten' (*technai*) als Modell heran. Im Unterschied zu Hippokrates reagiert Protagoras jedoch souverän, lobt sogar schulterklopfend die Frage des Sokrates, nutzt die Gelegenheit, sich von einem ‚Fachwissenschaftler' wie Hippias abzusetzen,[22] und gibt eine Antwort, die formal voll den Anforderungen des Sokrates ent-

---

[21] Vgl. oben S. XXVIf.

[22] Die von Protagoras im Vergleich zu seinem Unterricht abgewerteten Fächer Arithmetik, Geometrie, Astronomie und Musiktheorie (das spätere ‚Quadrivium' der sieben *artes liberales*) werden von Sokrates im *Theaitetos* (145a5–8) genannt mit der Fortführung „und alles, was mit Paideia zusammenhängt" und sind in der *Politeia* neben der noch kaum entwickelten Stereometrie diejenigen Fächer, die – in entsprechender Weise betrieben – als Propädeutik für die angehenden Philosophen als unerlässlich angegeben werden (R. 524d–531d).

spricht: Der Unterrichtsgegenstand wird nicht nur mit dem Schlagwort ‚Gut-beraten-Sein' (*euboulia*)[23] bestimmt (was inhaltlich eine ähnliche Leerformel wäre wie ‚Kenntnisse haben' oder ‚Redegewandtheit'), sondern es wird auch sein Bereich angegeben und selbst bei der Unterbestimmung „im Handeln wie im Reden möglichst geschickt" hinzugefügt „in Angelegenheiten des Gemeinwesens" (318e5–319a2), von Sokrates mit Zustimmung des Protagoras als *politikē technē* (319a4) zusammengefasst.[24]

Auf der Ebene seiner Frage kann Sokrates diese Bestimmung, jedenfalls formal, nicht angreifen, vielmehr hat Protagoras zugelassen. dass sein Lehrgebiet tatsächlich als *technē* bezeichnet wird, wenn auch nicht im Sinne eines Einzelfachs, sondern als ‚politische' *technē*, und ist für das unbestimmte ‚Besser-Werden' nun durch ‚gute Bürger' der Bereich bezeichnet worden.

Bei genauerer Betrachtung erweist sich die Antwort des Protagoras nur als formal korrekt, inhaltlich aber als unzureichend – jedenfalls nach dem Maßstab des platonischen Sokrates. Zwar war als Ziel des Hippokrates genannt worden, „in der Stadt Ansehen zu gewinnen" (316c1), und das wird er sicher erreichen, wenn er bestens sein Haus verwalten und in Angelegenheiten des Gemeinwesens möglichst geschickt handeln und reden kann (vgl. 318e5–319a2), aber damit wird eigentlich nur die Effizienz dieser Fähigkeit bezeichnet, jedoch nicht, welche inhaltliche Grundlage sie hat bzw. wonach sie sich bemisst. Auch der von Sokrates eingeführte (und von Protagoras gebilligte) Begriff des ‚guten Bürgers' (319a4f.) führt, obwohl scheinbar eine inhaltliche Eigenschaft genannt wird,

---

23 „Der spezielle Aspekt, den εὐβουλία im Unterschied zu anderen Begriffen des ‚Wissens' und ‚Weise-Seins' artikuliert, ist die praktische Nutzbarmachung des Wissens und der Einsicht, die Ausrichtung auf ein zu erreichendes Ziel im Bereich der zwischenmenschlichen Beziehungen in Familie und Hausverwaltung, Staatsführung und Krieg" (Müller 1975, 75, zur Geschichte des Schlagworts ebd. 74ff.).

24 Diesen Unterrichtsgegenstand zu vermitteln bezeichnet Protagoras als seine Profession (*epangelma*, wörtl. ‚Ankündigung', ‚Versprechen'). Das zugehörige Verb (*epangellesthai*, vgl. lat. *profiteri*, wovon sich ‚Professor' herleitet) ist geradezu der *terminus technicus* für die öffentliche Ankündigung des Sophisten, bestimmte Dinge anderen vermitteln zu können (vgl. z.B. Men. 95b9f.; Grg. 447c2; 449b1–3).

nicht notwendig weiter, weil ‚gut' auch im Sinne von ‚tüchtig' bzw. ‚erfolgreich' verstanden werden kann (und zunächst als Wiedergabe der Bestimmung des Protagoras auch muss). Allerdings lässt das Attribut ‚gut' (*agathos*) bei dem sokratischen ‚guten Bürger' im Unterschied zur vorausgehenden Ausdrucksweise des Protagoras auch ethische Implikationen (in engerem Sinne) zu, die dann über den Begriff ‚Gut-Sein' (*aretē*) im weiteren Verlauf des Dialogs eine Rolle spielen werden. Der Begriff des ‚guten Bürgers' ist jedenfalls als solcher sehr viel weniger eindeutig als der des ‚guten Malers' oder ‚guten Schalmeienspielers'.

c) Ist der Lehrgegenstand des Protagoras wirklich lehrbar? – Zwei Argumente des Sokrates (319a8–320c1)

319a8–320c1 Sokrates hatte – aus empirischen Gründen – an die Lehrbarkeit dessen, was Protagoras lehren will, nicht geglaubt, behauptet aber, sich jetzt dem kenntnisreichen Protagoras beugen zu wollen, und bittet um eine nähere Verdeutlichung, dass Gut-Sein (überhaupt) lehrbar sei.

Sokrates verfolgt die an sich notwendige Sachklärung zu dem von Protagoras genannten Lehrgegenstand nicht weiter, sondern lenkt die Diskussion auf die Frage nach dessen Lehrbarkeit – eigentlich paradox, wenn es sich wirklich um einen Lehrgegenstand (*mathēma*, 318e5) bzw. eine *technē* handelte. Mit der geänderten Fragestellung ist daher ein indirektes Indiz dafür gegeben, dass das, was Protagoras lehren will, noch nicht hinreichend als ein in der Sicht des Sokrates systematisch aufgrund von Expertenwissen lehrbarer Gegenstand bestimmt ist. Innerhalb der neuen Fragestellung findet denn auch eine scheinbare Verschiebung bzw. Erweiterung statt: Geht es am Anfang des Abschnittes um die Lehrbarkeit erfolgreicher Betätigung in Haus und Gemeinwesen, so am Ende (320b5; c1) darum, ob (unspezifiziert) ‚Gut-Sein' (*aretē*) etwas sei, das gelehrt werden könne.

Der komplexe Begriff *aretē* begegnet im *Protagoras* in diesem Abschnitt (319e2) zum ersten Mal. Als ursprüngliche Bedeutung des Wortes ist etwa ‚guter, richtiger Zustand' anzunehmen. *aretē* dient als Substantiv zum Adjektiv *agathos* (‚gut', ‚tüchtig') und kann die Gutheit, das Gut-Sein in fast jeder erdenklichen Hinsicht bezeichnen, sei es z.B. in mehr oder weniger absolutem Sinn (z.B. Homer, Od. 13,45 ‚Segen', ‚Wohlergehen'; Il. 9,498 ‚Ansehen', ‚Autorität'; Soph. Phil. 1420 ‚Ruhm'; vgl. auch Plat. Smp. 208d7), sei es – bes. häufig bei Platon – in unterschiedlich deutlich ausgedrücktem funktionalen Bezug: Die *aretē* gewährleistet bei einem Gerät, einem Lebewesen, einer Handlung die Brauchbarkeit, d.h., dass diese Dinge gut für etwas sind (R. 601d4ff.). So ist etwa die *aretē* der Augen jene Qualität, welche die Augen dafür gut macht, ihre spezifische Aufgabe, das Sehen, erfüllen zu können (vgl. R. 353bc). Zu diesen funktionalen Formen des Gut-Seins gehört z.B. die Tüchtigkeit des Staatsmannes, gehört für Platon aber auch das Gut-Sein im Sinn moralischer Werthaftigkeit, die ‚Tugenden', welche den Menschen befähigen, seine Aufgabe als Mensch zu erfüllen. So kann Gerechtigkeit verstanden werden als diejenige *aretē* der Seele, mit der sie ihre Aufgabe, das Leben, vollbringen kann (R. 353de).[25]

Die genannte Erweiterung der Fragestellung ist für Sokrates durchaus begründet: Tatsächlich verändern sich dabei nämlich nur die Bereiche, in denen das Gut-Sein in Erscheinung tritt, aber nicht der Begriff selbst, da sich Sokrates im *Protagoras* insgesamt bemüht, die Formen des Gut-Seins als etwas zu erweisen, dessen Einheit im Wissen beruht.

Im Einzelnen ist dazu noch Folgendes zu beobachten: Unter der jeweiligen *aretē* der Gescheitesten und Tüchtigsten (319e1) unter den Bürgern muss Sokrates im Falle des Staatsmannes Perikles dessen politische Tüchtigkeit und damit ein Äquivalent für *politikē technē* (319a4) verstehen, wie sie Protagoras zu

---

[25] Angesichts des Bedeutungsspektrums von *aretē* wurde bei der Übersetzung folgende Kompromisslösung angewandt: Wenn eine spezifische Bedeutung erkennbar ist, wurde versucht, diese auszudrücken. Liegt eine überwiegend unspezifische Bedeutung vor, wurde als Behelf die Übersetzung ‚Gut-Sein' gewählt, weil damit ein weites Spektrum des Begriffes *aretē* abgedeckt werden kann und *aretē* von der Bildung her zwar ein abstrakter Begriff ist, in der Regel aber eine Erscheinungsform bezeichnet, die sich im tatsächlichen Verhalten zeigt. Damit trotz der unterschiedlichen Übersetzungen auch im deutschen Text erkannt werden kann, dass immer derselbe Begriff vorliegt (was insbesondere für das Verständnis der großen Rede des Protagoras [320c2–328d2] wichtig ist), wurde immer dann, wenn nicht die Übertragung ‚Gut-Sein' erscheint, ‚*aretē*' in Klammern hinzugefügt.

lehren verspricht.[26] Die Austauschbarkeit der Begriffe hat (jedenfalls im vorliegenden Kontext) ihren Grund darin, dass durch beide zwar verschiedene, aber eng zusammengehörige Aspekte ein und derselben Sache betont werden: *technē* akzentuiert die Fertigkeit, das Können in einem bestimmten Bereich, das qualitativ ausgezeichnet ist („am besten", 318e6; „möglichst geschickt", 319a1), *aretē* das qualitative Element als solches („die ... tüchtigsten", 319e1), wobei der Bereich durch den Zusammenhang festgelegt wird. – Allerdings wird die spezifische *aretē* („diejenige Tüchtigkeit") eines in einem bestimmten Bereich durch Tüchtigkeit Herausragenden (319e1ff.) anschließend unspezifischer durch „die Tüchtigkeit" ohne weiteren Zusatz (320a3) aufgenommen; es ist auch nicht mehr von „den gescheitesten und tüchtigsten Bürgern" (319e1f.), sondern weniger spezifisch von ‚gut, tüchtig' (320b2) die Rede. Durch dieses Vorgehen wird es schließlich möglich, ohne dass noch eine Eingrenzung auf einen bestimmten Bereich erkennbar wäre, von der Frage der Lehrbarkeit von *aretē* im allgemeinsten Sinn zu sprechen (320b5; vgl. auch 320c1 und die Eingangsfrage im *Menon* [70a]). Das angeführte Beispiel des Kleinias, der dem verderblichen Einfluss seines Bruders Alkibiades entzogen wurde (320a3ff.), gibt einen Hinweis, dass Sokrates nun *aretē* auch im Sinne ethischer Tugend meint.

Sokrates begründet seine frühere und – wie er ironisch bemerkt – jetzt unter dem Eindruck des kenntnisreichen Protagoras (bei entsprechender näherer Klärung) aufgegebene These, dass „das" (sc. was Protagoras zu lehren beansprucht, 318e5–319a5) nicht lehrbar und auch nicht vermittelbar sei (319b2f.),[27] nicht aus der Sache selbst. Er stützt sich vielmehr –

---

[26] Anders Rowe (1983, 413f.), der bereits hier einen Begriff von Gut-Sein erkennen will, wie er jedoch erst in Bezug auf Kleinias (320a3ff.) gegeben ist.

[27] Es ist bei den beiden Ausdrücken wohl an eine Unterscheidung zwischen Lehren (als intellektuellem Vorgang im Sinne von Wissensvermittlung verstanden; vgl. Men. 87c2f.) und Vermittlung durch (gewöhnendes) Einüben (vgl. Men. 70a2; R. 518d9–e2; vgl. auch Prt. 323d7) zu denken, wobei der Mensch (bzw. genauer: sein Bemühen, vgl. 328e2) sowohl im Gegensatz zu der von ihm nicht beeinflussbaren Naturanlage (vgl. 323c8–324a3; Men. 70a2f.) als auch zu göttlicher Vermittlung (vgl. Men. 99e6) gesehen werden kann. – Der Akzent liegt für Sokrates aber augenscheinlich auf ‚lehrbar'. Denn trotz der Erweiterung („von Menschen an Menschen vermittelt") spricht er im Folgenden (von dem einen allgemeinen Ausdruck ‚menschliche Bemühung' abgesehen,

ausgerechnet Sokrates, die Ironie ist auch hier unübersehbar – auf die Auffassung anderer, die aus deren Verhalten erschlossen ist (319b3–d7), bzw. auf unmittelbare Beobachtung des Verhaltens anderer (319d7–320b5). Da Sokrates (wie er sagt) weiß, dass die Frage der Lehrbarkeit des Gut-Seins nur entschieden werden kann, wenn man ermittelt hat, was es eigentlich ist (vgl. 360e6ff; vgl. auch Men. 70a–71b [sowie 86d3–6], wonach für Sokrates erst das ‚Was' des Gut-Seins erfasst sein muss, bevor man etwas über seine Eigenschaften aussagen kann), ist die Art seiner Begründung hier wohl nur so zu verstehen, dass er sich (vgl. auch seine ironische Reaktion nach der Rede des Protagoras, 328e1–3) auf einer vorläufigen, seine Überzeugung keineswegs repräsentierenden Gesprächsebene auf die Position des Protagoras einlassen will, um ihn auf die Probe zu stellen (vgl. Szlezák 1985, 167f.; 177). Wäre die Sache geklärt, d.h. stünde fest, ob der Lehrgegenstand des Protagoras bzw. das Gut-Sein ein wirkliches Wissen ist (oder nicht), würde sich die Frage der Lehrbarkeit, wie aus 361b1–7 hervorgeht, weitgehend von selbst beantworten (vgl. auch Men. 87c5f.). – Die Polemik des platonischen Sokrates in der *Politeia* gegen diejenigen, welche die Kunst des Steuermanns (~ des philosophischen Staatslenkers) nicht für lehrbar halten (R. 488b6–8), lässt erkennen, dass er eine solche Kunst für prinzipiell lehrbar hielt.

Die Frage danach, was Erziehung zu leisten imstande sei, und insbesondere auch die Ansicht, Eigenschaften, die den (wie auch immer im Einzelnen verstandenen) Wert eines Menschen ausmachen, könnten nicht durch Erziehung vermittelt werden, hatten damals bereits eine längere Tradition. Naturgemäß war das Thema der Leistungsfähigkeit der Erziehung angesichts des Erziehungsanspruches der Sophisten besonders aktuell, und so sind uns eine Reihe von Äußerungen von Sophisten, von Reflexen ihrer Anschauungen oder von Gegenpositionen bekannt, in denen die Rollen von Anlage (*physis*), eigener Bemühung und Übung (*meletē*, *askēsis*) und Erziehung (*paideusis*) in unterschiedlicher Weise gewichtet werden.[28]

328e2) nur von ‚lehrbar' (vgl. bes. 320b5; c1; 329b7), und ausschließlich mit diesem Begriff (im Sinne der Lehrbarkeit von Wissen) wird die Thematik am Ende des Dialogs wieder aufgenommen (361a3–c6).

[28] Zur Geschichte des Problems vgl. Müller 1975, 220ff. (mit Belegen).

Von Platon wird das Problem, ob Gut-Sein (oder einzelne Formen davon) gelehrt werden kann, außer in den Dialogen *Protagoras* und *Menon* noch im *Euthydemos* (274de; 282cd) thematisiert. – Nachweislich hat sich auch der historische Protagoras mit Fragen der Erziehung befasst (VS 80 B 3; vgl. auch B 10 u. 11). Und in dem Traktat (eines unbekannten Autors) *Dissoi Logoi* liegt in c. 6 (VS 90, p. 414,1ff. = p. 130,7ff. Robinson) eine ausführlichere Erörterung (oder besser der Reflex einer solchen) *Über die Weisheit und die Tugend, ob es sich um etwas Lehrbares handelt* vor. Berührungen zwischen den *Dissoi Logoi* und dem *Protagoras* sind wohl so zu erklären, dass beide auf vorausgehende Diskussionen dieses Problems Bezug nehmen.[29]

[29] Für eine Datierung der *Dissoi Logoi* um 400 v. Chr. vgl. zuletzt Robinson 2003.

2. Ist Gut-Sein lehrbar? – Antwort des Protagoras (320c2–328d2)

Platon lässt Protagoras mit einer epideiktischen Rede[30] antworten, die er – wie die Verteidigungsrede des Protagoras im *Theaitetos* (166a–168c) – dessen Anschauungen entsprechend verfasst haben dürfte. Er musste bestrebt sein, die Gedanken für Leser, die noch Zugang zu Schriften des Protagoras hatten, als protagoreisch erscheinen zu lassen; die Auseinandersetzung mit Protagoras wäre sonst ohne Pointe. Dass der Inhalt der Rede insgesamt nicht unverändert vom historischen Protagoras stammen kann, ist allein schon durch Folgendes sicher: Dieser hätte nicht die *Wilden* des Pherekrates als im letzten Jahr (420 v. Chr.) aufgeführt bezeichnen (327d3f.) und gleichzeitig die noch vor dem Vater (gest. 429 v. Chr.) an der Pest verstorbenen Söhne des Perikles als anwesend voraussetzen können (328c7ff.). Wie weit Platon dem Denken des historischen Protagoras im Einzelnen gerecht geworden ist, lässt sich zumeist wegen des Fehlens von (originalem) Vergleichsmaterial nicht feststellen. Allerdings kann man im Fall des Mythos (320c8–322d5 = VS 80 C 1) Indizien für einen recht engen (was nicht heißen muss: wörtlichen) Anschluss an Protagoras gewinnen.

Obwohl Protagoras sich anheischig gemacht hatte, dem jungen Hippokrates eine besondere Kompetenz in Angelegenheiten des privaten und öffentlichen Lebens zu vermitteln (318e5–319a2), befasst er sich in seiner großen Epideixis in Wirklichkeit nicht

---

30 Mit diesem Begriff wird an sich die Prunk- oder Gelegenheitsrede bezeichnet (als dritte Form der Rede neben Gerichtsrede und beratender Rede). Der Ausdruck hat bei einem Sophisten aber noch eine spezifische Nuance: Das zugrunde liegende Verb (*epideiknynai*, *epideiknysthai*), eigentlich ‚aufzeigen‘ (so 320b8f.; c3), ist (besonders in seiner medialen Form) eine Art *terminus technicus* für das Zurschaustellen sophistischen Wissens und wird von Sokrates 328d3 in Bezug auf die Rede des Protagoras in diesem Sinne gebraucht. – Sowohl 320c3 als auch 328d3 ist mit dem Verb die ganze Rede des Protagoras gemeint. Diese formale Bezeichnung steht nicht im Gegensatz zu dem inhaltlichen Anspruch des Protagoras, seine These zu beweisen (*apodeiknynai*, 323c8; 324c8); anders zum Gebrauch dieser Termini Romano 2004, bes. 165.

mit der Vermittelbarkeit dieser besonderen Kompetenz (obwohl er deren Vermittlung ebenfalls beansprucht, 328b3), sondern er legt dar, dass (so gut wie) jedes Mitglied eines Gemeinwesens über die Eigenschaften verfüge, die zum Leben in einer Gemeinschaft notwendig seien, und dass diese Eigenschaften gelehrt werden könnten und auch gelehrt würden (vgl. bes. 322c1–d5; 324d7ff.).[31] Zugleich spricht er auch unspezifiziert von der Lehrbarkeit des Gut-Seins (vgl. 324c7f.; 326e2–5; 328c4), worin (für ihn) offenbar auch allgemeine Sittlichkeit eingeschlossen ist (vgl. 325dff.).

Das Vorgehen scheint zunächst ganz dem von Sokrates angewandten (vgl. 319d7–320b5 und oben S. 84ff.) zu entsprechen und ließe sich in gleicher Weise rechtfertigen, wenn Protagoras dieselbe Auffassung von Einheit und Wesen des Gut-Seins (*aretē*) hätte. Wie jedoch nach der Epideixis klar wird, liegt hier gerade der wesentliche Unterschied: Zwar ist auch für Protagoras das Gut-Sein ‚eines', aber es hat unterschiedliche Teile, die eine je eigene Funktion haben und die vor allem unabhängig voneinander vorkommen können (vgl. 329d3–330b6). Bei einer solchen Auffassung ist es nicht zulässig, die Lehrbarkeit einzelner Formen des Gut-Seins (vorausgesetzt, der Nachweis gelänge) als Beleg für die Lehrbarkeit des Gut-Seins überhaupt zu nehmen. Insbesondere kann dann das Lehren z.B. gerechten Verhaltens (*dikaiosynē*), ohne das ein Leben in einem Gemeinwesen nicht möglich ist, nicht ausreichen – und sei der Unterricht noch so intensiv –, die Kompetenz des im Staate führend Tätigen zu vermitteln, wozu für Sokrates sicherlich auch Weisheit / Klugheit (*sophia*) gehört (er hatte Perikles zu den weisesten / klügsten Bürgern gerechnet, 319e1ff.); Protagoras dagegen erklärt ausdrücklich, dass man gerecht sein könne, ohne weise / klug zu sein (329e6), und hält die Weisheit / Klugheit für den bedeutendsten Teil des Gut-Seins (330a2).[32]

---

[31] Vgl. Adkins 1973, 3–10; anders Stokes 1986, 210ff., bes. 225f.

[32] Zu den der Konzeption des Protagoras inhärenten Problemen vgl. auch Rutherford 1995, 129f. – Zwar kennt auch der platonische Sokrates eine auf Gewöhnung und Übung beruhende Gerechtigkeit und Selbstbescheidung im Sinne eines volkstümlichen, den guten (gemeinschaftsfähigen) Bürger ausmachenden Gut-Seins (Phd. 82a11–b3; vgl. auch R. 500d7f.) und kann, allerdings nicht von der ausdrücklich ausgenommenen wissenden Einsicht (*phronēsis*), aber von den übrigen Formen des Gut-Seins der Seele, generell sagen, sie

Der für den Argumentationsgang des Dialogs entscheidende Punkt ist also bereits in der Epideixis untergründig angelegt: das Verständnis von ‚Gut-Sein' hinsichtlich seiner Einheit (und seines Wesens). Wenn Sokrates daher im Anschluss an die Epideixis diese ‚Kleinigkeit' (328e4; 329b6) noch geklärt haben möchte, dann setzt er nicht beliebig an einer beiläufigen Bemerkung des Protagoras an, um nach der langen Epideixis endlich zum eigentlichen Thema des Dialogs zu kommen, sondern er macht das Problem explizit, von dem wesentlich die Schlüssigkeit der Ausführungen des Protagoras abhängt und das in Wirklichkeit schon die ganze Zeit ungeklärt zwischen den beiden Gesprächspartnern stand. Insofern ist die Epideixis sehr viel tiefer in die Thematik des Dialogs integriert, als es auf den ersten Blick den Anschein hat.[33]

Im Übrigen verbleibt Protagoras – sieht man einmal von der besonderen Argumentationsform des Mythos ab – auf derselben vorläufigen und im platonischen Sinne nicht sachgerechten Gesprächsebene (auf die sich Sokrates eingelassen hatte; vgl. oben S. 86f.), indem er nicht vom Wesen des Gut-Seins her argumentiert, sondern ebenfalls auf empirische Phänomene zurückgreift, nur dass er sie anders als Sokrates deutet.

Protagoras' Rede gliedert sich in folgende Abschnitte:
a) Klärung der Form der Antwort (320c2–7)
b) Antwort auf Sokrates' erstes Argument (320c8–324d1)
c) Antwort auf Sokrates' zweites Argument (324d2–328c2)
d) Zusammenfassung der Ergebnisse (328c3–d2)

kämen in die Seele durch Gewöhnung und Übung (R. 518d9ff.). Sofern solche Formen des Gut-Seins aber ohne Bemühung um Wissen (*philosophia*) und ohne Einsicht (*nous*) zustande gekommen bzw. vorhanden sind (Phd. 82a11–b3; vgl. auch R. 619c7f.), handelt es sich jedoch nicht um wahres Gut-Sein, für das wissende Einsicht (*phronēsis*) notwendig ist (Phd. 69a–c), und es befähigt schon gar nicht zu Führungsaufgaben im Gemeinwesen.

[33] Vgl. Manuwald 1996, 122f. Zur Integration der Epideixis vgl. auch die von der oben vertretenen teilweise abweichende Auffassung von Stokes 1986, 236ff., bes. 256–258; 259.

a) Klärung der Form der Antwort (320c2–320c7)

320c2–320c7 Protagoras will auf die Einwände des Sokrates nicht mit einer Erörterung, sondern mit dem Erzählen einer Geschichte antworten.

Die Antwort an Sokrates beginnt nicht nur formal schon hier (320c2ff.), also vor der großen Rede, sondern die einleitenden Worte bilden mit der Rede auch insofern eine Einheit, als deren Schlusszusammenfassung sich mit den Begriffen ‚Geschichte' (*mythos*) und ‚Erörterung' (*logos*) auf die vorliegende Stelle zurückbezieht (328c3).

Für Protagoras sind Mythos – eine Geschichte, wie sie „ein Älterer Jüngeren" erzählt – und Logos offenbar beliebig wählbare Darstellungsformen. Protagoras entscheidet sich für den Mythos nicht, weil sich der Gegenstand einer rational-argumentativen Erörterung entzöge oder jedenfalls nicht ohne weiteres in dieser Form darzulegen wäre, sondern weil der Mythos „reizvoller" sei. Zu dieser Beliebigkeit passt es, wenn Protagoras während seiner Rede vom Mythos zum Logos übergeht (324d6f.) und aus ‚Mythos oder Logos' am Ende ‚Mythos und Logos' geworden ist (328c3). Bezeichnenderweise ist es auch nicht Sokrates – obwohl er den Anstoß zu den Ausführungen gibt –, der Protagoras freie Hand lässt zum sachlich nicht begründeten, beliebigen Verfahren, sondern es sind „viele" (der Anwesenden). – Eine solche Beliebigkeit gibt es in den Dialogen, in denen Sokrates selbst einen Mythos erzählt, nicht.[34]

Wenn Platon Protagoras einerseits souverän über die Darbietungsformen verfügen lässt, ihn andererseits gerade dadurch implizit kritisiert, dann ergibt dieses Verfahren nur einen Sinn, wenn sich auch der historische Protagoras der mythischen Form bedienen konnte. Dass eine Mythoserzählung als Mittel sophistischer Epideixis fungieren kann, belegt Prodikos' Geschichte von Herakles am Scheidewege (VS 84 B 2). Der Mythos des Protagoras kann in gewisser Weise auch als ein Protreptikos zum Gut-Sein verstanden werden. Hinzu kommt, dass der im Protagoras-Mythos geradezu aufdringlich ausgeprägte ‚reihende Stil' (*lexis eiromenē*) jedenfalls so nicht der Stil platonischer

[34] Vgl. zu Platons Mythenerzählern Manuwald 2002, bes. 78–80.

Mythen ist. Es spricht also vieles dafür, dass die mythische Form bereits dem historischen Protagoras gehörte. Die Wahl dieser Erzählform könnte eng mit der wertenden Antithese ‚technische Fertigkeiten – Fähigkeit, sich staatlich zu organisieren / in Gemeinschaft zu leben (*politikē technē*)' zusammenhängen. Denn der Mythos ermöglicht es, Prometheus auftreten zu lassen, den klassischen Vermittler bloßer Kulturtechniken, der nach Protagoras – über die sonstige Tradition hinaus – den Menschen auch die (für Prometheus unerreichbare) ‚politische' Fähigkeit geben will und durch dessen Scheitern deutlich wird, wie unzureichend ohne sie die technischen Fertigkeiten sind, die ein Prometheus in üblicher Funktion geben kann. Komplementär zum technischen Können kann so der höhere Wert jener ‚politischen' Fähigkeit als einer Gabe des Zeus hervorgehoben werden.[35]

b) Antwort auf Sokrates' erstes Argument (320c8–324d1)

320c8–324d1 Gemäß der von Protagoras erzählten Geschichte über die Entstehung der Lebewesen und die zivilisatorischen Anfänge der Menschheit werden die Menschen durch einen Fehler des Epimetheus bei der Verteilung der für die Lebenserhaltung notwendigen Mittel vergessen. Sie werden nur durch Befähigungen bzw. Fähigkeiten lebenstüchtig, die von den Göttern stammen: Dabei ist die von Prometheus dem Hephaistos und der Athena gestohlene technische Kunstfertigkeit schließlich so verteilt, dass jeweils ein Fachmann viele andere Menschen versorgt, während die von Zeus gesandten Fähigkeiten zum Gemeinschaftsleben, ohne die sich die Menschen gegenseitig vernichteten, allen zugeteilt werden (320c8–322d5).

Die unterschiedliche Verteilung der fachlichen und der sozialen Fähigkeiten ist der Grund dafür, dass man in Athen und anderswo der Ansicht ist, in Fachfragen nur wenige Fachleute, in politischen Fragen aber alle Bürger als Berater zulassen zu sollen, weil an den diesbezüglichen sozialen Fähigkeiten (wie Gerechtigkeit) notwendig alle teilhaben müssten (322d5–323a4).

---

35 Vgl. Manuwald 1996, 104f.; 109f.; 127f. (mit weiterer Literatur).

Dass diese Meinung allgemein verbreitet ist, zeigt auch folgender Beweis: Wer fälschlich vorgibt, Fachkenntnisse zu haben, den hält man nicht für normal, umgekehrt aber auch den nicht, der zugibt, ungerecht zu sein: Als so konstitutiv gilt Gerechtigkeit für das Menschsein (323a5–c2).

Darüber hinaus hält man die für das Gemeinschaftsleben notwendigen Eigenschaften für lehrbar und nicht für von Natur aus oder zufällig vorhanden. Denn wer irgendwelche natürlichen oder zufälligen Mängel hat, mit dem hat man Mitleid, den Ungerechten aber weist man zurecht und bestraft ihn, damit er und andere von unrechten Taten abgeschreckt werden (323c3–324d1).

Der Mythos und seine Auswertung (320c8–323a4).

Der eigentliche Mythos (320c8–322d5) gliedert sich in zwei größere Abschnitte. Während der erste auf eine Differenzierung von vernunftlosen Lebewesen und Menschen hinausläuft, insofern die anderen Lebewesen ‚von Natur aus' für das Überleben hinreichend ausgestattet sind, der Mensch aber nur mit Hilfe von Kulturtechniken existieren kann, die auf der ihm vermittelten Intelligenz basieren (320c8–322a2), ergeben sich aus dem zweiten die grundlegende Scheidung der technischen von den gemeinschaftsbildenden Fähigkeiten des Menschen und die absolute Notwendigkeit und Höherwertigkeit der letzteren (322a3–d5). An den Mythos angeschlossen ist seine Auswertung: Das von Sokrates beschriebene Verhalten der Leute in der Volksversammlung (jeder darf mitreden) besteht zu Recht (322d5–323a4).

Im Hinblick auf das unmittelbare Beweisziel des Protagoras sind im Mythos vor allem folgende gedankliche Probleme gegeben:

(1) Im Laufe der Argumentation des Protagoras verschiebt sich der Begriff der *politikē technē*.[36] Zunächst (322b5) ist damit zweifellos so etwas wie ‚Staatskunst' gemeint (von der die Kriegskunst ein Teil ist), d.h. die Fähigkeit, sich als Gemeinschaft zu organisieren (nicht nur, sich gegenseitig nicht zu schädigen), was auch eine entsprechende Leitung voraussetzt

[36] Vgl. auch Adkins 1973, 5–12; Döring 1981, 113.

(vgl. auch 319a4, wo allerdings mehr auf die erfolgreiche Betätigung des Einzelnen u.a. im Staatswesen abgehoben ist). Wenige Zeilen später (322b8) bedeutet der Begriff, da die *politikē technē* jetzt offenbar in ‚Respektierung des anderen' (*aidōs* / *sōphrosynē*) und ‚rechtlichem Verhalten' (*dikē* / *dikaiosynē*) besteht (vgl. 322c2 u. 323a1f.; vgl. auch den Sachverhalt, dass man bei Fehlen der *politikē technē* einander schädigt [322b7]), die Fähigkeit der Mitglieder einer Gemeinschaft, sich in die Gemeinschaft einzuordnen und ihre Regeln zu beachten. Letzteres wird man als eine notwendige, aber als noch nicht zureichende Bedingung für Ersteres ansehen müssen; daher ergibt sich daraus auch nicht die von Protagoras gefolgerte Kompetenz aller zum Mitreden in Staatsangelegenheiten (vgl. 322e2–323a3).[37]

(2) Auch in einem anderen Punkt lässt Platon Protagoras seine These nicht widerspruchsfrei entwickeln: Auf der wörtlichen Ebene des Mythos ist es ein Widerspruch, wenn Zeus einerseits sagt, *aidōs* und *dikē* sollen an alle verteilt werden und alle sollen daran teilhaben, andererseits aber ein Gesetz erlässt, wonach ausgemerzt werden soll, wer nicht in der Lage ist, an diesen Eigenschaften zu partizipieren. Denn wenn Hermes diese Eigenschaften an alle verteilen soll und dies die zureichende Bedingung dafür darstellt, dass man sie erhält (von irgendwelchen sonstigen Voraussetzungen ist nicht die Rede), dann dürfte es niemanden geben, der nicht daran teilhat.[38] Ihren Sinn bekommt die Aussage entmythologisiert, in der von Protagoras angenommenen Realität: Denn dort werden *aidōs*, *dikē* usw. allen durch Erziehung beigebracht (323c5ff.) und derjenige, der sich noch nicht einmal durch Bestrafung belehren lässt, als unheilbar aus dem Gemeinwesen eliminiert oder getötet (325a7–b1), wobei Protagoras allerdings nicht erklärt, wie es zu hoffnungslosen Fällen überhaupt kommen kann. Konsequenterweise müsste Protagoras eigentlich an der allgemeinen Lehrbarkeit der für das Zusammenleben notwendigen Eigenschaften zweifeln.[39]

---

[37] Anders Rowe 1983, 415–417; Stokes 1986, 239f.; Sihvola 1989, 131f.; vgl. dazu Manuwald 1996, 118 Anm. 37. – Zu Protagoras' unterschiedlicher Verwendung von *technē* vgl. auch Roochnik 1996, 212ff.

[38] Vgl. auch Reale 2004, 140; anders Taylor 1991, 86.

Im Gedankenzusammenhang des Dialoges sind an dem eingefügten Mythos einige aufschlussreiche Beobachtungen zu machen. Sokrates' erstes Argument gegen die Lehrbarkeit des von Protagoras beanspruchten Lehrgegenstandes bildete bei ihm eine Einheit: Aus der Tatsache, dass die Athener in Fachfragen nur Fachleute zur Beratung zulassen, in politischen aber jedermann, ergab sich für ihn sofort, dass sie Letzteres im Unterschied zu Ersterem nicht für lehrbar hielten (319b5–d7). Protagoras dagegen unterscheidet in seiner Entgegnung zwei Teilbereiche des sokratischen Einwandes und geht mit zwei getrennten Widerlegungen vor: Der Mythos entspricht Sokrates' erstem Argument gegen die Lehrbarkeit (319b5–d7) insoweit, als er sich auf dessen sachliche Voraussetzung, das zu beobachtende Verhalten der Athener in der Volksversammlung, bezieht. Der Sachverhalt ist in zweifacher Weise auffällig. Einerseits spielt im Zusammenhang mit der Frage der Lehrbarkeit des Gut-Seins das Volksversammlungsargument nur im *Protagoras* eine Rolle, während im *Menon* bei dieser Thematik lediglich das (im *Protagoras*) zweite Argument des Sokrates (dass die führenden Leute im Staate ihre Tüchtigkeit nicht weitergeben könnten) auftaucht (Men. 93c–94d; vgl. auch [Alc. I] 118c–119b). Daraus ist wohl zu schließen, dass Platon Sokrates das erste Argument nur vorbringen lässt, um den Mythos verwenden zu können.

Andererseits bezieht sich der Mythos – obwohl nach der Ankündigung des Protagoras der Eindruck entstehen musste, er wolle auf die gesamten Ausführungen des Sokrates in dieser Form eingehen (320c) –, noch nicht einmal auf dessen erstes Argument insgesamt, insofern nämlich der Aspekt der Lehrbarkeit im Mythos nicht unmittelbar berührt wird. Vielmehr sind der Mythos (320c8–322d5), seine Auswertung (322d5–323a4) und eine zusätzliche Argumentation (323a5–c2) zu der These zusammengeschlossen, dass – anders als bei den technischen Fertigkeiten – jeder Mensch Anteil hat an den Fähigkeiten, die für das Gemeinschaftsleben notwendig sind, dass man allgemein dieser Ansicht ist und also auch die Athener und andere sich richtig verhalten, wenn sie jedermann zur Beratung in

39 Vgl. auch Taylor 1991, 87f.; Weiteres bei Ildefonse 1997, 169f.

politischen Angelegenheiten zulassen. Erst danach, in einem weiteren Argumentationsgang, mit einem deutlichen Neueinsatz (und hier ohne argumentativen Rückgriff auf den Mythos), geht Protagoras auf die Frage der Lehrbarkeit ein (323c3–324d1).

Obwohl nun faktisch die Darbietungsform des Mythos längst verlassen ist, findet – der Disposition der Rede nach – der ausdrückliche Übergang zum Logos sehr viel später statt, nämlich als Sokrates' zweites Argument (319d7ff.) behandelt wird (324d6f.). Die Auseinandersetzung des Protagoras mit Sokrates' erstem Argument erscheint so insgesamt als mythosbestimmt, obgleich sie es nicht im ganzen Umfang und gerade nicht bei der eigentlichen Frage der Lehrbarkeit ist. Bevor man annimmt, Platon sei nur in der Lage gewesen, für einen Teil (und nicht den eigentlichen) der von ihm aufgeworfenen Frage nach der Lehrbarkeit einen Mythos zu fingieren, liegt der Schluss näher, die bemerkenswerte Gestaltung hänge damit zusammen, dass ein vorliegender, aber für die Beantwortung der gestellten Frage nur z.T. geeigneter (jedoch für Protagoras eben charakteristischer) Mythos verwendet werden sollte.

In anderer Hinsicht ist der Mythos ebenfalls nicht voll in den Argumentationszusammenhang integriert: Die ‚Achtung vor den Göttern' – die in der Epideixis als ‚Fromm-Sein' (325a1; vgl. auch d4) bzw. zuvor schon unter ihrem Gegenbegriff ‚Gottlosigkeit' (323e3) erscheint und die Sokrates später als ‚Frömmigkeit' bezeichnet (329c5) – wird nach den Ausführungen des Protagoras außerhalb seiner Mythos-Erzählung eindeutig zu solchen für das Gemeinschaftsleben unerlässlichen Fähigkeiten gerechnet, wie sie im Mythos erst spät von Zeus den Menschen gegeben werden. Im Mythos aber gehört die Achtung vor den Göttern nicht zu diesen Gaben, sondern ist sogar, wenn sie auch nicht als solche bezeichnet wird, schon vor der differenzierteren technischen Entwicklung vorhanden, indem die Menschen als einzige Lebewesen an Götter glauben sowie Altäre und Götterbilder errichten (322a3–5). Wenn die Achtung vor den Göttern vom (platonischen) Protagoras im Mythos also anders eingeordnet wird als sonst im Dialog, und zwar ohne dass diese Differenz irgendwie argumentativ ausgenutzt würde, deutet auch das für den Mythos eher auf Anlehnung an (den historischen) Protagoras als auf platonische Erfindung.

Das Argumentationsziel des Mythos ist der Satz, dass alle Menschen an ‚Respektierung des anderen' (*aidōs* bzw. *sōphrosynē*) und ‚rechtlichem Verhalten' (*dikē* bzw. *dikaiosynē*) teilhaben müssen (322c2f.), wenn staatliche Gemeinschaften überhaupt möglich sein sollen (322d2f.). Auf diese These greift Protagoras im weiteren Verlauf seiner Rede immer wieder zurück (323a2f.; b7–c2; c4; 324d7–e2; 326e7–327a2), und zwar nicht nur in unmittelbarem sachlichen Zusammenhang mit dem Mythos, sondern gerade auch bei der Einführung weiterer thematischer Gegenstände (324d2ff.; 326d6ff.). Diese These wird also als ein Fundamentalsatz des Protagoras herausgestellt, worauf dessen weitere Ausführungen gründen. Wenn der *Homomensura*-Satz das erkenntnistheoretische Credo des historischen Protagoras bildet (vgl. VS 80 B 1), so soll diese Grundannahme offenbar sein anthropologisch-politisches als ‚Lehrer des Gut-Seins' (349a3) repräsentieren. Wäre sie nicht ein Kernsatz des (historischen) Protagoras, wäre ihre ständige Verwendung durch Platon ohne jede Pointe. Man kann sie also – wenigstens im Tenor – mit hoher Wahrscheinlichkeit dem historischen Protagoras zuschreiben. Damit wird gleichzeitig wahrscheinlich, dass die Ausrichtung des im Mythos verwendeten entwicklungstheoretischen Materials ebenfalls in ihren Grundzügen auf Protagoras zurückgeht.[40]

Zu dem von Protagoras erzählten Mythos sind noch einige weitere Gesichtspunkte besonders hervorzuheben:

- Entgegen der im ‚Weltaltermythos' ausgedrückten Deszendenzlehre Hesiods (erg. 106ff.), an deren Ende Übeltäter und Frevler in Ansehen stehen und rechtliches Verhalten (*dikē*) und Respektierung des anderen (*aidōs*) nicht mehr gelten (vv. 191ff.), die (personifizierte) Respektierung und rechtes Vergelten (*nemesis*) die Menschen verlassen und zu den Göttern gehen werden (vv. 197ff.), gibt Protagoras in der Form eines Mythos eine Aszendenzlehre, an deren Ende Respektierung des anderen und rechtliches Verhalten (*aidōs*, *dikē*) gerade vom höchsten Gott Zeus den Menschen gegeben werden (Prt. 322cd). – Insoweit hinter dem Mythos die Vorstellung eines durch die Menschen selbst bewirkten Aufstiegs steht – und diese Vorstellung ist selbst im Mythos gegenwärtig (322a) –, folgt Protagoras

40 Vgl. zum Mythos und zur Frage seiner Authentizität insgesamt Manuwald 1996 (mit weiterer Literatur); zum Verhältnis dieses Mythos zur platonischen Mythopoiie Manuwald 2003a.

philosophischen Aszendenztheorien. Vgl. Xenophanes, VS 21 B 18; Anaxagoras, VS 59 B 21b.

- Nach Protagoras erblicken alle sterblichen Wesen das Licht der Welt im Prinzip fertig ausgebildet und differenziert und für das Leben in feindlicher Umwelt (sieht man einmal von den nach dem Wortlaut des Mythos zunächst mangelnden politischen Fähigkeiten des Menschen ab) gerüstet.[41] Es gibt keine Sonderbedingungen bei der Entstehung des Lebens, keine Evolution, keine s p ä t e r e Herausdifferenzierung des Menschen; zumindest interessierten Protagoras in seinem Zusammenhang solche Gesichtspunkte nicht. Vgl. aber Anaximander, VS 12 A 30, A 11,6; Empedokles, VS 31 B 35, B 57ff., A 72; Anaxagoras, VS 59 A 42,12; Archelaos, VS 60 A 4,5f.
- Der Mensch ist gegenüber den anderen Lebewesen physisch benachteiligt, wird aber dadurch vor den vernunftlosen Lebewesen (321c1)[42] ausgezeichnet, dass er Kenntnisse und Fähigkeiten (*sophia*, *technē*) auf technischem und (später) auf gesellschaftlichem Gebiet erhält bzw. erwerben kann, die ihm das Überleben bzw. die Erhaltung seiner Art ermöglichen. Die den Menschen vom Tier unterscheidenden Eigenschaften gelten als göttlich, und wegen dieser Verwandtschaft mit den Göttern ist der Mensch das einzige Lebewesen, das an Götter glaubt und sie verehrt.[43]

Jedenfalls unterscheidet Protagoras den Menschen prinzipiell von den anderen Lebewesen und nicht nur graduell (wie es für Archelaos, VS 60 A 4,6, bezeugt ist). Wegen des im Mythos konstitutiven Gegensatzes Mensch – Tier ist auch nicht von einer tierhaften Anfangsphase der Menschheit die Rede. Vgl.

---

[41] Mit den „Mitteln zur Lebenserhaltung" (*dynameis* [eigtl. ‚Kräfte', ‚Fähigkeiten'], 320d5) sind sämtliche Zurüstungen gemeint, die Epimetheus für die Tiere trifft (vgl. 321c1), d.h. (1) Fähigkeiten und Merkmale, welche die Erhaltung der Art gegenüber Feinden sichern (320d8–321a2); (2) Ausstattung gegen klimatische Widrigkeiten (321a2–b2); (3) artspezifische Ernährungsweisen, wiederum mit Betonung des Gesichtspunktes der Arterhaltung (321b2–6). Vgl. zu diesem Abschnitt auch Heinemann 2003.

[42] Von ‚vernunftlosen Wesen' (*aloga*), für die Epimetheus schon alle Mittel aufgebraucht hat, im Unterschied zu Menschen dürfte strenggenommen erst die Rede sein, nachdem der Mensch von Prometheus mit den entsprechenden Fähigkeiten begabt worden ist. Die Unterscheidung ist proleptisch zu verstehen.

[43] Zum Verhältnis dieser Aussage zum theologischen Agnostizismus des Protagoras (VS 80 B 4) vgl. Müller 1967/74, 317.

dagegen Diodor 1,8,1; Kritias, VS 88 B 25,1f. (= TrGF 43 F 19,1f.);[44] Moschion, TrGF 97 F 6,4ff.

• Mit Prometheus als Wohltäter der Menschheit steht Protagoras in der durch Hesiod und die aischyleische *Prometheus*-Tragödie (die Frage der Echtheit kann hier beiseite bleiben) verkörperten Tradition, doch gibt es signifikante Unterschiede. Während der Prometheus Hesiods (erg. 49–52; theog. 565–567) und derjenige der *Prometheus*-Tragödie (vgl. 231ff.) das Feuer den bereits existierenden, notleidenden bzw. bedrohten Menschen verschafft, handelt der Prometheus des Protagoras-Mythos als echter ‚Vorbedacht' und gibt den Menschen (aufgrund der ihm und Epimetheus in diesem Mythos zugeschriebenen Funktion bei der Erschaffung der Lebewesen; vgl. 320d4f.) die technische Kunstfertigkeit (*entechnos sophia*) zusammen mit dem Feuer als Grundlage für die lebenserhaltenden Techniken sogleich bei ihrem Eintritt ins Leben. Entwickeln im Protagoras-Mythos die Menschen folgerichtig aufgrund der Gabe des Prometheus die Techniken dann selbständig, ist die *Prometheus*-Tragödie in diesem Punkt im Einzelnen unausgeglichen. Einerseits gibt Prometheus den Menschen das Feuer als Grundlage und als Lehrmeister der technischen Entwicklung (vv. 7f.; 82f.; 107ff.; 252; 254), andererseits macht er die Menschen auch darüber hinaus verständig, indem er sie Kulturtechniken unmittelbar lehrt (vv. 442ff.; 476ff.). Und während im *Prometheus* diejenigen Fähigkeiten, die das menschliche Zusammenleben gewährleisten, gar nicht erst in den Blick kommen, verschafft zwar auch der protagoreische Prometheus den Menschen nur die technischen Voraussetzungen, aber in unfreiwilliger Beschränkung: Die für das Gemeinschaftsleben wichtigen Voraussetzungen / Fähigkeiten sind in der Hand des Zeus und für Prometheus unerreichbar (321d). So wird das traditionelle Prometheus-Bild erweitert und gleichzeitig die Höherwertigkeit der gemeinschaftsbildenden Werte gegenüber den technischen Fertigkeiten deutlich hervorgehoben. (Vergleichbar in dieser Wertung ist Sophokles, Ant. 332–375.) Man wird die Version im Protagoras-Mythos als Reaktion auf und als Polemik gegen die (auch) in der *Prometheus*-Tragödie repräsentierte Auffassung verstehen dürfen.

---

[44] Zur umstrittenen Autorschaft des Kritias vgl. Kannicht 1996, 26–28.

- Ihrem geringeren Wert entsprechend verläuft die von den Menschen selbst getragene technische Entwicklung unproblematisch und „in kurzer Zeit“ (322a6 in Bezug auf die Sprachentstehung). Eine solche Auffassung steht in markantem Gegensatz zu dem in Kulturentstehungstheorien seit Xenophanes (VS 21 B 18) immer wieder betonten Zeitfaktor: In den erhaltenen einschlägigen Fragmenten Demokrits kommt ein entsprechender Terminus zwar nicht vor, aber der Sache nach ging auch er offenbar von einer längeren Entwicklung aus (VS 68 B 144 u. 154). Der Autor der hippokratischen Schrift *De vetere medicina* nimmt für den Sektor der Ernährung eine lange Entwicklung an (c. 3, p. 38,3 Heiberg). Isokrates kennt eine allmähliche Entwicklung (or. 4,32). Nach Philemon hat die Zeit, nicht der Lehrer, die Künste beigebracht (fr. 136 K.-A.). Bei Moschion wird die Zeit als der entscheidende Faktor genannt (TrGF 97 F 6,18ff.). Aus Epikur erhellt der Gedanke einer länger dauernden Entwicklung (epist. ad Hdt. 75f.) ebenso wie aus dem Bericht Diodors (1,8,2.7).

Wegen dieser geradezu kanonischen Geltung des Prinzips über die Jahrhunderte hin liegt die Annahme nicht nahe, zur Zeit des Protagoras sei eine andere Auffassung herrschend gewesen, zumal sie auch sachlich unwahrscheinlich wäre. – Auffällig ist auch die Behauptung, die Menschen hätten bei schon fortgeschrittener (technischer) Entwicklung noch in Vereinzelung gelebt (322a8f.). Die Vereinzelung bzw. das Fehlen von Gemeinschaften ist in freilich erst später belegten, aber in ihrer Konzeption einleuchtenderen Theorien ein Zeichen der primitiven Urzeit, vor aller technischen (und auch sprachlichen) Entwicklung (vgl. Diodor 1,8,1; Lukrez 5,958f.).

Vor diesem Hintergrund darf es als wahrscheinlich gelten, dass der vorliegende Protagoras-Mythos – zugunsten der Betonung der Schwierigkeiten bei der gesellschaftlichen Entwicklung – gegen Auffassungen polemisiert (oder mit ihnen spielt), nach denen auch die Bewältigung der physischen Bedürfnisse ein ebenso langwieriger und schwieriger Prozess war wie die damit Hand in Hand gehende gesellschaftliche Entwicklung. Wenn Platon wenigstens die Tendenz der Gedanken des (historischen) Protagoras richtig wiedergegeben hat, dann ergibt sich, dass Protagoras gar nicht originär eine Kulturentstehungslehre bieten, sondern auf der Grundlage von und in Auseinandersetzung mit einer oder mehreren vorhandenen Kulturtheorien einen für seine Tätigkeit besonders wichtigen Aspekt akzentuiert hervorheben wollte.

Dass dabei die an sich sozialen Phänomene der (kultischen) Religion und der Sprache (322a3–6) noch vor der technischen Entwicklung im eigentlichen Sinne genannt werden bzw. die Sprache geradezu auf die ‚technische' Begabung zurückgeführt wird (322a6), über welche die Menschen durch Prometheus verfügen, dürfte zum einen seinen Grund darin haben, dass so gleich spezifische Eigenschaften genannt werden, durch die sich der Mensch von anderen Lebewesen unterscheidet, zum anderen wird auf diese Weise umso deutlicher, worin die Schwierigkeiten der gesellschaftlichen Entwicklung für Protagoras eigentlich liegen.

- Ganz entsprechend gibt es nach Protagoras im ‚technischen' Bereich anfangs keine Notlage (sie wird jedenfalls nicht zum Problem), die zur Entwicklung zwänge, sondern der Diebstahl des Prometheus versorgt den Menschen reichlich mit Mitteln zur Bewältigung des Lebens (321e3f.). Man vgl. dagegen die auf die Notwendigkeit der Entwicklung abhebenden Zeugnisse bei: Demokrit, VS 68 B 144; [Hippokr.] de vet. med. c. 3, p. 37,20ff. Heiberg; Moschion, TrGF 97 F 6,3ff., 21; Epikur, epist. ad Hdt. 75; Diodor 1,8,5f.; 1,8,9. Lediglich was die Unfähigkeit der Menschen zum gemeinschaftlichen Leben betrifft, arbeitet Protagoras die anfängliche Notlage deutlich heraus (322a8ff.).
- Die mythische Form erleichtert es, die technische und die gesellschaftliche Entwicklung als sukzessive Phasen darzustellen und damit überhaupt getrennt zu behandeln, was in einer nicht mythisch verhüllten ‚Realität' so nicht gewesen sein kann, wie selbst der Mythos noch durchblicken lässt: Es ist eine schwierige Vorstellung, dass die Bedrohung durch wilde Tiere gewissermaßen erst nach der Sicherung der grundlegenden Bedürfnisse aktuell geworden sein soll (322ab); ebenso, dass die gemeinschaftlichen Werte erst vermittelt worden sein sollen, als ein Zustand erreicht war, in dem z.B. ein Arzt für viele Nicht-Fachleute vorhanden war (322c), was doch schon eine größere Gemeinschaft und nicht ein Leben in der Zerstreuung (vgl. 322b1) voraussetzt. Man vergleiche das insgesamt sachlich näher liegende Modell bei Diodor 1,8,1ff.

Es wäre daher verfehlt, den Mythos nicht vom Demonstrationszweck des Protagoras, sondern als in sich konsistente Kulturentstehungslehre verstehen und daher Inkonsistenzen weginterpretieren oder mildern zu wollen.

Zusätzlicher Beweis des Protagoras (323a5–c2).

Protagoras' zusätzlicher Beweis soll (über den Mythos hinaus) belegen, dass tatsächlich alle Menschen der Ansicht sind, jedermann habe Anteil an rechtlichem Verhalten und der sonstigen Haltung eines guten Bürgers. In Wirklichkeit wird aber nur nachgewiesen, dass der Anspruch, gerecht zu sein, als gesellschaftlich so verbindlich gilt, dass ihn auch der erheben muss, von dem alle wissen, wie ungerecht er ist – wenn er denn nicht als verrückt angesehen werden will (a7–b7).[45] An diesen Nachweis schließt sich ein durch ihn nicht begründetes und auch mit dem zu beweisenden Satz (a5–7) nicht identisches Postulat („notwendig“, b7f.) an, wonach eine irgendwie geartete Teilhabe am Gerecht-Sein eine notwendige Bedingung für die Zugehörigkeit zur menschlichen Gesellschaft ist (b7–c2). – Eine weitere Schwierigkeit bildet der Begriff des ungerechten (b3) oder des nicht-gerechten Menschen (b6) selbst. In absolutem Sinne genommen steht er, da es sich dabei offenkundig um Personen handelt, die faktisch in der Gesellschaft leben, im Widerspruch zu dem genannten Postulat (b7–c2). Der Widerspruch würde wenigstens gemildert, wenn ‚ungerecht‘ relativ gemeint sein sollte: nicht so gerecht, wie es für die menschliche Gemeinschaft wünschenswert wäre, aber doch in einem rudimentären Sinne ‚gerecht‘ im Vergleich zu ‚Wilden‘, die mit Gerechtigkeit nie in Berührung gekommen sind und gegenüber denen auch noch der Ungerechteste gerecht erscheint (vgl. 327c4ff.).

Protagoras geht davon aus, dass derjenige, der zugibt, ungerecht zu sein, als ‚verrückt‘ gelten wird, weil er freiwillig eingesteht, den Normen der menschlichen Gesellschaft nicht zu entsprechen. Über die (realen) Folgen eines solchen (gedanklich konstruierten) Verhaltens sagt der Text nichts. Sie könnten etwa sein: (a) Der Betreffende entspricht der Norm so wenig, dass er innerhalb der Gesellschaft mit Strafen rechnen muss (vgl. 324a3ff.); (b) er verstößt so sehr dagegen, dass Ausweisung oder Tod drohen (vgl. 325a7–b1); (c) er stellt sich durch seine

45 *sōphrosynē* (323b4) hat hier als Gegenbegriff zu ‚Verrücktheit‘ (*mania*) eine andere Nuance als etwa 323a2, wo es als Äquivalent zu *aidōs* soviel wie ‚Selbstbescheidung‘ bedeutete.

Aussage von sich aus außerhalb der menschlichen Gemeinschaft.[46]

Lehrbarkeit des ‚Gut-Seins' (323c3–324d1).

Dieser Abschnitt ist sehr klar gegliedert:
(a) Übergangsformel: Abschluss der vorausgehenden Argumentation und Ankündigung des neuen Beweiszieles (323c3–8)
(b) Allgemeiner Nachweis, dass die Menschen Gut-Sein für lehrbar halten (323c8–324a3)
(c) Spezieller Nachweis durch Darlegung des Sinnes von Strafe (324a3–c5)
(d) Abschlussformel, die allerdings nicht nur das Ergebnis des Abschnittes 323c3–324d1, sondern die gesamte Antwort auf Sokrates' erstes Argument (320c8–324d1) zusammenfasst (324c5–d1).

Der äußeren Klarheit und rhetorischen Eingängigkeit entspricht jedoch keineswegs eine gedankliche Stringenz.

Was Protagoras in Teil (b) vorträgt, bezieht sich dem Wortlaut nach nur darauf, dass man Gut-Sein für lehrbar h ä l t, nicht, dass es lehrbar i s t, womit sich Protagoras freilich genau auf der von Sokrates gewählten Argumentationsebene (vgl. 319d6f.) befindet. Auch davon abgesehen liegt in Wirklichkeit kein schlüssiges Argument vor, sondern eine bloße Behauptung in der scheinbaren Form eines Beweises: Protagoras geht davon aus, dass man auf negative Eigenschaften oder Verhaltensweisen der Mitmenschen unterschiedlich reagiert, je nachdem, ob sie naturgegeben bzw. zufällig sind oder durch Bemühung, Übung[47] oder Lehre hätten vermieden werden können. Nur in den letzteren Fällen sei die Reaktion Zorn, Strafe oder Zurechtweisung, bei den erstgenannten dagegen Mitleid.

Der schwache Punkt dieser Überlegung ist, dass Protagoras einfach behauptet (bzw. erkennen lässt, dass eine solche An-

---

[46] Zu den gedanklichen Schwierigkeiten des Abschnittes vgl. (mit z.T. etwas abweichenden Einschätzungen) auch Taylor 1991, 88f.

[47] Für den historischen Protagoras wird die Aussage überliefert, Lehre sei auf Natur(anlage) und Übung angewiesen (VS 80 B 3). Demnach spielt also auch im Bereich des Lehrbaren die natürliche Veranlagung eine Rolle. Dieser Gesichtspunkt ist (im Unterschied zu 327b8: natürliche Begabung) hier ausgeblendet, weil er die Unterscheidung der beiden Klassen von Eigenschaften verunklären würde.

sicht berechtigt ist), die Haltung eines guten Bürgers, die *politikē aretē* (wogegen u.a. durch Unrecht-Tun verstoßen wird), gehöre zu den Dingen, die man durch Bemühung und Lernen erwerbe (324a2f.), was eigentlich bewiesen werden soll. Eine solche Zuordnung könnte durch die von Protagoras zugrunde gelegte Unterscheidung nur dann als erwiesen gelten, wenn von vornherein feststünde, dass die Bereiche, auf die sich Zorn, Zurechtweisung, Strafe beziehen, koextensiv mit jenen sind, die das Betätigungsfeld von Bemühung, Übung, Lehre bilden. Es müsste also gesichert sein, dass Zornesreaktionen usw. n u r bei Erscheinungen vorkommen, die unzweifelhaft in den Bereich der Erziehung usw. gehören.

Jedenfalls belegt der Fortgang der Rede, dass auch Protagoras seine allgemeinen Ausführungen (b) nicht als über jeden Einwand erhaben ansieht. Denn der allgemeine Teil ist, selbst wenn man von dem Problem der Koextensivität absieht, nur dann überzeugend, wenn Strafe ausschließlich als erzieherische Maßnahme verstanden wird. Da eine solche Auffassung nicht selbstverständlich ist und vor allem auch traditioneller griechischer Anschauung widerspricht,[48] schließt Protagoras an die allgemeinen Ausführungen eine spezielle Begründung an (c), in der er die Auffassung von Strafe als Vergeltung zurückweist und den Sinn der Strafe[49] als Abschreckung – des Übeltäters selbst, damit er seine Tat nicht wiederholt, und von anderen – versteht (325a7 ist sogar ausdrücklich von Besserung die Rede).

48 Strafen gilt nicht nur nach älterer, religiös bestimmter Anschauung als Vergeltung für eine Untat (vgl. z.B. Solon, bes. fr. 13,7–32 W., wonach u.U. sogar Nachkommen des Übeltäters büßen müssen; Aischylos, Choeph. 310–314), sondern diese Auffassung geht auch in der Zeit nach Protagoras noch aus den Texten von Rednern hervor, wenn dort auch z u s ä t z l i c h Gesichtspunkte wie Abschreckung und Besserung auftauchen, wobei aber die Vorstellung der Vergeltung selbstverständlich erhalten bleibt (vgl. Lysias 22,20; [Demosthenes] 59,77). Sofern der Gedanke der Abschreckung und Besserung erscheint (vgl. z.B. Lysias 14,12; 15,9), bezieht er sich regelmäßig auf andere, nicht auf die Übeltäter selbst (vgl. auch schon Thukydides 3,45,1–3). Protagoras nennt dagegen – passend zu seiner Erziehungsthese – die abschreckende Wirkung der Strafe auf die Übeltäter selbst zuerst (324b4f.) und erwähnt den Gedanken des Besser-Werdens überhaupt nur in Zusammenhang mit diesen (325a7).

49 Unter dem Gesichtspunkt der Intention des Strafenden; vgl. Stokes 1986, 487f. Anm. 256.

Jedoch löst diese Straftheorie das Problem, auch wenn man nur von den Aussagen des Protagoras selbst ausgeht, ebenfalls nicht vollständig. Denn entweder erfasst die Theorie nicht jeglichen von Protagoras anerkannten Zweck des Strafens oder Protagoras macht sich einer *petitio principii* schuldig. Nach 325a7–b1 kennt er nämlich unheilbare Fälle, bei denen Verbannung oder Tod festgesetzt ist (vgl. auch das Gebot des Zeus, 322d4f.). Bei diesen Maßnahmen gibt es natürlich – jedenfalls für die Betroffenen – keine erzieherische Funktion mehr. Allenfalls im Sinne der Abschreckung anderer, die aber in diesem Zusammenhang nicht erwähnt wird, ließe sich davon sprechen. Allerdings könnte man den unmittelbaren Zusammenhang (325a5–b1) auch so verstehen, dass für Protagoras diese Maßnahmen bereits außerhalb des Begriffes ‚Strafen' (*kolazein*) liegen. Wenn aber der Begriff des Strafens von vornherein nur Maßnahmen mit erzieherischem Effekt umfassen sollte, dann ist der Nachweis, der Sinn des Strafens sei nichts anderes als Erziehen, lediglich ein Zirkelschluss.

Unabhängig von den skizzierten gedanklichen Problemen liegt jedoch in der theoretischen Konzeption der Strafe als erzieherischer Maßnahme und nicht als bloßer Vergeltung ein geistesgeschichtlich bedeutsamer Gedanke vor,[50] mit dem sich Platons eigene Auffassung merklich berührt.[51] Ihr Urheber ist nicht mit Sicherheit auszumachen. Vermutlich ist es nicht Platon selbst, da er dann den Gedanken kaum Protagoras in einer im Dialog höchst ironisch beurteilten Epideixis (vgl. 328d4ff.) in den Mund gelegt hätte. So kommt der historische Protagoras als Schöpfer in Betracht (vgl. Saunders 1981, bes. 134). Man kann aber auch nicht ausschließen, dass Protagoras hier eine (vor Platon sonst nicht belegte) Straftheorie für sein Argumentationsziel verwendet (bzw. Platon ihn eine verwenden lässt), in

---

[50] Skeptisch zur Originalität der von Protagoras vorgetragenen Vorstellungen äußert sich Stalley 1995, bes. 7ff.

[51] Die drei Gesichtspunkte für den Sinn von Strafen, die Protagoras vorträgt, nämlich Besserung des Übeltäters (Verhütung von Wiederholungstaten), Abschreckung anderer, Verbannung oder Tötung ‚unheilbarer', für das Gemeinwesen nicht tolerabler Fälle (vgl. 322d4f.; 325a7–b1), verkörpern eine Straftheorie, die – z.T. differenziert und vertieft – auch sonst in den Dialogen Platons begegnet; vgl. bes. Grg. 476a–479e; 525a–c; R. 409e–410a; 591ab; Lg. 735dff.; 854de; 859bff., bes. 862c6–863a2; 933e–934b.

ähnlicher Weise wie Protagoras im Mythos offenbar Elemente einer (oder mehrerer) vorhandener Kulturentstehungslehren heranzieht.

Das 324c5–d1 formulierte Ergebnis (zu Recht beteiligen sich alle am politischen Leben und wird Gut-Sein für lehrbar gehalten) ist bei der Konzeption, die Protagoras vom Gut-Sein (*aretē*) hat, selbst dann nicht schlüssig, wenn man seine Versuche, die für das Leben im Gemeinwesen erforderlichen Eigenschaften als allgemein verbreitet und als lehrbar nachzuweisen, für gelungen hielte. Denn auf der Grundlage seiner Annahme selbständiger Teile der *aretē* ist weder der Schluss von der Lehrbarkeit von Teilen der *aretē* auf die Lehrbarkeit von *aretē* überhaupt zulässig, noch kann durch das Vorhandensein der Voraussetzungen für ein Leben in der Gemeinschaft eine spezifische Kompetenz in politischen Fragen als erwiesen gelten. Vgl. auch oben S. 89f.

c) Antwort auf Sokrates' zweites Argument (324d2–328c2)

324d2–328c2 Das Problem, das Sokrates hat, warum die führenden und tüchtigen Persönlichkeiten ihre Söhne nicht in den Fähigkeiten, über die sie selbst verfügen, voranbringen, existiert so nicht. In Wirklichkeit findet das ganze Leben lang, von der Amme über die Lehrer bis zu den Gesetzen des Staates, eine entsprechende Erziehung statt (324d2–326e5).

Das Phänomen, dass tüchtige Väter oft Söhne haben, die nichts taugen, erklärt sich wie bei den spezifischen Berufen: Die einen sind dafür begabt, die anderen nicht. Immer aber ist der Ausgebildete, erscheint er auch noch so schlecht, besser als der überhaupt nicht Ausgebildete (326e6–327e1).

Alle sind Lehrer des Gut- und Tüchtig-Seins, so dass man zufrieden sein muss, wenn einer über die allgemeine Erziehung hinaus auch nur geringe Fortschritte bewirken kann. Ein solcher beansprucht Protagoras zu sein (327e1–328c2).

Nach einem deutlich markierten Einschnitt (Abschlussformel, 324c5–d1; Benennung des noch ausstehenden Gegenstandes, 324d2ff.) wendet sich Protagoras nun dem zweiten von Sokrates formulierten Problem (vgl. 319d7ff.) zu und versucht, Sokrates' Einwand durch den Nachweis zu widerlegen, dass die von diesem vermisste Vermittlung des Gut-Seins eben doch stattfinde (324d2–326e5). Sokrates hatte damit argumentiert, dass die Angehörigen der Führungsschicht nicht in der Lage seien, ihre spezifische Tüchtigkeit an andere weiterzugeben. Die Untüchtigkeit der Söhne ergibt sich bei ihm als Konsequenz (vgl. 320a2f.), war aber nicht ausdrücklich behauptet worden. Protagoras thematisiert diesen Gesichtspunkt in einem eigenen Abschnitt (326e6–327e1), der dann in einer Art gleitendem Übergang zu allgemeineren Ausführungen über die Lehrer des Gut-Seins übergeht (327e1–328c2).

Ausbildung der Söhne von Angehörigen der Führungsschicht (324d2–326e5).

Länge und rhetorischer Nachdruck des Abschnittes stehen in umgekehrtem Verhältnis zu seinem gedanklichen Ertrag. Denn einerseits führt der Abschnitt nicht eigentlich weiter, wie unmittelbar klar wird, wenn man die 324c5–d1 und 326e2–5 dargelegten Ergebnisse vergleicht. Jetzt ist zwar nicht mehr von ‚für lehrbar halten‘, sondern von ‚Lehrbarkeit‘ die Rede, aber durch die bloße Tatsache, dass Gut-Sein gelehrt wird, wird doch nur gezeigt, dass bestimmte Leute es zu lehren versuchen, im Glauben, es sei lehrbar, aber nicht bewiesen, dass es wirklich lehrbar ist (vgl. Taylor 1991, 98f.). Andererseits leidet das hier erzielte Ergebnis, gemessen an den Anschauungen des Protagoras, am selben Mangel wie das zuvor erzielte (vgl. oben S. 107).

Das Erziehungsziel besteht nämlich, wie Protagoras ausführt, in nichts anderem als in der Vermittlung der bereits bekannten für das Leben in der Gemeinschaft erforderlichen Eigenschaften. Dass die ‚tüchtigen Männer‘ diese ihren Söhnen nicht beibrächten, könne wegen der schlimmen Folgen für denjenigen, der diese Eigenschaften nicht hat, einfach nicht sein (324d7–325c4). Aber Protagoras postuliert dies nicht nur, sondern findet den geforderten Unterricht tatsächlich: In Wirklichkeit ist für ihn das eigentliche Ziel des gesamten griechischen Erziehungswesens (von der Tätigkeit der Amme bis hin zur Gesetzgebung), das in Frage stehende Gut-Sein zu lehren, wie er in großer Ausführlichkeit darlegt, indem er das griechische Erziehungswesen auf die Punkte hin durchmustert, mit denen belegt werden kann, dass dessen eigentlicher Sinn die Hinführung zur *aretē* sei (325c5–326e1). Mit diesem überraschenden Kunstgriff möchte Protagoras Sokrates’ Unterscheidung von Lehrgegenständen, die in die Zuständigkeit von Lehrern fallen, und solchen, welche Leute wie Perikles nicht zu vermitteln in der Lage seien (319e1ff.), zum Verschwinden bringen, und es kommt heraus, dass die politisch führenden Leute ihre Söhne gerade in besonders großem Ausmaß bilden (vgl. 326c3–6).

Damit ergibt sich aber auch, dass sich die Erziehung dieser Söhne gar nicht prinzipiell von der aller anderen unterscheidet, da eben allenfalls allgemeine Voraussetzungen – für das Leben in der Gemeinschaft und überhaupt – vermittelt werden, aber nicht gezielt Führungsqualitäten, wie sie Protagoras als seinen Lehrgegenstand versprochen (vgl. 318e5–319a2) und wie sie Sokrates gemeint hatte (vgl. 319e1ff. u. 324d2–6).

Im Übrigen ist Protagoras' Analyse des Erziehungswesens (als formales Element der Argumentation betrachtet) nichts anderes als die positive Umkehrung dessen, was negativ Zurechtweisen und Strafen bedeutete.

Untüchtige Söhne tüchtiger Väter (326e6–327e1).

Warum dennoch tüchtige Väter Söhne haben, die nichts taugen, will Protagoras erklären, indem er wiederum von dem die ganze Epideixis durchziehenden Grundsatz ausgeht, dass ohne Gut-Sein (hier nicht nach den spezifischen Eigenschaften differenziert) ein Gemeinwesen nicht existieren kann. Dabei wird dieses Gut-Sein in Analogie zu fachlichen Befähigungen wie ‚Spielen der Schalmei' verstanden (anders 322c5), nur dass es eben in diesem besonderen Fall keine Nicht-Fachleute geben darf (327a1f.) bzw. jeder Fachmann sein muss (vgl. 327c7). Nun strapaziert die Konzeption eines Gebietes, auf dem j e d e r Fachmann ist, den Begriff des Fachmannes auf das Äußerste, und so ist es kein Wunder, dass Protagoras in einen Widerspruch gerät, den er nicht aufklären, sondern nur (vor allem mit dem amüsanten Hinweis auf die *Wilden* des Pherekrates) überspielen kann.

Einerseits bietet das Modell eine auf den ersten Blick einleuchtende Erklärung für den Tatbestand, dass bedeutende Väter oft unbedeutende Söhne haben: Wie beim Schalmeienspiel die jungen Spieler unabhängig von der Leistung ihrer Väter je nach der eigenen Begabung zu Ansehen kommen oder auch nicht, so auch bei dem in Frage stehenden Gebiet. Andererseits wird aber, was bei einer Fähigkeit, über die nur Einzelne verfügen müssen, unverfänglich ist, problematisch bei einer Eigenschaft, an der alle teilhaben sollen. Darf es da im echten Sinne Unbegabte überhaupt geben? Kann man den relativ Unfähigsten (den Ungerechtesten) wirklich noch als ‚Fachmann' bezeichnen, der er im Vergleich zu den (außerhalb der Zivilisation stehenden) ‚Wilden' sein soll? Und vor allem: Was unterscheidet eigentlich den Ungerechtesten im Gemeinwesen von den unheilbaren Fällen, die es aus dem Gemeinwesen zu eliminieren gilt (vgl. 325a7–b1)?

Abgesehen von diesen internen Schwierigkeiten der Argumentation geht sie völlig an dem von Sokrates benannten Problem vorbei: Die Söhne des Perikles erscheinen ja nicht als ungerecht oder sonst irgendwie gemeinschaftsunfähig (vgl. bes. 328c8–d2), sondern nur als im Vergleich zu ihrem Vater unbedeutend (man vgl. Lysimachos und Melesias im *Laches*, bes. 179c1–6). Die Ursache dafür, dass man aneinander vorbeiredet, ist auch hier wieder die unklare Konzeption des Protagoras von Gut-Sein (*aretē*): Einerseits spricht er von *aretē* allgemein, als ob sie eine Einheit wäre, andererseits argumentiert er mit einzelnen Formen der *aretē* (z.B. Gerechtigkeit), die nach ihm je gesondert vorkommen können und damit für das Vorliegen anderer Formen oder einer Gesamt-*aretē* nichts besagen.

Allgemeinere Konsequenzen: Lehrer des Gut-Seins (327e1–328c2).

Der letzte Teil der Rede des Protagoras vor der Schlusszusammenfassung ist formal nicht (wie die vorausgehenden Abschnitte) durch die ausdrückliche Nennung eines neuen Punktes abgesetzt, hat aber insofern eine gewisse Eigenständigkeit, als inhaltlich das Thema ‚untüchtige Söhne tüchtiger Väter' (326e6–327e1) nicht weitergeführt wird. Vielmehr nimmt Protagoras der Sache nach seine Ausführungen über das verbreitete Lehren der *aretē* (325c5ff.) wieder auf und erweitert sie zu einer allgemeinen These. Sie bereitet ihm den Triumph, gegenüber Sokrates und seinen Zweifeln (vgl. 319a8ff.; bes. d7ff.) erklären zu können, alle seien Lehrer der *aretē*, sie konfrontiert ihn jedoch auch mit der Schwierigkeit, gewissermaßen in einer Gesellschaft von lauter Fachleuten seine eigene Rolle als Lehrer der *aretē* zu bestimmen. Seine Lösung ist, dass er zu denen gehöre, die über den allgemeinen Ausbildungsstand hinaus noch gewisse Fortschritte erzielen könnten. Damit integriert er sich gewissermaßen in die Bemühungen der Polisgesellschaft und steht nicht im Gegensatz zu ihr, wie Anytos im *Menon* (91c1–5; 92a7–b4) die Sophisten einschätzt (vgl. Taylor 1991, xii).

Die Schlüssigkeit von Protagoras' Lösung hängt wiederum vom Begriff der *aretē* ab: Wäre sie für Protagoras eine allumfassende Einheit (was der Wortlaut, dass ‚alle' und Protagoras jeweils [unspezifiziert] *aretē* lehren, zunächst suggeriert), könnte aus ihrer Steigerung und Intensivierung folgen, dass der so über den Durchschnitt Ausgebildete für eine politische Führungsposition qualifiziert wäre. Aber ‚alle' lehren nach Ausweis der gesamten Epideixis nur gewisse Basisqualitäten, die das Zusammenleben in der Gemeinschaft ermöglichen und die nach einer späteren Aussage des Protagoras auch gesondert, ohne andere Teile der *aretē*, vorkommen können (vgl. 329d3–330b6). Vor diesem Hintergrund leistet der Anspruch des Protagoras nicht, was er soll; denn eine Steigerung etwa des gerechten Verhaltens über das Normalmaß hinaus wird kaum jemanden zum erfolgreichen Politiker machen.

Im Übrigen verschiebt sich die Argumentation des Protagoras bei der Erklärung seiner These, alle seien Lehrer der *aretē* und es ließen sich also keine spezifischen Lehrer finden. Denn als Modell dafür, dass solche Lehrer nicht ausgemacht werden können, dient zunächst (1) die Vermittlung der Muttersprache, einer Fähigkeit, über die alle in einem Sprachraum verfügen und für deren Vermittlung tatsächlich alle ‚Lehrer' sind (auch Sokrates bestritte wohl nicht deren Kompetenz auf diesem Gebiet; vgl. auch [Alc. I] 111a–d). Als weiteres Modell (2) nennt Protagoras aber die Söhne von Handwerkern, die von ihren Vätern und Zunftgenossen (d.h. einschlägigen Fachlehrern) bereits speziell ausgebildet (d.h. Fachleute) sind und für die Lehrer zu finden, die sie noch darüber hinaus ausbilden können, dann schwierig ist. In der Anwendung auf seine eigene Tätigkeit entspricht Protagoras selbst als Lehrer dem ‚Überlehrer' von Modell (2), die Schüler sind hinsichtlich ihres Lerngegenstandes denen von Modell (1), hinsichtlich ihres Ausbildungsstandes denen von Modell (2) vergleichbar

Die Unschärfe hängt letztlich wieder damit zusammen, dass für Protagoras *aretē* gleichzeitig eine allgemeine Basiseigenschaft u n d ein spezielles Vermögen Einzelner darstellt und er sich nicht darüber im Klaren ist, wie beides zusammenhängt und welche Konsequenzen sich möglicherweise für die Frage der Lehrbarkeit ergeben.

d) Zusammenfassung der Ergebnisse (328c3–328d2)

328c3–328d2 Protagoras fasst die Ergebnisse von Mythos und Logos zusammen.

Der Abschluss der Rede erfasst diese strenggenommen weder in dem formalen Rückbezug (Erwähnung von Mythos und Logos) noch mit dem Referat des Inhalts vollständig. Der Mythos im eigentlichen Sinne reicht nur bis 322d5 (allerdings gehören die Abschnitte 322d5–323c2 und 323c3–324d1 sachlich noch zum Mythos bzw. zur Behandlung des ersten Argumentes des Sokrates dazu), und der ausdrückliche Übergang zum Logos erfolgt erst, als Protagoras auf das zweite Argument des Sokrates eingeht (324d6f.). Inhaltlich sind die Themen der Abschnitte 320c8–323c2 (ob die Athener zu Recht in politischen Angelegenheiten jedermann mitberaten lassen), 324d2–326e5 (warum die führenden Leute ihre Söhne in der ihnen spezifischen Tüchtigkeit nicht besser machen) und 327e1–328c2 (Lehrer des Gut-Seins) nicht noch einmal erwähnt. Dadurch liegt hinsichtlich des ersten Argumentes des Sokrates (319b5–d7) der Akzent des Rückverweises (328c4) ganz auf dem zentralen Problem der Lehrbarkeit des Gut-Seins, und in Bezug auf das zweite Argument (319d7ff.) hebt der Rückverweis (328c5f.) die von Protagoras dazu an zweiter Stelle diskutierte Frage, warum tüchtige Väter oft untüchtige Söhne haben (326e6–327e1), stärker hervor. Mit Letzterem demonstriert Protagoras, dass er auch mit einem besonders schwer zu überwindenden Einwand gegen die Lehrbarkeit des Gut-Seins fertig geworden sei. – Bei den Ausführungen über die Lehrer des Gut-Seins und die Rolle, in der Protagoras sich unter ihnen sieht, handelt es sich um eine allgemeinere Thematik, die offenbar eines gesonderten Rückverweises nicht bedarf.

3. Die Einheit der Formen des Gut-Seins (328d3–334c6)

a) Ein ‚kleines' Problem: Welcher Art ist die Einheit der Formen des Gut-Seins? (328d3–330b6)

328d3–330b6 Sokrates gibt sich nach der Rede des Protagoras tief beeindruckt, doch eine ‚Kleinigkeit' ist ihm noch unklar: Sind rechtliches Verhalten, Selbstbescheidung usw. Teile eines Ganzen oder verschiedene Bezeichnungen ein und derselben Sache? – Für Protagoras handelt es sich um Teile, die einzeln verfügbar und untereinander verschieden sind.

Zu 328d3–329b5: Sokrates wirkt seinen ohnehin schon sehr ironisch zur Schau getragenen Reaktionen, er sei durch Protagoras' Rede beeindruckt und überzeugt, Protagoras habe recht (vgl. auch 329b7–c1), jeweils gleich wieder entgegen: Die Überzeugung wird durch eine – angeblich für Protagoras leicht zu klärende – ‚Kleinigkeit' eingeschränkt, an der Protagoras aber im Gang des Dialogs letztlich scheitern wird, so dass dadurch schließlich auch die Grundlage der ‚Überzeugung' aufgehoben ist (328d3–e5) – wie wahre Überzeugtheit bei Sokrates dargestellt werden kann, zeigt Smp. 212b2ff.

Was das Beeindruckt-Sein durch Protagoras' Rede angeht, so relativiert Sokrates, bevor er noch die Kleinigkeit inhaltlich bestimmt, den Wert der so großartigen Epideixis erheblich, indem er durchblicken lässt, man könne über das behandelte Thema vielleicht auch von einem beliebigen Volksredner (wenn er nur so redegewandt ist wie z.B. Perikles) eine entsprechende Rede hören. Allerdings bleibt diese Kritik an Protagoras insofern noch nicht bestimmend, als dieser gleich wieder durch seine von Sokrates herausgestellte Fähigkeit zu Rede und Dialog (vgl. auch 334e4–335a1; 335b7f.) von diesen Rednern positiv abgehoben wird: Diese könnten nur lange Erklärungen abgeben, seien zum Dialog aber ebenso wenig in der Lage wie Bücher.[52] Da die ‚Kleinigkeit' jedoch dialogisch erörtert und Protagoras in diesem Genre Sokrates nicht gewachsen sein wird (vgl. auch die Gesprächskrisen 334c7ff.; 347b3ff.), wird durch den Verlauf des Dialogs das Lob wieder eingeschränkt und bleibt letztlich die Kritik bestehen.

Zu 329b5–d2: Die für Sokrates noch offene ‚Kleinigkeit' geht von der Beobachtung aus, dass Protagoras einerseits von ‚rechtlichem Verhalten' und von ‚Respektierung des anderen' wie von zwei selbständigen Größen gesprochen (vgl. bes. 322c2), andererseits beides (zusammen mit der ‚Achtung vor den Göttern', dem ‚Fromm-Sein') „an vielen Stellen" (329c3) als Einheit, als Gut-Sein, bezeichnet habe (324d8; e3; 325a2; vgl. auch 323e3f.); vgl. auch Stokes 1986, 236ff. Da sich aus Letzterem eine irgendwie geartete engere Zusammengehörigkeit der genannten Eigenschaften ergibt, fragt Sokrates nicht, o b sie eine Einheit bildeten, sondern will die A r t der Einheit näher geklärt wissen. Dabei benennt er die nach der Vorgabe des Protagoras möglichen Extrempositionen (deren Verhältnis zur eigenen Ansicht des platonischen Sokrates daher offen ist): (*A*) ‚Rechtliches Verhalten' / ‚Gerechtigkeit' (*dikaiosynē*), ‚Selbstbescheidung' (*sōphrosynē*) und ‚Frömmigkeit' (*hosiotēs*)[53] sind (in der Art ihres Teilverhältnisses noch nicht näher bestimmte) T e i l e (*moria*) des Gut-Seins;[54] (*B*) was Sokrates

---

[52] Die stummen Bücher repräsentieren hier nicht (wie Phdr. 275d) die dem lebendigen Gespräch unterlegene fixierte Schriftlichkeit, sondern die Unfähigkeit zum Dialog beim durchaus redegewandten lebendigen Gegenüber. Das Gegenteil wird im *Kratylos* (390c10f.) definiert, wonach derjenige, der fragen und antworten kann, ein ‚Dialektiker' ist. Zur scharfen Scheidung von Rede und Dialog vgl. auch Prt. 336b1–3. Über das gemeinsame Merkmal der Dialog-Unfähigkeit werden allerdings Bücher und Redner gleichermaßen abgewertet.

[53] Frömmigkeit (*hosiotēs*) erscheint in diesem Abschnitt (vgl. auch 349b2) neben den aus späteren Dialogen bekannten vier ‚Kardinaltugenden', die das Gute ausmachen (vgl. R. 427e10f.; Lg. 631c) – Weisheit (*sophia*, 330a1), Gerechtigkeit (*dikaiosynē*, 329c2), Selbstbescheidung (*sōphrosynē*, 330c4) und Tapferkeit (*andreia*, 330a1) –, wie auch im *Gorgias* ‚fromm' (richtiges Verhalten hinsichtlich der Götter) neben ‚gerecht' (richtiges Verhalten hinsichtlich der Menschen) vorkommt (507b1–4), während Frömmigkeit im *Euthyphron* (bei entsprechender Bedeutung) ein Teil der (umfassender verstandenen) Gerechtigkeit ist (vgl. bes. 11e7–12a2; 12d2–e8). Allerdings stellt der platonische Sokrates im *Protagoras* die Liste nach den Angaben des Protagoras (bzw. nach dem, was Platon ihn hat sagen lassen) zusammen, so dass man auf der Grundlage des *Protagoras* Platon nicht auf eine bestimmte Zahl der Formen des Gut-Seins festlegen kann. Vgl. zur unterschiedlichen Klassifizierung der *hosiotēs* in Platons Dialogen Bluck 1961, 235f.

[54] Sokrates formuliert die Alternative als (indirekte) F r a g e an Protagoras. Daraus kann man nicht erkennen, ob auch der platonische Sokrates

aufgezählt hat, sind lediglich unterschiedliche Bezeichnungen (*onomata*) für ein und dasselbe.[55] Während mit *B* nur eine Möglichkeit benannt wird, lässt *A* je nach Art des Teilverhältnisses mehrere Untermöglichkeiten zu. – Die von Sokrates gestellte Frage nach der Art der Einheit der Formen des Gut-Seins ist letztlich ein anderer Zugang zur Wesensfrage, von deren Klärung es, wie sich ergeben wird (360e6ff.), abhängt, ob Gut-Sein lehrbar ist oder nicht (vgl. oben S. XII).

Zu 329d3–330b6: Protagoras wählt Möglichkeit *A*, weil er sowohl die Einheit des Gut-Seins als auch einzelne Teile davon annimmt (329d4), was bei Fall *B* nicht möglich wäre. Bei dieser Antwort bleibt allerdings offen, welcher Art die Teile sind. Sokrates bietet als alternative Möglichkeiten einerseits (*Aa)* das Modell einer aus qualitativ unterschiedlichen Teilen bestehenden Ganzheit (‚Gesicht'), andererseits (*Ab*) eine lediglich quantitativ aufteilbare Größe (‚Gold') an. Dabei deckt Modell *Aa*, für das sich Protagoras entscheidet (weil er offenbar qualitative

---

selbst Teile des Gut-Seins annimmt. Seine Auffassung im Dialog ergibt sich aber aus 353b2, wo Sokrates in eigener Sache von Teilen des Gut-Seins spricht. Dort muss mit den anderen Teilen des Gut-Seins dem Kontext nach insbesondere die Weisheit gemeint sein (vgl. Manuwald 2005, 124f.; 129f.). Dass diese Teile als qualitativ differenziert verstanden werden, folgt aus der Charakterisierung von Gerechtigkeit und Frömmigkeit als ideenhaft (330c1–e2); vgl. unten S. 118ff. – Zur Streitfrage von ‚Teilen des Gut-Seins' bei Platon vgl. z.B. die unterschiedlichen Positionen von Vlastos 1980 und O'Brien 2003, 103–110.

[55] Danach ist das Gut-Sein eines, das aber mit unterschiedlichen Namen benannt wird. Gerechtigkeit, Tapferkeit usw. sind dann verschiedene Namen für ein und dieselbe Sache, sei es (nach Frege'scher Begrifflichkeit) mit Identität von Sinn und Bedeutung, sei es mit gleicher Bedeutung bei unterschiedlichem Sinn. In der Antike ist eine derartige Konzeption für die Megariker bezeugt (vgl. Diogenes Laertios 7,161). – Man vergleiche zu Name / Sache auch den *Philebos*, wo der These, dass die Lust und das Gute zwei (offenbar synonyme und koextensive) Bezeichnungen für ein und dieselbe Sache seien, die Auffassung gegenübersteht, dass den zwei Bezeichnungen auch zwei unterschiedliche Dinge entsprechen (60a7–b4).

Taylor (1991, 103) beruft sich für seine These, dass die Bezeichnungen bei verschiedenem Sinn denselben „state of character" meinten, auf Grg. 506e–507c, wonach das Gut-Sein der Seele in einer bestimmten (als *sōphrosynē* verstandenen) Ordnung gründe. Dies liegt im *Gorgias* jedoch am Ordnungscharakter der *sōphrosynē*, der nicht z.B. auch als Tapferkeit bezeichnet werden könnte, wie man annehmen müsste, wenn die Konzeption im *Gorgias* eine Analogie zum *Protagoras* im Sinne Taylors sein sollte. – Zu den Problemen der *Gorgias*-Stelle vgl. auch Manuwald 2003c.

Unterschiede zwischen den einzelnen Teilen bzw. Formen des Gut-Seins ansetzt), bei strikter Anwendung die folgenden Ausführungen nur teilweise ab. Denn dieses Modell lässt von Sokrates' neuerlicher Alternative, ob den Menschen teils diese, teils jene Form des Gut-Seins eignen könne (*Aaα*) oder ob sie, wenn sie eine hätten, notwendig auch die anderen haben müssten (*Aaβ*), die erste Hälfte (und somit auch Protagoras' Festlegung darauf) eigentlich nicht zu, da ein Gesicht nicht gewissermaßen wahlweise unterschiedlich zusammengesetzt sein kann, sondern eine organische Einheit bildet. Die mit entsprechenden Beispielen verbundene Festlegung des Protagoras wird dann dazu benutzt, zwei weitere für den Gesprächsverlauf relevante Formen des Gut-Seins, ‚Weisheit' und ‚Tapferkeit', in die Diskussion einzuführen – und sie dadurch besonders hervorzuheben.

Während also das Vorkommen je anderer Formen des Gut-Seins bei den einzelnen Menschen dem Analogiemodell ‚Gesicht' nicht eigentlich entspricht (weswegen sich in der Rekapitulation 349b die Alternative von ‚Einheit – Vielheit in der Einheit' zu ‚Einheit – Vielheit' verschieben wird), folgen bei seiner Anwendung schlüssig die Thesen, dass jede Form des Gut-Seins sich von jeder anderen unterscheidet und dass jede ihre spezifische Fähigkeit hat.[56] Aus den zur Bezeichnung der Nicht-Identität gebrauchten Formulierungen ergibt sich allerdings das inhaltliche Ausmaß der Unterschiede nicht eindeutig.[57] Sokrates wird freilich die Zustimmung des Protagoras zu seinen Fragen bzw. Ausführungen in der Weise prüfen, dass er dessen Position als Eintreten für eine möglichst große Differenz zwischen den einzelnen Formen des Gut-Seins auslegt, so dass die These einer möglichst weitgehenden Einheit bzw. Identität umso pointierter dagegengestellt werden kann.

---

[56] Sowohl bei den Teilen des Gesichts als auch denen des Gut-Seins wird jeweils zwischen der Sache selbst und ihrer Fähigkeit (*dynamis*) unterschieden (vgl. bes. 330b1 u. 333a4f.; etwas anders 330a7). Je spezifische Fähigkeiten (*dynameis*) dienen auch sonst als Unterscheidungskriterium (vgl. R. 358b4–6; 477b5ff.) und fungieren hier als Indikator für eine je eigene zugrunde liegende Wesen- und Dinghaftigkeit (vgl. 349b4f.). Wenn Protagoras also unterschiedliche Fähigkeiten zugesteht, dann bekräftigt er damit die Eigenständigkeit und Unterschiedlichkeit der Formen des Gut-Seins selbst.

[57] Vgl. auch unten S. 121 Anm. 71.

Der Einsatz der verschiedenen Modelle hat für Sokrates zunächst den Zweck, herauszufinden, welche Position Protagoras zur Einheitsfrage vertritt. Damit sich eine klare Differenzierung ergibt, wird er von Sokrates (durch Fragen; vgl. unten S. 120f.) jeweils mit möglichst unterschiedlichen Alternativen konfrontiert. Die Art des Vorgehens lässt jedenfalls an dieser Stelle nicht erkennen, ob der platonische Sokrates eines der genannten Modelle akzeptieren könnte bzw. welchem er am ehesten zuneigt. Entsprechend sind die von Sokrates in den folgenden Abschnitten unternommenen Versuche, die Identität einzelner Formen des Gut-Seins nachzuweisen (vgl. bes. 333b4–6), nicht einfach als Festlegung etwa auf Modell (*B*) zu verstehen[58] – zumal wenn sich bei diesen Versuchen eristische Momente zeigen sollten. Sie manifestieren vielmehr (um Protagoras auf die Probe zu stellen) eine maximale Gegenposition gegen die von ihm – jedenfalls nach einzelnen Formulierungen (vgl. 329e5f.) – angenommene weitgehende Vereinzelung der Formen des Gut-Seins.[59]

Allerdings hat man sowohl in Modell *B* (‚Unity Thesis')[60] als auch in Modell *Ab* (‚Gold')[61] positive Lösungen des platonischen Sokrates sehen wollen. Nur durch eine Interpretation des gesamten Dialoges lassen sich Indizien dafür finden, ob Sokrates tatsächlich eines der von ihm vorgeführten Modelle für richtig hält (vgl. dazu unten S. 208–215).

b) Gerechtigkeit und Frömmigkeit (330b6–332a1)

330b6–332a1 Sokrates will die Identität oder möglichst große Ähnlichkeit von Gerechtigkeit und Frömmigkeit erweisen. Protagoras widerspricht, ohne aber seinerseits das gegenseitige Verhältnis genau festzulegen.

---

58 Vgl. auch Bonitz 1886, 265f.; Ildefonse 1997, 36.

59 Vgl. Szlezák 1985, 171 Anm. 21; anders z.B. Vlastos 1971/81, 223.

60 Vgl. besonders Penner 1973; Taylor 1991, xiif.; xvii; 103f.; vgl. auch 107; 221f.; Irvin 1995, 80ff.; 366 Anm. 5.

61 Vgl. O'Brien 2003, der eine Lösung auf der Basis dieses Modells neben Modell *B* favorisiert (vgl. auch unten S. 209 Anm. 181 sowie S. 210f. mit Anm. 184).

Der Gedankengang des Abschnittes lässt sich im Großen gliedern (1) in den Versuch des Sokrates, eine möglichst enge Beziehung (Identität oder Fast-Identität) zwischen Gerechtigkeit und Frömmigkeit nachzuweisen (330b6–331b8), und (2) den Widerspruch des Protagoras (331b8–332a1).

(1a) (330b6–e2) An der Argumentation des Sokrates fällt besonders auf, dass er sich mehrfach positiv festlegt. Dieses Verhalten seiner Dialogfigur erreicht Platon dadurch, dass er Sokrates mit einem fiktiven Fragesteller arbeiten lässt, der an Protagoras und Sokrates Fragen richtet. Diesem muss auch Sokrates Antworten geben und damit inhaltliche Festlegungen treffen.

So werden sowohl Gerechtigkeit als auch Frömmigkeit als ein ‚Etwas' (*pragma*) bestimmt,[62] so dass davon Aussagen möglich sind, die jedenfalls die sprachliche Form von Prädikationen haben, was für den Versuch, die Identität von Gerechtigkeit und Frömmigkeit nachzuweisen (331a6ff.), notwendig ist. Wenn dabei die Gerechtigkeit selbst (330c4f.), d.h. also als Ding und nicht als bloßer Name, als gerecht (und nicht als ungerecht) und die Frömmigkeit selbst (330d5; d8f.) als fromm (und nicht als unfromm) bezeichnet werden, so zeigt sich eine doppelte Funktion dieses Phänomens: Gerechtigkeit und Frömmigkeit sollen offenbar jeweils mit dem Wesen der auf ihnen beruhenden Eigenschaften unter Ausschluss des jeweiligen Gegenteils verbunden werden. Und die einzelnen Träger (zu denken ist an Personen, Handlungen, Zustände) von Gerechtigkeit und Frömmigkeit können daran nur teilhaben, wenn Gerechtigkeit und Frömmigkeit den Sachverhalt, der bei den zugehörigen Einzeldingen auftritt, auch selbst verkörpern (vgl. 330d8f.).

Beide Vorstellungen haben signifikante Parallelen in Texten, die eindeutig auf der Ideenlehre beruhen. Im *Phaidon* (100c4–6) heißt es: „Mir scheint, wenn etwas anderes außer

---

62 Wie durch die Rekapitulation (349b1ff.) nachträglich verdeutlicht wird, ist ‚Etwas' (*pragma*) hier nicht ein harmloses Füllwort (wogegen auch schon entschieden „das Etwas / die Sache s e l b s t" [*a u t o to pragma*, d5] spricht), sondern im Sinne von etwas Substantiellem gemeint, das reale Grundlage für einen Namen sein und über eine bestimmte Fähigkeit verfügen kann (vgl. 349b3–5). Zur Art der Formulierung (*auto to x*) vgl. Phd. 74a11f.; c4f.; 75c11–d2; 100c4f.; 102d6; R. 493e2f. (vgl. auch 507b5–7), wo mit dieser Ausdrucksweise die jeweilige Idee bezeichnet wird.

dem Schönen selbst schön ist, dass es allein aus dem Grund schön ist, weil es an jenem Schönen teilhat; und ich meine, dass dieser Grundsatz allgemein gilt." Dem entspricht strukturell im *Protagoras* 330d8f.: „Wie könnte denn überhaupt etwas anderes fromm sein, wenn nicht wenigstens die Frömmigkeit selbst fromm sein soll!" Nach beiden Stellen ist das Schöne bzw. die Frömmigkeit selbst schön bzw. fromm, und jeweils ist diese Tatsache die Bedingung dafür, dass Einzeldinge schön bzw. fromm sein können. – Und für die Idee (z.B. das Schöne selbst) ist konstitutiv, dass sie nichts vom Gegenteil der Eigenschaft, die durch Teilhabe an der Idee vermittelt wird, aufnimmt (vgl. Phd. 102d; R. 479a). Vermutlich sind Wendungen wie ‚Gerechtigkeit ist gerecht' einerseits als positive Formulierungen dieses Sachverhalts zu verstehen, andererseits als Ausdruck der Vorstellung, dass ein Teilhabeverhältnis das uneingeschränkte Gegebensein dessen, was durch die Teilhabe abbildhaft und eingeschränkt zustande komme, in demjenigen (sc. der Idee), an dem etwas teilhat, voraussetze. Bei diesem Verständnis unterscheiden sich Sätze wie ‚Gerechtigkeit ist gerecht' und z.B. ‚Sokrates ist gerecht' dadurch, dass im ersten Fall eine Art Identitätsaussage vorliegt in dem Sinn, dass die konkrete Idee ‚Gerechtigkeit' substantiell und ausschließlich Gerecht-Sein ist, im zweiten Fall eine Prädikation des Inhalts, dass Sokrates die Eigenschaft ‚gerecht' zukommt (im Sinne einer Teilhabe an der substantiellen Idee ‚Gerechtigkeit').[63]

Man muss also nicht annehmen, dass bei Ausdrücken wie ‚Gerechtigkeit ist gerecht' eine ‚Selbst-Prädikation' vorliegt, d.h., dass ‚gerecht' vom Allgemeinbegriff („name of a Form") ‚Gerechtigkeit' prädiziert würde.[64] – Vlastos wollte die vorliegende Aussageform als ‚Paulinische Prädikation' verstehen (nach 1 Kor 13,4: „Die Liebe ist langmütig", verstanden als ‚Wer die Liebe hat, ist langmütig', d.h., die Aussage über eine Eigenschaft wird auf deren Träger bezogen).[65] Gegen diese

---

[63] Vgl. auch Sier 1997, 172ff.; Trabattoni 2004, 283ff. (mit weiterer Literatur).

[64] Vgl. zum Ausdruck ‚Selbst-Prädikation' Vlastos 1971/81, 258 Anm. 97; zur Problematik (wenn man die Selbst-Prädikation als gewöhnliche Prädikation versteht) auch Taylor 1991, 112f.

[65] Vlastos 1971/81, 252ff. u. 1974/81; der Sache nach schon Eckert 1911, 105f.

Auffassung spricht aber schon die Tatsache, dass der Gegenstand der Aussage ausdrücklich die Sache selbst (330d5) im Unterschied zu den Einzeldingen (vgl. 330d8f.) ist.[66]

Angesichts der hier vorliegenden Ausdrucksweise[67] und der Emphase, mit der Sokrates im Falle der Frömmigkeit das Teilhabeverhältnis (ohne allerdings einen entsprechenden Begriff zu gebrauchen) andeutet (330d6–e1), ist es sehr wahrscheinlich, dass die Ideenlehre im Hintergrund steht,[68] auch wenn sie nicht entfaltet wird. Man vergleiche, wie im *Phaidon* (75d1) von dem Gerechten selbst (vgl. auch R. 479e3) und dem Frommen selbst und im *Phaidros* (247d5–e2) von der Gerechtigkeit, der Selbstbescheidung (*sōphrosynē*), dem Wissen selbst die Rede ist. Die Ausdrucksweise legt es jedenfalls nahe, dass für Sokrates im *Protagoras* die Namen der einzelnen Formen des Gut-Seins nicht bloße Bezeichnungen ein und derselben Sache sind. – Gegen einen Bezug zur Ideenlehre spricht nicht, dass Protagoras mit den Formulierungen des Sokrates keine Schwierigkeiten hat. Vor die Alternative gestellt, ob Gerechtigkeit gerecht oder ungerecht sei, lässt er sich darauf ein, dass eines der beiden Prädikate zutreffen müsse; da ihm Gerechtigkeit selbstverständlich nicht als ungerecht gilt, bleibt dann nur, dass sie gerecht ist (vgl. auch Ildefonse 1997, 58). Das bedeutet aber nicht, dass sich die Verständnisebene des Sokrates auf diejenige des Protagoras beschränkt.

(1b) (330e3–331a5) Für das kurze Textstück sind zwei Funktionen auszumachen: Zum einen wird die Position des Protagoras, die er bereits 329d3–330b6 zur Einheitsfrage eingenommen hatte, noch einmal bekräftigt, so dass in Kombination mit den eben erzielten Festlegungen (330b6–e2) anschließend sein Standpunkt als absurd erwiesen werden kann (331a6ff.). Zum anderen ist aus dem Abschnitt ein wichtiger methodischer Fingerzeig zu gewinnen: Die Fragen des Sokrates als solche sind nicht so zu verstehen, dass sie seine Auffassung schon erkennen lassen,[69] wohl aber geben die Antworten des Prot-

---

[66] Vgl. auch Taylor 1991, 117–120; Malcolm 1991, 24ff; Seeck 1997, 79–81.

[67] Vgl. auch oben S. 118 Anm. 62.

[68] Vgl. auch Weingartner 1973, 70ff.; Trabattoni 2004, 285–287; anders Stokes 1986, 269; 271f.; Seeck 1997, 75; Ferrari 2004; Dancy 2004, 68–75. Zu Ferrari und Dancy vgl. Manuwald 2005, 123 Anm. 27.

agoras dessen Ansicht wieder. Daraus folgt auch, dass eine eindeutige Antwort des Sokrates selbst oder sonstige ausdrückliche Stellungnahmen anders als seine Fragen zu bewerten sind. Man wird darin verbindliche Fixpunkte für die Deutung des Dialogs sehen können, soweit eine solche Aussage durch dessen weiteren Verlauf nicht erkennbar aufgehoben wird.

(1c) (331a6–b8) Der fiktive Frager (nicht Sokrates) folgert aus den Bestimmungen in (1a) und (1b), dass Frömmigkeit (Gerechtigkeit) nicht so sei, dass sie gerecht (fromm) sei (Satznegation), sondern dass sie nicht gerecht (nicht fromm) sei (Wortnegation) und schließlich, in absichtlich provozierender Ausdrucksweise, dass sie ungerecht (unfromm) sei (Privation [in der Funktion eines Konträrworts]) (331a7–b1). Abgesehen von dem unzulässigen Übergang vom kontradiktorischen zum konträren Gegensatz (anders Seeck 1997, 95–137) – der Unterschied war Platon wohl bewusst (vgl. 346d1f.; Smp. 201e10f.) – harmoniert diese Aussage mit dem Satz, dass von den Teilen des Gut-Seins der eine nicht wie der andere sei (331a2f.), allerdings nur, wenn es sich rechtfertigen lässt, mit ‚nicht wie' eine völlige oder so gut wie völlige Merkmaldifferenz zu bezeichnen,[70] was aber keineswegs eindeutig feststeht.[71]

Dem provokant formulierten Ergebnis des Gespräches mit dem ‚Frager' setzt Sokrates einfach nachdrücklich als seine eigene Überzeugung die Auffassung entgegen, die Gerechtigkeit sei fromm und die Frömmigkeit gerecht (es ist jetzt aller-

---

[69] Das Beharren des Sokrates darauf, dass er nur gefragt (und sich deswegen nicht festgelegt) habe, ist besonders bemerkenswert, weil die vor allem gemeinte ‚Frage' (330a7–b1; vgl. e3–6) nur formal eine Frage ist, da sie durch das nachfolgende „Was frage ich, natürlich …" (*ē dēla dē*, b1) fast den Stellenwert einer Aussage erhält. Dieser Sachverhalt ist wichtig für die Beurteilung der in ihrer Relevanz für die Position des Sokrates in der Forschung strittigen, auf Bejahung angelegten Frage 351c4–6.

[70] Vgl. Taylor 1991, 111; Seeck 1997, 136.

[71] Wenn es nämlich heißt: „Wie z.B. bei den Teilen des Gesichts: Da ist das Auge nicht wie die Ohren, und auch seine Fähigkeit nicht dieselbe" (330a4–6), so wird mit „nicht dieselbe" (womit zunächst nur die vollständige Identität verneint wird) nicht die Vorstellung einer fast völligen Differenz nahegelegt. Es erscheint daher problematisch, „nicht wie" eindeutig auf seine extreme Bedeutungsmöglichkeit festzulegen. Die variierende Ausdrucksweise im Negativen lässt – möglicherweise mit Absicht – unterschiedliche Verständnismöglichkeiten zu.

dings nicht mehr von ‚Gerechtigkeit selbst' o.ä. [vgl. 330c4ff.] die Rede). Zwar werden ‚gerecht' und ‚fromm' auch sonst in den Dialogen Platons eng zusammen gesehen,[72] aber mit der hier vorliegenden gegenseitigen Prädikation, die begrifflich nicht exakt, aber unter bestimmten Voraussetzungen vertretbar ist,[73] impliziert Sokrates mehr; denn er schließt u.a. (logisch unzulässig) auf die Identität von Gerechtigkeit und Frömmigkeit (331b4f.). Allerdings legt sich Sokrates bemerkenswerterweise darauf nicht fest: Denn äquivalent zur Aussage, Gerechtigkeit (Frömmigkeit) sei fromm (gerecht), soll eben nicht nur die Identität von Gerechtigkeit und Frömmigkeit sein, sondern alternativ ebenso auch ihre möglichst große Ähnlichkeit (~Fast-Identität, 331b5). Dem entspricht das spätere einschränkende Resümee, es habe sich herausgestellt, Gerechtigkeit und Frömmigkeit seien „so in etwa" identisch (333b5f.).

Sokrates beschränkt sich jedoch nicht auf die Alternative: Auf jeden Fall (ganz entschieden) soll als erwiesen gelten, dass Gerechtigkeit ‚wie' Frömmigkeit (bzw. umgekehrt) sei (331b5f.), d.h. im Fall von Gerechtigkeit und Frömmigkeit (jedenfalls formal) die Gegenposition zu Protagoras' Auffassung, dass kein Teil des Gut-Seins wie der andere sei (330b3–6; 331a2–5). Offenbar ist es zunächst das Ziel des Sokrates, Protagoras mit allen Mitteln mit einer Gegenthese zu konfrontieren (wofür die letzte und schwächste Formulierung bereits ausrei-

---

[72] Vgl. z.B. Tht. 176b2f.; R. 615b7; Lg. 663b2 u. bes. Grg. 507b1–4: Bei beiden Eigenschaften handelt es sich darum, dass man das Gebührende tut, nur im einen Fall in Bezug auf die Menschen, im anderen in Bezug auf die Götter.

[73] Soweit aus den Dialogen Platons das Verhältnis zwischen Frömmigkeit und Gerechtigkeit erhellt, ergeben sie sich entweder parallel aus der *sōphrosynē* (Grg. 507b1–4) oder Erstere wird als Teil der Letzteren betrachtet (Euthphr. 11e7–12a2; 12d2–e8; vgl. auch oben S. 114 Anm. 53). In diesem Fall ist die Frömmigkeit als dasjenige richtige Verhalten gegen andere gerecht, das sich speziell auf Götter bezieht (Euthphr. 11e7ff.; vgl. in der Sache auch Grg. 507b1–4, wo Frömmigkeit aber nicht Teil der Gerechtigkeit ist). Bei dieser Auffassung – von der Protagoras ausgegangen sein dürfte (vgl. 325a1 zus. mit 322a4f.) – ist jedoch nicht alles Gerechte fromm (Euthphr. 12a1), wohl aber kann es im Sinn von ‚heilig', ‚durch göttliches Gesetz festgesetzt' (vgl. Theognis 132; Plat. Euthphr. 6e10) so benannt werden. In solchem, nicht ungewöhnlichen Sprachgebrauch kann auch der platonische Sokrates (trotz Euthphr. 12a1) die Gerechtigkeit mit Überzeugung als ‚fromm' bezeichnen. – Vgl. zu dem Problem der Frömmigkeit in Platons Dialogen McPherran 2000 (mit anderer Einschätzung).

chend wäre), nicht aber selbst einen eindeutigen positiven Standpunkt zu formulieren und zu begründen. Später (vgl. 333b5f.) greift er allerdings nicht auf die am wenigsten weitgehende, aber gewisseste Aussage („auf jeden Fall … wie", 331b5f., d.h. die Vergleichbarkeit der beiden Größen) zurück, sondern auf die These der (Fast-)Identität.

(2) (331b8–332a1) Wie das Gespräch in Abschnitt (1b) hat auch die Antwort des Protagoras einen sachlichen und einen methodischen Aspekt. Protagoras äußert Bedenken an der Grundlage des von Sokrates erzielten Ergebnisses (331b4–6), der gegenseitigen Prädikation, und insofern auch gegen das Ergebnis selbst (b8–c3). Der Sachverhalt scheint ihm nicht so einfach zu sein, dass er zugeben könnte, die Gerechtigkeit sei fromm usw., er will aber seinen Einwand nicht weiterverfolgen. Aus seiner Sicht hat er nämlich keine Probleme, Sokrates durchaus eine mehr als geringfügige Gleichartigkeit zwischen Gerechtigkeit und Frömmigkeit zuzugeben (wobei er sich zum genauen Grad der Gleichartigkeit nicht äußert), ohne seine grundsätzliche Einstellung zu den Formen des Gut-Seins, die auch einen völligen Gegensatz zwischen ihnen zulässt, aufgeben zu müssen. Allerdings präzisiert er seine spezifischen Bedenken an Sokrates' argumentativem Vorgehen in Bezug auf Gerechtigkeit und Frömmigkeit nicht und trifft dieses insoweit mit seinen allgemeinen Ausführungen nur teilweise.

Das Verhalten des Protagoras ist durch dialektische Lustlosigkeit gekennzeichnet, wobei er aus Bequemlichkeit und wohl, um die unangenehme Situation für sich zu Ende zu bringen, Sokrates ein Zugeständnis macht („wenn du willst"), ohne von der sachlichen Richtigkeit des Zugestandenen überzeugt zu sein und ohne den wahren Sachverhalt entschieden aufklären zu wollen. Wenn Sokrates dieses Zugeständnis als nicht im Interesse der Sache liegend zurückweist, so geschieht das nicht ganz ohne Hintersinn: Das Auf-die-Probe-Stellen von ‚dir' und ‚mir' ohne ein einschränkendes ‚wenn' (in dem Sinne, dass jeder hinter seiner These steht) soll zu einer bestmöglichen Prüfung der These führen; aber umgekehrt ist von Sokrates bekannt, dass bei der Untersuchung jeglichen Gegenstandes letztlich die Gesprächspartner und ihre Lebensführung selbst auf dem Prüfstand stehen (vgl. La. 187e6ff.; Prt. 333c7–9).

c) Weisheit und *sōphrosynē* (332a2–333b6)

332a2–333b6 Sokrates erweist unter unwilliger Zustimmung des Protagoras die Identität von Weisheit und sōphrosynē.

Die nächste Phase des Gesprächs stellt den ersten unmittelbaren Schritt in Sokrates' Bestreben dar, Gut-Sein als Wissen zu bestimmen (vgl. 361b). Die Argumentation beruht vornehmlich auf dem logisch unzulässigen Ausnutzen verschiedener Wortbedeutungen, eine Platon bewusste eristische Methode,[74] hier angewandt auf die Bedeutungen von *sōphrosynē*: Protagoras hatte das Wort zwar auch im Sinne von ‚gesundem Menschenverstand', ‚Vernünftigkeit' (323b4) oder ‚gutem Benehmen' (326a4) gebraucht, es aber, wie seine Funktion als Äquivalent für ‚Respektierung des anderen' (*aidōs*) und die Verbindung mit ‚rechtlichem Verhalten' (*dikaiosynē*) zeigt (323a1f.), als Form des Gut-Seins in der Bedeutung ‚Selbstbescheidung' verstanden. Daher liegt es in diesem Sinne der Erörterung über die Einheit der Formen des Gut-Seins zugrunde (329c2ff.).

Sokrates führt jedoch in diesem Abschnitt *sōphrosynē* (bzw. zunächst das Verb *sōphronein* und das Adjektiv *sōphrōn*) von vornherein mit Betonung der intellektuellen Komponente ein, was durch die Gegenbegriffe ‚unvernünftig', ‚Unvernünftigkeit' (*aphrōn*, *aphrosynē*) noch verstärkt wird (332a6–b6), d.h. im Sinne von ‚Vernünftigkeit' und damit als nahe bei ‚Weisheit' (*sophia*) liegend, wenn diese, wie hier, als handlungsorientierte Klugheit verstanden wird. Er bezieht aber dann das Ergebnis – die eigentlich schon von vornherein vorausgesetzte Identität von Weisheit (= Klugheit) und *sōphrosynē* (= Vernünftigkeit) –, wie aus seinem Rückverweis auf die Einheitsfrage (333a2ff.) hervorgeht, auf *sōphrosynē* in der Bedeutung ‚Selbstbescheidung', ohne dass Protagoras dieses unkorrekte Verfahren durchschaut. Er gibt sich geschlagen, ohne wirklich widerlegt zu sein.

Die Hauptschritte der Argumentation sind: (1) Weisheit (Klugheit) ist der (polare) Gegensatz zu Unvernünftigkeit (332a4f.). (2) Unvernünftiges Handeln ist vernünftigem Handeln entgegengesetzt (a6–b4). (3) Identisches Handeln erfolgt

---

[74] Vgl. Euthd. 277e–278b; Klosko 1979, 133; Heitsch 1994, 220ff.

durch dasselbe, entgegengesetztes durch das Entgegengesetzte (b4–c2). (4) Bei (polaren) Gegensatzpaaren ist immer nur eines einem entgegengesetzt (c3–9). (5) Rekapitulierende Anwendung der bisher erzielten Ergebnisse auf das Verhältnis ‚Unvernünftigkeit – Vernünftigkeit' mit dem Ergebnis, dass beide (im Effekt) Gegensätze [im Sinn von (4)] sind (d1–e5). (6) Identifizierung von Weisheit und Vernünftigkeit [wegen (1), (4) und (5)] mit der Folge, dass dann Protagoras' Ansicht, die einzelnen Formen des Gut-Seins seien jeweils verschieden voneinander (329dff.), für Weisheit und *sōphrosynē* aufgegeben werden muss (e5–333b5).

d) *sōphrosynē* und Gerechtigkeit (333b7–334c6)

333b7–334c6 Sokrates setzt dazu an, sōphrosynē *und Gerechtigkeit als identisch zu erweisen, jedoch kommt die Argumentation wegen längerer Ausführungen des Protagoras über die Vielfältigkeit und Relativität des Nützlichen und des Guten nicht zum Abschluss.*

Nach der (jedenfalls weitgehenden) Identifikation von Gerechtigkeit und Frömmigkeit einerseits und der In-eins-Setzung von Weisheit und *sōphrosynē* andererseits bleibt noch das Verhältnis dieser beiden Paare zueinander und die Beziehung der Tapferkeit zu den anderen Formen des Gut-Seins zu klären. Mit der im Folgenden erstrebten Identifikation von *sōphrosynē* und Gerechtigkeit ergäbe sich bereits die Identifikation aller erwähnten Formen des Gut-Seins mit Ausnahme der Tapferkeit.

Sokrates geht von der Frage aus, ob einer, der Unrecht tut, vernünftig sei / sich selbst bescheide (*sōphronein*[75]), insofern er Unrecht tut. Protagoras verwahrt sich gegen diese Ansicht, die er als verbreitet bezeichnet, und so könnte Sokrates über den Satz, wer Unrecht tue, sei nicht vernünftig / sich selbst bescheidend, vermutlich schnell zu einer Gleichsetzung von *sōphro-*

---

[75] Das griechische Wort ist als solches für die aufgeführten Bedeutungen offen, nimmt aber spätestens im weiteren Verlauf des Textes die erstere, intellektuelle Bedeutung an, wenn es als „gut (und richtig) planend zu überlegen bei dem Unrecht, das man begeht" (333d5f.) erläutert wird.

synē und Gerechtigkeit kommen (vgl. auch McKirahan 1984, 21).

Da aber Protagoras die Auseinandersetzung lieber mit der Auffassung der Vielen geführt sehen will, muss Sokrates anders vorgehen und kann dabei (im Ansatz) zeigen, wie er mit seiner dialektischen Überlegenheit sein Beweisziel auch von einer Position aus erreichen kann, die Protagoras nicht teilt. Zwei Schritte werden ausgeführt: (1) Unter der Annahme, dass einer, der Unrecht tut, vernünftig ist / sich selbst bescheidet, wird *sōphronein* über die Zwischenstufe ‚gut bzw. richtig denken (*eu phronein*)' als ‚gut planen, gut mit sich zu Rate gehen (*eu bouleuesthai*)' bestimmt, das gegeben ist, wenn das Unrecht-Tun erfolgreich verläuft (333d4–8). (2) Anknüpfend an ‚gut' (*eu*) wird das (für die Menschen) Nützliche als gut (*agatha*) deklariert (d8–e1).[76]

An diesem Punkt bricht Protagoras aus dem dialogischen Gespräch aus und geht zu einer Darlegung über das Nützliche und das Gute über, die sich an den Gesichtspunkt ‚für die Menschen' anschließt. Dabei akzeptiert er die unsokratische These, dass gut sei, was nützlich ist, völlig. Er spricht zwar von d e m Guten (334b6), aber es ist für ihn vielgestaltig und mannigfaltig (für Platon ist d a s Gute an sich e i n e s, vgl. R. 476a), d.h., dasselbe kann im einen Falle nützen und im anderen schaden, und es ist relativ, d.h., ob etwas gut bzw. nützlich ist, kann immer nur im Hinblick auf einen bestimmten Bezugsgegenstand ausgesagt werden. Allerdings stehen die Relationen ob-

---

[76] Für den Sokrates bei Xenophon ist das Nützliche gut (vgl. Xen. mem. 4,6,8), und Entsprechendes gilt auch für den Dialogpartner Polos in Platons *Gorgias* (470a10f.). Der platonische Sokrates formuliert, wo er unzweifelhaft seine eigene Überzeugung äußert, umgekehrt: Alles Gute ist nützlich (Men. 87e2; vgl. auch 87e1f.; 96e7; R. 379b11; das Gute ist der Grund des Nützlichen, R. 505a2–4). Wenn es in der Auseinandersetzung mit Polos so scheint, als fielen ‚gut' und ‚nützlich' zusammen (Grg. 474d3ff.; 477a1–3) – was Sokrates für das in seinem Sinn wahrhaft Nützliche gewiss auch nicht bestritten hätte (vgl. etwa Grg. 477a5ff.) –, so ist zu bedenken, dass Sokrates eine Unachtsamkeit des Polos ausnutzt (vgl. Dodds 1959, 251), was eben gerade nicht heißt, dass Sokrates mit seinen Fragen die Anschauung des Polos akzeptierte (anders Dodds a.O.; vgl. auch Hoffmann 1997, 120 Anm. 36). Die hier im *Protagoras* vorliegende, ebenfalls in eine Frage gekleidete Auffassung ist genauso unsokratisch-unplatonisch wie das Vernünftig-Sein dessen, der Unrecht tut. Protagoras greift diese Bestimmung des Guten aber uneingeschränkt auf.

jektiv fest (z.B. ist Mist für die Wurzeln der Pflanzen uneingeschränkt nützlich) und bestimmen sich nicht nach einem (individuellen) Subjekt. Insofern ist dieser hier von Platon dem Protagoras zugeschriebene Relativismus jedenfalls nicht mit einer subjektivistischen Deutung des sog. *Homo-mensura*-Satzes (VS 80 B 1) zu verbinden (vgl. dazu bes. Taylor 1991, 133–135).

Wie die durch die Ausführungen des Protagoras abgebrochene Argumentation hätte zu Ende gehen können, lässt sich nur vermuten: Vielleicht wollte Sokrates unter Ausnutzung der Bedeutungsmöglichkeiten von *eu prattein*[77] aus (1) und (2) das Paradoxon folgern, dass derjenige, der ‚vernünftig' Unrecht tut, indem er zu seinem Nutzen handelt, Gutes tut (woraus sich die Identität von *sōphrosynē* und Ungerechtigkeit erschließen ließe), während doch, auch nach Protagoras, nicht die Ungerechtigkeit, sondern die Gerechtigkeit – eine Form des Gut-Seins (329c) – als nützlich gilt (327b1f.; vgl. Stokes 1986, 309). Also gehören, so könnte es weitergehen, Gut-Handeln und Gerecht-Handeln zusammen. Da aber Gut-Handeln – so kann man unter Verwendung von (2) schließen – vorliegt, wenn man nutzbringend handelt, d.h. richtig handelt und damit vernünftig ist (vgl. 332a6f.), ließe sich etwa so die Identität oder jedenfalls enge Verbundenheit von Gerechtigkeit und *sōphrosynē* folgern. Vgl. auch die Argumentation in der *Politeia* (349d–350c), wo Sokrates den Zusammenhang von gerecht, gut, und weise demonstrieren will.[78]

---

[77] Gemeint ist hier ‚gut handeln' im Sinne von ‚erfolgreich handeln', so dass es einem insofern auch ‚gut' ergeht, nicht ‚sittlich gut handeln'. Vgl. allgemein zu den Bedeutungsmöglichkeiten von *eu prattein* und zum Spiel mit ihnen bei Platon Dodds 1959, 335f.

[78] Vgl. auch die z.T. anderen Vermutungen zur möglichen Fortsetzung der Argumentation im *Protagoras* bei Sprague 1967; Taylor 1991, 132; McKirahan 1984, 22f.; Stokes 1986, 307ff.

4. Erste Gesprächskrise (334c7–338e5)

334c7–338e5 Sokrates behauptet, wegen seiner ‚Vergesslichkeit' den langen Reden des Protagoras nicht folgen zu können, und besteht darauf, wenn das Gespräch fortgesetzt werden solle, dass sich Protagoras aufgrund seines Anspruchs, beides zu vermögen, nämlich lang und kurz sprechen zu können, seiner Fähigkeit zu nur kurzen Äußerungen anpasse; sonst werde er weggehen (334c7–336b3).

Nachdem Kallias für die Haltung des Protagoras, Alkibiades für diejenige des Sokrates eingetreten ist und Kritias, Prodikos und Hippias Vermittlungsversuche unternommen haben, schlägt Sokrates vor, dass (auf der Basis kurzer Fragen und Antworten) zunächst Protagoras die Fragen stellen und man später die Rollen wieder tauschen solle. Die Versammelten nötigen Protagoras, sich darauf einzulassen (336b4–338e5).

Formal betrachtet hat diese erste Gesprächskrise zusammen mit einer zweiten, kürzer geschilderten (347a6–348c4), eine wichtige gliedernde Funktion: Beide Textpartien rahmen die Simonides-Interpretation (338e6–347a5). Nach der zweiten Krise (348c5ff.) wird die jetzt abgebrochene Diskussion wieder neu aufgenommen. Inhaltlich gesehen geht es im Abschnitt über die erste Krise um die (nach Sokrates) richtige Form des Gesprächs und die Lösung des aufgetretenen Konflikts darüber zwischen den Verfechtern unterschiedlicher Gesprächsformen. Dabei ist es Sokrates selbst, der sowohl die Krise – in Auseinandersetzung mit Protagoras und Kallias – herbeiführt (334c8–336b3) als auch in Reaktion auf den Vermittlungsvorschlag des Hippias die Lösung anregt (338b4–e2), so dass seine Ausführungen die Stellungnahmen der an der Auseinandersetzung zwischen ihm und Protagoras nicht Beteiligten umgeben. Galt der Beifall der Zuhörer anfangs Protagoras (334c7f.), ist es am Ende Sokrates, der sich durchsetzt (338e2–5). – Vor allem drei Komplexe bedürfen der näheren Erörterung: (1) Gründe für die Krise; (2) Stellungnahmen der anderen; (3) Lösungsvorschlag des Sokrates.

(1) Die Gründe für die Krise haben einen ironisch-äußerlichen und einen ernsthaften Aspekt. Wenn sich Sokrates als

vergesslich bezeichnet, so dass er bei langen Reden das Thema aus den Augen verliere (334c8–d1), wenn er dies (vgl. die Analogie des Schwerhörigen, 334d1ff.) und seine Unfähigkeit zu langen Reden (335c1f.) als Mangel erklärt (vgl. die Analogie des zum schnellen Laufen Unfähigen, 335e2–336a5), so liegt eine ironische Selbstverkleinerung vor, die den wahren Grund noch nicht erkennen lässt. Denn ausgerechnet jetzt wirkt sich angeblich Sokrates' Vergesslichkeit aus, nach einer zwar etwas längeren, aber im Vergleich zu dessen großer Rede (320c8–328d2) keineswegs besonders langen Antwort des Protagoras (334a3–c6), während Sokrates damals die entscheidende ‚Kleinigkeit' (328e4) durchaus nicht übersehen und vergessen hatte! Dass die Vergesslichkeit (jedenfalls in Bezug auf Sokrates) nur eine scherzhafte Behauptung sei, lässt Platon überdies, um jedes Missverständnis auszuschließen, Alkibiades ausdrücklich feststellen (336d2–4). Und Sokrates selbst wird seine angebliche Unfähigkeit, lange Reden zu halten, gleich bei der Simonides-Interpretation Lügen strafen (342a6–347a5; vgl. auch Grg. 465e1–3).

Den vorgeschobenen oder jedenfalls nicht zum Kern der Sache vordringenden Gründen stehen solche gegenüber, die nicht wieder relativiert werden und die man daher als die eigentlichen annehmen darf: Protagoras richtet sein Vorgehen erklärtermaßen nicht nach der Sache (vgl. dagegen Sokrates, 331c7f.; 333c7f.), sondern danach, wie er sich in agonaler Konkurrenz am ehesten als überlegen erweist (335a4–8),[79] so dass Sokrates seine Anwesenheit bei einer derartigen Zusammenkunft nicht mehr als sinnvoll ansehen kann (335b2f.); Protagoras ist davon abgewichen, exakt auf die jeweilige Frage zu antworten (336a6–b1; vgl. auch 338d6); der Unterschied zwischen dialogischem Diskutieren und Reden-Halten wurde nicht beachtet (336b1–3); und, wie es Alkibiades auf den Punkt bringt, Protagoras verweigert sich durch seine Art des Antwortens einem (wirklichen) Rechenschaft-Geben (336c6f.; vgl. auch 338e5). – Vergleichbar ist die Haltung des Sokrates im *Gorgias*, wo Sokrates von Gorgias wie von Polos nicht lange Reden, sondern ein kurzes Fragen und Antworten wünscht mit

---

[79] Protagoras soll der Erste gewesen sein, der Redewettkämpfe durchführte (Diogenes Laertios 9,52).

dem Ziel des Widerlegens und Widerlegt-Werdens (Grg. 449bc; 461dff.).

Platon lässt Sokrates auch mit den mehr äußerlichen Gründen argumentieren, weil sie für diesen eine willkommene taktische Funktion haben. Denn wenn von zwei Gesprächspartnern der eine unwidersprochen über zwei Formen der Argumentation verfügt, der andere, wie er behauptet, zu seinem Bedauern über nur eine davon, dann muss, soll ein Gespräch zustande kommen, notwendig diese eine gewählt werden (334c8–336b3). Sokrates kann so auf der dialogischen Gesprächsführung bestehen, die er als einzige als sachgemäß anerkennt, ohne dass dies als bloße Willkür und Beschneidung der legitimen Rechte des anderen erscheint. Außerdem kann so die heikle Frage, nach wessen Einschätzung sich denn die richtige Länge der Antwort bestimmt (334d6–e3), umgangen werden.

(2) Die Stellungnahmen der anderen Gesprächsteilnehmer dienen (in unterschiedlicher Gewichtung) teils der Charakterisierung der Mitunterredner, teils dazu, durch die Unterbreitung konkreter Vorschläge den Ausgangspunkt für die Überwindung der Krise durch Sokrates vorzubereiten. Während die Äußerungen von Kallias und Alkibiades als Parteinahmen für Protagoras bzw. Sokrates einzustufen sind, wie Kritias zu Recht bemerkt (336d7–e2), reichen die Aussagen der weiteren Sprecher von der Aufforderung, neutral an Sokrates und Protagoras heranzutreten (Kritias), über die Bitte, sich zu einigen (Prodikos, bes. 337a7f.), bis zu einem ausgeprägten Vermittlungsvorschlag (Hippias).

Die Stellungnahmen von Kallias und Alkibiades haben gemeinsam, dass sie nicht als Grundlage für eine Fortsetzung des Gesprächs dienen können. Denn Kallias hat zwar in gewisser Weise recht, wenn er den Anspruch seines Gastes Protagoras verteidigt, in der ihm gemäßen Weise verfahren zu dürfen – schließlich hatte nicht Protagoras Sokrates Vorschriften gemacht, wie er das Gespräch führen solle, sondern umgekehrt –, aber gerade dann ergibt sich für Sokrates keine befriedigende und fruchtbare Gesprächssituation. Alkibiades andererseits durchschaut zwar bei seiner Verteidigung des Sokrates sofort dessen Ironie und auch, wie sich Protagoras dem Rechenschaft-Geben entzieht, er wird aber von Kritias treffend als jemand charakterisiert, dem es nur darauf ankommt, wie man sich durchsetzt (336e1), wenn er seinem Wesen entsprechend meint, Sokrates sei zufrieden, wenn Protagoras dessen Überlegenheit im Diskutieren anerkenne, wie Sokrates Protagoras' Überlegenheit in den langen Reden. Mit einem solchen gegenseitigen Anerkennen würde ebenfalls keine Basis für Sokrates' weitere Teilnahme geschaffen, und außerdem ist bei derart bloß agonaler Betrachtungsweise Sokrates' Interesse an der Klärung der Sachfragen nicht berücksichtigt.

Während Kritias im Wesentlichen als erster Sprecher der Gruppe derjenigen fungiert, die nicht Partei nehmen wollen (so wendet er sich nicht an Sokrates oder Protagoras, sondern an Prodikos und Hippias, 336d7), ist Prodikos als Synonymiker[80] fast mehr karikiert als charakterisiert, wobei er zur Sache eher allgemeine Maximen als konkret Weiterführendes äußert. Dabei kennt Platon von Prodikos zur Frage der Länge der Reden durchaus einen vermittelnden Standpunkt: Nötig seien weder lange noch kurze Reden, sondern angemessene (Phdr. 267b2–5). Allerdings ergibt sich aus dem *Phaidros* (267b7f.), dass Hippias mit dieser Ansicht des Prodikos übereinstimmt, und so überlässt Platon (in einer formal-äußerlichen Auffassung von ‚angemessen') den konkreten Vermittlungsvorschlag dem agonal erfahrenen Hippias.[81] Es empfahl sich wohl auch aus Gründen der darstellerischen Ökonomie, Prodikos nicht als Theore-

---

80 Die Synonymik ist derjenige Bereich der Tätigkeit des Prodikos, auf den Platon im *Protagoras* (339e5ff.; 340e8ff.; 358ab) und in anderen Dialogen auch inhaltlich wiederholt eingeht (vgl. VS 84 A 11ff.). Prodikos befasste sich mit der ‚Richtigkeit der Wörter' (Cra. 384b6; Euthd. 277e4), vornehmlich im Sinne einer genauen Unterscheidung von Wörtern mit ähnlicher, aber eben für ihn nicht identischer Bedeutung (Prt. 358a6f.; vgl. auch Chrm. 163d4; La. 197d3–5), mit einer, wie sich aus einer Äußerung Galens entnehmen lässt, gewissen Neigung zu willkürlichen Normierungen (VS 84 B 4). Zur ‚Richtigkeit der Wörter' gehörte für Prodikos wohl auch die Unterscheidung verschiedener Bedeutungen ein und desselben Wortes (vgl. Heitsch 1972, 24–29). Der richtige Gebrauch der Wörter scheint für Prodikos nicht eine bloß ‚sprachliche' Angelegenheit, sondern die Grundlage des Wissens gewesen zu sein (Euthd. 277e; Binder / Liesenborghs 1966/76, 452–462, bes. 459–461). Im Ganzen verhält sich der platonische Sokrates gegenüber den Wortunterscheidungen des Prodikos distanziert bis spöttisch, weil es ihm nicht auf die Wörter, sondern auf die gemeinte Sache ankommt (Prt. 358a6–b2; Chrm. 163d3–7; Men. 75e1–5; vgl. auch Plt. 261e5f.; ep. VII 343a9–b3).

Vgl. zu Prodikos' Synonymik und zum vorliegenden Abschnitt Classen 1959, 227–232; Heitsch 1972, 22ff.; Pfeiffer 1978, 60ff.; Taylor 1991, 136ff.; Taormina 2004 (mit teilweise anderer Deutung).

81 Vgl. oben S. XXVII.

tiker der richtigen Redelänge, sondern eben als Synonymiker vorzustellen, da er in dieser Eigenschaft später (339eff.) noch wichtig wird. Hippias bemüht in hoch stilisierter Rede die Nomos-Physis-Antithese, um aus den Anwesenden eine Gemeinschaft der führenden Denker Griechenlands zu konstituieren,[82] für die es eine Schande sei, sich wie die primitivsten Menschen zu streiten (337d3ff.).

Der Vorschlag selbst enthält zwei Elemente: (a) Sokrates und Protagoras sollen einen mittleren Kurs steuern, indem der eine seiner Rede etwas mehr die Zügel schießen lässt, der andere sich zurückhält (337e2–338a7). (b) Ein Vorsitzender soll über die mittlere Länge der Reden wachen (338a7–b1).[83] Mit Element (b) wird sich Sokrates im Folgenden auseinandersetzen. Auf Element (a) wird er nicht ausdrücklich eingehen, es nur faktisch durch seinen eigenen Vorschlag verwerfen. Es handelt sich bei Hippias' Modell nämlich um den typischen Kompromissvorschlag, der gerecht zu sein scheint, weil er von beiden Seiten verlangt, sich in gleichem Maße einander anzunähern, der aber in Wirklichkeit an der Sache völlig vorbeigeht. Hippias sieht lediglich ein rein quantitatives Problem und verkennt, dass Länge und Kürze nur verhältnismäßig äußerliche Merkmale der Kontroverse sind. Zwischen (sokratischem) Dialog und (langer) Rede, zwischen exakter Beantwortung von Fragen und Drumherum-Reden, zwischen Rechenschaft-Geben und Selbstdarstellung gibt es für Sokrates keine sinnvoll zu vereinbarende Mitte.

---

82 Zur Nomos-Physis-Antithese vgl. allgemein Heinimann 1945; Guthrie III 55ff. Von der faktisch geltenden Konvention in all ihren Formen (positive Gesetze, Brauchtum etc.) oder dem, was man als durch Konvention gegeben annimmt (Nomos), wird unterschieden, was von Natur aus ohne menschliches Zutun besteht oder was man jedenfalls für naturgegeben hält (vgl. Taylor 1991, 140f.). Hippias tritt nach diesem Zeugnis für den Vorrang des Naturgegebenen gegenüber dem Nomos ein, hier in der Weise, dass er den durch Konvention gebildeten Gemeinschaften die natürliche Verwandtschaft der Gleichen (hier der Weisen) entgegensetzt, womit die Zugehörigkeit zu weiter gefassten, offenbar in einem geistigen Sinne verstandenen, Gemeinschaften (Angehörige / Freunde [Hausgenossen], Bürger) *a fortiori* mitgegeben ist.

83 Anklänge an den Versuch Nestors in der *Ilias* (1,247ff.), die Differenzen zwischen Agamemnon und Achill beizulegen, erkennt Brancacci 2004, 394ff.

(3) Sokrates hat mit Element (b) von Hippias' Vorschlag, durch das er in seiner Weise des Diskutierens durchaus behindert werden könnte, leichtes Spiel: Wenn ein Diskussionsleiter notwendig entweder (α) schlechter oder (β) gleich oder (γ) besser als die Diskutierenden ist, so sei er im Falle (α) unzumutbar, im Falle (β) überflüssig, und Fall (γ) sei, wenn Protagoras zu den Unterrednern gehört, unmöglich (338b4ff.)! Was schließlich von diesem Teil von Hippias' Vorschlag bleibt, ist trotz der Schmeichelei gegenüber Protagoras eine Überwachung nur von Protagoras durch Sokrates gemeinsam mit den anderen, ob er sich wirklich an die Spielregel halte, exakt auf die jeweilige Frage zu antworten (338d5–e2). D.h., Sokrates setzt den Punkt, um den es ihm eigentlich geht, vollkommen und kompromisslos durch.[84] So ist denn auch seine Alternative zu Element (a) von Hippias' Vorschlag, nämlich bei Fragen und Antworten zeitweilig die Rollen zu tauschen (338c6ff.), hinsichtlich der Diskussionstechnik nur ein scheinbares Entgegenkommen; denn sie wird unverändert die sokratische sein, und Protagoras wird schließlich ausdrücklich darauf festgelegt, Rechenschaft zu geben in kurzen Antworten (vgl. bes. 338e5).

Wenn so letztlich alles beim Alten bleibt, welchen Gewinn hat der Leser außer einer größeren Bewusstheit von der Form sokratischer Diskussion? Geradezu versteckt in der Auseinandersetzung um die Form des Gesprächs findet sich eine Bemerkung von nicht zu unterschätzender Tragweite: Bei dem vorgeschlagenen Rollentausch bietet Sokrates an, Antwortender zu sein und dabei zu zeigen, wie man nach seiner Ansicht antworten müsse (338d1–3). Der nicht-wissende Sokrates als Lehrer des Antwortens! Die Ungewöhnlichkeit des Angebots wird klar, wenn man Prt. 348c6f. vergleicht, wonach Sokrates jeweils nur über Fragen diskutieren will, in denen er selbst ratlos ist; entsprechend tritt er als Fragender auf (vgl. 348c3f.). In der *Politeia* wirft ihm Thrasymachos vor, dass er immer nur fragen und widerlegen, aber nicht antworten wolle (R. 336c; 337a u. e; vgl.

[84] Vgl. zum Verhalten des Sokrates auch Szlezák 1985, 177; 1993, 143f.

[85] Dass Sokrates auf die Fragen des Protagoras schließlich nicht kurz, sondern mit der umfänglichen ‚Epideixis' der Simonides-Interpretation antwortet (von Rowe 2004, 460f., als Problem vermerkt), dürfte sich damit erklären, dass die Auseinandersetzung über das Gedicht des Simonides keine lineare Fortsetzung der bisherigen Diskussion darstellt (wovon Sokrates bei seinem Angebot

auch Tht. 150c). Das ist auch nur konsequent, solange Sokrates von sich behauptet, nichts zu wissen (vgl. R. 337e5; Ap. 21d; Tht. 150cd).[85] Das Angebot im *Protagoras* kann sich nicht nur auf die Form beziehen, denn Sokrates will auf alles (!) antworten, was Protagoras fragen will (338d4), und man befindet sich in einer Sachdiskussion, von deren Fortsetzung Sokrates ausgehen kann und auf die er nach der Simonides-Interpretation das Gespräch auch wieder zurücklenken wird. D.h., der platonische Sokrates deutet an, beim derzeitigen Stand der Diskussion schon Antworten in der Sache geben zu können; die Aporie am Ende des Dialogs erscheint von daher in einem anderen Licht. Protagoras nutzt allerdings die Chance, Sokrates' Ansichten zu der bisher behandelten Thematik kennenzulernen, nicht, da er, als er die Rolle des Fragenden übernimmt, zu einem neuen Thema übergeht (338e6ff.). Indem Platon mit seinen Dialogfiguren so verfährt, vermeidet er es, seine Ansichten über Wesen und Einheit des Gut-Seins durch Sokrates unmittelbar und (unverhüllt) als Lehrmeinung aussprechen zu lassen.

---

ausgegangen sein wird), sondern man sich (was die Art des Gegenstandes angeht) auf ‚sophistisches' Gebiet begibt. Die streng dialogische Methode wird nach der Abwertung der Dichter-Interpretation durch Sokrates (347e) wieder aufgenommen (348cff.).

5. Simonides-Interpretation (338e6–347a5)

Die Erörterung eines an den thessalischen Fürsten Skopas gerichteten Gedichts des Simonides von Keos (= fr. 542 PMG) gliedert sich in drei Teile: a) Protagoras' Kritik an Simonides (338e6–339d9); b) Sokrates' Verteidigung des Simonides gegen Einwände des Protagoras (339d10–342a5); c) Sokrates' Deutung der Intention des ganzen Gedichts (342a6–347a5).

Zum besseren Verständnis sei zunächst das Gedicht als solches vorangestellt, soweit es sich aus dem *Protagoras* rekonstruieren lässt (sonstige Testimonien bieten keinen zusätzlichen Textgewinn). Das ist weitgehend möglich, weil der Anfang (vgl. 343c7) und offenbar auch das Ende (vgl. 343c3–5; 344b3–5; 345d1f.: Sokrates behauptet, das ganze Gedicht in den Blick nehmen zu wollen) erhalten sind. Die metrische Analyse ergibt, dass das Gedicht aus gleichartig gebauten Strophen besteht und eine Strophe (die dritte, vv. 21–30) als Ganze in den Dialog integriert ist. So können die übrigen erhaltenen Verse aufgrund der metrischen Struktur ihrer jeweiligen Stelle in ihrer Strophe zugeordnet und Zahl und Ort der fehlenden Verse bestimmt werden. (Von Platon nur sinngemäß Referiertes ist in kursiver Schrift und in eckigen Klammern wiedergegeben.)

Ein wahrhaft guter Mann zu sein, ist schwierig,
an Armen, Beinen und Verstand
(vollkommen) wie ein Quadrat, tadellos beschaffen.
[
[
[
[
[
[
[

Nicht einmal das Wort des Pittakos hat nach meinem Urteil mit Fug Geltung,
mag es auch von einem weisen Manne gesprochen sein: Er sagte, es sei schwierig, edel zu sein.

Nur ein Gott dürfte im Besitz dieser Auszeichnung sein, ein Mann aber
kann nicht anders als schlecht sein,
wenn ihn eine Notlage, gegen die es keine Hilfe gibt, zum Scheitern gebracht hat;
denn wenn es ihm gut geht, ist ein jeder Mann gut,
schlecht aber, wenn es ihm schlecht geht […]
[*Und über die längste Zeit gut und damit die besten*
sind stets diejenigen, welche die Götter lieben.][86]

Deswegen werde ich niemals auf der Suche nach dem, was es nicht geben kann,
das Leben, das mir zusteht, vergeblich an eine nicht zu verwirklichende Hoffnung verschwenden,
den ganz untadeligen Menschen unter allen, die wir uns von der Frucht der weiten Erde ernähren;
sollte ich auf ihn treffen, werde ich es euch verkünden.
Sondern alle lobe und schätze ich,
die freiwillig tun
nichts Schimpfliches: Gegen den Zwang der Notwendigkeit
kämpfen noch nicht einmal die Götter.

[
[
[*Mir liegt nicht am Tadeln, denn mir genügt,*
wer nicht schlecht ist] und nicht allzu unbeholfen,
einer, der sich auf das Recht versteht, das der Stadt nützt,
ein gesunder Mann. Nicht werde ich ihn
tadeln; denn der Toren
Geschlecht ist unbegrenzt groß.
Alles – das bedenke – ist schön, dem
Hässliches nicht beigemischt ist.

---

86 Ob bzw. inwieweit diese beiden Zeilen einen Anhalt im Text des Simonides haben oder bloße Ausdeutung Platons vorliegt, lässt sich nicht sicher sagen.

Die folgenden Ausführungen sollen die wesentlichen Gedankenschritte des Gedichts erläutern, wie sie sich aus dem Text des Simonides ergeben.

1. Strophe (vv. 1–10): Simonides spricht eingangs (vv. 1–3) von einem physisch wie geistig absolut vollkommenen Mann (ohne spezifisch moralische Eigenschaften zu erwähnen; vgl. Bowra 1934, 231). Physische und geistige Leistungsfähigkeit sowie die Verbindung von beidem gehörte, wie bei dem eine Generation späteren Pindar deutlich wird, zum Bild vom Adligen. Auffällig ist jedoch die nähere Bestimmung des ‚guten' Mannes durch entsprechende Epitheta im striktesten und uneingeschränktesten Sinne (‚wahrhaft', ‚[vollkommen] wie ein Quadrat', ‚ohne Tadel'), so dass das Ideal durch die Übersteigerung schon im Ansatz problematisch wird (vgl. Gundert 1952, 73f.). In diesem Kontext erscheint bei Simonides' Aussage, es sei schwierig, das (so gefasste) Ideal zu realisieren, die Verwirklichung von vornherein als unrealistisch. (Tatsächlich erklärt Simonides vv. 21ff. den ganz untadeligen Menschen [v. 24] als etwas, das es eigentlich nicht geben kann.)

Dem antiken Leser wurde die Ansicht des Simonides möglicherweise aus näheren Erläuterungen in den nicht erhaltenen Versen 4–10 leichter deutlich als uns, wenn sich auch nicht sagen lässt, was diese Verse außer einer Anrede an Skopas (vgl. 339a6f.), die aber die sieben Verse nicht ausgefüllt haben kann, im Einzelnen enthalten haben. Denkbar wäre etwa eine Struktur wie: ‚Denn wie du siehst, Skopas, fehlt in Wirklichkeit sogar dem oder jenem gemeinhin für gut gehaltenen Mann dies oder jenes zur absoluten Vollkommenheit', vielleicht verbunden mit einem unmittelbaren Bezug auf Skopas: ‚Sogar ein Mann wie du, Skopas, hat Kritik erfahren müssen' (vgl. Most 1994, 143 Anm. 47). Auf diese Weise würde einerseits die Richtigkeit der von Simonides in eigener Person vorgetragenen Eingangsverse belegt (es ist schwierig), andererseits aber angedeutet (jedoch nicht ausdrücklich gesagt), dass ‚schwierig' angesichts der faktischen Unmöglichkeit eigentlich kein angemessener Ausdruck ist und die Eingangsverse insofern ein unrichtiges Element enthalten, als die Aussage nicht weit genug geht. Daran anschließend kann dann Simonides mit einem ‚auch nicht, nicht einmal richtig' (v. 11) fortfahren.

2. Strophe (vv. 11–20): Für Simonides ist es nicht nur unrealistisch, die absolute (physische und geistige) Vollkommenheit verwirklichen zu wollen, er kann noch nicht einmal dem zu-

rückhaltender formulierten Satz des Pittakos zustimmen, es sei schwierig, edel (gut) zu sein, weil er auch dies schon (nicht erst, vollkommen ‚gut' zu sein) für nicht in der Macht des Menschen gelegen, sondern für allein Gott zukommend hält (vgl. zu dieser Einstellung auch fr. 526 PMG). Während an ‚gut' in den Versen 1–3 die Aspekte physischer und geistiger Qualitäten in Erscheinung traten, weist der Zusammenhang hier auf die angesehene Stellung, die mit Wohlergehen (v. 17) verbunden ist. Dieses Gut-Sein hat nur ein Gott (sc. beständig), während der Mensch durch eine Notlage, gegen die es keine Hilfe gibt, scheitern kann und deswegen nur insoweit ‚gut' ist, als ihn die Götter begünstigen. Simonides problematisiert aber nicht unverbunden unterschiedliche Konzeptionen des Gut-Seins, sondern beide bilden für ihn, wie der Fortgang des Gedichts nahelegen wird, einen Komplex, der dadurch gekennzeichnet ist, dass solches Gut-Sein jeweils nicht (oder jedenfalls nicht ausschließlich) von der inneren Haltung bzw. vom Willen des Menschen abhängt.

3. Strophe (vv. 21–30): Deswegen (weil schon ‚nur' edel bzw. gut zu sein für den Menschen nicht möglich ist und damit erst recht nicht, vollkommen gut zu sein) will Simonides nicht sein Leben mit der Suche nach etwas verschwenden, was es (eigentlich) nicht geben kann, nämlich den ganz untadeligen Menschen (v. 24; vgl. vv. 1–3) – womit er nicht ein für alle Mal ausschließen will, dass er doch (wider Erwarten und zufällig) auf einen treffen könnte, was er dann zum Gegenstand einer förmlichen Proklamation machen würde. Vielmehr wird Simonides jedem seine Anerkennung gewähren, der nicht aus freiem Willen – gegen Zwang sind selbst Götter machtlos – etwas Schimpfliches, d.h. moralisch Verwerfliches, tut. Damit ist, ohne dass die Bedeutung anderer Vorzüge geleugnet wird, das entscheidende Kriterium für die Werthaftigkeit des Menschen in einen Bereich verlegt, für den er die volle Verantwortung trägt, und wird so unabhängig von den Vorzügen der Physis oder den Wechselfällen des Schicksals. – Mit dieser Konzeption geht Simonides über die zu seiner Zeit üblichen Wertvorstellungen hinaus.[87]

4. Strophe (vv. 31–40): Der unmittelbare Anschluss an das Vorausgehende ist nicht erhalten. – Weil Simonides das voll-

---

[87] Vgl. Schütrumpf 1987, 18ff.; anders Most 1994, 140f.

kommene Gut-Sein grundsätzlich bei Menschen nicht für gegeben hält, sieht er sich offenbar genötigt, sich gegen den möglichen Vorwurf zu schützen, er sei tadelsüchtig (sc. indem er die Anerkennung absoluter Vollkommenheit, wie sie am Anfang des Gedichts beschrieben wurde, verweigert). Er widerlegt den Vorwurf mit der Feststellung, ihm genüge, wer nicht schlecht sei (so Platons Referat) und nicht allzu unbeholfen[88] (damit werden offenbar, ausgedrückt durch die Negation ihres Gegenteils und so erheblich abgeschwächt, die in den Versen 1–3 genannten Vorzüge wieder aufgenommen) und sich auf das Recht verstehe, das dem Gemeinwesen nützt, ein ‚gesunder' Mann, d.h. wohl jemand, der über normale intellektuelle und moralische Qualitäten verfügt (womit derjenige, der freiwillig nichts Schimpfliches tut, seine positive Ausgestaltung erhält). Angesichts der Unzahl von Toren (die unbegrenzten Stoff für Tadel böten) wird Simonides gewiss nicht gerade einen solchen Mann tadeln. Vielmehr ergibt sich als Quintessenz und realistische positive These gegenüber der unerreichbaren Utopie der Eingangsverse (ganz in Entsprechung zur entscheidenden Aussage der dritten Strophe), dass alles als schön (gut) gelten soll, das frei von Hässlichem, Schimpflichem, d.h. moralisch Verwerflichem, ist.

Man hat angesichts der zahlreichen Ausdrücke des Lobens und Tadelns in diesem Gedicht die Ansicht vertreten, es handle nicht vom Gut-Sein (*aretē*), nicht davon, was einen Mann gut oder schlecht macht, sondern von Lob und Tadel, d.h. davon, ein Mann von welcher Art gelobt oder getadelt werden sollte (vgl. bes. Most 1994, 142ff.). Aber beides ist nicht unabhängig voneinander, weil als Grundlage für Lob oder Tadel immer benennbare werthafte oder unwerthafte Eigenschaften vorhanden sein müssen. Selbst wenn Skopas aufgrund bestimmter Umstände unter gewissen Aspekten nicht zu preisen war (sei es

[88] Das griechische Wort (*apalamos*) kann ‚frevelhaft' heißen (vgl. z.B. Pindar, O. 2,57), wie es z.T. auch hier verstanden wird (z.B. Taylor 1991, 147), aber Simonides kann nach vv. 28f. („die freiwillig tun nichts Schimpfliches") nicht gesagt haben, ihm genüge, wer nicht „allzu frevelhaft" sei. Es ist daher von der in der *Ilias* belegten Grundbedeutung (Il. 5,597) ‚hilflos, ratlos' (eigtl.: der keine Hände hat) auszugehen. Der Mann, den Simonides meint, muss sich bis zu einem gewissen Grade auf die *palamē* (das Vollbringen) des Guten verstehen (Theognis 1028; vgl. Fränkel 1969, 354 Anm. 18).

grundsätzlich als Mensch im Vergleich zu Gott, sei es z.B. aber auch, weil er in seiner äußeren Stellung einen Rückschlag erlitten hätte) und Simonides wegen einer derartigen, möglicherweise prekären Situation sich gewissermaßen *ad hoc* zu dem Vorgehen entschlossen haben sollte, das er in diesem Gedicht gewählt hat (um Skopas aus dem Kreis der Lobenswerten nicht auszuschließen; ein direkter Preis des Skopas ist nicht erkennbar), bleibt die gedankliche Leistung, als Grundlage für Lob und Tadel vornehmlich den Bereich derjenigen Eigenschaften gefunden zu haben, die der Mensch selbst zu verantworten hat.[89]

a) Protagoras' Kritik an Simonides (338e6–339d9)

338e6–339d9 Nach Protagoras besteht der bedeutendste Teil der Bildung darin, begründet darüber urteilen zu können, was richtig gedichtet ist und was nicht. Als Beleg seiner eigenen Fähigkeit auf diesem Gebiet sucht Protagoras nachzuweisen, Simonides widerspreche sich selbst.

Protagoras hat sich darauf einlassen müssen, nun seinerseits Fragen zu stellen (338e3f.). Als Fortsetzung der vor der Gesprächskrise behandelten Thematik ist der von ihm gewählte Gegenstand jedoch in zweifacher Hinsicht problematisch: (1) Dass Kenntnisreichtum auf dem Gebiet der Dichtung, d.h. verstehen und darüber in eine Diskussion eintreten zu können, was ‚richtig' gedichtet sei und was nicht,[90] den größten Teil der

---

[89] Zur Geschichte der Deutung dieses Gedichts vgl. Most 1994 (mit ausführlicher Bibliographie, 150–152); einen Kommentar im Einzelnen bietet Hutchinson 2001, 291–306. – Zur Charakterisierung und Funktion der Simonides-Interpretation im *Protagoras* vgl. zuletzt Cossutta 2001 und Rowe 2004.

[90] Nach Phdr. 267c6 gehört zu Protagoras' Leistungen für die Rhetorik eine *orthoepeia* (~ ‚Sprachrichtigkeit'), die dort nicht näher erläutert wird. Platons Ausdrucksweise im *Protagoras* (er scheint 338e7 mit *epē* auf die *orthoepeia* anzuspielen) lässt vermuten, dass er jedenfalls zu einer solchen ‚Kunst des richtigen Gebrauchs der Sprache' (Fehling 1965/76, 345) auch das Vermeiden von Widersprüchen rechnete. Was wir sonst von Protagoras' Bemühungen um die Dichtung hören, das vermutlich unter den Begriff *orthoepeia* fällt, schließt sich mit der Simonides-Interpretation durch den Aufweis von Fehlern in der

Bildung ausmache (338e6–339a3), ist nach den bisherigen Ausführungen des Protagoras zu seinem Bildungsprogramm etwas überraschend. Soweit Protagoras als Sophist zum Gut-Sein erziehen will wie alle anderen, nur besser (vgl. 327e1–328b3), spielte die Beschäftigung mit der Dichtung lediglich in ethischer Hinsicht, wegen ihres zu beherzigenden Inhalts, eine Rolle (325e4ff.). Und dass sein Lehrziel, ‚Gut-beraten-Sein' in häuslichen und öffentlichen Angelegenheiten (318e5ff.), etwa vornehmlich durch Analyse von Gedichten erreicht werden sollte, war dort nicht angedeutet und wohl auch kaum so gemeint. Ein Zusammenhang, der im Text aber nicht hergestellt wird, ließe sich allenfalls so denken, dass die rein formale Art, wie Protagoras sich in diesem Dialog mit Dichtung befasst, als allgemeines intellektuelles Training dienen könnte.

(2) Wenn Protagoras behauptet, der Gegenstand des Gesprächs sei derselbe wie zuvor, nämlich das Gut-Sein, bloß auf das Gebiet der Dichtung übertragen (339a3–6), so trifft das für ihn selbst nur äußerlich-formal zu. Zwar geht es in dem Gedicht des Simonides um das Gut-Sein (wie auch immer verstanden), aber Protagoras interessiert die inhaltliche Konzeption des Simonides nicht eigentlich, sondern nur die Aufdeckung, wie er es sieht, eines Widerspruchs, eines Fehlers des Simonides. Dennoch hat Protagoras in gewisser Weise, ohne sie so zu verstehen, mit seiner Themenangabe recht; denn Sokrates wird im Verlaufe seiner Simonides-‚Interpretation' sich inhaltlich zum Gut-Sein äußern und seine Auffassung erkennen lassen. So wird mit einem etwas problematischen Übergang – der dadurch den Anschein der Plausibilität bekommt, dass sich der historische Protagoras tatsächlich mit Fragen der Sprache und der Dichtung beschäftigt hat[91] – die Möglichkeit geschaffen, in unerwartetem Zusammenhang sokratisch-platonische Lehre vorzutragen (vgl. dazu unten S. 150ff.).

Platon lässt Protagoras als Grundlage seiner Ausführungen über die Beschäftigung mit der Dichtung das damals offenbar berühmte Gedicht des Simonides wählen, das an Skopas gerichtet ist. Es ist durchaus möglich, aber nicht positiv erweisbar,

---

Dichtung zusammen, wenn sie auch inhaltlich anderer Art sind als der für Simonides behauptete. Vgl. die Belegstellen in der folgenden Anmerkung.

[91] Vgl. VS 80 A 1, p. 254,13f.; A 27–30.

dass sich auch der historische Protagoras mit diesem Gedicht befasst hat. Wenn Protagoras einen Widerspruch sieht zwischen dem von Simonides in eigener Person gesprochenen Satz (es ist schwierig, ein wahrhaft guter Mann zu sein) und dem Tadel an Pittakos für dessen Ausspruch (es sei schwierig, edel zu sein), so beruht das auf einem bloßen Nebeneinanderstellen der beiden Aussagen ohne den Versuch, dem Gedankengang des ganzen Gedichts gerecht zu werden, der sich widerspruchsfrei verstehen lässt (vgl. dazu oben S. 137ff.). Bezeichnenderweise war Sokrates, der das Gedicht gut kennt, darin bislang kein ‚Fehler' aufgefallen (vgl. 339b5–8); allerdings lässt Platon auch ihn diese Methode anwenden und ihn bei Gelegenheit auf die Suche nach Widersprüchen bei einem Dichter gehen (vgl. Men. 95c9–96a4; dazu Bluck 1961, 395f.).

b) Sokrates' Verteidigung des Simonides gegen Einwände des Protagoras (339d10–342a5)

339d10–342a5 Sokrates will den Widerspruch, dessen sich Simonides nach Protagoras schuldig macht, durch eine synonymische Unterscheidung nach Art des Prodikos auflösen, was aber Protagoras nicht akzeptiert (339d10–340e7). Ein zweiter Versuch, basierend auf der Annahme eines spezifischen, dialektbedingten Sprachgebrauchs des Simonides, wird von Protagoras ebenfalls abgelehnt und von Sokrates ausdrücklich als nicht ernst gemeint erklärt. Er dient nur dazu, Protagoras auf die Probe zu stellen (340e8–341e7). Danach erfolgt der Übergang zur eigenen Interpretation des Sokrates (341e7–342a5).

Nachdem Sokrates sich von der Ausführungen des Protagoras ironisch übertreibend überwältigt gezeigt hat, bleibt er bei seiner Entgegnung auf der Argumentationsebene des Gesprächspartners, indem er nicht den Gedankengang und die Intention des Gedichts insgesamt untersucht, sondern lediglich isolierte Einzelheiten erörtert und dabei einen Sophisten gegen den anderen ausspielt (vgl. Gundert 1952, 76).[92]

---

[92] Zu den von Sokrates angewandten Kategorien der ‚Kommentierung' vgl. De Martino 1997.

Zu 339d10–340e7: Zunächst setzt Sokrates gegen die scharfsinnige Widerspruchssuche des Protagoras die feinen synonymischen Unterscheidungen des Prodikos, obwohl er sie (jedenfalls in der formalen Weise, wie Prodikos damit umgeht) nicht recht ernst nimmt.[93] Durch die von Sokrates vorgebrachte Unterscheidung von angeblichem ‚Werden' (*genesthai*) und Sein (*einai*, *emmenai*) lassen sich die Eingangsverse des Gedichts (vv. 1–3) und der Spruch des Pittakos (v. 13) als verschiedene Aussagen interpretieren (wenn auch nicht im Sinne des Simonides[94]), so dass kein Widerspruch bestehe, wenn Simonides das eine in eigener Person spricht, das andere an Pittakos tadelt. (Die Unterscheidung zwischen Werden und Sein wird auch in Sokrates' Gesamtinterpretation bestehen bleiben; vgl. 343dff.)

Während bis hierhin (340c8) Sokrates sich nicht nur auf die Verfahrensweise des Prodikos stützt, sondern letztlich gemeinsam mit ihm vorgeht, unterstellt er eine vom Simonides-Text her gesehen absurde Konsequenz nur noch Prodikos (und vielen anderen), nämlich (mit Hesiod, erg. 289ff., gesprochen) das Gut-Sein zu erreichen sei schwer, es aber in Besitz zu halten leicht. Diese ‚Interpretation' kommt dadurch zustande, dass die (angebliche) Aussage des Simonides vom Anfang des Gedichts (~ ‚es ist schwer, gut zu werden') mit dem aufgrund seiner Kritik an Pittakos' Ausspruch (‚es ist schwer, gut zu sein') gewonnenen Satz (‚es ist leicht, gut zu sein') kombiniert wird. Tatsächlich lässt sich so die These weiter ‚stützen', dass bei Simonides kein Widerspruch vorliegt; jedoch kann man auf eine solche Überlegung überhaupt nur verfallen, wenn man die Sätze ganz isoliert betrachtet und die Fortsetzung des Textes bei Si-

---

93 Vgl. oben S. 131 Anm. 80.

94 Dass es Simonides bei der Verwendung von *genesthai* und *emmenai* nicht auf einen Gegensatz zwischen dem Prozess des Gut-Werdens als des anstrengenden Wegs zum Ziel (vgl. 340d2f.) und dem Gut-Sein (v. 13 = 339c4f.) ankam, ergibt sich schon daraus, dass er v. 15 (= 344c4) *emmenai* (wo eigentlich ein Prozess gemeint ist; vgl. West's [1994, 164] Übersetzung „can't help but sink") und nicht *genesthai* gebraucht (vgl. Fränkel 1924/68, 72 Anm. 7; Most 1994, 136). In v. 1 geht es um die Verwirklichung mit dem Akzent auf dem Ergebnis (wie das steigernde „wahrhaft" zeigt), was man am einfachsten mit ‚sein' wiedergibt. In der Übersetzung ist ‚werden' trotzdem als Alternative beigefügt (vgl. oben S. 39), damit die ‚Interpretation' des Sokrates (340b2ff.) überhaupt nachvollzogen werden kann.

monides (vv. 14ff.) nicht beachtet. Protagoras weist (im Unterschied zu Prodikos, der tatsächlich zustimmt, 340d6) diesen – nach Sokrates' eigenem Verständnis des Gedichts falschen (vgl. 344bc) – Gedanken zwar zurück, aber nicht durch Berufung auf Wortlaut und Sinn des Textes (obwohl dies ohne weiteres möglich wäre), sondern weil der behauptete Sachverhalt nach allgemeiner Auffassung anders beurteilt werde, d.h. also ohne eine Argumentation, die vom Gegenstand der Diskussion ausgeht.

Zu 340e8–341e7: Nachdem er Protagoras nicht überzeugen konnte, trägt Sokrates noch einen weiteren Deutungsversuch vor. Auch diesmal muss wieder Prodikos herhalten, dessen Kunst, die ‚Wörter richtig zu unterscheiden' (vgl. 341c7f.), sich nicht nur auf das Auseinanderhalten von Synonyma bezieht (340a8f.), sondern auch auf das Festlegen der Bedeutung einzelner Wörter (341ab), und der zugleich, da er Landsmann des Keers Simonides ist (339e6), als Kenner von dessen Sprache (341b7f.) herangezogen wird.[95] Wie Prodikos (wider die Gegebenheiten des Griechischen) die Bedeutung von *deinon* (in der Übersetzung mit ‚furchtbar' wiedergegeben) puristisch so normiert, dass es nur im Sinne von ‚schlimm' bzw. ‚schlecht' (*kakon*) gebraucht werden dürfe, so soll ebenso ‚schwierig' (*chalepon*) für Simonides ‚schlimm' (*kakon*) bedeuten, mit der Folge, dass es dann schlimm wäre, edel zu sein.

Das Ergebnis ist auch über den Verstoß gegen den griechischen Sprachgebrauch hinaus je nach Gesichtspunkt in unterschiedlicher Weise unsinnig: (1) Die Annahme einer anderen Bedeutung für ‚schwierig' im Ausspruch des Pittakos hebt den von Protagoras behaupteten Widerspruch nicht auf, da diese Bedeutung – es soll sich schließlich um den Sprachgebrauch des Simonides handeln (341b5–c2) – dann auch für dessen Aussage am Eingang des Gedichts gelten müsste (anders Most 1994, 137f.). (2) Simonides wäre, wie Sokrates sagt, ein Frevler, wenn er die so verstandene ‚Auszeichnung' nur Gott zukommen ließe (vgl. 341e). (3) Simonides erscheint als Vorläu-

---

[95] Wenn sich Sokrates 341a4 als „Schüler des Prodikos" bezeichnet und sich als Kundiger aufspielt, so ist das wohl eine ironische Übertreibung. Von den Lehrvorträgen des Prodikos hat Sokrates, so sagt er im *Kratylos*, nur den für eine Drachme, nicht aber den für 50 Drachmen gehört, so dass er deswegen die Wahrheit über die ‚Richtigkeit der Wörter' nicht kenne (Cra. 384b1–c2; vgl. dagegen aber Chrm. 163d3f.).

fer des Prodikos, insofern er – so Prodikos – Pittakos vorwirft, die Wortbedeutungen nicht richtig unterscheiden zu können (341c6–9), mit der besonderen Pointe, dass in Wirklichkeit nicht der Lesbier Pittakos ‚schwierig' in einer unüblichen Bedeutung gebraucht, sondern dies für den Keer Simonides behauptet worden war (341b5–c2).

Protagoras akzeptiert das Ergebnis nicht, weil er für Simonides kein anderes Wortverständnis als ‚schwierig' annehmen will, und Sokrates beeilt sich denn auch sogleich, das Ganze – auch im Namen des Prodikos. der sehr wohl das Richtige wisse – als Scherz zu deklarieren: Protagoras sollte nur auf die Probe gestellt werden, ob er in der Lage sei, seinem Logos beizustehen, d.h. seine Auffassung zu verteidigen (341d7–9).[96] Protagoras besteht aber diese Probe, obwohl er widerspricht, nur scheinbar. Denn er setzt der falschen lediglich die richtige Behauptung entgegen, ohne sie zu begründen (341d2–5). Die zutreffende Begründung aus dem Text des Simonides, die eigentlich Protagoras hätte leisten müssen, gibt erst Sokrates (341d9ff.). An seiner Unfähigkeit, (hier und sonst im Dialog) seinem Logos argumentativ zu Hilfe zu kommen, zeigt sich, dass Protagoras im platonischen Sinne kein Philosoph ist.[97]

Zu 341e7–342a5: Wenn Sokrates im Unterschied zur Widerspruchsjägerei des Protagoras nach seiner ‚Verteidigung' des Gedichts eine Gesamtinterpretation geben will, mit dem Ziel herauszuarbeiten, was Simonides eigentlich ausdrücken wollte (341e8, vgl. auch 347a4 sowie 344b4), so lässt er einen metho-

---

[96] Auf-die-Probe-Stellen (*apopeirasthai*) verwendet Platon (mit personalem Objekt) dann, wenn jemand in ernsthafter (Prt. 311b1) oder eher eristischer (Tht. 154e1) Absicht einen anderen einer Prüfung unterzieht und gegebenenfalls auch im Verdacht stehen kann, von der These, mit der er den anderen auf die Probe stellen will, nicht eigentlich überzeugt zu sein (Tht. 157c4, vgl. auch Ap. 27e4). Ein solches Vorgehen liegt hier (nach Sokrates) bei Prodikos vor und wird 349c8f. bei Protagoras (ironisch) für möglich gehalten. Die Bemerkungen über das Auf-die-Probe-Stellen (das auch Sokrates anwendet [Prt. 311b1] oder das man wenigstens bei ihm vermuten kann [Tht. 157c4–6]) sind auch als Hinweis Platons darauf zu verstehen, dass man grundsätzlich auch bei Sokrates mit einem solchen Verfahren zu rechnen hat, und damit als Warnung davor, hinter den Thesen und Schlussfolgerungen, mit denen sein Sokrates (trotz besseren Wissens) Protagoras auf die Probe stellt, ohne weiteres die Anschauungen des platonischen Sokrates zu erkennen.

[97] Vgl. Szlezák 1993, 77ff., bes. 83 mit Anm. 1.

disch grundsätzlich anderen Ansatz im Umgang mit Dichtung erkennen (vgl. Gundert 1952, 72f.). Bei dieser Betrachtungsweise ist Dichtung nicht einfach ein Übungsgegenstand, an dem man den Verstand schärfen kann, sie hat vielmehr ihr eigenes Recht, und es gilt, die Intention des Autors zu erkennen. Dass Sokrates diesem Anspruch faktisch nicht gerecht werden wird, weil er die Aussagen des Simonides nach seinen eigenen Vorstellungen verdreht (vgl. dazu unten S. 150ff.), spricht nicht gegen die Fruchtbarkeit des Ansatzes selbst.

Das tatsächliche Vorgehen erklärt sich dagegen daraus, dass der platonische Sokrates eigentlich von solchen Interpretationen nichts hält (347bff.), weil man nicht eine Probe seines Dichterverständnisses, sondern der Wahrheit und seiner selbst geben soll (348a5f.). Insofern lässt sich Sokrates in gewisser Weise auf das Vorgehen des Protagoras und auf ein ihm nicht gemäßes Gebiet ein, auch indem der Befürworter kurzer Fragen und Antworten (vgl. die Gesprächskrise 334c7–338e5) nun eine lange Rede (342a6–347a5) hält. Dabei erweist er sich auch in der ureigensten Disziplin des Sophisten als überlegen (vgl. auch Szlezák 1985, 169f.). Bezeichnend ist, dass Sokrates sich zu seiner ‚Epideixis' nicht drängt, sondern Protagoras die Wahl lässt, der recht zurückhaltend reagiert – hätte er doch wohl lieber selbst geredet –, während die anderen Sophisten Sokrates nachdrücklich dazu auffordern.

c) Sokrates' Deutung der Intention des ganzen Gedichts (342a6–347a5)

342a6–347a5 Die Philosophie hat nach Sokrates ihren geheimen Ursprung in Kreta und Sparta, in den dort gepflegten kurzen Sentenzen. Diesen eigentlichen Lakonismus betrieben auch andere (u.a. die Sieben Weisen, darunter Pittakos). Das Gedicht des Simonides wird insgesamt vornehmlich als Widerlegung von Pittakos' Ausspruch betrachtet, durch die sich Simonides in der Weisheit als überlegen erweisen will (342a6–343c5).

Sokrates' Interpretation des Gedichts im Einzelnen dient dem Nachweis dieser These. Nach ihr setzt Simonides dem Ausspruch des Pittakos, es sei schwierig, edel zu sein, die Auffassung entgegen, es sei schwierig gut zu w e r d e n, *es beständig zu* s e i n *aber unmöglich. Außerdem erkennt Sokrates in diesem Gedicht u.a. die Thesen, dass das gute (richtige) Handeln auf Wissen beruht und dass niemand freiwillig etwas Schlechtes tut (343c6–347a5).*

Die ‚Epideixis' des Sokrates – kompositorisch ein Gegengewicht zur großen Rede des Protagoras (320c8–328d2) – gliedert sich deutlich in zwei Teile, nämlich in Ausführungen, die man als eine Art Bestimmung des geistesgeschichtlichen Ortes von Simonides' Gedicht (vgl. Gundert 1952, 78) bezeichnen könnte (342a6–343c5), und in die eigentliche Interpretation des Gedichts (343c6–347a5).

Zu 342a6–343c5: In doppelter ironischer Stoßrichtung bietet Sokrates einerseits – mit ausdrücklichem Bezug auf Protagoras' Bemerkungen über die Kryptosophisten (316d3ff.) – ein Pendant über die Kryptophilosophen und stellt andererseits dem spartafreundlichen Gehabe (in anderen Städten), das sich u.a. in sportlicher Betätigung und dem Tragen kurzer Mäntel zeige, den ‚echten', den philosophischen Lakonismus gegenüber. Verbunden ist beides dadurch, dass Sokrates die weisen Aussprüche der Sieben Weisen (die hier erstmals als Gruppe erscheinen)[98] als Nachahmung lakonischer Brachylogie erklärt (die also im Gegensatz zu sophistischer Makrologie steht, 334c8ff.; vgl. Trapp 1987, 48) und somit als den (geheimen) ältesten Ort griechischer Philosophie[99] ausgerechnet Kreta und Sparta aus-

---

[98] Vgl. oben S. 44 Anm. 47.

[99] ‚Philosophie' ist hier (342a7) nicht als ‚Bildungseifer' wie 335d7, sondern als Gegenbegriff zur ‚Sophistenkunst' (*sophistikē technē*, 316d3f.) zu verstehen (vgl. auch *philosophein* [342e6], wo der Bezug zur Gegenwart und damit auch das zeitgenössische Philosophieren ausdrücklich mit eingeschlossen ist [e5]). Wie für die ‚Sophistik' wird eben auch für die Philosophie (ironisch) ein alter Ursprung beansprucht. Der Begriff umfasst nicht nur eine Einstellung (dass man gerne mit Gegenständen des Wissens umgeht), vielmehr auch das Betätigungsfeld (und die Kenntnisse) der ‚weisen Männer' (*sophistai*, b1; vgl. oben S. 70 Anm. 4), die Weisheit (*sophia*, vgl. b3; 6). Formal entspricht die Verwendung von *philosophia* derjenigen z.B. in R. 473d3, wo *philosophia* als Inbegriff der Betätigung und der Erkenntnisse des platonischen *philosophos* gebraucht wird: Beim Philosophenkönig setzt das Zusammenfallen von politischer Macht und Philosophie voraus, dass der platonische *philosophos* in diesem Sinn den in der *Politeia* beschriebenen Bildungsgang des Herrschers durchlaufen hat und also zum Ziel, d.h. zur Erkenntnis, gelangt ist (vgl. R. 532e2f.). Dass dies jedenfalls für eine gewisse Zeit möglich ist, ergibt sich auch aus Prt. 344b–345c. Vgl. zu diesem für den Menschen unter bestimmten Bedin-

macht[100] (dies wiederum ein Pendant zur Klugheit der Athener, 319b3f.; vgl. Stokes 1986, 319): Verbargen die alten Vertreter

---

gungen möglichen Grenz- und Idealfall Ti. 53d6f.; Szlezák 1993, 156f. Damit ist zugleich impliziert, dass der Mensch, so er sich überhaupt um Erkenntnis bemüht, normalerweise auf dem Weg dahin ist, nach Weisheit s t r e b t (*philosophein*, der erste Wortbestandteil verbal [*philein* = lieben] und intentional verstanden), im Gegensatz zum Weise-Sein. In diesem Sinne heißt es, dass kein Gott, da er weise i s t, noch wenn einer sonst weise i s t, ‚philo-sophiert' (Smp. 204a1f.; vgl. Ly. 218a2ff.; Phdr. 278d3ff.). Vgl. zu diesem spezifischen Begriff von Philosophie und zu seinem (platonischen) Ursprung Burkert 1960; Sier 1997, 87f.

100 Obwohl im Folgenden konkrete Angaben nur von Sparta (bzw. Lakedaimon, Lakedaimoniern) gemacht werden und jedenfalls der späte Platon die im vorliegenden Zusammenhang wichtige Brachylogie nur Sparta zuspricht (Lg. 641e6f.), wird Kreta mit genannt (vgl. auch Prt. 342d1–4). Beider Staaten Verfassung wurde nach Platon von vielen hoch eingeschätzt (R. 544c2f.; vgl. auch Lg. 631b3ff.; [Hp.Ma.] 283e9–284a2). – Als Wiege der Philosophie galten Kreta und Sparta freilich nicht. Zwar war einer der Sieben Weisen ein Spartaner (Chilon, 343a4f.) und geht aus unseren Zeugnissen hervor, Anaximander von Milet sei in Sparta gewesen (vgl. VS 12 A 1; 5a), aber bezeichnenderweise stuft Herodot die Geschichte, Anacharsis habe von einer geistigen Vorrangstellung der Lakedaimonier gesprochen, als griechischen Scherz ein (4,77,1) und wird berichtet, dass man in Sparta etwa für die Lehrgebiete eines Hippias nicht aufgeschlossen war ([Hp.Ma.] 285aff.). Und wohl nicht ganz zu Unrecht versteht in den *Nomoi* der Kreter Kleinias (unterstützt vom Lakedaimonier Megillos) als eigentliches Staatsziel, was nach Prt. 342b4f. zur Verschleierung dient: Der Gesetzgeber habe alles im Hinblick auf den Krieg angeordnet (Lg. 625df.; 626c4f.; die ‚Richtigstellung' des Atheners [630dff.] berührt nicht das ursprüngliche Selbstverständnis). – Wenn die Sieben Weisen trotzdem als Nacheiferer der kretischen und spartanischen Weisen bezeichnet werden (343a5ff.), so dürfte die Genese dieses bizarren und von Platon kaum ernst gemeinten Gedankens etwa so gewesen sein: Die Sieben Weisen zu den Philosophen zu rechnen war zwar nicht zwingend (vgl. Dikaiarch, fr. 30 Wehrli [= Diog. Laert 1,40]), lag aber nahe. Platon erkennt im Verhalten des Thales das aller Philosophen (Tht. 174ab), und Pittakos und Bias können mit den Denkern von Thales bis Anaxagoras – große Namen aufgrund ihrer Weisheit – in einer Reihe genannt werden ([Hp.Ma.] 281c4–6). Da die Lehren der Sieben Weisen in kurze Aussprüche gefasst sind (343a7f.), ließ sich darin lakonische Brachylogie erkennen (343b4f.; vgl. auch 342e2f.) – bei dem Spartaner Chilon war die Kürze seiner Aussprüche so bemerkenswert, dass man diese Ausdrucksweise ‚chiloneisch' nennen konnte (Aristagoras, FGrHist 608 F 11 = Diog. Laert. 1,72) – und auf diese eher äußerliche Weise Sparta zu Stammland und Heimstatt der Philosophie erklären. – H. Neuhausen macht (in einer noch unpublizierten Kölner Dissertation zum ps.-platonischen *Alkibiades II*) darüber hinaus wahrscheinlich, dass in der Rückführung der Philosophie auf Sparta und Kreta eine Spitze Platons gegen Auffassungen des ‚Kollegen' Antisthenes vorliegt, der in Sparta seine philosophische Auffassung von wahren Gesetzen verwirklicht sah.

der ‚Sophistenkunst' (*sophistikē technē*) ihr Metier hinter anderen (zumeist geistigen) Tätigkeiten verschiedenster Art, um Anfeindungen zu entgehen, wollten und wollen demgegenüber die Anhänger der (im Geheimen und mehr als anderswo betriebenen) Philosophie in Kreta und Sparta nach außen durch Kampf und Tapferkeit anderen überlegen erscheinen, um Nachahmer auf eine falsche Fährte zu lenken. Obwohl sich diese Philosophen zur Tarnung als unwissend geben und das Philosophieren in exklusiver Abgeschlossenheit stattfindet, bringen und brachten manche aufgrund einer richtigen Einschätzung der spartanischen Brachylogie die Einsicht auf, als wahren Lakonismus das Philosophieren zu erkennen, und eifern, wie z.B. die Sieben Weisen (darunter Pittakos), dieser spartanischen Bildung nach, womit Sparta als Ursprung der philosophischen Tradition und immer noch wirkendes Vorbild für ganz Griechenland bestimmt wäre.

Simonides war von Protagoras für die (alte) *sophistikē technē* in Anspruch genommen worden (316d7), und in gewisser Weise gibt ihm Sokrates recht: Wie der professionelle Sophist jetzt das Gedicht des Simonides als fehlerhaft kritisierte und sich damit als intellektuell überlegen erweisen wollte (339a–d), so sei es (nach Sokrates) Simonides darum gegangen, sich durch Widerlegung eines Ausspruchs des Pittakos als überlegen zu zeigen und Ruhm zu gewinnen (vgl. 343b7–c3). So bekommt die Tradition, in die sich Protagoras gestellt hatte, eine besondere Note (vgl. Trapp 1987, 47). Denn Sokrates beschreibt das Ziel des ganzen Gedichts als in dem genannten Verständnis destruktiv (343c3–5) und hebt bei seiner Interpretation immer wieder die gegen den Ausspruch des Pittakos gerichtete Tendenz hervor (343d2f.; 344b4f.; 345b8–c2; c4f.; d1f.; d6). Doch macht der ‚Sophist' Simonides unter der Hand des Sokrates eine wundersame Wandlung durch. Am Ende erscheint er nicht mehr als vom Geltungstrieb beherrscht, sondern ganz in der Verantwortung gegenüber der Sache: Wenn Pittakos auch nur halbwegs die Wahrheit gesagt hätte, hätte er ihn nicht getadelt; völlig Falsches über die bedeutendsten Dinge, das auch noch den Schein der Wahrheit erweckt, könne er jedoch nicht hingehen lassen (346e4–347a3; vgl. auch unten S. 156). Der Grund für diesen Wandel liegt darin, dass die Ausführungen des Simonides in der ‚Interpretation' des Sokrates weitgehend sokratisch umgedeutet werden und dadurch die Anschauungen von Simonides und Sokrates bis zu einem gewissen Grade verschmelzen („Simonides [erscheint] als ein älterer Sokrates“, so Gundert 1952, 88). Insoweit erhält dann auch Simonides Züge eines ‚Philosophen‘.

Zu 343c6–347a5: Sokrates will – so sagt er – Tenor und Absicht des Simonides-Gedichts insgesamt erfassen (344b3f.; 347a3–5), ermittelt diese jedoch durch eine überaus eigenwillige (Fehl-)Interpretation des Gedichts.

Bei der Deutung der Verse 1–14a (343c7–344c3) möchte Sokrates unter Beibehaltung der nicht nur prodikeisch-synonymischen, sondern auch platonisch-ontologischen Scheidung von Werden und Sein, mit der er Simonides gegen Protagoras verteidigt hatte (340bc),[101] auf ein Verständnis hinaus, bei dem ein (dem Menschen begrenzt mögliches) Gut-Werden klar einem (beständigen, nur Gott zukommenden) Gut-Sein gegenübergestellt ist. Dadurch ergibt sich für Sokrates als Anschauung des Simonides eine eindeutige Gegenthese zum Ausspruch des Pittakos, indem Pittakos es für schwierig halte, gut zu sein, Simonides es aber als unmöglich (Gott ausgenommen) ansehe und daher nur ein zeitlich begrenztes Gut-Werden zugestehe. Erreicht wird diese ‚Interpretation‘ zum einen durch den gewaltsamen Bezug des Wortes *men* (‚auch nur‘, v. 1)[102] auf ‚werden‘ (*genesthai*) mit der Wirkung, dass es in Opposition zu ‚sein‘ (*emmenai*, v. 13) steht (vgl. 343c7–d6; 344a4f.; b7–c1), zum andern mit dem nicht weniger gewaltsamen Bezug von ‚wahrhaft‘ (v. 1) nicht auf ‚gut‘ (v. 1), sondern – im Unterschied zu 340c1 – jetzt auf ‚schwierig‘ (v. 1; vgl. 343d6–344a7). Letzteres Vorgehen ist notwendig, weil es für das Beweisziel des Sokrates problematisch wäre, den Text so zu verstehen, dass die Menschen (wenn auch nur eine gewisse Zeit) w a h r h a f t g u t zu werden vermöchten, Gott aber lediglich

---

[101] Vgl. auch oben S. 143 Anm. 94.

[102] Sokrates sieht die Funktion des Wortes *men* (343d5), das er auf *genesthai* bezieht, in der Hervorhebung des von ihm behaupteten Gegensatzes zu *einai* (vgl. bes. 344b7 u. e5f.). Deswegen liegt für *men* eigentlich die (übliche) Übersetzung ‚zwar‘ nahe. Diese führt jedoch zu Problemen, wenn der Gegensatz (wie in der Formulierung des Sokrates 344a1f.) vorangestellt ist und nicht folgt. Um die durch *men* ausgedrückte Einschränkung an allen für die Interpretation des Sokrates signifikanten Stellen gleich übersetzen zu können, wurde als Behelf ‚auch nur‘ gewählt (vgl. 344a1f.: „nicht es zu sein, sondern es auch nur zu werden“).

g u t sein könnte. Tatsächlich unterscheidet sich für Sokrates das Gut-Sein von Gott und Mensch anscheinend nur durch die Dauer (vgl. 344b7–c3).[103] Außerdem käme beim Bezug von ‚wahrhaft' auf ‚gut' die behauptete Opposition zwischen Gut-W e r d e n und Gut-S e i n nicht so klar heraus.

Als Begründung für den Bezug von ‚wahrhaft' auf ‚schwierig' wird die (unplatonische) Behauptung bemüht, es sei einfältig, zwischen wahrhaft Guten und Guten zu unterscheiden (343d6–e2).[104] Dass dies nicht wirklich ernst gemeint sein kann, ergibt sich schon aus dem interpretatorischen Beweisziel des Sokrates: Die Unterscheidung zwischen Gut-Werden bzw. -Sein bei Mensch und Gott ist im Grunde auf ihre Weise nichts anderes als eine Unterscheidung zwischen eingeschränkt und uneingeschränkt (‚wahrhaft') gut, wobei die Einschränkung nicht den Grad, sondern die Dauer des Gut-Seins betrifft (und damit des Wissens; vgl. den folgenden Absatz). Letztlich läuft Sokrates' Deutung dieses Gedichtabschnittes also auf die in den platonischen Dialogen auch sonst vertretene (mit einem vertieften Begriff des Gut-Seins verbundene) Anschauung hinaus, dass (nur) Gott (immer) wirklich gut (R. 379b1) und weise (Smp. 204a1f.) ist, der Angleichung des Menschen an Gott (und göttliches Wissen) aber Grenzen gesetzt sind.[105] – Es ist bemerkenswert, dass Aristoteles, als er die höchste Form des Wissens (das Wissen um die Prinzipien; metaph. 982a28ff.) als göttlich einstuft (982b28ff.), v. 14a des Simonides-Gedichts zitiert (982b30f.) und somit die nur Gott zukommende Auszeichnung ganz platonisch mit diesem Wissen in Beziehung setzt.

---

[103] Wenn der Mensch eine Zeitlang gut sein kann – eine Deutung des Sokrates aufgrund seines Verständnisses des Gedichtzusammenhangs, ohne Anhalt im überlieferten Text –, heißt das nach der weiteren Auslegung des Sokrates (344c4–345c3), dass er für eine begrenzte Zeit wissend sein kann (vgl. auch Krämer 1990, 87 mit Anm. 7). Vgl. auch die Aussage im *Timaios* (53d6f.): Höchstes Wissen hat Gott und von den Menschen derjenige, der dem Gott lieb ist.

[104] Tatsächlich gibt es entsprechende Qualifizierungen in den Dialogen, z.B. ‚vollkommen gut' (R. 427e7); vgl. auch Ausdrücke wie ‚der vollkommen gerechte Mann' (vgl. R. 472c5), ‚der wirklich Gute und Edle' (R. 396b11f.), ‚das wirklich Gute' (Phdr. 260a3) oder ‚das reine Seiende' (vgl. R. 477a7).

[105] Vgl. R. 613a8f.; Tht. 176b1f.; Phd. 107b8; Smp. 203e–204b; vgl. auch Szlezák 1993, 54; 156f.

Aus den Versen 14b–20 liest Sokrates die Ansicht heraus, gutes / richtiges Handeln beruhe auf Wissen. Gut ist also der Wissende (und der Unwissende schlecht), und somit ist das einzig wirkliche Unglück, von dem man betroffen sein kann, der Verlust des Gut-Seins, d.h. des Wissens (344c4–345c3, bes. 345b5). In diesem Fall kommt die Deutung nicht durch gewaltsam falsche Wortbeziehungen zustande; vielmehr ist der entscheidende interpretatorische Ansatz ein bestimmtes (und willkürliches) Verständnis des mehrdeutigen *eu prattein* (v. 17). Bei Simonides liegt die Bedeutung ‚Wohlergehen' vor, während Sokrates in erster Linie das sachgemäße, richtige Handeln aufgrund entsprechender Kenntnisse meint (vgl. bes. 345a3f.: die *eupragia* des Arztes beruht auf Kenntnis der Krankenbehandlung). Die Grundlage zu diesem Verständnis hat Sokrates bereits vorher geschaffen, wenn er den Mann (Menschen), den Simonides unspezifiziert als Gegensatz zum Gott gesehen hatte und der, in seiner Ohnmacht von einer ausweglosen Notlage überwältigt, notwendig ‚schlecht' ist (vv. 14ff.), überraschend als einen mit je einschlägigen Fähigkeiten ausgestatteten Fachmann deutete (344c6ff.). Denn wer ‚schlecht' wird, so seine Überlegung, muss vorher irgendwie ‚gut' gewesen sein. Insoweit hätte wohl auch Simonides zugestimmt, nur dass Sokrates eben dabei ‚gut' nicht als ‚in Wohlergehen und Ansehen stehend', sondern als ‚befähigt' bzw. ‚wissend' versteht. Das drückt er denn auch konsequenterweise aus, wenn er den Guten, der einmal ‚schlecht' werden kann, ohne Anhalt im Text des Simonides noch als jemanden, der sich zu helfen weiß, und als ‚*sophos*' bezeichnet (344e2). Wie ‚sokratisch' das ganze Vorgehen ist, zeigt der *Laches*, wo Nikias unter ausdrücklicher Zustimmung des Sokrates bemerkt, er habe Sokrates oftmals sagen hören, jeder sei darin gut, worin er wissend (*sophos*) sei, worin aber unwissend, darin schlecht (194d1–3).

Die Beispiele, die Sokrates im *Protagoras* gebraucht (Steuermann, Arzt usw., 344d), gehören in den Bereich des technischen Wissens. Doch ließe sich in Übereinstimmung mit Äußerungen in anderen Dialogen Platons das Modell des Fachwissens, wenn Gut-Sein Wissen sein sollte, auch auf das ethische Handeln anwenden; diese Analogie ist impliziert in Men. 89d–91a; vgl. auch La. 194d1ff.; Prt. 356d–357e (dort allerdings auf eine hedonistische Grundlage bezogen, doch ist die These von der Macht des Wissens als solche frei von hedonistischen Implikationen [vgl. 352c]). Die Ansicht, dass die Formen des Gut-

Seins Wissen seien, schreibt Aristoteles bereits dem historischen Sokrates zu (eth. Eud. 1216b2ff.); vgl. auch Grg. 460a5–c6 (dazu Dodds 1959, 218f.). Und auch im vorliegenden Text werden nach den technischen Beispielen die Aussagen in Anlehnung an die Ausdrucksweise des Gedichts jeweils allgemein für den Edlen / Guten ohne Spezifizierungen formuliert (344d5ff.; 345b2ff.). Die Einführung des Wissens weist auf die folgenden Dialogabschnitte voraus (vgl. Frede 1986, 742).[106]

Die ‚Interpretation' der Verse 27–30 beruht wieder auf einer gewaltsam falschen Wortbeziehung (345d3–346b8). Sokrates bezieht ‚freiwillig' (*hekōn*, v. 28) auf ‚loben' und ‚schätzen' (v. 27; vgl. auch 346e1–3), während es bei Simonides eindeutig zu ‚tun' (v. 28) gehört, da im Zusammenhang seiner Ausführungen nur der Gegensatz zwischen ‚freiwillig Schimpfliches tun' und ‚unter Zwang Schimpfliches tun' sinnvoll ist, aber nicht einer zwischen ‚freiwillig loben' und ‚unter Zwang loben'. Die Freiheit der Wortstellung, die Sokrates bei seinem Bezug von ‚wahrhaft' (dort allerdings zu Unrecht) angenommen hatte (343d5ff.), wird hier bei ‚freiwillig' (wo es angebracht wäre) gar nicht erst erwogen. Sokrates verfährt, wie es für ihn gerade günstig ist, und muss denn auch für seine Deutung Überlegungen bemühen, die im Text selbst keinen Anhalt haben (345e6ff.). Das Ziel des Verfahrens ist es, das so genannte sokratische Paradoxon, niemand tue freiwillig (absichtlich, wissentlich) etwas Schlechtes, als etwas so Selbstverständliches und von jedem Einsichtigen Anerkanntes darzustellen, dass man Simonides (nach R. 331e6 immerhin ein weiser und göttlicher Mann) die Aussage nicht zutrauen könne, er l o b e auch noch jemanden, der freiwillig nichts Schlechtes tue (vgl. 345d6–e6). Da das Paradoxon letztlich auf die These vom Tugendwissen hinausläuft, ist Sokrates' Deutung des Gedichts (jedenfalls weithin) als ein Verfechten dieser These zu verstehen.

Im Einzelnen ist dazu noch Folgendes festzuhalten: Simonides hatte von Menschen gesprochen, die freiwillig nichts ‚Schimpfliches' täten (v. 29; 345d5); Sokrates nimmt diesen Begriff zunächst mit ‚schlecht' auf (d8), verwendet dafür dann ‚einen Fehler begehen' (e1f.), benutzt anschließend das simonideische ‚schimpflich', indem er mit dem Doppelausdruck

---

[106] Vgl. zur Macht des Wissens unten S. 191f.

‚Schimpfliches und Schlechtes' (e2 u. e3) arbeitet, und kehrt schließlich wieder zu ‚schlecht' zurück (e4). Es entsteht so der Eindruck, als ginge es, nur jeweils leicht anders formuliert, stets um dasselbe. Tatsächlich ist die Aussage mit ‚schlecht' aber ungleich harmloser (oder kann jedenfalls so verstanden werden) als mit ‚schimpflich'. Denn ‚schlecht' kann auch als ‚schlecht, nachteilig für einen selbst' aufgefasst werden, und natürlich will so etwas niemand,[107] und wenn sich doch für einen etwas Nachteiliges ergibt, so ist das nicht das, was er eigentlich wollte, und es geschieht insofern gegen seinen Willen.[108] Weil eben niemand unglücklich sein will, lässt sich zeigen, dass auch niemand wissentlich das Schlechte will (Men. 77b6–78b2). Ebenso handelt niemand gegen seine Intention, verfehlt niemand absichtlich das Ziel, das er sich vorgenommen hat.[109] Und hätte er es unabsichtlich getan, so wird er es lassen, wenn man ihn aufgeklärt hat und er zur Erkenntnis gekommen ist (vgl. Ap. 25d8–26a7); das Fehlhandeln geschieht nicht freiwillig / absichtlich, sondern aus Unwissenheit (vgl. Grg. 488a3). So ist ‚wissentlich' in ‚freiwillig / absichtlich' impliziert.[110]

Sehr viel schwieriger wird das Verständnis des Verhältnisses zwischen Tun und Wissen,[111] wenn man (wie Sokrates) nicht bloß von ‚schlecht', sondern auch von ‚schimpflich'

---

[107] Das wird in den Dialogen verschiedentlich festgestellt: Niemand will für sich etwas Schlechtes bzw. unglücklich sein (vgl. Ap. 25e; Men. 78a4f.), oder positiv: Alle wollen, dass es ihnen gut geht, bzw. sie wollen im dauernden Besitz des Guten, d.h. glücklich, sein (vgl. Euthd. 278e3–6; 282a2; Smp. 205a1–7; vgl. auch Phlb. 20d).

[108] Vgl. die ausführliche Analyse Grg. 467c5–468e5 (einschl. 499e6f.), dazu Dodds 1959, 235f.; Heitsch 1989, 23–29; Segvic 2000, 5–16.

[109] Vgl. Prt. 345e1f.; R. 336e2ff.; 589c6; vgl. Wieland 1982/99, 267f.

[110] Allen (1996, 117) stellt in den Ausführungen des Sokrates einen Widerspruch fest: „Socrates interjects into the interpretation of Simonides the principle that no man errs willingly, and that all wrongdoing is involuntary (345d–e). But he immediately goes on to suggest that bad men act voluntarily (346a) ...". Der Widerspruch löst sich auf, wenn man bedenkt, dass Schlecht-Sein (-Werden) im Mangel an (Verlust von) Wissen besteht (vgl. 345a4–b4), und man in ‚freiwillig / absichtlich' in Platons Verständnis (wie oben dargelegt) das Wissen impliziert sieht. Die selbstgewählten Feindschaften, die sich die Schlechten über die aufgezwungenen hinaus zuziehen (346a7f.), sind dann keine ‚freiwilligen / absichtlichen' Handlungen im Sinn des Paradoxons.

[111] Vgl. zu dieser Problematik schon Euripides (Hipp. 380f.). Vgl. auch Aristoteles, eth. Nic. 1145b25–28 (über Sokrates).

spricht, oder wie im *Gorgias* sagt, dass niemand Unrecht tun wolle, sondern alle, die Unrecht tun, es gegen ihren Willen täten (Grg. 509e5–7). Es ist dann die Erkenntnis impliziert, dass ein Handeln nach einer objektiven Norm, d.h. gerichtet auf das wirklich Gute (das eigentlich intendierte, wenn auch häufig verkannte und daher realiter oft nicht verfolgte Ziel), jedenfalls *sub specie aeternitatis* nicht nur an sich, sondern wider allen äußeren Schein auch für einen selbst gut ist. Dem Nachweis, dass es sich so verhalte, dient im Grunde die gesamte *Politeia* Platons. Unter einer solchen Perspektive wird in der Tat niemand freiwillig / absichtlich Unrechtes tun, weil er dann, da für ihn das objektive und das subjektive Gute zusammenfallen, zu seinem Nachteil handelte, was niemand wirklich will. Voraussetzung für ein Handeln nach der objektiven Norm ist allerdings der schwer zu realisierende Sachverhalt, dass man sich über das eigentlich erstrebte Ziel (das nicht nur als gut erscheinende, vielmehr wirklich Gute) nicht im Irrtum befindet, sondern davon eine exakte und unbeirrbare Kenntnis hat. Nur dann kann gelten: Wenn einer das Gute weiß, dann ist ihm dieses Wissen eine hinreichende Hilfe, es auch zu tun (vgl. Prt. 352c4–7; anders Allen 1996, 160f.). Diese Bedingung wird bei der Beziehung, die zwischen Freiwilligkeit / Absichtlichkeit und Wissen besteht (vgl. Ap. 25d8–26a7; Grg. 488a3), in der Formulierung des Paradoxons mitzudenken sein; die im *Protagoras* (345d9–e4) getroffene Aussage ist dann zwar allgemein formuliert (und erscheint gerade dadurch paradox), erfasst aber durch die genannte Bedingung faktisch u.U. nur sehr wenige Personen, die über das notwendige Wissen verfügen.[112]

Bei Simonides ist die Aussage sicherlich nicht in dieser sokratisch-platonischen Form gemeint, aber auch nicht in der unmittelbar einsichtigeren, subjektiven (Lob für diejenigen, die

---

112 Vgl. auch unten S. 191f. zu den näheren Bedingungen dieses Wissens; ferner Santas 1964/79; Wieland 1982/99, 263ff. sowie unten S. 192 Anm. 159 u. S. 199 Anm. 167. Zum Problem des freien Willens bei Platon vgl. O'Brien 1967, 205ff. – Zum Paradoxon vgl. auch noch Phlb. 22b6–8; Tim. 86d7f.; Lg. 731c2f.; vgl. auch 860d1. – Zur Problematik im Ganzen ist auch Aristoteles, eth. Nic. 1109b35f. u. 1135a23f. zu vergleichen: Danach sind unfreiwillige Handlungen solche, die entweder unter Gewalteinfluss oder aus Unwissen geschehen; entsprechend gilt als freiwillig, was in der eigenen Macht steht und mit vollem Wissen geschieht. Vgl. auch Taylor 1991, 146.

freiwillig nichts für sie selbst Schlechtes tun), wenn er sagt, dass er allen Lob und Anerkennung aussprechen wolle, die freiwillig nichts Schimpfliches tun. Sokrates nimmt einerseits eine Banalisierung vor, insoweit er das simonideische ‚schimpflich' durch ‚schlecht' ersetzt (345d8f.): Selbstverständlich will niemand etwas für ihn selbst Schlechtes tun. Andererseits vertieft er den Gedanken des Simonides, wenn er es als selbstverständliche Überzeugung aller Weisen erklärt, dass n i e m a n d freiwillig / absichtlich etwas S c h i m p f l i c h e s und Schlechtes tue (345d9–e4).[113] Dabei gibt er ironisch seine eigene Einsicht als etwas für alle Einsichtigen Selbstverständliches und Unstrittiges aus, was sie gewiss nicht war.[114] Ähnlich wird auch im *Philebos* (28c6–8) eine für Platon wesentliche Überzeugung als übereinstimmende Auffassung aller Weisen bezeichnet.

Die letzte Strophe des Gedichts (vv. 33–40) versteht Sokrates vornehmlich als Rechtfertigung des Simonides gegenüber Pittakos, warum er diesen getadelt habe (346b8–347a3; vgl. bes. 346c1; e4ff.). In Wirklichkeit spricht Simonides jedoch über, nicht mit Pittakos (wie Sokrates glauben machen will; 346c1; e4f.); der Adressat des Gedichts ist Skopas. Zwar setzt sich Simonides in dem Gedicht mit dem Spruch des Pittakos auseinander, aber die Ausführungen über das Tadeln dienen ihm, soweit erkennbar, ganz allgemein zum eigenen Schutz vor dem möglichen Vorwurf, er sei tadelsüchtig, weil er die Existenz des vollkommen untadeligen Menschen bezweifelt habe. Die Deutung des Sokrates führt dagegen auf einen sokratisch-platonischen Gedanken: Scheinwissen (in diesem Fall des Pittakos), gerade bei den größten Dingen (wo Scheinwissen besonders gefährlich sei; vgl. Plt. 302a5–b4), muss zerstört werden (347a2f.; zur heilsamen Notwendigkeit der Destruktion von Scheinwissen vgl. Men. 84a–c). – Gleichsam nebenbei gibt der platonische Sokrates zu erkennen, dass er sehr wohl zwischen kontradiktorischem und konträrem (polaren) Gegensatz zu unterscheiden weiß: Das Schwarzfreie (~ Nichtschwarze) ist

---

[113] Vgl. auch das Verfahren im *Gorgias*, wo auf die zumindest auch subjektiv formulierten Ausführungen 467c5–468e5 („im Glauben, es sei für uns besser", 468b6) mit der Nennung des Sachverhalts als solchem zurückverwiesen wird (509e3–7: Unrecht-Tun geschieht unfreiwillig / unabsichtlich).

[114] Vgl. Taylor 1991, 147, mit Verweis u.a. auf Aristoteles, eth. Nic. 1145b25–28.

noch lange nicht weiß – Sokrates korrigiert damit die ‚missverständliche', gewissermaßen kontradiktorische Formulierung des Simonides (vv. 39f.) –, vielmehr gibt es einen Bereich dazwischen (*mesa*, 346d3; vgl. auch d7), auch bei ‚gut' und ‚schlecht' (vgl. 346c11–e4), d.h. zwischen dem absolut Guten, der durch Gott repräsentiert wird (v. 14), und den Schlechten gibt es einzelne ‚Gute'. Es liegt nahe, hier an die platonische Lehre vom *metaxy* zu denken (vgl. R. 477a6–8).

Die teilweise erhebliche Gewaltsamkeit und Willkürlichkeit von Sokrates' Vorgehen sowie die Tatsache, dass die (dem Wortlaut des Simonides-Gedichtes nach falschen) Deutungen stets auf sokratisch-platonische Lehren hinauslaufen,[115] machen es sehr wahrscheinlich, dass Platon die Fehlinterpretationen im Ganzen absichtlich und gezielt herbeigeführt hat. Er wählte damit eine besondere, die Form des aporetischen Dialogs auf eine nicht-dialogische Weise aufnehmende Art des ‚Verhüllens' seines eigenen Lehrens. Denn Sokrates hält zwar (ungewöhnlicherweise) einen Vortrag, der äußeren Form nach erläutert er aber die (angeblichen) Ansichten eines anderen (Simonides), so dass nur der kritisch mitdenkende Leser Sokrates' (Platons) eigene Anschauungen (bzw. Elemente davon) erkennen kann, sie aber als Hilfestellung dafür, was sich insgesamt an platonischer Lehre aus dem Dialog trotz seines aporetischen Endes ergibt,[116] auch erkennen muss. Insofern ist die Simonides-Interpretation kein launiges Zwischenspiel, sondern für das Verständnis des Dialoges ganz zentral (vgl. auch Gundert 1952, 89ff.), und steht diese ‚Epideixis' lediglich scheinbar auf einer Stufe mit den epideiktischen Reden der Sophisten (auch der des Protagoras in diesem Dialog), die ihre Ansicht direkt vortragen. Außerdem wird selbst jetzt noch, wenigstens verbal, die Fiktion der gemeinsamen Prüfung aufrechterhalten (343c6).

---

115 Vgl. auch Friedländer 1964, 20f.; Frede 1986, 746.
116 Vgl. oben S. XIII–XV u. unten S. 211ff.

6. Zweite Gesprächskrise (347a6–348c4)

347a6–348c4 Nachdem ein Versuch des Hippias, ebenfalls einen Vortrag über das Gedicht des Simonides zu halten, abgewehrt ist, plädiert Sokrates dafür, die Dichterinterpretation wegen ihrer Beliebigkeit aufzugeben und die ursprüngliche Untersuchung zu Ende zu führen; darauf lässt sich Protagoras nur widerwillig ein.

War bei der ersten Gesprächskrise (334c7–338e5) die Form des Gedankenaustauschs zum Problem geworden, sind nun Fragen der Form und des Inhalts miteinander verbunden. Durch das Angebot des Hippias, ebenfalls einen Vortrag über das Gedicht des Simonides zu halten, droht einen Augenblick lang die Gefahr, dass sich das Gespräch in eine Serie von Reden auflöst – und gleichzeitig ins inhaltlich Beliebige abgleitet: Protagoras' Behandlung des Simonides war auf Beifall gestoßen (339d10f.); auch (!) Sokrates habe das Gedicht gut erörtert, bemerkt Hippias, der – ohne falsche Bescheidenheit – von der Qualität seines eigenen Vortrags genauso überzeugt ist (347a6–b2). Aber ein Hinweis des Alkibiades (348b2ff.) auf die früher (338de) getroffene Vereinbarung genügt, diese Gefahr zu bannen. Der Sieg der dialogischen über die epideiktische Form ist damit endgültig. Gleichzeitig gewinnt Sokrates die Führung der dialogischen Auseinandersetzung (vgl. Szlezák 1993, 143f.), die er freiwillig an Protagoras abgegeben (338c7ff.) und schon 339eff. wieder übernommen hatte, von diesem endgültig zurück (348c4).

Darüber hinaus muss Protagoras jetzt auch inhaltlich eine Niederlage hinnehmen, weswegen er dann auch nur sehr widerwillig bereit ist, die Untersuchung über die Einheit der Formen des Gut-Seins fortzusetzen (vgl. 348b1–c4): Hatte Protagoras zuvor Versiertheit in der Dichtung als bedeutendsten Teil der Bildung erklärt (338e7f.), lässt Sokrates jetzt erkennen, dass die Gebildeten (347d3) der Dichtung als eines Vehikels für ihre Zusammenkünfte genauso wenig bedürfen wie der Schalmeienspielerinnen beim Symposion (347c3ff.), sondern sich selbst aus sich heraus, d.h. gestützt auf ihre eigene Persönlichkeit, unterhalten können (348a1f.; a4f.). Dichtung und Dichter (vergangener Zeiten) haben, wie Sokrates unwidersprochen feststellt, denselben Mangel wie Bücher überhaupt (vgl. 329a3f.): Sie sind dialogunfähig. Da es nicht möglich ist, sie zu befragen (vgl. auch Phdr. 275d; sowie [Hp.Mi.] 365c8f.), kann sich jeder mit beliebiger Deutung auf die Dichter berufen, ohne dass seine Ansicht wirklich verifiziert werden könnte (347e3–7). Damit ist einerseits ein Urteil über den Wert des ‚bedeutendsten Teils der Bildung' gefällt (vgl. auch Taylor 1991, xiii), andererseits natürlich auch über den Beweiswert von Sokrates' Ausführungen über das Gedicht des Simonides *qua* Interpretation (umso wahrscheinlicher wird die darin implizierte Funktion der Vermittlung sokratisch-platonischer Lehre). Das muss nicht heißen, dass Platon alle Interpretationen für gleich richtig (oder falsch) gehalten hätte und nicht unterschiedliche Wahrscheinlichkeiten zugäbe (tatsächlich kann Sokrates methodisch korrekt wahrscheinlich machen, warum eine bestimmte Deutung falsch ist; vgl. 341d6–e7). Vielmehr geht es um den prinzipiellen Unterschied zwischen dialogischer Wahrheitssuche am Gegenstand selbst (die zur Übereinstimmung der Dialogpartner führen soll; vgl. 314c7 u. oben S. 77) und der Interpretation eines Textes. Dieser Unterschied liegt sowohl im Fehlen eines Dialogpartners (im strikten Sinn) bei der Textinterpretation als auch in ihrer existentiellen Geringerwertigkeit, insofern nicht unmittelbar die Sache selbst, sondern die Meinung eines anderen darüber zur Debatte steht. Ziel des sokratischen Gesprächs ist die Prüfung des Sachverhalts an sich (was ist wahr?), wobei gleichzeitig auch die diskutierenden Personen auf den Prüfstand kommen (348a5f.; vgl. auch a2). Beides ist untrennbar verbunden (vgl. 331c4–d1; 333c7–9; La. 187e6ff.).[117]

---

[117] Die Frage stellt sich, ob bzw. inwieweit sich aus dem Verdikt der Dichter-Interpretation (*mutatis mutandis*) Konsequenzen für den interpretierenden Leser eines platonischen Dialogs (konkret auch des *Protagoras*) ergeben (vgl. Woolf 1999). Man wird davon ausgehen können, dass der geschriebene Logos auch hier nur eine Art Abbild (*eidōlon*) des lebendigen Gesprächs ist, wodurch die Wahrheit nicht hinreichend vermittelt werden kann (Phdr. 276a–c). Insofern kann nach den Überzeugungen Platons die Auseinandersetzung mit dem geschriebenen Dialog nur ein Ausgangspunkt sein, bei dem man nicht stehen bleiben darf und der andere Formen der Bemühung und (mündlicher) Vermittlung nicht ersetzen kann. Vgl. z.B. auch Manuwald 2003b.

7. Die Einheit der Formen des Gut-Seins: Rekapitulation und erste Argumentation zum Verhältnis Tapferkeit – Weisheit (348c5–351b2)

348c5–349a6 Zu zweit kommt man eher zu Erkenntnis, und bei Fragen, welche das Gut-Sein betreffen, ist Protagoras als Lehrer des Gut-Seins der prädestinierte Gesprächspartner.

Der Abschnitt dient der Überleitung von der Gesprächskrise zur Wiederaufnahme des alten Themas. Sokrates möchte dem wenig animierten Protagoras das dialogische Verfahren schmackhaft machen. Dabei verbindet er geschickt – unter Verwendung von Homerversen – sokratische und sophistische Elemente. Ausgangspunkte sind seine Ratlosigkeit (die der Hilfe eines anderen bedarf) und die Überzeugung, dass gemeinsames Vorgehen hilfreich sei; er verweist aber auch auf die Möglichkeit, dass einer allein einen ‚Fund' gemacht hat: Der gehe dann umher (wie Sokrates, der immer auf der Suche nach Gesprächspartnern ist, oder wie der umherziehende Sophist) und suche, wem er seine Erkenntnis vorführen (348d4 [Epideixis]) und von wem er eine Bestätigung erhalten könne (314c7 [sokratische Homologie]). Dass das dialogische Verfahren auch zur Widerlegung eines Gesprächspartners führen kann, wird wohlweislich nicht gesagt. – Da Protagoras sich im Unterschied zu anderen (vgl. 316de) öffentlich als Sophist bekannt hat, der die Menschen (gegen Geld) erzieht, sie besser macht und im Gut-Sein fördert (vgl. 316c–317c; 318a–319a; 328b), hat Sokrates leichtes Spiel, ihn – bestimmt nicht ohne Ironie (vgl. auch Szlezák 1985, 167) – als optimalen, unverzichtbaren Gesprächspartner in Fragen des Gut-Seins zu erklären. Protagoras kann sich so dem Ansinnen des Sokrates, das Thema der Einheit der Formen des Gut-Seins wieder aufzunehmen, nicht mehr entziehen und wird sich dann auch an seinem hohen Anspruch messen lassen müssen.

349a6–d8 Sokrates rekapituliert die Frage nach der Art der Einheit der Formen des Gut-Seins sowie die ursprüngliche Position des Protagoras. Dieser will jetzt nicht mehr alle For-

men gleichermaßen als verschieden ansehen, sondern behauptet nur noch eine Sonderstellung der Tapferkeit.

Bei der Wiederaufnahme der Frage nach der Einheit der Formen des Gut-Seins unterscheidet sich diese von der ursprünglichen Formulierung (329c) in folgenden Punkten: Weisheit und Tapferkeit werden gleich mit einbezogen; die Alternative ‚rechtliches Verhalten, Selbstbescheidung und Frömmigkeit: Teile des einen Gut-Seins oder bloße (unterschiedliche) Benennungen ein und desselben' erscheint nun in der Form ‚Sind die Namen der (fünf) Formen des Gut-Seins bloß (unterschiedliche) Benennungen einer einzigen Sache (*pragma*), oder liegt jeder dieser Bezeichnungen eine je eigene Wesenheit (*idios ousia*) und Sache (*pragma*) mit je eigenem Vermögen zugrunde, wobei das eine von ihnen nicht wie das andere ist?'. Die Veränderungen beruhen, wie es scheint, auf der Berücksichtigung der Diskussion, die auf die ursprüngliche Frage folgte (vgl. 329d3–330e2). Dabei waren Weisheit und Tapferkeit einbezogen worden (vgl. 329e5–330a2). Dass es sich bei den einzelnen Formen des Gut-Seins jeweils um ein benennbares Etwas (*pragma*) handle, darauf hatte Sokrates selbst insistiert (vgl. 330c1–4; 332a4f.);[118] als Präzisierung tritt nun noch ‚Wesenheit' (*ousia*) hinzu.[119] Entsprechendes wird jetzt für den Fall vorausgesetzt, dass das Gut-Sein insgesamt nur e i n Etwas sei (349b3).

Die Verschiebung der Alternative von ‚Einheit – Vielheit in der Einheit' zu ‚Einheit – Vielheit' lässt sich als Reaktion auf Aussagen des Protagoras verstehen: Wie sich der Gedanke der Einheit in der ursprünglichen Formulierung an Bemerkungen des Protagoras anschloss (vgl. 324d8; e3; 325a2; vgl. auch 323e3f.), so spiegelt jetzt das Fallenlassen des Begriffs ‚Einheit' im zweiten Teil der Alternative die Auffassung des Protagoras wider, die einzelnen Formen könnten je selbständig (ohne notwendige Kombination mit anderen) vorhanden sein (vgl. 329e2–6). Im Referat der Antwort des Protagoras wird die Vorstellung von Teilen eines Ganzen zwar aufrechterhalten (349c2–5), aber es wird gegenüber früher (329d) für das Modell

---

118 Vgl. auch oben S. 118 Anm. 62.

119 D.h., es gibt für jede der Bezeichnungen jeweils eine reale Grundlage, die das jeweilige spezifische Sein ausmacht.

‚Gesicht' ausdrücklich gemacht, dass die Teile nicht nur untereinander, sondern auch dem Ganzen unähnlich seien, vom dem sie Teile sind (349c4f.). Damit wird ihre Eigenständigkeit im Vergleich zur ursprünglichen Aussage noch mehr akzentuiert, gleichzeitig das Modell der an sich organischen Einheit ‚Gesicht' noch weiter strapaziert. Insoweit die Formulierungen der beiden Alternativen als Reaktionen auf Aussagen des Protagoras verstanden werden können, wäre es ohne zureichende Grundlage, in einer von ihnen ohne weiteres die Ansicht des platonischen Sokrates erkennen zu wollen (anders Vlastos 1971/81, 226).

Was die Position des Protagoras angeht (vgl. 329d3–330b6), so versucht ihm jetzt Sokrates, dessen Identifikationsbemühungen auf eine völlige oder jedenfalls weitgehende Identifikation der bisher behandelten Formen des Gut-Seins mit der Weisheit hinauslaufen, die Abkehr von seiner ursprünglichen Auffassung zu erleichtern, indem er die Möglichkeit ins Spiel bringt, sie habe vielleicht von vornherein gar nicht dessen Überzeugung entsprochen (349c5–d1). Tatsächlich macht Protagoras in seiner unpräzisen Art ein Zugeständnis: Er bleibt zwar bei seiner Ansicht, dass alle fünf Formen Teile des Gut-Seins seien, räumt jedoch ein, dass vier davon einander ziemlich ähnlich seien – womit er zwar nicht deren Identität zugibt, aber Sokrates doch recht weit entgegenkommt, obwohl seine Vorbehalte nicht ausgeräumt sind (331e6f.) und die Identifikationsbemühungen des Sokrates im Falle von *sōphrosynē* und Gerechtigkeit noch nicht einmal formal zum Abschluss gekommen waren (333b7–334c6) –, und behauptet jetzt nur noch für die bislang noch nicht diskutierte Tapferkeit insofern eine Sonderstellung, als sie auch bei Nichtvorhandensein aller anderen Formen gegeben sein könne.

Diese Sonderstellung der Tapferkeit, vor allem ihre Trennung vom Wissen (vgl. 349d7f.), entspricht, wie aus dem *Laches* hervorgeht, einer mehr volkstümlichen Auffassung dieser Form des Gut-Seins als einer naturhaften Größe (vgl. bes. La. 197a1–5). Von so gearteter Tapferkeit spricht gelegentlich auch der platonische Sokrates (vgl. R. 375a9ff.; Men. 88b1–6; Grg. 463a7), wenngleich eine solche Eigenschaft im strikten Sinn den Namen ‚Tapferkeit' nicht verdiene (R. 430b6–9). Diese der *phronēsis* entgegengesetzte, vernunftlose, naturhafte Tapferkeit spielt in den *Nomoi* eine gewisse Rolle (vgl. bes. 963e). So kann auch von einem tapferen Mann, der ungerecht ist, die

Rede sein (661e6–662a2); allerdings führt ein solcher ein schändliches Leben, und es gilt auch in den *Nomoi*, dass „Gerechtigkeit und Besonnenheit und Einsicht vereint mit Tapferkeit vortrefflicher sind als die bloße Tapferkeit allein" (630a8–b2, Übers. Schöpsdau); vgl. im Einzelnen Schöpsdau 1994, 182–185.

349e1–351b2 Sokrates argumentiert, dass Weisheit / Wissen Tapferkeit sei (349e1–350c5). Protagoras weist die Argumentation des Sokrates zurück, weil er darin einen Fehlschluss erkennt (350c6–351b2).

Zu 349e1–350c5: Mit Protagoras' These von der Sonderstellung der Tapferkeit setzt sich Sokrates in einem ersten Beweisgang hier und in einem zweiten 359a2–360e5 auseinander, indem er jeweils auf das Verhältnis von Weisheit / Wissen und Tapferkeit abhebt. Der erste Beweisgang wird in mehreren aufeinanderfolgenden gedanklichen Schritten entwickelt; dabei ist allerdings zu beachten, dass Sokrates Fragen stellt (vgl. oben S. 120f.) und keine Aussagen macht.
(1) Die Tapferen sind wagemutig (349e2f.).
(2) Gut-Sein ist etwas Lobenswertes, und zwar uneingeschränkt und im höchstmöglichen Maß (349e3–8).
(3a) [Nicht ausformuliert, folgt aber aus den Beispielen]: Die in ihrem (gefährlichen) Metier Kenntnisreichen sind durch ihre Kenntnisse wagemutig (349e8–350a5).
(3b) Die Kenntnisreichen sind wagemutiger als die Nicht-Kenntnisreichen (350a6–b1) [die komparativische Formulierung stammt von Protagoras, vgl. unten S. 168f.].
(4a) Einige sind wagemutig, obwohl sie diese Kenntnisse nicht haben (350b1–4).
(4b) Diese Wagemutigen sind von Sinnen und nicht tapfer, weil Tapferkeit nichts Verwerfliches sein kann (350b4–6) [nach (2)].
(5) Wiederaufnahme von (1), entweder als (1): Die Tapferen sind wagemutig, oder als (1'): Die Tapferen sind die Wagemutigen (350b6f.).
(6) Wiederaufnahme von (4a+b): Die (kenntnislosen) Wagemutigen sind nicht tapfer, sondern von Sinnen (350c1f.).
(7) Die [nach dem Kriterium von (3a)] Kenntnisreichsten sind die Wagemutigsten (350c2f.) [Rückbezug auf (3b)].
(8) Und als Wagemutigste die Tapfersten (350c3f.) [nach (1')?].

Weil sich aus (7) und (8) ergibt, dass die Kenntnisreichsten die Tapfersten sind, wird (in abstrakter Formulierung) gefolgert:
(9) Weisheit / Wissen ist Tapferkeit (350c4f.).

Die Folgerungen am Schluss [(6)–(9)] sind so angelegt, dass sie überwiegend nicht auf Sätzen beruhen, die Sokrates (in Frageform) aufgestellt und die Protagoras lediglich bejaht hat, sondern auf ausdrücklichen Äußerungen des Protagoras (vgl. auch die distanzierende Bemerkung des Sokrates [„nach dieser Argumentation"], 350c4; O'Brien 1961, 415); der Sachverhalt wird auch durch die Feststellung des Protagoras betont, der Sokrates vorhält, dass dieser sich nicht recht erinnere, was er, Protagoras, gesagt und geantwortet habe (350c6f.). Diese Beobachtung legt die Annahme nahe, dass es dem platonischen Sokrates mit dem erzielten Ergebnis jedenfalls in dieser Form nicht ganz ernst sein kann. Sie bietet aber auch eine Hilfe für das Verständnis der Folgerungen (350c1–4): Wenn (6) „Nicht wahr ... von Sinnen" (350c1f.) von 350b5f. („denn diese Leute sind von Sinnen") ausgeht und (7) „Und ... Wagemutigsten" (350c2f.) von (3b), dann ist es am wahrscheinlichsten, dass (8) „und als Wagemutigste die Tapfersten" (350c3f.) eine bloße Aufnahme von (5) „Wie bezeichnetest du denn nun ... die Tapferen? Nicht als wagemutig / die Wagemutigen?" (350b6f.) darstellt: Das hatte Protagoras nachdrücklich bejaht (350b7), und Sokrates ‚versteht' das als Identitätsaussage, welche die in (8) implizierte Aussage ‚die Wagemutigen sind tapfer' ermöglicht.[120]

Unabhängig von den logischen Problemen des Beweisgangs im Einzelnen[121] zeigt bereits der Überblick über die Argumentationsschritte, dass sie nicht vornehmlich auf durchsichtige Klarheit hin angelegt sind. So bietet die (etwas unvermittelte) Einführung von (2) keinen Anknüpfungspunkt für (3a)–(4a), sondern ist erst (und nur) für (4b) von Bedeutung, (7) setzt (3b) fort. Von den beiden Wiederaufnahmen (5) und (6) hat zwar (5)

---

120 Der Einwand, dass Sokrates so nicht habe argumentieren können, weil er u.a. durch seine Frage in 350b4 erkennen ließ, dass er nicht alle Wagemutigen für tapfer hält (vgl. z.B. Weiss 1985, 13f.), rechnet nicht mit der Möglichkeit, dass Sokrates keinen unangreifbaren Beweis führen, sondern Protagoras mit seiner Argumentation auf die Probe stellen will.

121 Vgl. Taylor 1991, 150–161 sowie unten S. 165 Anm. 122; S. 167 Anm. 125; S. 167f.; S. 169 Anm. 130.

als Aufnahme von (1) eine unmittelbare Funktion für den weiteren Beweisgang – sie (5) ist allerdings wohl absichtlich ambivalent formuliert[122] –, während (6) durch den Gegensatz zu (7)–(9) anscheinend die Eingängigkeit dieser Sätze verstärken soll. – Wenn überdies Sokrates nach dem Einspruch des Protagoras im nächsten Abschnitt sehr viel grundsätzlicher neu ansetzt (351b3ff.) und es überhaupt zu einem zweiten Beweisgang kommt, der die Beziehung von Tapferkeit und Weisheit / Wissen klären soll (359a2–360e5), so wird schon dadurch nahegelegt, dass Platon den ersten Beweisgang in dieser Form nicht als zureichend und unangreifbar betrachtet hat. Daraus kann man allerdings noch nicht den Schluss ziehen, das müsse dann beim zweiten der Fall sein, aber ganz zweifellos ist dieser zweite nach sokratisch-platonischen Vorstellungen dem ersten überlegen (und auch Protagoras sieht sich beim zweiten nicht mehr zu einer Widerlegung imstande). Es ist notwendig, hier etwas vorzugreifen, damit bestimmte Unterschiede und Mängel des ersten Beweisgangs gegenüber dem zweiten besser erkannt werden können:

Während im ersten Beweisgang – jedenfalls der Ausdrucksweise nach – von Weisheit (Wissen) schlechthin die Rede ist (350c4), wird im zweiten der Bereich des Wissens bestimmt (Wissen davon, was gefährlich ist und was nicht, 360d4f.), es differieren also die Formulierungen der Ergebnisse.

Im zweiten Beweisgang erfolgt auch terminologisch deutlich eine Scheidung in zwei Gruppen, nämlich in Tapfere (*andreioi*), die nicht verwerfliche Furcht haben bzw. nicht verwerfliche (*aischra*) Wagnisse eingehen, und in Feige (*deiloi*),

122 Der bestimmte Artikel vor „Wagemutigen“ (*tous tharraleous*) im griechischen Text kann bedeuten, dass die Tapferen nicht nur zur (umfassenderen) Gruppe der Wagemutigen gehören (so die Formulierung 349e2), sondern mit ihnen koextensiv sind. Er kann aber auch als Rückverweis auf den aus 349e2 bekannten Sachverhalt verstanden werden. (‚Wie nanntest du denn die Tapferen? Nicht [wie du bereits sagtest] wagemutig?‘). Platon könnte absichtlich eine ambivalente Formulierung gewählt haben, damit einerseits Protagoras zustimmend antworten kann, andererseits in der Argumentation des Sokrates die Vertauschung von ‚tapfer‘ und ‚wagemutig‘ (durch die von Sokrates offenbar intendierte Identifizierung: die Wagemutigen) glatter vonstatten geht.

123 Diese haben mit denjenigen, die nach 350b6 ‚von Sinnen‘ sind, nur das griechische Wort gemein, bilden aber in der Gruppe der Feigen, der Tollkühnen und der Wahnsinnigen eine eigene Abteilung.

Tollkühne (*thraseis*) und Wahnsinnige (*mainomenoi*)[123], die verwerfliche Furcht haben bzw. verwerfliche Wagnisse eingehen (vgl. 360a8–b6). Die Differenzierung ergibt sich, nachdem sich bloßes, nicht weiter qualifiziertes Zuversichtlich- bzw. Wagemutig-Sein (*tharrein*) nicht als brauchbares Unterscheidungsmerkmal herausgestellt hatte (vgl. 359d7–e1). Im ersten Beweisgang wird diese Zweiteilung nicht klar herausgearbeitet: ‚Wagemutig' (*tharraleos*) fungiert nicht nur als Oberbegriff (349e2), sondern wird zugleich auch (wenngleich durch Qualifikatoren unterschieden) zur Bezeichnung der nicht-tapferen Wagemutigen (die als ‚von Sinnen' [*mainomenoi*] bezeichnet werden) verwendet (350b4–6; c1f.).

Der Unterschied beruht letztlich darauf, dass es sich im ersten Beweisgang bei dem Wissen, das die Wagemutigen haben und das schließlich mit der Tapferkeit in Beziehung gesetzt wird, eindeutig um ein technisches Expertenwissen handelt, nicht um ein ethisches Wissen,[124] das im zweiten Beweisgang bestimmend wird. Zwar wird der ethische Maßstab eingebracht und gerade Protagoras als Lehrer des Gut-Seins darauf festgelegt (349e3–8), aber für die positive Bestimmung des Verhältnisses von Weisheit / Wissen und Tapferkeit wird er nicht wirksam und für die Ausgrenzung der Nicht-Tapferen, die von Sinnen sind, nur scheinbar in Anwendung gebracht. Protagoras arbeitet dabei zwar mit dem Begriff ‚verwerflich' (350b5), aber das Nicht-Wissen der Nicht-Tapferen bezieht sich auf das Fehlen ebendes Expertenwissens (vgl. 350b2), das nicht ethisch definiert ist. Es ist also gewissermaßen nur hässlich, dass dieses technische Wissen nicht vorhanden ist, oder besser: Protagoras hat gar keinen Blick für das Problem, auf das es hier eigentlich ankommt.

Wenn man nämlich nicht den (nach Platon) richtigen Bezugspunkt des Wissens zugrunde legt (vgl. zu diesem Problem La. 192e1f.), sondern von einem ‚Expertenwissen' ausgeht, lässt sich das Verhältnis zwischen d i e s e m Wissen und Tapferkeit in sehr verschiedener Weise beschreiben: im Gegensatz zum ersten Beweisgang im *Protagoras* etwa auch so, dass derjenige, der über die jeweiligen technischen Fähigkeiten verfügt, weniger tapfer ist (weil es für ihn weniger gefährlich ist) als

---

124 Vgl. auch Taylor (1976) 1991, 152; Stokes 1986, 345.

derjenige, der diese Fähigkeiten nicht hat, usw. (vgl. La. 193b5–c8).[125] Wenn Platon / Sokrates im ersten Beweisgang die Anbindung von Wagemut an Expertenwissen [Satz (3a)] nicht schon als solche bedenklich schien bzw. nicht ernst gemeint war, dann gewiss die Verwendung dieses Satzes als Baustein bei der Bestimmung der Tapferkeit (nach Phd. 69b muss Gut-Sein überhaupt und so auch Tapferkeit mit Klugheit [*phronēsis*] verbunden sein; vgl. auch Men. 88b).

Auch abgesehen von den logischen Problemen und Mängeln des ersten Beweisgangs[126] wird man also nicht davon ausgehen können, dass der platonische Sokrates meinte, auf der gewählten Grundlage lasse sich die Beziehung von Weisheit / Wissen und Tapferkeit gültig klären; der Beweisgang dürfte daher auch gar nicht auf einen Sieg des Sokrates auf diese Weise und an dieser Stelle angelegt gewesen sein. Vielmehr wird Protagoras durch das Vorgehen des Sokrates auf die Probe gestellt. Der Lehrer des Gut-Seins erweist sich dabei in seiner Antwort einerseits als scharfsinnig, indem er einen Fehler in der Argumentation des Sokrates aufdeckt, andererseits aber als unfähig zu erkennen, auf welcher Ebene das Problem eigentlich erörtert werden müsste. Sein Sieg ist daher nur scheinbar und äußerlich,[127] und Sokrates kann zeigen, dass er mit seiner Weisheit keineswegs am Ende ist, und das Problem unbeeindruckt mit einem weiterführenden Ansatz neu angehen (vgl. auch Szlezák 1985, 170ff.): Sein Weg wird über den grundsätzlichen Nachweis der Macht des Wissens wenigstens zu Gesichtspunkten für die Beurteilung des Verhältnisses ‚Weisheit / Wissen – Tapferkeit' führen, die im sokratisch-platonischen Verständnis korrekt sind.

Wäre das Hauptproblem des ersten Beweisgangs nicht inhaltlicher, sondern nur logischer Art, und verhielte es sich so, dass der Beweisgang in der Sicht Platons angemessen wäre,

[125] Die Differenzen kommen u.a. dadurch zustande, dass im *Laches* das Expertenwissen unmittelbar mit der Tapferkeit (wie sie der Dialogpartner Laches versteht, der sich über den richtigen Bezugspunkt der *phronēsis* nicht im Klaren ist) in Beziehung gesetzt wird, im *Protagoras* aber mit dem Wagemut, aus dem dann (logisch nicht korrekt) Tapferkeit gefolgert wird (350c3f.). Vgl. zum Verhältnis *Protagoras – Laches* in diesem Punkt auch Centrone 2004.

[126] Vgl. oben S. 164 mit Anm. 121.

[127] Vgl. – mit anderer Argumentation – auch Stokes, 1986, 346.

sich bei einem bestimmten Verständnis retten ließe und Platon Protagoras mit seinem Einwand gegen das logische Vorgehen des Sokrates hätte erfolgreich sein lassen, obwohl daran an sich nichts auszusetzen wäre, hätte er kaum darauf verzichten können, dass Sokrates dem ersten Beweis auch im Hinblick auf die Logik ‚zu Hilfe kommt'. Dies geschieht jedoch nicht, und das ist ein starkes Indiz dafür, dass Platon die Kritik des Protagoras für berechtigt hält (zumal sie eine logische Struktur hat, die auch dem platonischen Sokrates vertraut ist)[128] und die Leser den Beweisgang des Sokrates so zu analysieren haben, dass der Einwand des Protagoras (soweit er reicht) wirklich trifft (vgl. auch Klosko 1979, 136ff.). D.h. dann aber, dass der von Protagoras aufgedeckte Fehler in der Argumentation des Sokrates in der – absichtlich – falschen Umkehrung von (1) zu (8) besteht, wahrscheinlich über die (durch die Umkehrung ohnehin implizierte) Zwischenstufe (1'), wodurch aus der Subsumtion der Tapferen unter die Wagemutigen – in (1) – eine Identitätsaussage wird, also die beiden Gruppen als koextensiv betrachtet werden.

Ist das richtig, dann ergibt sich eine für das Verständnis des ganzen Dialogs wichtige methodische Erkenntnis: Platon lässt einen Fehlschluss des Sokrates aufdecken und gibt damit einen Hinweis darauf, dass man grundsätzlich mit einem solchen Vorgehen des Sokrates rechnen muss.

Zu 350c6–351b2: Protagoras geht gegen das von Sokrates (im ersten Beweisgang) erzielte Ergebnis in drei Schritten vor:

(1) Zunächst zeigt er, dass die erwähnte falsche Umkehrung von ihm nicht vollzogen bzw. zugestanden worden sei (350c6–d2), und somit ergibt sich die Identifizierung von Weisheit / Wissen und Tapferkeit (wie jedenfalls Protagoras das Ergebnis des Sokrates versteht; vgl. 350d5 „dasselbe") aus den von Protagoras zugestandenen Sätzen tatsächlich nicht. Bemerkenswert ist, dass Protagoras als weiteres Element von Sokrates' Beweisgang ihm die Behauptung unterstellt, die Kenntnisreichen seien wagemutiger als sie selbst (sc. bevor sie Kenntnisse hatten) und als andere Kenntnislose (350d3–5). Dabei greift Protagoras aber nur seine eigene komparativische Formulierung (3b) auf und

---

128 Vgl. Euthphr. 11e7f.; vgl. Sprague 1962, 92–94; 96.

nennt den positiven Ausgangspunkt (3a) hier nicht. Von Schritt (3b) und der weiteren (in Fortsetzung der Maßnahme des Protagoras von Sokrates vorgenommenen) Steigerung in den Superlativ (7) war aber die Argumentation des Sokrates logisch gar nicht abhängig (vgl. auch Taylor 1991, 155). Er hätte ohne weiteres von (3a) gleich zu (7) – dann im Positiv formuliert – kommen können. Protagoras' Übergang in den Komparativ hatte möglicherweise einerseits den Sinn zu demonstrieren, wie sehr er eine noch so enge Anbindung von Wagemutig- an Kenntnisreich-Sein akzeptieren kann, ohne d e s w e g e n für seine Auffassung von der Sonderstellung der Tapferkeit fürchten zu müssen; andererseits bietet dieser Übergang die Basis für Sokrates, der von Protagoras superlativisch (im Sinne des Elativs) formulierten Verbindung von kenntnislos und tapfer (349d7f.) das superlativische Gegenteil (350c2–4) entgegenzusetzen.[129] Das von Sokrates erzielte Ergebnis war jedoch formal allein durch eine falsche Umkehrung bedingt. Protagoras entgeht also bei der Zurschaustellung seines Scharfsinns, dass er auch mit einem Element arbeitet, welches Sokrates' Argumentation gar nicht trug und in die vorausgehende Argumentation von ihm selbst eingeführt worden war.

(2) Um den Beweisgang des Sokrates *ad absurdum* zu führen, konstruiert Protagoras einen parallelen Fall, dass nämlich Sokrates mit seiner Methode auch hätte zeigen können, Körperkraft sei Weisheit / Wissen (350d5–e7). Auch hier liegt der Fehler der für Sokrates angenommenen Argumentation in der falschen Umkehrung,[130] und auch hier stammt der Schritt, der Element (3b) äquivalent ist, von Protagoras und ist logisch nicht notwendig.

Für beide Einwände gilt: Protagoras geht bei seinem Angriff gegen das argumentative Vorgehen des Sokrates nicht auf die Schritte (2) und (4a+b) ein. Tatsächlich hing davon das von Sokrates erzielte Ergebnis nicht ab, aber das Verhalten des Protagoras ist insofern bezeichnend, als diese – von Protagoras nicht berücksichtigten – Elemente den Wertmaßstab andeuten,

---

[129] Zur Bedeutung des Superlativs vgl. auch Stokes 1986, 342.

[130] Die Kenntnisreichsten sind die Fähigsten (nach 350e1–3) und als Fähigste die Kräftigsten (nach 350d7f. ‚die Kräftigen sind fähig' in falscher Umkehrung), also: Wissen ist Körperkraft.

nach dem das Vorliegen (oder Nicht-Vorliegen) von Tapferkeit (nach Platon) eigentlich zu beurteilen wäre.

(3) Insoweit die Argumentation des Sokrates fehlerhaft ist, muss sich Protagoras mit seiner These von der Sonderstellung der Tapferkeit nicht widerlegt fühlen. Auch seine positive Erklärung, die er für Zu-etwas-imstande-Sein und Körperkraft und für Wagemut und Tapferkeit gibt (351a1–b2), ist jedenfalls formal mit seiner Ausgangsthese (349d7f.) konsistent, wenn auch inhaltlich nicht unproblematisch:

Die ‚gute Nahrung für die Seele' soll danach in der Ausbildung der natürlichen Tapferkeitsanlage bestehen. Wie diese Ausbildung aussieht, sagt Protagoras nicht. Wenn er seiner Ausgangsthese (349d2–8) nicht widersprechen will, muss er allerdings von der Nahrung für die Seele, jedenfalls soweit sie die Tapferkeit fördert, alle Wissenselemente ausschließen und muss nicht nur annehmen, dass die Tapferen wagemutig sind, sondern auch, dass der Wagemut der Tapferen ausschließlich aufgrund von Tapferkeit (die dann als wissensfrei vorausgesetzt werden muss) zustande kommt, d.h. Wagemut nicht nur durch die dafür genannten drei Faktoren (technischer) Sachverstand, Zornesaufwallung und Wahnsinn (351a7f.) erklärt werden kann. So sind die Aussagen von Protagoras zwar rein formal konsistent und ist er insofern von Sokrates nicht widerlegt,[131] aber eine wissensfreie Nahrung für die Seele wäre nicht nur überhaupt eine vor allem bei einem Sophisten überraschende Vorstellung (vgl. 313c6f.: die Seele ernährt sich von Gegenständen des Wissens; vgl. dazu oben S. 74f.), sondern auch kaum mit einer Bemerkung des Protagoras in seiner großen Rede vereinbar: Wenn zur Erziehung auch Sport gehört, wie er sagt, damit man in besserer körperlicher Verfassung der Führung des Intellekts folgen kann und nicht wegen körperlicher Schwäche u.a. in Kriegen mutlos aufgeben müsse (326b6–c3), dann ist Tapferkeit ganz ohne intellektuelle Komponente schwer vorstellbar.[132]

---

131 Vgl. Devereux 1975; anders Weiss 1985, 19.

132 Vgl. zum gesamten Abschnitt 349e1–351b2 auch Spinelli 2004, dessen Interpretation sich mit der hier vertretenen weitgehend deckt.

8. Hedonistische Erörterung (351b3–359a1)

Vor den zweiten Anlauf des Sokrates, das Verhältnis von Weisheit und Tapferkeit zu bestimmen (359a2–360e5), hat Platon mit einem überraschenden Neueinsatz einen umfänglichen, mehrteiligen Abschnitt gesetzt (351b3–359a1), den man als Ganzes oder zum Teil als ‚hedonistische Erörterung' bezeichnet.[133] Darin sind thematisch verbunden die Diskussion des Verhältnisses zwischen der Lust und dem Guten mit der über das Verhältnis von Wissen und Handeln. Der (zu erwartenden) Frage des Lesers, welche Funktion dieser Abschnitt für die bisherige Thematik habe, wird Sokrates mit dem Hinweis begegnen, die Untersuchung diene dazu herauszufinden, wie sich die Tapferkeit zu den anderen Teilen des Gut-Seins verhalte (353b1–3). Außerdem werden die Ergebnisse der Untersuchung nachträglich als Grundlage des zweiten Beweisgangs zum Verhältnis ‚Weisheit – Tapferkeit' bezeichnet (359a2). Inwieweit das für diesen Beweisgang dann tatsächlich gilt, wird zu besprechen sein (vgl. unten S. 194ff. u. S. 200ff.). Indem er Sokrates mit seinem Hinweis (353b1–3) auf eine ihm gestellte Frage reagieren lässt, wird deutlich, dass Platon selbst einen Erklärungsbedarf gesehen hat und also nicht davon ausging, dass der Sinn seines Vorgehens bzw. der Zusammenhang mit der ursprünglichen Fragestellung für den Leser von vornherein evident ist. – Vgl. zum Sinn der hedonistischen Erörterung im Gang des Dialogs unten S. 178–180 u. S. 208.

Formal gliedert sich der Abschnitt deutlich in drei größere Teile: Ein Gespräch zwischen Sokrates und Protagoras über Lust und Wissen bildet die Einleitung (351b3–353b6); im Zentrum steht ein fiktiver Dialog (im Dialog), bei dem Sokrates und Protagoras gemeinsam sich mit den Leuten, der großen Menge, unterhalten (353c1–357e8); es folgt eine Textpassage, in der Sokrates und (nominell) Protagoras weiterhin zusammen das Gespräch führen, nun aber mit Hippias und Prodikos als Gegenüber (358a1–359a1).

---

133 Vgl. zum Problem der Abgrenzung Manuwald 1975, 22–26.

a) Sokrates und Protagoras über Lust und Wissen (351b3–353b6)

351b3–353b6 Sokrates bringt die These zur Sprache, dass das Angenehme (das Lustvolle) als solches gut, die Lust als solche ein Gut sei, während Protagoras Lüste unterscheidet, die gut, die nicht gut und die keines von beidem sind. Protagoras besteht auf einer Prüfung der These, ob ‚angenehm' und ‚gut' dasselbe seien (351b3–e11).

Sokrates will die Untersuchung führen, indem er sie mit der für ihn entscheidenderen Frage nach der Rolle des Wissens verbindet. Er ist sich mit Protagoras darüber einig, dass das Wissen die Macht im Menschen habe und dass, wer das Gute wisse, es auch tue. Diese Auffassung soll gegenüber der Menge als richtig erwiesen werden, die meint, dass man, obwohl man das Gute wisse, trotzdem den Affekten, besonders der Lust, unterliege (352a1–353b6).

Zu 351b3–e11: Sokrates führt die Lustproblematik über die Unterscheidung von ‚gut' und ‚schlecht' l e b e n ein. Der Grund dafür dürfte sein, dass es sich angesichts einer augenblicklichen Lust allein und nur auf sie bezogen jeweils nicht ohne weiteres entscheiden lässt, ob sie gewählt werden soll oder nicht, sondern dies vom Telos (dem letztlich erstrebten Ziel) des ganzen Lebens abhängt. Das gilt sogar, wenn dieses Telos wieder die Lust sein sollte (d.h., wenn man kein anderes Gut als die Lust kennt; vgl. 354b5–355a5), weil dann ein Lustkalkül notwendig wird, wonach eine einzelne Lust im Hinblick auf die Gesamtbilanz der Lust zu wählen oder zu meiden ist (vgl. bes. 356a8–c1).

Sokrates beginnt mit der im inhaltlichen Verständnis von ‚gut' offenen Formulierung ‚gut leben' (351b4). Die Kategorie ‚Lust' kommt hinein, indem Sokrates über die Negation der Aussage, ein Leben in Betrübnis und Schmerzen sei gut (b4f.),

---

[134] ‚Angenehm' bzw. ‚lustvoll' sind Übersetzungen von *hēdy* (Adj.) bzw. *hēdeōs* (Adv.). In diesen Wörtern liegt derselbe Wortstamm zugrunde wie beim griechischen Wort für ‚Lust' (*hēdonē*).

die (anfängliche) Zustimmung des Protagoras zu dem Satz herbeiführt, ein (durchweg) angenehmes bzw. lustvolles[134] Leben sei gut (b6f.). Während aber Protagoras gegenüber der Folgerung ‚angenehm / lustvoll leben ist gut' Bedenken bekommt und sie nur noch mit der Einschränkung akzeptieren will, dass sich die Lust auf Lobenswertes beziehen müsse (c1f.) – kennt er doch gute, schlechte und indifferente Lüste (d4–7) –, scheint ausgerechnet Sokrates diesen Satz zu verteidigen, wenn er die (eine Bejahung erwartende) Frage stellt, ob die Lust *qua* Lust nicht gut sei (c2ff.). Dieser ‚Hedonismus' des Sokrates wird von Protagoras missverstanden, der in den Ausführungen des Sokrates eine These erkennt, die auf eine Identifikation von ‚angenehm' und ‚gut' hinausläuft (e5f.), was dieser jedoch an keiner Stelle ausspricht, geschweige denn in eigener Person behauptet. Aber auch bei den modernen Interpreten haben die Äußerungen des Sokrates zu einer ausgedehnten Diskussion darüber geführt, ob – um nur die wesentlichen Standpunkte zu nennen – Sokrates (und damit möglicherweise Platon) tatsächlich eine hedonistische Position vertrete (und gegebenenfalls welche) oder nicht, und wenn, ob ernsthaft oder nicht, oder ob der platonische Sokrates gar keine eigene Position erkennen lasse, sondern nur mit einer hedonistischen Theorie operiere.[135]

Die Situation klärt sich, wenn man die gesamte hedonistische Erörterung in den Blick nimmt. Es zeigt sich nämlich dabei, dass das von Sokrates als entscheidend angesehene Kriterium für den Hedonismus der M e n g e darin besteht, ob sie für

---

[135] Zu den (in unterschiedlicher Weise nuancierten) Stellungnahmen vgl. die Liste bei Taylor 1991, 226, der damals in den Ausführungen des Sokrates einen hedonistischen Standpunkt erkannte; eine entsprechende Einschätzung vertreten u.a. Irwin 1995, 85ff.; Rowe 2003. – Einen extremen Versuch, die Aussagen im *Protagoras* mit der Lust-Diskussion in den anderen Dialogen Platons zu harmonisieren, unternimmt Migliori 2004. – Gegen eine Deutung, die für Sokrates bzw. Platon im *Protagoras* eine hedonistische Auffassung annimmt, vgl. an jüngeren Beiträgen bes. Zeyl 1980; Stokes 1986, 358ff.; Sicking 1998, 200ff., bes. 203; Capra 2001, 196ff.; Leszl 2004; Russell 2005, 239–248. Zu älteren Positionen vgl. auch Manuwald 1975, 22–25. – Dass der platonische Sokrates sich nicht festlege, vermutet jetzt Taylor 2003: Danach gibt Platon eine versuchsweise Antwort auf den Inhalt des Tugendwissens, nämlich dass das Gute ein in seiner Gesamtheit angenehmes Leben sei, ohne sich rückhaltlos auf dieses Denkmodell einzulassen (162f.); ähnlich schon Nussbaum 1986, 110–112; Ildefonse 1997, 49ff.

die Beurteilung der Lust ein anderes Telos kennt als die Lust oder nicht. Bei der Menge ist das nicht der Fall, sie identifiziert die Lust und das Gute, während Sokrates deutlich erkennen lässt, dass es für ihn ein Telos außerhalb der Lust gibt (vgl. 353c1–355a5 und unten S. 182f.). Einen Hedonismus, wie er der Menge eigen ist, vertritt Sokrates also nicht, und die Interpretation im Einzelnen wird zeigen, dass sich Sokrates überhaupt nicht in eigener Person auf irgendeine hedonistische Position festlegt.[136]

Was 351c4–6 und e1–3 als F r a g e formuliert wird, läuft im Übrigen strenggenommen darauf hinaus, dass die Lust an sich gut bzw. etwas Gutes ist.[137] Eine solche Position impliziert nicht die Identität des Guten und der Lust und ist daher logisch nicht unvereinbar mit der Annahme eines anderen Telos als der Lust (vgl. Dyson 1976, 41–43). Aber sie schließt die Auffassung ein, dass j e d e Lust als solche (ohne Berücksichtigung

---

[136] Dass ein Leben nicht uneingeschränkt als gut bzw. glücklich bezeichnet werden kann, wenn es voller Betrübnis und Schmerzen ist, lässt sich Sokrates von Protagoras sicher zu Recht bestätigen (351b4–6). Eine notwendige Bedingung für ein ‚gutes Leben' wäre also, dass es nicht voller Betrübnis und Schmerzen ist. Dabei wäre positiv über die inhaltliche Ausgestaltung dieses Lebens noch nichts gesagt. Sokrates begnügt sich jedoch nicht mit dieser Bestätigung des Protagoras, sondern bringt ihn („Meinst du nicht") – zunächst – dazu, dem konträren Gegenteil zuzustimmen, ein (durchweg) angenehmes Leben sei gut (b6f.). Weder daraus noch aus der folgenden Aussage bzw. Frage (b7f.) des Sokrates lässt sich – dem Wortlaut nach – die entschiedenste Form des Hedonismus ableiten, nämlich dass die Lust das einzige Gut ist (vgl. Taylor 1991, 164f.). Auch legt sich Sokrates nicht selbst auf eine Position fest. – Ebenso handelt es sich bei der Folgerung des Sokrates „Folglich ist das angenehme Leben gut ..." (351b7f.) zunächst nur um einen Schluss, der aus der vorausgehenden, von Protagoras bejahten Frage gezogen wird.

[137] Hierin (aber nicht in der auch von ihm nur der Menge zugeschriebenen Identifikation von ‚lustvoll' und ‚gut') sieht Kahn (1996, 239ff.; 2003) die Position Platons. Die Identifikation diene einfach als Mittel, die Unmöglichkeit der ‚Unbeherrschtheit' (*akrasia*) zu erweisen (2003, 167–169). Denn „that pleasure as such is a good thing … is of course too weak to support the rationalist thesis that follows" (Kahn 1996, 240). – In ähnlicher Weise möchte Migliori (2004, 538) diese These ebenfalls als Position Platons verstehen: „questa posizione platonica non è ad esclusivo vantaggio dei piaceri, ma in funzione di una loro presenza selezionata dal pensiero e dominata dalla misura". Mit der Lustmesskunst wird aber im *Protagoras* nur ein rein quantitativer Maßstab eingeführt, der keine qualitative Unterscheidung von Lüsten zulässt. Somit bliebe (wie auch bei Kahns Auffassung) der Widerspruch etwa zum *Gorgias* bestehen.

etwaiger Folgen) gut ist. Und das erscheint unvereinbar mit Anschauungen, die der platonische Sokrates in anderen Dialogen äußert. Denn es gehört zu den Überzeugungen des platonischen Sokrates, dass man gute und schlechte Lüste unterscheiden müsse (Grg. 494e–500a; R. 505c6ff.; Phlb. 13a–c). Diese Überzeugung verträgt sich nicht mit der genannten Auffassung und erst recht nicht mit der Identifikation von ‚angenehm' und ‚gut', wie sie von anderen Dialogpartnern vertreten bzw. von Sokrates abgelehnt wird (Grg. 495a; R. 505c6ff. [mit 505b5f.]; Phlb. 13a–c), weil dann ‚gut' als lustunabhängiger Bewertungsmaßstab entfällt. Nach dem *Gorgias* (499c7–e3; nicht jedoch 494e–495a, vgl. unten S. 177f.) könnte es allerdings so aussehen, als werde die Einteilung in gute und schlechte Lüste nicht anhand der Lüste selbst, sondern anhand ihrer Folgen getroffen: Z.B. wäre die Lust beim Essen, wenn es dem Körper etwa Gesundheit bringt, gut (vgl. 499d4–7). Das scheint auf den ersten Blick vergleichbar mit der Einteilung von guten und schlechten Lüsten durch die Menge, wie sie sich n a c h der Analyse des Sokrates herausstellt (353c9ff.). Der Unterschied ist aber der, dass die Menge das Gute und die Lust letztlich identifiziert und deswegen nicht mehr eine Lust (an sich) als schlecht bezeichnen kann. Dagegen spricht Sokrates im *Gorgias* ohne weitere Differenzierungen von schlechter Lust und überträgt die Qualität der Folge auf sie, weil die Lust und das Gute grundsätzlich verschiedene Wertkategorien für ihn sind und das Gute als Telos allen Handelns der Lust übergeordnet ist (vgl. 499e3–500a3). Wenn der Satz, dass die Lust an sich etwas Gutes (Prt. 351e2f.), d.h. jede Lust als solche gut ist, als Überzeugung des platonischen Sokrates verstanden werden müsste, stünde er also (wenngleich damit nicht die Lust als d a s Gute bestimmt wird und Sokrates auch im *Protagoras* ein anderes Telos als die Lust kennt) im Werk Platons isoliert da.

Zwar lässt sich ein derartiger Sachverhalt nicht von vornherein ausschließen, aber er ist eher unwahrscheinlich, vor allem wenn man bedenkt, dass in der Telos-Frage zwischen den Äußerungen des Sokrates im *Protagoras* und im *Gorgias* kein Widerspruch besteht. Und man ist auch an den fraglichen Stellen im *Protagoras* nicht gezwungen, eine Festlegung des Sokrates auf einen hedonistischen Standpunkt zu erkennen; vielmehr lässt sich der Text folgendermaßen verstehen: Protagoras hatte sich mit seiner bejahenden Antwort auf die Frage, ob jemand nicht, wenn er bis zu seinem Ende angenehm gelebt haben sollte, ein gutes Leben gehabt hätte (351b6f.), auf eine Auffassung eingelassen, die der eigentlichen Position der Menge mit ihrer Identifikation von ‚gut' und ‚angenehm', wie sie später deutlich wird, zumindest nahekommt oder jedenfalls von Sokrates so verstanden werden kann.[138] In der Konsequenz einer solchen Einstellung läge es, die Lust als solche (abgesehen von etwaigen Folgen) als etwas Gutes anzusehen (351c4–6; e1–3), wie das auch die Menge zugeben muss, n a c h d e m sie von Sokrates aufgeklärt ist. Es stellt sich nämlich durch die Analyse des Sokrates heraus, dass die Rede der Menge z.B. von schlechter Lust nicht die Lust als solche meint, sondern eine schädliche Folge der Lust (vgl. 353c9–e3).

Dass auch Protagoras dem Irrtum der großen Masse (gemessen an ihren tatsächlichen Voraussetzungen) verfallen sein sollte, wenn er die Lüste (als solche) qualifiziert (351c1f.), löst die ironisch-erstaunte Frage des Sokrates aus (c2f.), ob Protagoras denn etwa auch – wie die Menge – gewisse Lüste schlecht nenne. Diese Frage gibt dann einen guten Sinn, wenn Sokrates in den anfänglichen Zugeständnissen des Protagoras eine der Haltung der Menge entsprechende Auffassung vermutet, d.h. z u m i n d e s t impliziert sieht, dass die Lust als solche gut ist. Platon lässt Sokrates mit dem weiteren Nachfragen (c4–6) nicht grundsätzlich die Unterscheidung von guten und

---

138 Die Frage des Sokrates, ob jemand, der bis zum Ende angenehm gelebt hat, nicht gut gelebt habe (351b6f.), korrespondiert sachlich mit einer Position der Menge („Oder ist es euch genug, das Leben angenehm hinzubringen ohne Unlust?", 355a2f.), die dort mit der Identifikation des Guten mit der Lust verbunden ist. Und Sokrates scheint diese Frage auch (über den strikten Wortlaut hinaus, vgl. oben S. 174 Anm. 136) dementsprechend angelegt zu haben; denn seine spätere, ungläubig-erstaunte Frage, ob denn etwa Protagoras „wie die Menge" (351c3) gewisse angenehme Dinge schlecht nenne (c2f.), wird dann vollkommen verständlich, wenn Sokrates bei Protagoras die gleiche Inkonsequenz vermuten muss, wie er sie später bei der Menge nachweist (vgl. 353c9–e3). Dann setzt Sokrates aber voraus, dass man bei der Auffassung, auf die sich Protagoras (auf die Frage des Sokrates hin) eingelassen hat (351b3–7), eigentlich nicht von schlechter Lust sprechen dürfte; d.h., er will darin zumindest die Ansicht impliziert sehen, dass jede Lust als solche gut ist, wenn nicht gar eine Kurzformel für die zureichende Bedingung eines ‚guten Lebens', d.h. eine Chiffre für die Position der Menge überhaupt, die, wie sich herausstellen wird, das Gute und die Lust identifiziert.

Zu Sokrates' Einstellung zur Position der Menge vgl. oben S. 173f. und unten S. 182f.

schlechten Lüsten angreifen (die er unter anderen Voraussetzungen teilt, s.o.), sondern die Inkonsequenz (von der Sokrates ausgeht), dass Protagoras trotz seiner Zustimmung zu den ersten Fragen des Sokrates (b3–7) schlechte Lust für möglich hält.[139]

Allerdings ist zu überprüfen, ob Sokrates zu Recht Protagoras eine Unterscheidung nach Art der Menge unterstellt (die in Wirklichkeit die Folgen meint und kein Kriterium außerhalb der Lust anwendet, da sie unter ‚gut' und ‚schlecht' nichts anderes als ‚angenehm' und ‚unangenehm' versteht). Denn Protagoras hatte als Bedingung für eine Klassifizierung des angenehmen Lebens als gut angeführt, dass sich die Lust auf lobenswerte Dinge beziehe (c1f.). Darin kann man einen Maßstab außerhalb der Lust sehen, mit dem eine Lustempfindung an sich (schon ohne Berücksichtigung der Folgen) in Abhängigkeit von dem Sachverhalt, auf den sie sich bezieht, bewertet werden kann; etwa wie Sokrates (was aus dem *Gorgias* hervorgeht) das

---

[139] Nachdem Sokrates mit ungläubigem Staunen bei Protagoras eine Einstellung konstatiert hat, die er – zu Recht oder nicht (vgl. dazu S. 177f.) – mit derjenigen der Menge gleichsetzt oder wenigstens in enge Beziehung bringt, stellt er ihr (in Frageform) die seines Erachtens ‚richtige' Folgerung aus der Auffassung, ein bis zum Ende angenehmes Leben sei ein gutes Leben (351b6f.), gegenüber (nach Stokes 1986, 361 handelt es sich um „an explanation by Socrates of a previous question's meaning"). Denn diese Auffassung, die der Haltung der Menge entspricht und der Identifikation von ‚angenehm' und ‚gut' wenigstens nahekommt (vgl. oben S. 175f. mit Anm. 138), lässt für Sokrates bei korrekter Analyse, auf die Lüste selbst bezogen (d.h. ohne Berücksichtigung etwaiger Folgen), eine Unterscheidung von guter und schlechter Lust nicht zu (vgl. unten S. 181f.). Die Äußerung des Sokrates wird ausdrücklich als Frage gekennzeichnet (c7), was angesichts seiner methodisch grundsätzlichen Unterscheidung von Aussage und Frage (vgl. 330e7–331a1; oben S. 120f. mit Anm. 69) Signalwert besitzt. D.h., obwohl die Frage auf eine bejahende Antwort angelegt ist, ergibt sich daraus jedenfalls kein sicherer Schluss auf die eigene Auffassung des Sokrates. Er macht sich lediglich für die richtige Folgerung aus einer von Protagoras einmal zugegebenen Prämisse stark (das ist der Inhalt von Sokrates' prononciert vorgetragener ‚Meinung' [351c4]). Gleichzeitig kann und soll von Protagoras die Frage als Element einer These des Sokrates verstanden werden, als deren Inhalt er schließlich die Behauptung der Identität von ‚angenehm' und ‚gut' ansieht (351e5f.); denn nur, indem Protagoras von einer These des Sokrates ausgeht (vgl. 351e4–7), ist er motiviert, eine Untersuchung zu verlangen (e4). Zur beabsichtigten Ambiguität vgl. auch Stokes 1986, 361ff. – Vgl. auch die Analyse von Taylor 2003, 150ff., wonach der Text so gelesen werden kann, dass sich der platonische Sokrates nicht eindeutig auf eine hedonistische Position festlegt.

(lustvolle) Leben des Kinäden (offenbar als solches) als verwerflich bezeichnen würde, was aber nicht möglich wäre, wenn man, wie (ursprünglich) der Dialogpartner Kallikles, nicht zwischen guten und schlechten Lüsten unterscheidet (vgl. Grg. 494e–495a). Sokrates verfolgt im *Protagoras* diesen möglichen Ansatz nicht weiter, sondern zieht seinen Gesprächspartner auf das Niveau der Menge herab, indem er den möglichen Unterschied zwischen den Positionen des Protagoras und der Menge unbeachtet lässt; und gegen diese Nivellierung wehrt sich Protagoras nicht, da er offenbar die unterschiedlichen Ebenen nicht erkennt.

Tatsächlich zeigte Protagoras in der Darstellung Platons schon gleich zu Anfang eine Unsicherheit, als er die Frage des Sokrates zuerst uneingeschränkt bejahte (351b6f.), die daraus gezogene Folgerung aber mit einer Bedingung versah (b7–c2). Und im Nachhinein wird deutlich, dass der Lehrer des Gut-Seins in der ethischen Kardinalfrage des Verhältnisses von ‚gut' und ‚angenehm' keinen festen und durchdachten Standpunkt hat; sonst könnte er nicht eine Prüfung der These, die sich in seinem Verständnis aus den Worten des Sokrates ergibt, ob nämlich ‚angenehm' und ‚gut' identisch seien, für notwendig halten (e3–7). Am Ende der hedonistischen Erörterung wird sogar suggeriert werden, dass Protagoras auf die Position der Menge einschwenkt (vgl. unten S. 194f.). Vor diesem Hintergrund wird erklärlich, warum Sokrates entgegen dem von Protagoras jedenfalls verbal eingeführten Kriterium des Lobenswerten als Konsequenz der von diesem ursprünglich gebilligten Auffassung, ein angenehm verbrachtes Leben sei gut, die Zustimmung zu der These einfordert, die Lust als solche sei etwas Gutes, um ihn damit auf die Probe zu stellen. Dabei ergibt sich, dass Protagoras die mögliche Relevanz des von ihm genannten Kriteriums gar nicht durchschaut, wie er auch früher schon einmal über die Dimension, die mit den Begriffen ‚lobenswert' und ‚verwerflich' gegeben ist, nicht wirkliche Klarheit hatte (vgl. oben S. 166f.). Platon präsentiert Protagoras als jemanden, der zwar mit den konventionellen Wertbegriffen ‚lobenswert' und ‚verwerflich' arbeitet, aber nur eine verschwommene Vorstellung davon hat.

Zu 352a1–353b6: Sokrates setzt mit einer neuen Argumentationsreihe an, indem er gegenüber Protagoras so tut, als seien die zum Thema ‚Lust' aufgeworfenen Fragen zu beantworten, wenn man die tiefer eindringende und ‚enthüllendere' Frage nach der Rolle des Wissens stelle. Wie aber der *Gorgias* zeigt (495dff.), lässt sich das Verhältnis der Lust zum Guten bestimmen, ohne auf den Rang einzugehen, welches das Wissen beim Handeln hat. Und im Dialog mit der Menge wird keineswegs so verfahren, wie es die Ankündigung erwarten lässt: Einerseits wird die Frage, wie die Lust und das Gute sich zueinander verhalten, gar nicht an sich untersucht, sondern nur geklärt, dass die Menge kein anderes Telos hat als die Lust und dass sie die Lust und das Gute identifiziert (353c–355a), andererseits wird die Stellung des Wissens gegenüber der Lust und anderen Affekten im Menschen erst nach und auf der Grundlage dieser Klärung behandelt (355a–357e). Die Frage nach der Rolle des Wissens führt hier für das Thema ‚Lust' nicht unmittelbar weiter.

Tatsächlich nennt Sokrates gegen Ende der Textstelle auf einen etwas unwilligen Einwand des Protagoras hin auch eine andere Begründung: Das Bestreben, die Menge darüber aufzuklären, was es mit ihrer Ansicht, das Wissen könne sich gegen die Lust nicht durchsetzen, auf sich habe, diene dazu herauszufinden, wie sich die Tapferkeit zu den anderen Teilen des Gut-Seins verhalte (353b1–3). Der überraschende Neueinsatz hat also die Funktion, für die Diskussion des alten Themas zusätzlich zu dem Fragenkomplex ‚Lust und Gutes' auch den von ‚Wissen und Handeln' (etwas gewaltsam) einzuführen. Die Relevanz des zweiten Komplexes liegt auf der Hand: Wenn Wissen eine zureichende Bedingung für richtiges Handeln ist (vgl. 352c2ff.), dann ist Gut-Sein Wissen (und muss auch die Tapferkeit, für die vor allem Protagoras eine Sonderstellung behauptet hatte [349d2–8], irgendwie mit Wissen verbunden sein). Außerdem ist die Frage ‚Wie hältst du's mit dem Wissen?' gegenüber dem Sophisten (auch unabhängig von der Lust-Problematik) die ‚Gretchenfrage', an der er sich bewähren und sein Innerstes offenlegen muss, zumal nach seiner nicht überzeugend begründeten Trennung von Tapferkeit und Wissen.[140] Die Verbindung mit der Lust-Thematik stärkt die These von der Vorherrschaft des Wissens: Selbst auf der hedonistischen Basis der Menge, d.h. der verbreiteten Auffassung von der Unwider-

[140] Vgl. oben S. 170; Stokes 1986, 351f.

stehlichkeit der Lust, lässt sich die Macht des Wissens erweisen.

Protagoras stimmt Sokrates' These von der allumfassenden Macht des Wissens in seiner Eigenschaft als sophistischer Lehrer nur zu gerne zu (352c8–d3), merkt aber nicht – es liegt geradezu tragische Ironie vor –, worauf er sich einlässt. Denn dadurch wird natürlich die Niederlage seiner eigenen Auffassung eingeleitet, dass Wissen und Tapferkeit ganz getrennt sein könnten.[141]

b) Dialog mit der Menge (353c1–357e8)

353c1–357e8 Im Dialog mit der Menge ergibt sich, dass sie, wenn sie von schlechter Lust und guter Unlust spricht, Lust und Unlust nicht als solche bewertet, sondern im Hinblick auf die sich ergebenden Folgen. Sie hat dabei kein anderes Telos im Blick als wiederum Lust und Unlust, so dass sie kein anderes Gut als die Lust und kein anderes Übel als die Unlust benennen kann (353c1–355a5).

Wissentlich das Schlechte zu tun (bzw. das Gute nicht zu tun), weil man der Lust unterliege, kann bei der Identität von ‚gut' und ‚angenehm (lustvoll)' zu der Aussage umgeformt werden, dass man das Schlechte tue, weil man dem Guten unterliege (oder dass man das Unangenehme tue, weil man dem Angenehmen unterliege). Dieser Sachverhalt lässt sich als Fehlhandlung verstehen, wenn er – bei nur quantitativer Betrachtung von ‚gut' und ‚schlecht' – bedeutet, dass man für wenig Gutes viel Schlechtes in Kauf nehmen muss. Also gilt es, abzuwägen und so zu handeln, dass insgesamt (nicht nur im

---

141 Vgl. zum Vorgehen des Sokrates auch Stokes 1986, 356f. – Die Menge bestreitet die Macht des Wissens: Viele wüssten, was am besten sei, seien aber nicht bereit, es zu tun, obwohl es ihnen freistünde (352d6f.). Dementsprechend ist das Gesprächsziel im Folgenden allein auf die innere, psychische Notwendigkeit gerichtet, die nach Ansicht der Menge den Handelnden trotz besseren Wissens gegenüber der Lust und anderen Affekten unterliegen lässt (vgl. Ovid, met. 7,20f. *video meliora proboque, deteriora sequor*). Daher wird von möglichem äußeren Zwang ausdrücklich abgesehen. Ebenso 355a8; 358c1; d4 (im letzten Fall als Freiheitsraum innerhalb des Zwangs, zwischen zwei Übeln zu wählen, zu verstehen).

Augenblick, sondern auf Dauer) das Angenehme überwiegt (355a5–356c3).

Für ein täuschungs- und irrtumsfreies Abwägen bedarf es einer (exakten) Messkunst, eines Messwissens (356c4–357c1).

Die Fehlentscheidung, welche die Menge als ‚der Lust zu unterliegen' beschreibt, stellt sich somit als Mangel an solchem Messwissen und damit als Unwissen heraus, womit sich die von Sokrates (und Protagoras) vertretene These von der Macht des Wissens bestätigt (357c1–e8).

Wie die vorstehende Inhaltsskizze zeigt, entwickelt sich der fiktive Dialog mit der Menge in vier Etappen:

(1) (353c1–355a5) Die Tatsache, dass die Menge zum Angenehmen auch Dinge rechnet, die sie als schlecht bezeichnet, und entsprechend zum Unangenehmen Gutes (vgl. 351c3), könnte für sich genommen auf einen Bewertungsmaßstab außerhalb von Lust und Unlust weisen. Tatsächlich bewertet die Menge jedoch die jeweiligen Folgen, aufgrund deren sie, wie sich herausstellt (353c9ff.), eine Lust als schlecht bzw. eine Unlust als gut beurteilt, aber wiederum nach dem Maßstab von Lust und Unlust (vgl. bes. 353e5–354a1; 354b5–7). So sehr ist ihre Vorstellung von ‚gut' und ‚schlecht' durch die Lust und die Unlust (überhaupt) bestimmt, dass sie – Paradoxie des absoluten Hedonismus – sogar den Lustgenuss selbst (obwohl er ihr als solcher in Wahrheit nicht der Grund für eine negative Beurteilung der Lust ist; vgl. bes. 353d7f.) schlecht nennt, sooft er sie um größere (spätere) Lust bringt oder größere (spätere) Unlust im Vergleich zur gewährten Lust bereitet (354c5–d1). D.h., die Menge hat keinen Maßstab, der qualitativ von der Lust unterschieden ist (nur einen quantitativen Maßstab innerhalb der Lust); ihr gilt nicht nur die Lust (uneingeschränkt) als gut (354c3–5), sondern auch allein die Lust als gut (354c5–d3),[142] d.h., sie kennt kein anderes Gut als die Lust und

[142] Der Gedankengang verläuft in folgenden Schritten: (a) Dinge, die momentan Unlust verursachen, sich aber letztlich als vorteilhaft erweisen, sind für die Menge dann und ausschließlich deswegen gut (einen anderen Maßstab gibt es für sie nicht), weil sie auf Lust und auf Abwendung von Unlust hinauslaufen (354b5–c3). Wenn auch bereits die Tatsache, dass die Menge kein anderes Telos als die Lust kennt, Güter außerhalb der Lust auszuschließen scheint, so gestattet doch die Beschränkung auf eine bestimmte Gruppe von Fällen („die-

identifiziert somit das Gute und die Lust (355a1–5; vgl. auch b6).[143] – Die Beispiele, mit denen Sokrates arbeitet (353c–354b5), bewegen sich ganz im physisch-materiellen Bereich (eine gewisse Ausnahme bildet vielleicht die ‚staatliche Unversehrtheit', 354b4). Offensichtlich begibt sich Sokrates argumentativ auf das Niveau der Menge. Die für ihn entscheidende Rolle der Seele (vgl. bes. 313a6–9) wird hier nicht thematisiert (vgl. Vlastos 1969, 74f.).

Wenn Sokrates im Dialog mit ihr die Menge dreimal geradezu auf die Möglichkeit stößt, ein anderes Telos als Maßstab zu nennen (freilich nicht glaubt, dass sie dazu in der Lage ist; 354b7–c2; d1–3; d7–e2), ihr ausdrücklich auch jetzt noch die Gelegenheit gibt, ihre Identifikation des Guten und der Lust zurückzunehmen, sie fragt, ob sie andernfalls damit zufrieden sei, das Leben angenehm hinzubringen ohne Unlust (354e8–355a3), und davon ausgeht, dass sie überhaupt nur das als gut oder schlecht bezeichnen kann, was auf Lust oder Unlust hinausläuft (355a3–5), tut er alles, um deutlich zu machen, dass er selbst die Position der Menge nicht teilt. So kann nur jemand sprechen, der ein anderes Telos kennt (sc. das Gute als der Lust übergeordnet; vgl. bes. Grg. 499e7–500a3) und dem eben ein

---

se", b5) formal noch nicht den Schluss, dass für die Menge d i e Lust d a s Gute ist. (b) Die Menge geht der Lust (generell) als einem Gut nach, meidet aber die Unlust (generell) als ein Übel (c3–5), sie hat also nicht nur eine hedonistische Norm, sondern sie verhält sich in der Praxis auch hedonistisch (vgl. Dyson 1976, 33). Wie Stokes gezeigt hat, gibt es keinen Grund, unter ‚einem Gut' d a s Gute zu verstehen, zumal dies auch logisch nicht strikt aus (a) folgt (Stokes 1986, 400f. gegen Taylor [1976] 1991, 177f.). (c) Die Menge hält dies (sc. und nichts anderes) für etwas Schlechtes, nämlich die Unlust, und dies (sc. und nichts anderes) für etwas Gutes, nämlich die Lust, weil (da sie keinen anderen Maßstab hat) sie sogar die aktuelle Lustempfindung als solche dann als schlecht bezeichnet, wenn diese im Vergleich zu der mit ihr gegebenen Lust größere (spätere) Lust verhindert oder größere (spätere) Unlust bewirkt (c5–d3). Obwohl bei ‚Schlechtes' (*kakon*, c5) und ‚Gutes' (*agathon*, c6) kein Artikel steht, deutet die Emphase des Ausdrucks darauf hin, dass Lust bzw. Unlust als Inbegriff d e s Guten bzw. Schlechten gemeint sind, somit aus den Tatsachen, dass die Menge keinen Maßstab außer der Lust kennt und dass für sie die Lust (generell) gut ist, bereits hier gefolgert wird (wie es dann 355a1 ausdrücklich heißen wird), dass die Menge unter dem Guten nur die Lust versteht, das Gute und die Lust also identisch sind (vgl. Stokes 1986, 402).

143 Vgl. zu diesem ‚normativen Hedonismus' Taylor 1991, 174f.

lustvolles, schmerzfreies Leben allein nicht genügt. Vgl. auch Sullivan 1961, 27f.

(2) (355a5–356c3) Die Identifikation von ‚angenehm' und ‚gut' ermöglicht es Sokrates, die Erfahrung der Menge, dass man wissentlich das Schlechte tue, weil man der Lust unterliege, in einer ‚lächerlichen Aussage' (vgl. 355a6) zu formulieren: Wenn man nur die Begriffe ‚gut' / ‚schlecht' bzw. ‚angenehm' / ‚unangenehm' (b3–c1) einsetzt, kommt man zu der Konsequenz, dass man das Schlechte tut – besiegt (ausgerechnet!) vom Guten (c1–8, bzw. e4–356a1 für ‚angenehm' / ‚unangenehm' entsprechend).[144] Die paradox erscheinende Umformulierung ist als Beschreibung einer Fehlhandlung (355d5f.) dann sinnvoll, wenn man sie im Licht der schon im vorangehenden Abschnitt des *Protagoras* angewandten rein quantitativen Betrachtungsweise versteht: Die Fehlhandlung besteht darin, dass man sich von einem Gut einnehmen lässt, das bei der Entscheidung nicht die Oberhand hätte gewinnen dürfen (dass eben fälschlicherweise beim Handeln faktisch nur die momentane Lust maßgeblich wird, nicht die Lustbilanz über einen längeren Zeitraum). Als Folge der Fehlhandlung (und Inhalt des Unterliegens) ergibt sich, dass die guten Dinge, die man gewinnt, quantitativ die schlechten, die man (später) in Kauf nehmen muss, nicht aufwiegen (d1–e4). Aus einer solchen Grundlage folgt als konsequente Regel,[145] dass man sich immer so entscheiden, so ‚abwiegen' solle, dass in der Gesamtabrechnung ein Maximum an Lust herauskommt (356a8–c1).[146]

---

144 Vgl. Dyson 1976, 32ff., bes. 36f. (gegen Gallop 1964; Santas 1966; Vlastos 1969).

145 Vgl. Dyson 1976, 33, Taylor 1991, 189f.

146 Die Regeln, die Sokrates ausspricht, haben Ähnlichkeit mit der Beschreibung des menschlichen Verhaltens, das der Athener in den *Nomoi* gibt (733a9ff.). Der entscheidende Unterschied ist allerdings der, dass dort die wichtige Rolle von Lust und Unlust im menschlichen Leben zwar gewürdigt, aber keineswegs eine hedonistische Position im Sinne derjenigen der Menge im *Protagoras* vertreten wird. Denn von vornherein ist das Mehr an Lust mit dem lobenswertesten Leben verbunden (732e7–733a4), und bei der Prüfung der verschiedenen Lebensrichtungen im Einzelnen ergibt sich, dass den vier Formen des maßvollen, weisen, tapferen und gesunden Lebens (denen die vier des unverständigen, feigen, zuchtlosen und krankhaften gegenüberstehen), überhaupt dem Leben, das sich an das Gut-Sein bei Leib und Seele hält, auch der Vorrang hinsichtlich der Lust zukommt (733d7–734e2). Platons Philosophie ist

In Wirklichkeit liegt aber, jedenfalls auf dieser Diskussionsebene, hinsichtlich der zu beweisenden These von der Macht des Wissens eine *petitio principii* vor. Denn es wird, was dafür erst nachzuweisen wäre, vorausgesetzt, dass sich das rationale Lustkalkül gegenüber der spontanen Lustverlockung ohne weiteres durchsetzen kann. Die Problematik wird durch den Dialogverlauf geradezu betont, denn Platon lässt ‚jemanden' gegen Sokrates den Einwand formulieren, dass ein großer Unterschied bestehe zwischen der augenblicklichen Lust einerseits und Lust und Schmerz in späterer Zeit andererseits (356a5–7). Sokrates' Erwiderung, der Unterschied bestehe in nichts anderem als in Lust und Unlust (a7f.), ist zwar auf der hedonistischen Basis, auf welcher sich die Menge befindet, sachlich korrekt, bleibt aber bei einer rein quantitativen Verrechnung stehen. Diese Antwort wird der psychischen Erfahrung der Menge nicht gerecht, auch dann nicht, wenn die Lustquanten irrtumsfrei ‚gemessen' werden könnten (vgl. 356c4ff.), was bei einer zukünftigen, nur erwarteten Lust, von sonstigen Problemen des Messens von Lust einmal abgesehen (vgl. unten S. 189), eine besonders schwierige Vorstellung ist (vgl. Dyson 1976, 39ff.). Die Menge behauptet ja zu wissen, dass sie Schlechtes tut, kennt auch die Folgen, kann sich nur gegen die Lustverlockung im Augenblick nicht durchsetzen.

Dass ein Lustkalkül im Sinne der Lustmaximierung und der Unlustminimierung für einen Hedonisten vernünftig und es ‚dumm' von ihm wäre, sich nicht danach zu richten, gewährleistet nicht, dass er im konkreten Fall tatsächlich dazu in der Lage ist; könnte ihn doch allenfalls das Lustquantum motivieren (unter der Voraussetzung, er kann die zukünftige Lust wirklich abschätzen und sicher sein, lange genug zu leben, um die größere Lustmenge überhaupt noch zu erfahren), aber nichts, das an sich schon höherwertig wäre als die (augenblickliche) Lust, oder eine etwa qualitativ höherrangige Lust. Es wird, auch wenn von einer auf Lust (und grundsätzlich auf deren Maximierung) gerichteten Intention des Handelnden auszugehen ist, nicht die psychische Notwendigkeit aufgewiesen, im konkreten Fall, angesichts einer augenblicklichen Lustverlockung, das

---

daher nicht als lustfeindlich anzusehen; es kommt ihm allerdings auf die richtige Wert- und Rangordnung an.

auch zu tun, was (langfristig) vernünftig ist (anders Klosko 1980, 319 [vgl. aber ebd. 321f.]).

Man wird davon ausgehen können, dass Platon die ungeheure Macht der Lust und anderer Affekte sowie die Schwierigkeit, damit fertig zu werden (vgl. 352b3–c7 u. bes. R. 430a6–b2; Tim. 69d1), in sein philosophisches Konzept mit einbezogen hat: Die ganze Diskussion um die Macht des Wissens im *Protagoras* wäre überflüssig, wenn Platon die dem entgegenwirkende Kraft nicht auch selbst ernst nähme, sondern nur als zu vernachlässigende Ansicht der Menge betrachtete. Sein Staatsentwurf sollte nicht zuletzt auch dafür sorgen, dass die Begierden gezügelt werden können, etwa durch die Erziehung der Wächter (R. 429e7ff.), durch die Konstruktion des Staates (430e6–431d8) sowie durch einzelne Maßnahmen (Ausweisung u.a. derjenigen Dichtungsformen, die Affekte erregen; R. 606d1–7; 607b1–3). Es ist schwer vorstellbar, dass es in seinem Denken jemals eine Phase gegeben haben sollte, in der er wirklich der Ansicht war, das Problem, das die Menge hat, ließe sich ganz einfach lösen, indem man sie lediglich auf ein paar griffige Regeln zur Wahl bzw. Vermeidung von Lust und Unlust verweist (Prt. 356a8–c1), auch wenn sich diese Regeln konsequent aus dem Hedonismus der Menge ergeben. Im *Phaidon* jedenfalls wird der platonische Sokrates eine solche ‚Selbstbescheidung aus Zuchtlosigkeit‘ (vgl. 68e3) verurteilen, bei der man eine Lust aus Furcht vor dem Verlust einer anderen meidet, überhaupt ausdrücklich die quantitative Lustaufrechnerei (68e2–69a9); ‚Tugend‘ auf dieser Basis sei sklavisch und habe nichts Wahres (69b5–8).[147] Die ganz einfache Lösung, die Sokrates im *Protagoras* vorträgt, wird man daher am ehesten als Provokation für den Leser verstehen dürfen, darüber nachzudenken, unter welchen Bedingungen das Wissen tatsächlich die Macht hat und man nicht der jeweiligen Lustverlockung erliegt. Der weitere Ablauf des Dialoges gibt dazu einige Hinweise (vgl. dazu unten S. 186ff.).

(3) (356c4–357c1) Das ‚Abwiegen‘, das gegenüber der Macht der bloßen Erscheinung auf die Seite des Zählens und Messens gehört (vgl. R. 602d6–9), hatte im vorangehenden

---

[147] Zum Verhältnis *Phaidon – Protagoras* vgl. auch v. Arnim 1914, 14ff.; Weiss 1989, bes. 521ff.

Abschnitt des Gespräches ohne weitere Problematisierung als Modell für richtige Entscheidungen bei Lust und Unlust gedient. Im Folgenden wird das Entscheidungsverfahren als Messwissenschaft beschrieben (ohne dass sich allerdings dadurch die Entscheidungsmaxime verändert). Damit wird der Hedonismus der Menge in ein ‚wissenschaftliches' Gewand gekleidet, wonach die richtigen Entscheidungen auf Wissen, die falschen auf Unwissen beruhen. Es bleibt zu fragen, was es mit dieser ‚Wissenschaft' auf sich hat und ob durch sie das Problem der Menge tatsächlich gelöst wird.

Die (Lust-)Messkunst wird in drei Stufen entfaltet. Nach zwei hypothetischen Modellen einer Messkunst für das „Heil des Lebens"[148] folgt die Anwendung auf die Lust. Als Ausgangspunkt dient der Sachverhalt, dass gleich große Dinge bzw. gleich laute Geräusche aus unterschiedlicher Entfernung unterschiedlich groß bzw. laut erscheinen (356c5–8), d.h. die Sinneswahrnehmungen täuschen können.

(a) Auf der ersten Stufe geht es um eine Messkunst im wörtlichen Sinne. Wenn das richtige Handeln in der Wahl der großen Längen bestünde, läge das Heil des Lebens natürlich nicht bei der Macht der (trügerischen) Erscheinung, sondern im Messen, bei der Messkunst (356c8–e4). Vordergründig scheint es dabei nur um den schlichten Unterschied zwischen Schätzen und Messen innerhalb des Bereichs der Sinnenwelt zu gehen. Bemerkenswert sind allerdings zwei Punkte: Einmal ist nur von großen und kleinen Längen die Rede, nicht von größeren und kleineren, und die Entscheidung soll für die großen als solche geschehen, nicht für größere in Relation zu kleineren. Damit unterscheidet sich dieser Fall von den beiden folgenden, bei denen es ausschließlich um Relationen geht.

Zum anderen fällt das Beispiel durch die daran zu beobachtende Ausdrucksweise auf, da der Unterschied zwischen Schätzen und Messen (sc. in der empirischen Welt) sehr nachdrücklich (und n u r im Zusammenhang mit dieser ‚absoluten' Mess-

---

148 Das Heil, die Bewahrung des Lebens (*sōtēria tou biou*), wird – in unterschiedlicher Ausdrucksweise – in diesem Abschnitt mehrfach genannt. Damit ist kaum die bloße Aufrechterhaltung des Lebens wie die Mittel zur Lebenserhaltung aus dem Protagoras-Mythos gemeint (vgl. aber Capra 1997, 311–315), sondern im hedonistischen Zusammenhang ein angenehmes, lustvolles Leben bis zum Ende (351b6f.).

kunst) in einer Art beschrieben wird, die an die Unterscheidung von Sinnenwelt und Ideenwelt / Welt des wahren Seins bzw. der zugeordneten Erkenntnisarten denken lässt. Man vergleiche zur Verwirrung im Bereich der Sinnenwelt: Phd. 79c2–8 (bes. c7 Herumirren, Verwirrung und Schwindel der Seele); R. 508d6–9 (bes. d8f. fortwährende Meinungsänderung der Seele); R. 598b1–4 (Erscheinung [*phantasma*] als Gegensatz zum Sein; vgl. auch 510a1); R. 602c12f. (in der Seele hervorgerufene Verwirrung). Die Ruhe der Seele (im *Protagoras*), die in Erkenntnis des Wahren bei diesem bleibt (356e1f.), erinnert an die Aussagen über die Seele, die nur durch das Denken die Wahrheit erfasst (Phd. 65b9–c10), die das Umherirren hinter sich gelassen hat, selbst für sich (d.h. ohne die körperlichen Sinneswahrnehmungen; vgl. Phd. 79c4f.) das immer Seiende betrachtet und entsprechend dessen Konstanz sich selbst bei ihm konstant verhält (Phd. 79d1–6), so dass die Macht der Erscheinung gegenstandslos wird. Vergleichbar ist außerdem, wie eine abstrakt betriebene Mathematik die Seele von der verwirrenden Welt der Erscheinungen zum Sein und zur Wahrheit führt (vgl. R. 521dff., bes. 521d3f.; 523a2f.; 525b1; c5f.), wobei auch die Frage gestellt wird, was d a s Große und d a s Kleine ist (R. 524c3–13). Die angeführten Stellen verweisen darauf, dass ein absoluter Maßstab nur im absoluten, wahren Sein zu finden ist (ohne dass dies allerdings im *Protagoras* ausdrücklich benannt würde).

(b) Als zweites Beispiel (356e5–357a5) führt Sokrates eine Messkunst mit einem spezifischen Namen ein, die Arithmetik. Da sie die Entscheidung in Bezug auf Gerade und Ungerade unter dem Aspekt der Größenrelation der Zahlen ermöglichen soll, handelt es sich um eine rein relative Messkunst. Arithmetik wird dabei als praxisorientierte Fertigkeit verstanden (die es offenbar auch mit der Anschauung zu tun hat, wie aus der Erwähnung von ‚nah' und ‚fern' [356e8] hervorgeht), nicht als theoretische Beschäftigung damit, was ‚gerade' und ‚ungerade' an sich ist. Das legt auch eine Parallele im *Gorgias* nahe, wo die Arithmetik nach Art des *Protagoras* als *logistikē* bezeichnet wird (451a8–c5; vgl. Dodds 1959, 198f.).

(c) Beim Übergang der Ausführungen zur Messkunst auf die Lust[149] (357a5–c1) zeigt sich durch den engen Anschluss an die Arithmetik, dass hier eine relative Messkunst gemeint ist, und der Relationscharakter (in verschiedenster Hinsicht) wird auch ausdrücklich benannt (b3 „gegenseitig"). Beim Fehlen eines Telos außerhalb der Lust kommt nach den gegebenen Voraussetzungen auch nur eine relative Messkunst in Frage, obwohl es offenbar eine absolute grundsätzlich gibt. Platon lässt Sokrates sich auf die Feststellung beschränken, dass es sich bei dieser Messkunst um eine *technē* und ein Wissen (*epistēmē*) handle, ihn aber eine weitere Klärung, was für eine *technē* und was für ein Wissen es sei, auf später verschieben, da für die gegenwärtige Beweisführung die Tatsache genüge, dass es ein Wissen sei (b4–7).

Da eine solche Aussparung[150] nichts anderes bedeuten kann, als dass Platon zur Zeit der Abfassung des *Protagoras* über das zur Debatte stehende Problem mehr zu sagen hätte, als er tatsächlich ausführt, ist es kaum ein Zufall, wenn im *Politikos* (283cff.) zwei Formen der Messkunst, wie sie sich aus dem *Protagoras* jedenfalls andeutungsweise ergeben, ausdrücklich unterschieden werden, nämlich eine relative und eine absolute mit dem Bezugspunkt des rechten Maßes (*metrion*); vgl. bes. 283d7–9; e8–11; 284e2–8. Dieses rechte Maß, das auch in weiteren Bezeichnungen auftaucht (z.B. „das Genaue selbst" 284d2; vgl. auch 284e6–8), ist das Kriterium für den e t h i s c h e n Bereich (283e3–6). Man vergleiche auch das vollkommene Maß in der *Politeia* (504c1–3). Erhellend sind ferner die Ausführungen im *Philebos* (55dff.): Im Verlaufe einer Einteilung der *technai* und Wissenschaften hinsichtlich ihrer Genauigkeit unterscheidet Sokrates nicht nur solche, die mit Maßstäben messen (wie etwa Baukunst und Arithmetik), von solchen, die nur ungefähr abschätzen (worunter er z.B. Musik und Medizin rechnet), sondern auch innerhalb der genauer messenden eine landläufige und eine reinere (57b1), deutlichere (b6) und genauere (c3, c9–d2) wissenschaftliche Form, mithin zwei in ihrer Genauigkeit differierende Formen dieser Messkunst (d6) – bei der Arithmetik etwa der Unterschied zwischen angewandter

---

149 Wenn Sokrates dabei ausführt: „Da es sich uns aber gezeigt hat, dass das Heil des Lebens auf einer richtigen Wahl von Lust und Unlust beruht, …" (357a5–7), so ist „uns" als Bezugnahme auf das gemeinsam erreichte Gesprächsergebnis („bei unserer Beweisführung") zu verstehen, wobei Sokrates lediglich die Konsequenz aus der Position zieht, welche die Menge eingenommen hat.

150 Vgl. zum grundsätzlichen Verständnis solcher Aussparungsformeln Szlezák 1993, 92ff.

und reiner Mathematik (vgl. 56d4–e6). Und den reinen Formen an Genauigkeit noch überlegen ist die Dialektik (57e6f.), die auf das Deutliche, das Genaue (vgl. auch Plt. 284d2) und das Wahrste gerichtet ist (58c2f.), d.h. nicht auf die Welt des Werdens, sondern die des ewigen Seins (vgl. 58e4–59c6; vgl. auch Plt. 286a5f.).

Blickt man von solchen Aussagen auf die im *Protagoras* entwickelte Lustmesskunst zurück, kann sie (nach platonischen Vorstellungen) nur als das Zerrbild der wahren Messkunst erscheinen:[151] Wegen ihrer Relativität misst sie Lust bzw. Unlust lediglich quantitativ (ohne Berücksichtigung der Qualität; vgl. Grg. 500a4–6; Phlb. 52d3–53c3) aneinander (vgl. dagegen noch einmal Phd. 68e2–69a9). Sie eignet sich deshalb in Platons Sicht für ethische Entscheidungen nicht und kann, jedenfalls soweit sie sich auf den Bereich körperlicher Affizierungen (vgl. die Beispiele Prt. 353c6ff.) und damit auf den Bereich des Werdens bezieht, schon deswegen nicht genau sein.[152] – Man mag einwenden, es sei unzulässig, mit den recht differenzierten und sicher späteren Ausführungen aus dem *Politikos* und dem *Philebos* an das Verständnis des *Protagoras* heranzugehen. Für die Einschätzung der Lustmesskunst im *Protagoras* ist jedoch nicht wesentlich, ob Platon eine Vorstellung wie die des Maßes als der Mitte zwischen den Extremen (Plt. 284e7f.) zur Abfassungszeit des *Protagoras* schon definitiv ausgearbeitet hatte. Vielmehr ist aus der Aussparungsformel zu erschließen, dass Platon über die Messkunst mehr weiß, als er im *Protagoras* darlegt. Und insofern hat der Verweis auf die (entwickelten) Konzepte im *Politikos* und *Philebos* nur die Funktion zu erläutern, in welche Richtung das Denken Platons gegangen sein könnte. Tatsächlich zeigt eine genaue Analyse des *Protagoras* selbst, dass die Unterscheidung zwischen relativer und absoluter Messkunst hier schon angelegt ist und das Maß, nach dem sich das Handeln richten muss, in Gestalt des anderen Telos

---

151 Vgl. auch Capra 1997, 280: „… la tecnica di misurazione è un'arte umile, ben distinta dalla virtú-scienza".

152 Die Probleme, die sich ergeben, wenn man versucht, die Lustmesskunst des *Protagoras* als eine ernsthafte Konzeption zu analysieren, zeigen die Ausführungen Taylors 1991, 192–194; 195–199.

bereits erscheint und als das Wahre, bei dem die Seele verharrt (356e1f.), angedeutet wird.[153]

(4) (357c1–e8) Der Grund für die Erfahrung der Menge, der Lust zu unterliegen, hat sich unter der Gesprächsführung des Sokrates als Mangel an Wissen herausgestellt, sc. an dem beschriebenen Lustmesswissen, womit die These von der Macht des Wissens als erwiesen gilt.[154] Das von der Menge behauptete ‚Wissen' (vgl. z.B. 357c5), trotz dessen man in ihrer Sicht (wegen der Macht der Lust) falsch handelte, war dann offenbar kein solches Wissen, das die Kraft hat, eine richtige Entscheidung durchzusetzen; so lässt sich der im Text nicht ausdrücklich konstatierte, aber aus der gesamten Darstellung sich ergebende Widerspruch[155] auflösen, dass man wissentlich aus Unwissen nicht das Richtige tut.

---

153 Vgl. zu einigen der oben berührten Aspekte auch Krämer 1959, 490–493; Szlezák 1985, 175f. mit Anm. 32. Letzterer versteht das Ideal einer umfassenden ‚Messkunst' als Antwort auf den protagoreischen Relativismus (Buntheit des Guten, 334b6; vgl. oben S. 126); vergleichbar sieht Wesoly 2004 in der Messkunst eine Gegenposition zum *Homo-mensura*-Satz des Protagoras. Beide erkennen allerdings nicht, dass bereits im *Protagoras* auf unterschiedliche Formen der Messkunst angespielt wird.

154 Der Beweis ist allerdings nicht unproblematisch. Denn Unwissen (357d1) kann nur dann als ausschließlicher Grund für ein Fehlhandeln gelten, wenn Wissen für das richtige Handeln nicht nur eine notwendige, sondern auch eine zureichende Bedingung ist. Nun ist zwar gezeigt worden, welches Wissen man braucht, damit man beim (quantitativen) Wählen und Vermeiden von Lust oder Unlust (regelmäßig) die richtige Entscheidung treffen kann, aber es ist nicht eigens dargelegt worden, dass der Besitz dieses Wissens allein schon in jedem einzelnen Fall zum richtigen Handeln führt (bzw. mit der psychischen Notwendigkeit verbunden ist, eine entsprechende Wahl / Handlung auch auszuführen). Vielmehr ist einfach das Heil des Lebens, das auf der richtigen, sich in einer Handlung äußernden Entscheidung in Bezug auf Lust beruht, mit dem entsprechenden Wissen identifiziert worden (vgl. a5–b5). Mithin ist nicht ausgeschlossen, dass man zwar das bezeichnete Wissen hat, es aber aus irgendeinem Grunde nicht für das Handeln bestimmend wird. Das hätte jedoch eigentlich für die These von der Macht des Wissens bzw. für die Widerlegung der These, dass man wissentlich das Schlechte tue, weil man der Lust unterliege, ausgeschlossen werden müssen. Vgl. bes. Taylor 1991, 191f.; anders Klosko 1980, 319. – Allerdings führt Platon für das von ihm für richtig gehaltene Wissen des (nicht hedonistisch verstandenen) Guten einen solchen Nachweis auch nicht und hält ihn anscheinend nicht für nötig (vgl. unten S. 191f.). Daher könnte, insoweit das hedonistische Wissen funktional eine Analogie für das Wissen des Guten darstellt, das Fehlen des genannten Nachweises auch entsprechend bedingt sein.

Allerdings wird dieses offenbar unzureichende Wissen jetzt durch ein Wissen ersetzt, dessen Herrschaft auch über die Lust (357c3) bei einer relativen Lustmesskunst (wobei Inhalt und Kriterium des Wissens nur wieder die Lust sein kann) an sich schon schwer vorstellbar ist und bei dem es sich, wie gezeigt, nicht um ein Maßwissen im (zumindest späteren) platonischen Sinne handelt. Aber auch im Kontext des Gesprächshorizontes im *Protagoras* soll die hier entwickelte Lustmesskunst wohl nicht als gültige Lösung betrachtet werden: Denn sie kommt einerseits durch eine bloß ‚wissenschaftliche' Entfaltung von Maximen zustande, die sich aus der (von Platon offenkundig nicht gebilligten) Position der Menge ergaben, und andererseits, wie er Sokrates mit ironischer Pointe feststellen lässt, können der Unwissenheit der Menge (ausgerechnet) Protagoras, Prodikos und Hippias abhelfen und versäumt es die Menge, besorgt um ihr Geld, sich dieses Wissen bei den genannten Sophisten zu kaufen (357e); Sokrates parodiert mit seiner Empfehlung an die Menge gewissermaßen die sophistische Werberede (vgl. Gaiser 1959, 44).

Trotz des Kontextes im *Protagoras* bleibt jedoch die These von der Macht des Wissens, die als solche nicht auf hedonistischer Grundlage formuliert wurde (352c), als platonische Lehre gültig[156] (vgl. schon v. Arnim 1914, 9f.). Als Gegenstand des Wissens muss nur das andere (von der Lust verschiedene) Telos bzw. das rechte Maß eingesetzt werden. *phronēsis* (bezogen auf das wahre Sein, Phlb. 59d1–5) und Wissen als in der Werteskala ranghöhere Dinge denn die Lust (Phlb. 66b5–c2) sind leicht als der Lust überlegen vorzustellen: Es handelt sich um ein Wissen, das man als Weisheitsliebender wirklich begehrt (R. 475b8f.; vgl. auch R. 485b1; 490b1ff.), nach dem man (leidenschaftliches) Verlangen hat und um dessentwillen man alles tut (Phlb. 58d4f.). Wenn man das Gute, das Hellste (R. 518c9) und Glückseligste (526e3f.) des Seienden (nachdem sich das Erkenntnisorgan mit der ganzen Seele ihm zuwandte; 518c4ff.)

155 Vgl. Gallop 1964, 119; 122; Taylor 1991, 182–186. Dieser Widerspruch ist nicht, wie Gallop und Taylor meinen, identisch mit der 355a5ff. in Rede stehenden Absurdität; vgl. Dyson 1976, 35.

156 Wenn auch kein Beweis geführt wird, der über die Widerlegung der Gegenposition der Menge auf der Grundlage von deren Überzeugung hinausgeht; vgl. Taylor 1991, 200.

gesehen hat, dann ist das, so darf man annehmen, ein Wissen (zumal es mit dem lustvollsten Zustand verbunden ist; 583b–588a, bes. 586de), das einen so ergreift, dass es psychisch unmöglich wird, dagegenzuhandeln (subjektives und objektives Gut werden dann identisch). Mit einem derartigen Wissen sind folglich die richtige Entscheidung und ihre Ausführung, soweit es am Handelnden liegt, mitgegeben (da man dieses Ziel als für einen selbst förderlich erstrebt), und der Einwand, man wisse zwar, was das Gute sei, tue es aber trotzdem nicht, verliert jedenfalls aus der Sicht Platons seine Berechtigung.

Einen Beweis zu führen, dass man einem s o l c h e n Wissen entsprechend auch handelt, dürfte er nicht für nötig gehalten haben, da er es in dieser Form offenbar nicht nur als notwendige, sondern auch als zureichende Bedingung ansieht. Ein derartiges Wissen setzt für ihn die (verführerische) Macht der Erscheinung wirklich außer Kraft („wirkungslos", Prt. 356d8).[157] Es ist jedoch ein Wissen, das nur wenige, und erst nach größten Mühen, erlangen können, wie die *Politeia* lehrt;[158] dabei müssen wohl nicht nur bestimmte erziehungsmäßige, sondern auch bestimmte körperliche Voraussetzungen gegeben sein (vgl. Tim. 86d7–e3).[159] Wenn Platon von der Macht des Wissens spricht, die stärker ist als alles andere, dann wird er an ein derartiges oder besser an ein darauf bezogenes Wissen (es ist vom Guten im Plural die Rede, Prt. 352c5) gedacht haben.[160] Für ein

---

[157] Vgl. zu dieser Einzelheit Stokes 1986, 410.

[158] Vgl. auch Kahn 1996, 223; Carone 2001, 144f.; anders Gerson 1989, 91ff.

[159] Vgl. Wieland 1982/99, 277; zur ganzen Problematik Müller 1975, 236ff. – Wie man sieht, ist gerade vor dem Hintergrund des in späteren Dialogen entfalteten Seelen- und Menschenbildes ein plausibles, wenn auch den Personenkreis, für den es gilt, stark eingrenzendes Verständnis des sokratischen Paradoxons möglich; vgl. jetzt auch Carone 2001, die mit Recht für eine Übereinstimmung der Vorstellungen im *Protagoras* und in der *Politeia* eintritt (bes. 144; 146). Sie beachtet allerdings nicht, dass dazu nicht die L u s t messkunst des *Protagoras* als auf einer Ebene mit dem Tugendwissen der *Politeia* stehend gesehen werden darf, sondern man den Hinweisen folgen muss, die auf ein anders orientiertes Wissen im *Protagoras* deuten. Segvic 2000 (bes. 38) möchte dagegen das sokratische Paradoxon auf der Basis einer unitarischen Seelenvorstellung, bei der ein nicht-rationaler Seelenteil ausgeschlossen ist, erklären.

[160] Auch in den *Nomoi* hält Platon grundsätzlich an der These von der Macht des Wissens fest (875c6–d2); vgl. Bossi 2000. Er sieht dieses Wissen nur nirgendwo auf Dauer gegeben (d2f.). Allerdings kann er (trotz Lg. 731c2f. u.

solches Verhältnis von Wissen und Handeln bietet die im *Protagoras* vorgeführte Messkunst – soweit sie auf Absolutes anspielt – lediglich ein gewisses strukturelles Modell (und das dürfte ihre Funktion im Dialog sein), aber, insoweit sie Lust messkunst ist, nicht die inhaltliche Lösung. Der geführte Nachweis bleibt letztlich auf dem Denkniveau der Menge.

Wenn in den vorstehenden Ausführungen zur Erläuterung des *Protagoras* mehrfach auf Textstellen auch aus späteren Dialogen Platons rekurriert wurde (vgl. auch oben S. 189), so ergibt sich eine Rechtfertigung für dieses methodische Vorgehen letztlich aus dem Text des *Protagoras*: Die Lehre von der Macht des Wissens bleibt in der hedonistischen Erörterung unbefriedigend, und es wird darüber hinaus erkennbar, dass auch Platon sie so nicht als zureichend begründet angesehen hat. Da die Lehre selbst aber offenkundig seiner Überzeugung entspricht,[161] ist zu vermuten, dass er über eine Begründung verfügte, die ihn eher befriedigte, wie man sie in späteren Dialogen feststellen kann.

c) Sokrates und die Sophisten über Lust und Wissen (358a1–359a1)

358a1–359a1 Hippias und Prodikos bestätigen nicht nur die Richtigkeit von Sokrates' Ausführungen gegenüber der Menge, sondern legen sich (mit anderen zusammen) auch selbst auf deren hedonistische Position fest. Alle sind davon überzeugt, dass Sich-selbst-unterlegen-Sein Unwissenheit ist. Also – das meinen alle (einschließlich Sokrates) – ist niemand freiwillig auf das aus, was schlecht ist oder was er für schlecht hält. Da nun Furcht die Erwartung von etwas Schlechtem ist, geht niemand das, was er fürchtet und also für schlecht hält, freiwillig

---

860d1, vgl. oben S. 155 Anm. 112) auch von einer *akrasia* (Unbeherrschtheit) sprechen, die nicht (ausschließlich) auf Unwissen beruht: „Denn entweder aus Unwissenheit oder aus Unbeherrschtheit oder aus beiden Gründen lebt ohne rechtes Maß (*sōphronein*) die ganze menschliche Masse“ (Lg. 734b4–6). Der Satz von der Macht des Wissens (wenn es vorliegt) wird dadurch aber nicht aufgehoben.

161 Vgl. Prt. 345d9ff.; 352c; vgl. oben S. 152–156.

an noch wählt er es; dem stimmen alle (einschließlich Protagoras) zu.

Der Abschnitt ist durch den ausdrücklichen Abschluss des Dialogs mit der Menge (358a1) nach oben und durch die Wiederaufnahme des Dialogs zwischen Sokrates und Protagoras (359a2ff.) nach unten abgegrenzt. Er hat eine deutliche Übergangsfunktion; wenn man ihn kompositorisch zuordnen und nicht als selbständiges Zwischenstück einstufen will, dann am ehesten als Anhang zur eigentlichen hedonistischen Erörterung bzw. zum Dialog mit der Menge. Denn es wird inhaltlich dazu Stellung genommen, und formal wird die bisherige Gesprächskonstellation insofern fortgesetzt, als zunächst weiterhin Sokrates und (jedenfalls nominell) Protagoras gemeinsam (358a2) anderen Gesprächspartnern gegenüberstehen. Außerdem ist der Einschnitt nach diesem Textstück tiefer als derjenige davor, wie außer aus dem Wechsel in der Gesprächskonstellation aus dem rekapitulierenden Rückgriff auf Aussagen des Protagoras vor dem Großabschnitt 351b3–359a1 hervorgeht (vgl. 359aff.).

Der Passus macht auf den ersten Blick den Eindruck, als gehe es darin nur um Klärungen und Konsequenzen, die sich aus dem vorausgehenden Dialog mit der Menge ergeben. Tatsächlich finden aber inhaltliche Veränderungen statt, die großenteils für den anschließenden Beweisgang über die Tapferkeit wichtig werden (vgl. Manuwald 1975, bes. 27–37):

(1) Scheint zunächst lediglich zur Debatte zu stehen, ob Sokrates die Frage der Menge (vgl. zuletzt 357c) richtig beantwortet habe (358a1–5), werden tatsächlich die sophistischen Gesprächspartner (zumindest Hippias und Prodikos), die kurz zuvor als Lehrer des Wissens, das für die richtige Lustwahl notwendig ist, mit genannt waren (357e), auf die hedonistische Position der Menge festgelegt. Freilich ist nicht ohne weiteres klar, (a) wer sich festlegen lässt, (b) auf genau welche Position.

(1a) Als Gesprächspartner spricht Sokrates zwar nur Hippias und Prodikos an (358a2f.), die Antworten werden aber in allen Punkten, die berührt werden, der Gesamtheit zugeschrieben (vgl. a4; b2f.; c3; c6; d4 „wir alle“ [hier sind also auch Sokrates und Protagoras eingeschlossen]). Und danach findet sich (trotz 358a2) plötzlich auch Protagoras ausdrücklich unter den Antwortenden (d8); er gehört dann sicher auch zu den wenig später genannten „allen“ (359a1). Zwar könnte man sich (wegen 358a2) Protagoras ausgeschlossen denken, wenn er nicht ausdrücklich genannt wird; aber die anschließende Auseinandersetzung mit ihm soll auf der Grundlage der erzielten Ergebnisse geführt werden (359a2), und dagegen erhebt Protagoras keinerlei Widerspruch. So wird zwar nicht direkt gesagt, dass auch Protagoras (trotz früherer Vorbehalte, vgl. 351cd) auf die hedonistische Position der Menge eingeschwenkt sei (und es wird ihm auch kein Bekenntnis in dieser Richtung abverlangt), aber es wird doch (besonders durch das mehrfache Erwähnen allgemeiner Zustimmung) suggeriert, dass auch Protagoras mit allem, d.h. auch mit der hedonistischen Position, einverstanden ist.[162]

(1b) Hippias und Prodikos (sowie andere) stimmen der (als Frage vorgebrachten) Formulierung zu, dass das (sc. alles) Angenehme gut, das (sc. alles) Unangenehme schlecht sei (358a5f.). Das ist formal nicht die von der Menge vollzogene Identifikation von ‚angenehm' und ‚gut', aber auf jeden Fall mehr, als Protagoras ursprünglich (vgl. 351cd) zugestehen wollte. Zudem wird die Formulierung als Konsequenz („also", 358a5) aus der zuvor erwähnten emphatischen Zustimmung zu Sokrates' Ausführungen gegenüber der Menge eingeführt. Das ergibt (abgesehen davon, dass das eine aus dem anderen nicht folgt) nur einen Sinn, wenn jedenfalls die Tendenz besteht, die Gesprächspartner tatsächlich auch inhaltlich auf die Position der Menge festzulegen. Vermutlich ist die genannte Formulierung als Kurzform dieser Position zu verstehen.[163] Wenn danach Sokrates' Frage, ob alle auf das angenehme Leben ausgerichteten Handlungen lobenswert (*kalon*), gut (*agathon*) und nützlich

162 Vgl. allgemein zu Platons Sicht vom Verhältnis sophistischer ‚Weisheit' zu den Anschauungen der Menge R. 493a6–9; Rutherford 1995, 137.

163 Das in der Apodosis (358b7f. „tut niemand im Wissen oder Glauben ...") ausgedrückte sokratische Paradoxon (hier mit bemerkenswerter Erweiterung; vgl. unten S. 196, Punkt [2]) gilt unabhängig von der im Dialog mit der Menge gegebenen hedonistischen Argumentation, muss jedenfalls nicht als Folgerung aus ihr formuliert werden (vgl. 345d9–e4; 352c2–7). Da Sokrates aber offenbar den Zusammenhang mit dem Dialog mit der Menge hergestellt sehen will, erfordert es die Logik, die Protasis (b6f. „Wenn also ... das Angenehme gut ist") als Kurzform der gesamten hedonistischen Position der Menge zu verstehen (Identifikation von ‚gut' und ‚angenehm'). Denn nimmt man die Protasis strikt wörtlich, ist nur eine Klasse des Guten bezeichnet (das Angenehme), während in der Apodosis allgemein vom Guten bzw. Besseren die Rede ist. Das Problem existiert nicht, wenn die Identifikation von ‚gut' und

(*ōphelimon*) seien (vgl. b3–6), bejaht wird, ist zwar formal nicht ausgeschlossen, dass auch nach einem anderen Telos ausgerichtete Handlungen gut usw. sein können, aber es ist eben nur von dem (einzigen) Telos, das die Menge kennt, und von ‚gut' usw. nur insoweit die Rede, als es sich nach diesem Telos bestimmt. Dass jedenfalls das, was hier gesagt wird, wenn es auch nicht strikt so formuliert ist, als die gesamte Position der Menge erscheinen soll, wird durch eine spätere Reaktion des Protagoras klar: Er behauptet nämlich von dem Satz, wenn etwas lobenswert und gut sei, dann sei es auch angenehm, man sei darin übereingekommen (360a3; vgl. unten S. 203–205). Dieser Satz repräsentiert (wörtlich genommen und als hedonistische Aussage verstanden) zusammen mit der von Prodikos und den anderen akzeptierten Aussage, dass das Angenehme gut sei (358a5f.), die hedonistische Position der Menge völlig.

(2) Nachdem es im Dialog mit der Menge um die Macht des Wissens gegangen war,[164] redet Sokrates nun überraschend alternativ zum Wissen von subjektiver Einschätzung (358b7 „im Wissen oder Glauben") und umfasst entsprechend mit der Negation („Unwissenheit" [*amathia*]), die zuvor nur als Gegenbegriff zu ‚Wissen' gedient hatte (357c–e), nun auch „falsche Auffassung haben" (358c4); vgl. auch Euthd. 286d. In einem weiteren Schritt ist Wissen nur noch als objektiver Sachverhalt präsent, wird aber nicht mehr benannt (c6f. „das Schlechte geht niemand freiwillig an"), um dann ganz Ausdrücken des Meinens Platz zu machen (d1, e5 „hält"), wobei dann ‚Meinen' richtiges (vgl. dazu Men. 97bff.) wie falsches Meinen umfassen muss. Denn nur auf dieser subjektiven, richtige wie falsche Einstellung gleichermaßen einschließenden Grundlage wird sich später (paradoxerweise) das Verhalten der Tapferen und der Feigen in bestimmter Hinsicht als gleichartig darstellen

---

‚angenehm' vorausgesetzt wird. Es wäre jedenfalls nicht einzusehen, warum Sokrates, wenn er den Inhalt der Apodosis überhaupt mit dessen Erörterung im Dialog mit der Menge in Zusammenhang bringen will, sich sachlich nur auf einen Teil der dort vertretenen Position beziehen sollte.

Eine komplizierte, Einblick in die Psyche der Sophisten voraussetzende Variante der hier gegebenen Erklärung der Protasis als Kurzform bietet Stokes 1986, 417f.

164 Dies wird zu Recht betont von Penner 1997, es gebe keine „knowledge-akrasia" (vgl. zum Ausdruck ebd. 118). Vgl. auch Carone 2001, 109–116.

lassen, indem beide Gruppen jeweils nicht das angehen, was sie für gefährlich halten (359d5), sondern das, wobei sie keine Bedenken haben (vgl. 359c5–e1); vgl. auch Stokes 1986, 374. Von daher wird die an Ort und Stelle noch nicht erkennbare gesprächstaktische Funktion dieser sukzessiven, willkürlich eingeführten (vgl. auch Dyson 1976, 37) und von den Partnern offenbar nicht bemerkten Verschiebung klar.[165]

(3) Das im Dialog mit der Menge zu erklärende Phänomen war, der Lust unterlegen zu sein (zuletzt 357e2). Jetzt lautet die Formel, sich selbst unterlegen (= Unwissenheit [*amathia*]) bzw. überlegen (= Wissen [*sophia*]) sein (358c2f.), und in dieser Form wird sie auch im nachfolgenden Abschnitt über die Tapferkeit verwendet (359d6). Die Funktion dieser Veränderung ist an Ort und Stelle nicht erkennbar. Diese Formulierung ermöglicht jedoch die Einbeziehung anderer Affekte als der Lust (von denen ursprünglich auch die Rede war; 352b7f.), und tatsächlich dürfte der Affekt, dem nachzugeben ein Verstoß gegen besseres Dafürhalten (*amathia*) wäre, wenn er dazu führt, etwas anzugehen, das gefährlich ist (vgl. 359d5f.), nicht die Lust, sondern leidenschaftliches Ungestüm (*thymos*, vgl. 352b7) sein. – Der Übergang von der einen zur anderen Formulierung ist innerhalb der sonst bei Platon feststellbaren Konzeption stimmig, da für ihn Sich-selbst-unterlegen-Sein bedeuten kann, dem schlechteren Seelenteil unterlegen, d.h. zuchtlos (d.h. der Lust unterlegen) zu sein (vgl. R. 431a3–b2; entsprechend ‚über sich selbst herrschen', Grg. 491d).

(4) Statt ‚tun' bzw. ‚handeln' (zuletzt 358b4 [Subst.] „Handlungen", c1 „tut") verwendet Sokrates überraschend ab 358c6f. den Ausdruck ‚(etwas) angehen' (vgl. d1f.; e3; e6; und auch den folgenden Abschnitt). Die Übersetzung ‚(etwas) angehen' kann dabei nur als behelfsmäßiger Begriff fungieren, der das hier einschlägige Bedeutungsspektrum umfasst: (a) ‚sich einer

[165] Zu anderen Deutungen der Verwendung von ‚Meinen' vgl. Manuwald 1975, 34 Anm. 33 (gegen Vlastos 1969, 72; Gulley 1971); Stokes 1986, 373f. (u.a. gegen Taylor [1976] 1991, 202f.). Stokes' eigener Beitrag, dass auch Protagoras in seiner großen Rede nicht zwischen der Bedeutung von Wissen und Meinen für das menschliche Handeln unterscheide und Letzteres mehr hervortrete (vgl. a.O. 370–391), erklärt allenfalls, warum Protagoras auf den Begriff ‚Meinen' nicht reagiert, geschweige denn gegen die Veränderung protestiert, aber nicht, warum der platonische Sokrates die Verschiebung vornimmt.

Sache bemächtigen, etwas ergreifen, auf etwas aus sein' (syn. ,wählen' [d3, e6]), vgl. z.B. auch R. 347c2;[166] (b) ,auf etwas los, gegen etwas angehen' (syn. ,draufgängerisch sein', vgl. 359c3 u. d1), vgl. auch Prt. 349e3 (die Tapferen sind draufgängerisch auf das, worauf loszugehen sich die meisten fürchten). Ist das Objekt nur ganz allgemein etwas Schlechtes, liegt die (negierte) Bedeutung (a) vor (358c7; d1f.). Handelt es sich um etwas Furchterregendes, Gefährliches (und zugleich Schlechtes), wird man zunächst an die Bedeutung (b) denken oder sie zumindest mithören müssen (358e3; 359c5f.; d5f.; e2f.). Die Funktion des Ersatzes von ,tun' bzw. ,handeln' durch einen ambivalent verwendbaren Ausdruck ergibt sich daraus, dass es auf diese Weise möglich ist, zu dem Paradoxon des (in bestimmter Hinsicht) gleichartigen Verhaltens von Tapferen und Feigen zu kommen (vgl. 359d). Dazu ist Bedeutung (a) erforderlich (niemand will für sich etwas Schlechtes haben), während im Zusammenhang mit Bedeutung (b) Tapfere und Feige gewöhnlich differenziert werden (vgl. 359c5f.). Bedeutung (b) bleibt jedoch

---

[166] Soweit die Aussage, dass niemand das Schlechte freiwillig angehe, auch nicht das, was er für schlecht halte (358c6f.), subjektiv formuliert ist, d.h., dass niemand das von ihm (und für ihn selbst) für schlecht Erachtete haben, niemand unglücklich sein will, wenn er statt dessen haben kann, was er – jedenfalls im Augenblick des Handelns – für gut (sc. für sich) hält, liegt ein solches Verhalten wohl wirklich in der Natur des Menschen (d1) – es gibt keine „synchronic belief-akrasia" (Penner 1997, 125). Der willensmäßige Aspekt ist zwar sprachlich nicht eindeutig ausgedrückt (es sei denn, man erkennt ihn in „freiwillig" [*hekōn*, c7] bzw. „wollen" [*ethelein*, d2] – vgl. R. 437b8), aber auch über den hedonistischen Zusammenhang (a5ff.) hinaus selbstverständlich, da (nach Platon) alle glücklich sein wollen (vgl. z.B. Euthd. 282a2). Entsprechend dürfte gelten, dass niemand, der gezwungen ist, sich zwischen zwei Übeln zu entscheiden, das größere wählt (auch hier ist wohl mitzudenken: wenn es ihm gerade als das größere erscheint); vgl. aber Taylor 1991, 204f. Die Aussagen sind nicht davon abhängig, was man jeweils inhaltlich unter ,schlecht' versteht (gelten also auch ohne die hedonistischen Voraussetzungen); die allgemeine (auch Sokrates einschließende) Zustimmung („wir alle", d4) überrascht daher nicht. – Zum wirklichen Problem wird die Aussage in ihrer Allgemeingültigkeit allerdings bei einem Verständnis des ,Schlechten' als objektiver Größe (niemand geht das Schlechte freiwillig an), vor allem bei nicht-hedonistischer Auffassung. Doch ist der platonische Sokrates gerade von der Richtigkeit der so verstandenen Aussage überzeugt (vgl. 345d9–e4 und im Einzelnen oben S. 152ff. u. S. 191f.). – Die uneingeschränkte Zustimmung der Gesprächspartner lässt sich durch die hedonistische Basis, die sie eingenommen haben (und auf welcher der Satz verstanden werden kann, vgl. oben S. 195 Anm. 163), erklären.

weiterhin relevant wegen des Objekts (das Gefährliche) und vor allem, damit zumindest scheinbar die Beziehung zum Ausgangspunkt der Diskussion über die Tapferkeit nicht verlorengeht, wo 349e3 eindeutig diese Bedeutung vorliegt.[167]

(5) Furcht bzw. Angst wird von Sokrates als Erwartung eines Übels (von etwas Schlechtem) definiert (358d6f.). Je nachdem, was man als Inhalt des Übels versteht, lässt sich die Definition in hedonistischem und in nicht-hedonistischem Umfeld verwenden, sie ist also als solche nicht von den hedonistischen Ergebnissen des Dialogs mit der Menge abhängig, wie auch ihre (teilweise) Entsprechung im *Laches* (198b8f.) zeigt. Im *Protagoras* dient sie als Übergang zu und, besonders in Verbindung mit den Punkten (2) und (4), als von allen Gesprächsteilnehmern bestätigte Grundlage (‚niemand ist freiwillig auf etwas aus, was er für schlecht hält') für die neuerliche Diskussion über die Tapferkeit. – Während zuvor Güter und Übel graduell unterschieden wurden (358b7f.; d2–4), ist im Zusammenhang mit den Gegenständen der Furcht nur von ihrem Gegebensein oder Nicht-Gegebensein die Rede (vgl. e3–6), entsprechend beim späteren Rückgriff auf diese Ausführungen (359d1ff.). Das könnte eine inhaltlich bedeutungslose Verkürzung einer volleren, gedanklich zu ergänzenden Ausdrucksweise sein; aber, wie es scheint, wird diese Veränderung im nächsten Abschnitt argumentativ ausgenutzt. Vgl. unten S. 201f.

---

167 Die Ausführungen in Prt. 358b–d betrachtet Kahn als deskriptive Formulierung des sokratischen Paradoxons, welche die offenkundig falsche These eines allmächtigen Rationalismus (ohne Berücksichtigung der Willenssphäre) enthalte, im Unterschied zu sonstigen Formulierungen des Paradoxons, die als normativ-protreptischer Appell zu verstehen seien (1996, 228ff.). Er glaubt, das nach seiner Auffassung in dieser Stelle enthaltene „denial of *akrasia*" als „cunning stratagem" einstufen zu können (a.O. 238) und daher als Aussage des platonischen Sokrates nicht ernst nehmen zu müssen, so dass ein sonst anzunehmender Widerspruch zwischen diesem Rationalismus und der Psychologie der *Politeia* nicht existiere (vgl. bes. a.O. 242f.). Jedoch besteht dieser Widerspruch nicht (vgl. Carone 2001) und ist darüber hinaus der von Kahn eingeschlagene Weg nicht gangbar, weil der inkriminierten These auch Sokrates zustimmt und sie als seine Überzeugung feststeht (vgl. 345d9–e4). Daher ist es wahrscheinlich, dass in Platons Verständnis bei der objektiven Formulierung „das Schlechte geht niemand freiwillig an" (358c6f.) die Bedingung eines entsprechenden Wissens (vgl. 352c4f.) mitzudenken ist und die Aussage damit trotz der allgemeinen Formulierung faktisch nur für die Menschen gilt, welche diese Bedingung erfüllen (d.h. möglicherweise sehr wenige). Vgl. oben S. 155.

9. Die Einheit der Formen des Gut-Seins: Rekapitulation und zweite Argumentation zum Verhältnis Tapferkeit – Weisheit (359a2–360e5)

359a2–360e5 Nach einer Rekapitulation der bisherigen Standpunkte des Protagoras (359a2–c2) bestimmt Sokrates mit dessen unwilliger Zustimmung das Wissen davon, was gefährlich und was nicht gefährlich ist, als Tapferkeit (359c2–360e5).

Zu 359a2–c2: Die Rekapitulation hat den Zweck, daran zu erinnern, dass Protagoras von seiner ursprünglichen Position der Unterschiedlichkeit und Eigenständigkeit aller fünf Teile des Gut-Seins (330ab) bereits abgerückt ist (349d), und ihn noch einmal auf seinen zuletzt, vor der hedonistischen Erörterung, vertretenen Standpunkt der völligen Unverbundenheit der Tapferkeit mit den anderen Teilen des Gut-Seins (349d4–8) festzulegen, bevor Protagoras auch diese These nicht mehr aufrechterhalten kann und seine Niederlage endgültig besiegelt wird (vgl. bes. 360d8–e5).

Zu 359c2–360e5: Protagoras hatte die Ansicht vertreten, dass die Tapferen nicht nur wagemutig, sondern sogar draufgängerisch seien, „worauf loszugehen sich die meisten fürchten“ (349e2f.). Genau an diesem Punkt setzt Sokrates an. Denn die zitierte, damals von Protagoras gegebene, jetzt nicht wiederholte inhaltliche Bestimmung, die der landläufigen Unterscheidung von Tapferen und Feigen entspricht, nach welcher die Tapferen auf das Gefährliche losgehen, die Feigen auf das Ungefährliche (vgl. 359c2–7), ist inzwischen problematisch geworden, wie Protagoras sehr wohl bewusst ist. Wenn man nämlich das, was man fürchtet (das Gefährliche), für schlecht hält und dies niemand angehen will (358e4–6; 359d1–6), lassen sich auf dieser subjektiven Grundlage allein Tapfere und Feige nicht unterscheiden, insofern beide Gruppen das angehen, bei dem sie keine Bedenken haben, und sich so formal gleich verhalten (359d7–e1). Protagoras protestiert mit einer bloßen, auf einen Einzelfall bezogenen empirischen Beobachtung gegen die Konsequenz, indem er ausführt, die Tapferen wollten sogleich in den Krieg ziehen, die anderen nicht (e1–4), gibt aber nicht an, woran sich das beschriebene unterschiedliche Verhalten orientiert. Offenkundig bedarf es dazu eines Unterscheidungskriteriums, das nicht auf bloßes und möglicherweise irriges Dafürhalten gegründet ist.

Angesichts der Tatsache, dass die Argumentation auf dem Vorausgehenden beruhen soll (359a2), fällt auf, dass jetzt nicht (jedenfalls in keiner Weise ausdrücklich) auf die Lustmesskunst (356cff.) zurückgegriffen wird. Es wäre immerhin denkbar, auszuführen und anhand von Protagoras' Beispiel zu generalisieren, dass die Feigen sich von der Macht der Erscheinung täuschen lassen und nicht bedenken, dass nicht in den Krieg zu ziehen Sklaverei oder Vernichtung der Heimat bedeuten kann (und damit die größte Unlust), während sich Kämpfen langfristig als das geringere Übel erweist, mithin dass die Feigen aus Mangel an Lustmesswissen fälschlich die geringere Gefahr für die größere halten. Je nachdem, ob man über das Lustmesswissen verfügt, wird man jeweils anderes für gefährlich (schlecht) oder für gefährlicher (schlechter) halten. Tapferkeit könnte sich dann als das Wissen davon herausstellen, was nach hedonistischer Gesamtabrechnung gefährlich (gefährlicher) ist und was nicht. Außerdem hätte sich ein solcher Gedankengang gleich an die Ausführungen über die Lustmesskunst (vor dem Abschnitt 358a1–359a1) anschließen lassen; die Definition der Tapferkeit als eines spezifischen Wissens hätte sich dann tatsächlich unmittelbar aus der hedonistischen These ergeben (auch wenn Sokrates die hedonistische Position nicht selbst vertritt).

Allerdings setzt eine solche Argumentation bei dem von Protagoras gewählten empirischen Fall (dem Krieg) notwendig eine relative Betrachtungsweise (wie eben e.g. durchgeführt) voraus. Denn wenn der Krieg generell und absolut als etwas Furchtbares gilt,[168] müssten ihn eigentlich auch die Tapferen so einschätzen und dürften überhaupt nicht in den Krieg ziehen. Tatsächlich wird nun von einem Mehr oder Weniger bei dem, was zu fürchten ist, bzw. von Folgen in der Zukunft nicht gesprochen (vgl. oben S. 199).[169] Das ist anscheinend kein Zufall;

---

168 Vgl. 341b4 „furchtbarer Krieg" als Beispiel für die ‚korrekte' Verwendung von *deinon*; vgl. oben S. 144.

169 Während 359e5ff. und 360b1ff. absolut zwischen ‚lobenswert' und ‚verwerflich' (bzw. ‚gut' und ‚schlecht') unterschieden wird, macht Sokrates allerdings 360a4f. und a7f. plötzlich relative, komparativische Aussagen. Ein sachlicher Unterschied ist nicht zu erkennen, so dass das weniger Lobenswerte

denn die Argumentation läuft nicht auf eine Überlegung der oben ausgeführten hypothetischen Art hinaus, sondern legt die Einführung eines anderen Kriteriums nahe:

Diese Einführung geschieht mit den von Sokrates genannten Begriffen ‚schön / lobenswert' (*kalon*) und ‚hässlich / verwerflich' (*aischron*) – vgl. 359e5 –, die normalerweise nicht hedonistisch geprägt sind. Das Begriffspaar war bereits beim ersten Gespräch über die Tapferkeit eingeführt worden, und dort hatte sich Protagoras (gewiss ohne hedonistischen Nebensinn) darauf festgelegt, dass das Gut-Sein als Ganzes schön / lobenswert sei und nichts Hässliches / Verwerfliches enthalte, womit auch die Tapferkeit als etwas Schönes bestimmt ist (349e3–8; vgl. auch 350b5). Mit Hilfe von ‚lobenswert' hatte dann Protagoras in einer im Einzelnen nicht ganz deutlichen Weise Formen der Lust unterscheiden wollen (351c1),[170] und als etwas Schönes war auch das Wissen bezeichnet worden (352c3). Im Dialog mit der Menge (353c1–357e8) kommt der Begriff ‚schön' nicht vor, allerdings im Abschnitt danach: Dort fungiert ‚schön' nicht als Kriterium zur Beurteilung der Lust, sondern dieses ist seinerseits nach dem Telos des lustvollen Lebens bestimmt (358b3–6). Soll man also verstehen, das In-den-Krieg-Ziehen sei lobenswert, weil es zu einem insgesamt lustvollen Leben beitrage?

Platon lässt, wie es scheint, Sokrates so vorgehen, dass einerseits ein Zusammenhang mit der hedonistischen Erörterung suggeriert wird (so dass die Argumentation als eine durchgängige Einheit erscheint; vgl. auch 359a2; b7), andererseits die von Sokrates verfochtene Verbindung von Tapferkeit und Wissen (soweit die vorgetragene Definition reicht) auch ohne hedonistische Grundlage besteht.[171] Die Folgerung ‚wenn lobenswert, dann auch gut', über die man – Sokrates schließt sich mit

---

(sc. nicht in den Krieg zu ziehen) offenbar mit dem Verwerflichen identisch sein soll. Jedenfalls erscheint eine allgemeine, absolute Aussage über die Tapferen (360a8–b2) als Verallgemeinerung der vorausgehenden (360a7f.) relativen und arbeitet die weitere Argumentation mit polaren Gegensätzen. Vielleicht soll durch die Komparative eine Verknüpfung mit 358b7f. („besser") hergestellt werden.

170 Vgl. oben S. 173; 177f.

171 Das wird nicht beachtet z.B. von Irwin 1995, 85; Penner 1997, 137ff.; Rowe 2003, 146; Russell 2005, 239–248.

ein – übereingekommen sei (359e5–7; vgl. 358b5), hat auch für sich genommen Gültigkeit: Jedenfalls kann Protagoras diese Folgerung, wenn er sagt, das sei beständig seine Ansicht (359e7f.), angesichts des 351c1 von ihm anerkannten Wertmaßstabs kaum hedonistisch verstehen. Und wenn Sokrates folgert ‚wenn lobenswert und gut, dann auch angenehm / lustvoll' (360a2f.), dann wird die Folge ‚zu einem angenehmen Leben führend, also lobenswert, also gut' (vgl. 358b3–6) gerade umgekehrt. Es ist lediglich Protagoras, der mit seiner Behauptung, man sei in der letztgenannten Aussage übereingekommen (360a3) – als Bezugspunkt kommt trotz der anderen Reihenfolge nur die 358b3–6 erzielte Übereinkunft in Frage – faktisch einen argumentativen Zusammenhang mit der hedonistischen Erörterung herstellt.

Wenn Protagoras das tut, legt er offenbar die Identität von ‚lobenswert', ‚gut' und ‚angenehm' zugrunde (bei dieser Voraussetzung ist die Umkehrung zulässig), er scheint – wie auch immer – keinen Unterschied zwischen dieser und der früheren Aussage zu sehen. Seine Zurückhaltung („jedenfalls", 360a3) erklärt sich wohl aus der paradoxen Verbindung von ‚In-den-Krieg-Ziehen' und ‚angenehm'. Tatsächlich findet sich trotz der generellen Identifikation von ‚gut' und ‚angenehm', die sich aus dem Dialog mit der Menge ergibt, keine konkrete Bezeichnung eines Phänomens wie z.B. des Krieges als angenehm, im Gegenteil: Ein Feldzug gehört zu den Dingen, die als solche unangenehm sind und im Augenblick äußerste Schmerzen bereiten und die man nur deswegen als gut (aber nicht als solche als angenehm) einstuft, weil sie in der Zukunft auf etwas Angenehmes hinauslaufen (354a2–c2). Die hier vorliegende konkrete Verwendung von ‚angenehm' bleibt auch im hedonistischen Sinne paradox.[172]

Sokrates hatte sich bisher nicht auf die hedonistische Position der Menge eingelassen, und man muss das aufgrund des Satzes ‚wenn lobenswert und gut, dann auch angenehm / lustvoll' (360a3) selbst dann nicht annehmen, wenn die logische Operation auf der Identifikation von ‚gut' und ‚angenehm'

---

[172] *hēdy* bedeutet nicht: ‚angenehme Konsequenzen habend'; daher ist eine konkrete Anwendung im Sinne von „contributing to a life in which pleasure predominates" (Taylor 1991, 208f.) nicht gut möglich.

beruhen sollte; Sokrates zöge dann mit seiner Frage nur eine Konsequenz aus der Position seiner Gesprächspartner. Allerdings beruhte dann auch die zwar nur vorläufige, aber doch in ihrer Tendenz sokratisch-platonische Verbindung von Tapferkeit und Wissen (360d4f.)[173] auf dieser hedonistischen Grundlage. Das wäre zwar nicht ausgeschlossen, da es zunächst nur um die Widerlegung des Protagoras geht und der Dialog insgesamt nicht auf eine für Platon gültige Lösung des Problems angelegt ist, aber es ist auch nicht gerade wahrscheinlich, dass Sokrates die Apodosis („dann auch angenehm") nicht als echte Folgerung aus der Protasis („wenn es lobenswert und gut ist") verstehen sollte, zu der er sich eben erst (359e5–7) ausdrücklich bekannt hatte. So wird man die Umkehrung im Verständnis des Sokrates eher als Hinweis darauf verstehen dürfen, dass sich für ihn nicht das Gute nach der Lust, sondern die Lust nach dem Guten bestimmt und die weitere Argumentation für ihn nicht auf der hedonistischen Grundlage und Rangordnung beruht, vielmehr auf einer Wertvorstellung, die auch er vertreten kann. Dass bei diesem anderen, sokratischen ethischen Maßstab die Qualifizierung des In-den-Krieg-Ziehens als angenehm ebenfalls paradox erscheinen kann, hat dieses Verständnis der Stelle mit dem hedonistischen gemein.

Es stellt sich daher die Frage, warum 360a3 der Begriff ‚angenehm' überhaupt wieder in die Diskussion eingeführt wird.[174] Für die logische Struktur des folgenden Beweisgangs ist der Begriff nicht notwendig (und wird auch nach 360a8 nicht mehr verwendet: eine nicht nur lobenswerte [vgl. b3], sondern angenehme Furcht schüfe eine unnötige Paradoxie); er trägt allerdings insofern zu einer Verstärkung der Argumentation bei, als die Feigen sicher nicht wissentlich ausgerechnet das ‚Angenehmere' nicht tun (vgl. Taylor 1991, 209). Ebenso lassen sich

---

[173] Nachdem Sokrates neben das Wissen das Meinen gestellt hatte (358b7) und dann ganz zu Ausdrücken des Meinens übergegangen war (vgl. oben S. 196, Punkt [2]), kehrt er jetzt (360a4), nachdem das Meinen seine Funktion (vgl. ebd.) erfüllt hat (zuletzt war 359d5 „hält" gebraucht worden), wieder zum Wissen zurück, und zwar mit demselben Wort, das er ursprünglich bei der Formulierung seiner These von der Macht des Wissens gebraucht hatte (*gignōskein*, vgl. 352c4 „weiß"). Das Verfahren ist nicht ohne Willkür, aber notwendig, wenn Tapferkeit als Wissen erwiesen werden soll.

[174] Vgl. auch die Überlegungen von Stokes 1986, 425–427.

die Ausführungen in 358b3–6 (‚Sind nicht alle auf das angenehme Leben ohne Unlust gerichteten Handlungen lobenswert?'), d.h. dem Bezugspunkt von 360a3, als dort funktional nicht notwendig erweisen.[175] Auch als Basis für 359e5–7 (‚wenn lobenswert, so auch gut') hätte man sie trotz des dabei ausgesprochenen Rückbezugs nicht unbedingt gebraucht. Denn wie Protagoras' Antwort zeigt (359e7f.), hätte er dem Satz, dass etwas, wenn lobenswert, auch gut ist, auch ohne die frühere Stelle zugestimmt. Wenn die beiden Stellen in gewisser Weise sachlich ‚überflüssig' sind, sich aber gegenseitig bedingen, scheint der Sinn des Vorgehens vornehmlich in der ausdrücklich betonten Beziehung zwischen den beiden Stellen als solcher zu liegen. Dann kommt aber wohl der ins Auge fallenden Umkehrung besondere Bedeutung zu, und es liegt die Annahme nahe, die Aussagen seien vor allem deswegen eingeführt worden, um diese Umkehrung zu ermöglichen. Die Umkehrung bringt aber in der Sache nur dann einen wirklichen Fortschritt, wenn es nicht neuerlich um die Identität von ‚gut' und ‚angenehm' geht, sondern (in der Sicht des Sokrates) eine andere Wertordnung signalisiert werden soll.[176] Tatsächlich spricht Sokrates jetzt von ‚angenehm / lustvoll' nur noch in dieser umgekehrten, von ‚gut' abhängigen Folge, um dann ganz zu den Begriffspaaren ‚lobenswert / verwerflich' und ‚gut / schlecht' überzugehen (360b1–6).

Versteht man das Vorgehen Platons nicht in der vorgetragenen Weise, führt das zu der zumindest problematischen Konsequenz, dass die zweite Definition der Tapferkeit (deren Entsprechung im *Laches* – vgl. unten S. 209f. – keinerlei hedonistische Implikationen hat) ganz auf hedonistischer Grundlage beruhte und inhaltlich hedonistisch aufgefasst werden müsste, obwohl doch, wie sich wahrscheinlich machen ließ, der platonische Sokrates selbst die hedonistische Position nicht teilt. Auch

[175] In 358b3–6 wird ‚angenehm' (358a5) unter dem Aspekt der Dauer (des ganzen Lebens) aufgegriffen (vgl. 351b7f.). Das hat aber keine unmittelbar weiterführende argumentative Funktion, wie sich daran zeigt, dass in b6f. wörtlich a5f. aufgenommen wird, ohne dass dabei b3–6 erkennbar berücksichtigt würde.

[176] Gleichzeitig bewirkt das subtile Verfahren (auf der Verständnisebene des Protagoras) den Eindruck eines argumentativen Zusammenhangs mit der hedonistischen Erörterung (anders Stokes 1986, 425–427).

müsste die von ihm fingierte Feststellung des personifizierten Gesprächsergebnisses, er mache sich daran, alles (sc. Gerechtigkeit, Selbstbescheidung, Tapferkeit) als Wissen zu erweisen (361b1f.), für die Tapferkeit besagen, dass das Lustmesswissen des Dialogs mit der Menge gemeint sei. Und wenn das Ergebnis dieses Dialogs wirklich die uneingeschränkte Grundlage für die zweite Definition der Tapferkeit sein sollte, wäre überdies nicht einzusehen, warum es dann der komplizierten Veränderungen im Abschnitt 358a1–359a1 bedurfte. Das formal gleichartige Verhalten von Tapferen und Feigen (wozu Wissen durch Meinen ergänzt bzw. ersetzt werden musste) soll doch offenbar eine inhaltliche Differenzierung von Tapferen und Feigen provozieren. Das wäre wenig sinnvoll, wenn diese Differenzierung eine auf hedonistischer Basis wäre, die sich ohne Umweg auch schon früher hätte erreichen lassen (vgl. oben S. 201).[177]

Jedenfalls kann Sokrates mit Hilfe der Differenzierung zwischen tapferem und feigem Verhalten gegenüber dem Gefährlichen als lobenswert bzw. verwerflich[178] und der These, dass

---

[177] Die Auffälligkeiten und Willkürlichkeiten des Beweisgangs beschränken sich nicht auf obige Beobachtungen:

In dem Satz „Wenn aber nicht verwerflich, sind diese Dinge dann nicht lobenswert?“ (360b2f.) findet ein Übergang vom kontradiktorischen zum konträren Gegensatz statt, obwohl dem platonischen Sokrates gerade auch bei den hier vorliegenden Begriffen der Unterschied an sich klar ist (vgl. 346c11ff. u. oben S. 156f.).

Der Doppelausdruck „Unkenntnis und Unwissenheit“ (360b7) hat die Funktion, einerseits an den seit 357d1 gebrauchten Begriff ‚Unwissenheit‘ (*amathia*) anzuknüpfen, andererseits mit ‚Unkenntnis‘ (*agnoia*) auch sprachlich den Gegensatz zu dem kurz zuvor verwendeten ‚wissentlich‘ (360a4, *gignōskontes*) herzustellen. Der Gedanke, dass die 360b4ff. beschriebenen Fehlhaltungen auch auf falsche Meinung (ebenfalls *amathia*, vgl. 358c4) zurückgeführt werden könnten, wird durch die Verbindung mit ‚Unkenntnis‘ (*agnoia*) – logisch nicht unbedenklich – unter der Hand unterdrückt, weil nur bei einem Verständnis der Ursache falschen Handelns als Unkenntnis bzw. Unwissen sich der für das Ergebnis der Argumentation notwendige Gegensatz, nämlich ‚Wissen‘ (*sophia*, 360d2 u. 4), ergibt.

Vgl. außerdem oben S. 204 Anm. 173. – Ohne diese Sachverhalte und die Veränderungen im Abschnitt 358a1–359a1 zu berücksichtigen, betrachtet Klosko die zweite Tapferkeits-Argumentation dagegen als „relatively straightforward“ (1980, 309f.). – Vgl. zum Abschnitt 359a2–360e5 auch Manuwald 1975, 37ff. (mit Diskussion früherer Standpunkte).

[178] Dabei wird auch geklärt, dass die Tapferen nicht etwa keine Furcht haben, sondern keine verwerfliche Furcht (360a8ff.). Eine nicht verwerfliche

Fehlhandeln auf Nichtwissen beruht, recht schnell (allerdings mit den genannten argumentativ bedenklichen Mitteln) – über die Umkehrung der Bestimmung des Nichtwissens davon, was gefährlich und was ungefährlich ist, als Feigheit – das entsprechende Wissen (*sophia*) als Tapferkeit definieren (360d4f.) und den innerlich widerstrebenden Protagoras dazu bringen, seine These, man könne ganz unwissend, aber sehr tapfer sein, zurückzunehmen (360a4–e5).

Dabei hat der Schlussbeweis, dessen Konsequenz Protagoras sogar zum Verstummen bringt, folgende Struktur, wie Taylor (1991, 211f.) treffend analysiert hat: (1) Tapferkeit ist das Gegenteil von Feigheit (360c7f.). – (2) Wissen (des Gefährlichen etc.) ist das Gegenteil des entsprechenden Unwissens (d1f.). – (3) Feigheit ist gleich Unwissen (des Gefährlichen etc.; d3). – (4) Tapferkeit ist das Gegenteil von Unwissen (des Gefährlichen etc.) [nachträglich in d5 erwähnt, folgt aus (1) und (3)]. – (5) Eines ist nur einem entgegengesetzt [stillschweigend vorausgesetzt nach 332c8f.]. – (6) Tapferkeit ist gleich Wissen (des Gefährlichen etc.; d4f.) [nach (2), (4) und (5)].

Was Sokrates erzielt, ist ein argumentativer Sieg über Protagoras: Als Lehrer des Gut-Seins (349a3) wird er der Unkenntnis des Gut-Seins und seiner Formen überführt (und damit natürlich auch als ungeeignet, die richtige Nahrung für die Seele eines Schülers wie Hippokrates zu bieten). Insofern endet der Dialog mit einem eindeutigen Resultat.[179] Das Verfahren aller-

---

Furcht läge, um mit einem Beispiel Platons zu arbeiten, beim Verhalten des homerischen Helden Achill vor, der Tod und Gefahr geringschätzte, aber weit mehr fürchtete, als ein Feigling zu leben und seine Freunde nicht zu rächen (Ap. 28c9f.). „Weit mehr" impliziert dabei, dass es selbst bei Achill auch die Furcht vor dem Tod gibt, diese aber zugunsten einer nicht verwerflichen Furcht überwunden wird. Vgl. die Konzeption der Tapferkeit in der *Politeia* als ein wider alle Anfechtungen festhaltendes Bewahren der Vorstellung davon, was zu fürchten ist und was nicht (vgl. R. 429a–430c; 442b11–c4). Dieser nichtkognitive Faktor wird im *Protagoras* nicht ausgeführt, weil es grundsätzlicher um den Nachweis der Wissensgebundenheit der Tapferkeit geht, damit ist aber nicht belegt, dass er Platon zur Abfassungszeit dieses Dialogs nicht bewusst gewesen wäre; vgl. den Gedanken der Standhaftigkeit (*karteria* / *karterēsis*) im *Laches* (192b9f.; d10f.; 194a1–5). Anders Taylor 2004, bes. 726ff.

[179] Die negative Zielsetzung des *Protagoras* wird einseitig betont von Sicking 1998 (184; 198).

dings, mit dem Sokrates diesen Sieg erreicht, und das inhaltliche Ergebnis sind nicht leicht zu deuten.

Platon scheint einerseits den Eindruck einer gedanklichen Verbindung zu dem Dialog mit der Menge erwecken, andererseits mit raffinierten Mitteln eine Möglichkeit schaffen zu wollen, bei der das sachliche Ergebnis nicht hedonistisch verstanden werden muss. Während das letztere Ziel von der philosophischen Position Platons her unmittelbar einleuchtet, scheint ihr das erstere geradezu zu widersprechen. Jedoch ist Folgendes zu bedenken: Als größte Gegenkraft gegen ein auf Wissen gegründetes Handeln des Menschen gilt die Lust (352d4–e2), so dass für die Gültigkeit der These von der Macht des Wissens unbedingt dessen Überlegenheit über die Lust erwiesen werden muss. Dass dies auf der Grundlage des Hedonismus geschieht, ist zunächst taktisch gegenüber tatsächlichen oder möglichen Anhängern dieser Lehre geschickt (vgl. Zeyl 1980, 259f.). Doch dürfte es Platon um mehr gegangen sein: Wenn gezeigt wird, dass selbst auf hedonistischer Basis das Wissen den entscheidenden Faktor darstellt, obwohl dieses Wissen nicht das sokratisch-platonische (auf das Gute als ein der Lust überlegenes Telos bezogene) ist, dann gilt die Überlegenheit des Letzteren gewissermaßen *a fortiori*. Insofern es also um die Macht des Wissens geht, die für den platonischen Sokrates schon vor und unabhängig vom Dialog mit der Menge feststeht, kann er tatsächlich (scheinbar) mit dem Ergebnis des Dialoges mit der Menge weiterargumentieren. Insofern der Maßstab dieses Wissens aber nicht hedonistisch sein darf (soll nicht das Tugendwissen inhaltlich hedonistisch bestimmt sein), musste dem platonischen Sokrates daran gelegen sein, dafür Sorge zu tragen, dass seine Bestimmung des Verhältnisses von Tapferkeit und Wissen auch nicht-hedonistisch verstanden werden kann. Denn nur so taugt sie trotz ihrer Vorläufigkeit als Element platonischen Denkens (vgl. unten S. 210 u. 218).

Die Weise, in der Platon Sokrates vorgehen lässt, kann in ihrer Raffinesse und ihrer in sich wieder aufschlussreichen Doppelbödigkeit in der Gedankenführung kaum als zufällig entstanden angesehen werden. Sie muss daher davor warnen, die als klares Ergebnis verkündete Beziehung von Tapferkeit und Wissen als im Sinne Platons endgültig erwiesen zu betrachten. Davor bewahrt schon das (wenigstens formal) aporetische Ende des Dialogs. Auf jeden Fall ist Tapferkeit als spezifischer Teilbereich des Wissens nicht mit der Bestimmung von

Tapferkeit schlicht als Wissen (350c4; von Protagoras als Identifikation verstanden, d5) vereinbar. Überhaupt verträgt sich die Definition einer Form des Gut-Seins als Teilbereich des Wissens nicht mit den Versuchen des Sokrates, einzelne Formen des Gut-Seins (mehr oder weniger) untereinander und schließlich mit dem Wissen (insgesamt) zu identifizieren (vgl. 331b4ff.; 333b4f.). Mindestens einer dieser Ansätze kann daher nicht Platons Auffassung entsprechen.

Dagegen, dass Platon im *Protagoras* durch Sokrates die Einheitsthese vertreten lassen wolle, haben sich bei der Interpretation schon Bedenken ergeben: Gerechtigkeit und Frömmigkeit erschienen geradezu ideenhaft (330c3–e1; vgl. auch oben S. 118–120); Sokrates' Identifikationsversuche erwiesen sich als weitgehend eristisch; und schließlich sprach er auch in eigener Sache von Teilen des Gut-Seins (vgl. 353b2).[180] Hier sollte also offenkundig nicht die Lehre vertreten werden, dass Gerechtigkeit, Frömmigkeit usw. nur unterschiedliche Namen für ein und dieselbe Sache seien.

Mit der Annahme irgendwie gearteter Teile des Gut-Seins ließe sich allerdings prinzipiell die zweite Bestimmung der Tapferkeit vereinbaren, indem man die einzelnen Formen des Gut-Seins als Teilbereiche des Wissens verstünde.[181] Doch harmoniert auch diese Deutung nicht mit dem, was sich für Platon ausmachen lässt. Zwar ist auf der Grundlage des *Protagoras* allein dafür kein strikter Beweis zu führen, eine derartige These wird aber gerade in Bezug auf die Tapferkeit im *Laches* ausdrücklich zurückgewiesen. Die dort derjenigen im

---

180 Vgl. oben S. 114 Anm. 54. Vgl. auch unten S. 212 Anm. 186.

181 So Vlastos 1971/81, 233, mit Verweis auf Aristoteles, eth, Nic. 1144b19f. (vgl. auch m. mor. 1182a18–23; eth. Eud. 1216b2–8), und letztlich auch Ferejohn 1982, 16f., obwohl er sich den Vertretern der Einheitsthese zurechnet. – Eine andere Variante vertritt jetzt O'Brien 2003, 95; er schlägt – alternativ zum Einheitsmodell – aufgrund des Modells des Goldes (329d6–8) folgende Lösung vor: „'Gold' is the knowledge of good and evil. Pieces of gold are the individual virtues. Each piece has all the qualities of every other piece and of the whole, because we cannot know good and evil only in part and because each virtue therefore requires knowledge of all good and all evil. In so far as the individual virtues circumscribe our knowledge, it is not by any intrinsic limitation to or diminution of our knowledge, but because each of the virtues requires our knowledge of the whole to be adapted to some specific range of action or behaviour."

Protagoras sachlich entsprechende, von Nikias vertretene Definition der Tapferkeit als eines Wissens (194d9), nämlich des Wissens davon, was gefährlich und was unbedenklich ist (194e11f.), scheitert an dem Nachweis des Sokrates, dass sich ein Wissen nicht auf den Bereich des Zukünftigen (das Gefährliche ist als künftiges Übel definiert, 198c2f.) eingrenzen lässt, sondern sich auf alle Zeitstufen bezieht (vgl. bes. 199a6–8). Dann wäre die Tapferkeit Wissen von allem Guten und Schlechten (199c6f.) und damit das gesamte Gut-Sein (199e3f.) und nicht der gesuchte Teil. Tugendwissen ist für Sokrates / Platon, wie es scheint, nicht so teil- und spezifizierbar, wie Nikias glaubte.[182]

Ging der *Laches*, wie es wahrscheinlich ist (vgl. oben S. XXXIIIf.), dem *Protagoras* voraus, musste dem informierten Leser damaliger Zeit die Unzulänglichkeit des im *Protagoras* erzielten Ergebnisses sogleich klar sein. Sollte das zeitliche Verhältnis umgekehrt sein, folgt daraus dennoch nicht, dass Platon im *Protagoras* noch etwas für richtig hielt, was er dann im *Laches* als falsch erkannte.[183] Vielmehr wären auch dann die bedenkliche Art der Ableitung und das aporetische Ende des Dialogs gewichtige Signale: Das positive ‚Ergebnis' soll eben in dieser Form nicht als endgültig angenommen werden. – Im Übrigen ist die Übereinstimmung zwischen *Laches* und *Protagoras* im Grundsätzlichen groß (anders Devereux 1992, 786ff.): Der Wissenscharakter des Gut-Seins insgesamt geht deutlich aus beiden Dialogen hervor. Im *Laches* ergibt er sich aus den eben erwähnten Stellen (199c6f.; e3f.); im *Protagoras* wird er durch die Auffälligkeiten der Simonides-Interpretation betont (344e–345b; vgl. oben S. 152), geht aber auch aus der These, dass das Wissen des Guten eine zureichende Bedingung für richtiges Handeln sei (vgl. 352c), hervor sowie aus dem Sokrates zugeschriebenen Bestreben, alle Formen des Gut-Seins als Wissen zu erweisen (361b).

Auch die These, das Verhältnis der einzelnen Formen des Gut-Seins sei nach dem Modell qualitativ nicht unterschiedener Gold-Teile zu erklären, wobei jeder ‚Teil' gleichermaßen für das umfassende Tugendwissen steht, nur auf unterschiedliche

182 Zur Deutung des *Laches* vgl. Manuwald 2000.

183 Anders zum Verhältnis *Laches* – *Protagoras* Ildefonse 1997, 42–46.

Gegenstandsbereiche bezogen, lässt sich aus dem Dialog nicht erweisen.[184]

Als ein Fazit aus den bisherigen Überlegungen zum *Protagoras* ist also festzuhalten: Gut-Sein (insgesamt) ist Wissen davon, was gut und was schlecht ist, und findet darin seine Einheit; Wissen des Guten gewährleistet richtiges Handeln; gleichzeitig gibt es einzelne (substantielle) Formen des Gut-Seins (nicht nur unterschiedliche Bezeichnungen für das eine Gut-Sein), die miteinander nicht identisch sind; dabei handelt es sich aber auch nicht (wie für Protagoras) um unterschiedliche und selbständige Teile in der Weise, dass es sie isoliert, also etwa Gerechtigkeit oder Tapferkeit ohne Weisheit (vgl. 329e; 349d), geben könnte; vielmehr müssen sie als Teile des wissensbestimmten Gut-Seins mit dem Wissen des Guten zusammenhängen; ihre Beziehung zum Wissen ist aber nicht so – jedenfalls lässt sich das bei der Tapferkeit erschließen –, dass sie jeweils einfach als ein Teilbereich des Wissens des Guten bestimmt werden könnten oder als qualitativ nicht unterschiedene ‚Teile' jeweils das ganze Wissen umfassten.

Was sich aus dem Protagoras an teils positiven, teils negativen Bestimmungen entnehmen lässt, harmoniert mit der Tugendlehre im *Gorgias*,[185] im *Phaidon* und in der *Politeia* oder ist jedenfalls für dort vorgetragene Vorstellungen offen; das lässt sich erklären, wenn man den *Protagoras* als bereits auf eine positive Lösung angelegt versteht, die aber zurückgehalten wird (vgl. dazu auch oben S. 188f.). Nach dem *Phaidon* ist das Entscheidende beim Gut-Sein (und seinen einzelnen Formen) das Wissen (*phronēsis*), nur mit diesem gibt es wahres Gut-Sein, ohne es nur schattenhafte, sklavische Formen (Phd. 69a–c); vgl. auch Men. 88a–89a. Die Art der Beziehung der einzelnen Formen des Gut-Seins zum Wissen wird im *Phaidon* nicht behandelt; ein Modell dafür entwickelt Platon in der *Politeia* auf der Grundlage seiner spezifischen Seelenlehre: Weisheit (*sophia*) gewährleistet nicht nur das Gut-Sein des führenden

---

[184] Zu dieser These O'Briens vgl. auch oben S. 209 Anm. 181, zu einer kritischen Auseinandersetzung im Einzelnen Manuwald 2005.

[185] Zum Verhältnis von Tugend und Wissen im *Gorgias* vgl. Manuwald 2003c.

Teils der Seele, des *logistikon*, sondern auch das Weise-Sein der ganzen Person (R. 442c5–8) und – im hierarchischen Kosmos der Seele – die Wissenszentriertheit und -bestimmtheit des Gut-Seins überhaupt, insofern in die Bestimmung der anderen Tugenden dieser führende Seelenteil immer miteinbezogen ist (vgl. auch schon Men. 88d6, wonach die *phronēsis* die übrige Seele führt). Allerdings lassen sich dabei die einzelnen Formen des Gut-Seins nicht als Teilbereiche des Wissens etwa im Sinne eines Verhältnisses von Spezies und Genus oder als je gleiches, die Kenntnis von allem Guten und Schlechten umfassendes Wissen, jedoch mit unterschiedlichen Anwendungsbereichen beschreiben (vgl. bes. R. 441d12–442d5).[186] So gründet die Wissensgebundenheit der Tapferkeit darin, dass der muthafte Seelenteil (*thymoeides*) das vom *logistikon* als gefährlich oder nicht gefährlich Verkündete gegenüber allen gegenläufigen Kräften durchhält (vgl. 442b11–c3). Die Tapferkeit – definiert als „Kraft und durchgängige Bewahrung der richtigen und gesetzlichen Meinung von dem, was gefährlich ist und was nicht“ (R. 430b2–4; vgl. auch 429b8–c3) – ist danach unbeschadet ihrer Wissensbedingtheit weder als Wissen schlechthin noch allein als spezifischer Teilbereich des Wissens bestimmt.

Allerdings hält der platonische Sokrates diese in der *Politeia* gegebene Bestimmung der Tapferkeit (als einer „bürgerlichen“, R. 430c3; vgl. auch 500d7f.) für nur vorläufig und verschiebt eine „schönere Erörterung“ auf eine andere Gelegenheit (R. 430c3–5). D.h. wohl, dass die Tapferkeit nur beschrieben ist als spezifische Eigenschaft eines sterblichen Teils der Seele, wie sie erst durch Gewöhnung und Übung zustande kommt (vgl. R. 518d9–e4; Szlezák 1976, bes. 48f.), aber nicht an sich. Die

---

[186] Man kann im *logistikon* und seinem Herrschaftswissen ein Äquivalent zum Tugendwissen im *Protagoras* (352c2–d4) und im *Laches* (199d4–e4) sehen. Zwar wird auch in der *Politeia* die Weisheit (*sophia*) nicht ausdrücklich (wie andere Formen des Gut-Seins, R. 536a2f.) als Teil des Gut-Seins bezeichnet, sie erscheint aber implizit als ein solcher (vgl. R. 484d5–7: Die Philosophen-Wächter verfügen über *sophia* – sie haben Kenntnis von jeglichem Sein – und sollen in keinem a n d e r e n T e i l des Gut-Seins unterlegen sein) und wird vor allem ausschließlich mit e i n e m Teil der Seele verbunden, verkörpert aber gleichzeitig das G a n z e des Tugendwissens. „As in the *Protagoras*, knowledge of the good in the *Republic* is strong and is necessary and sufficient for virtue in its proper sense“ (Carone 2001, 146). Carone geht allerdings auf das Problem der Teile des Gut-Seins nicht ein.

„schönere Erörterung“ hat Platon nicht ausgeführt (wie überhaupt eine vollkommene Ausarbeitung der in der *Politeia* erörterten Formen des Gut-Seins nur als Postulat erscheint; R. 504d4–8), so dass man nur Vermutungen anstellen kann. Wie es jedoch dem Philosophen bzw. dem führenden Teil der Seele erkennbare Ideen der Gerechtigkeit und der Besonnenheit gibt (R. 501b2f.; Phdr. 247c7 u. d6; vgl. auch Prt. 330c3ff.), die als Tugenden in der inkorporierten Seele mit vergänglichen Seelenteilen verbunden sind (insofern sie in unterschiedlicher Weise – auch – auf der Relation aller Seelenteile zueinander beruhen; R. 442c10–d1; 443c9ff.), wird man für Platon auch eine Idee der Tapferkeit annehmen dürfen (vgl. R. 501b2f. „das wesenhaft Gerechte, Schöne, Besonnene und alles Derartige“), wenn er auch, wie es scheint, von ‚Tapferkeit‘ niemals eindeutig im Sinn einer Idee spricht.

Mit Ausnahme der Weisheit, des Gut-Seins des (unsterblichen) obersten Seelenteils bzw. seines für das Gut-Sein empfänglichen Vermögens (vgl. R. 518e2–4), setzen die anderen Kardinaltugenden im Menschen eine seelische Struktur aus zwei bzw. drei Elementen voraus. Es ist zu vermuten, dass Platon auch die jeweilige Struktur oder jedenfalls den jeweiligen strukturellen Aspekt durch die Urbilder der Formen des Gut-Seins gewährleistet sah. Für die Gerechtigkeit, die in der Seele dann gegeben ist, wenn jeder der drei Seelenteile das Seine tut (vgl. R. 441d12–e2), gibt es einen Hinweis: Ihr strukturelles Vorbild scheint die Ordnung des offenbar ebendadurch gerechten Ideenkosmos zu sein (R. 500c2ff.; vgl. Krämer 1959, 108–118). Möglicherweise verhält es sich bei der Tapferkeit an sich ähnlich, wenn sie auch durch das Element des Bewahrens (*sōtēria*), das als solches nur vom muthaften Seelenteil geleistet wird (R. 442c1; 429c5), nicht im selben Maß strukturell bestimmt ist wie Gerechtigkeit und Besonnenheit. Jedenfalls wäre aber eine Bestimmung der Tapferkeit bloß als Wissen von dem, was gefährlich ist und was nicht (indem man etwa in der Definition der „bürgerlichen“ Tapferkeit in R. 430b3 ‚richtige Meinung‘ durch ‚Wissen‘ ersetzte), sowohl wegen ihrer Bestimmung als Bewahrung als auch wegen ihres strukturellen Aspekts zumindest auf der in der *Politeia* explizierten Ebene nicht angemessen. Das *logistikon* (des Philosophen) kennt freilich, so darf man folgern, die Tapferkeit an sich und kann, wenn es über das ihm spezifische Gut-Sein verfügt, wie es überhaupt das Wissen vom Nützlichen für jeden Seelenteil und für das Ganze hat (R. 442c5–8), durch sein unteilbares Wissen vom Guten und Schlechten (das dasjenige vom Gefährlichen und Ungefährlichen notwendig impliziert) auch dem muthaften Teil der Seele vermitteln, woran er in allen Situationen festhalten soll (R. 442b11–c3).

In der Struktur der Seele scheint Platon bei der von ihm als vorläufig gekennzeichneten Diskussion in der *Politeia* (vgl. R. 504d4–8) eine Lösung der Paradoxie von Einheit und Vielheit gesehen zu haben, wonach es einerseits nicht-identische Formen des Gut-Seins gibt, deren Namen (nach Frege'scher Begrifflichkeit) nicht dasselbe bedeuten (kurz ‚Teile' des Gut-Seins), andererseits die Weisheit des herrschenden *logistikon* das Zuträgliche für jeden einzelnen und das Ganze der drei Seelenteile kennt und damit, wenn es selbst in Bestform und die Seele richtig geordnet ist, dem Wissen des Guten als zureichender Bedingung für richtiges Handeln entspricht.[187] So legt es der Befund in der *Politeia* nahe, die Signale, die sich im *Protagoras* aus den Äußerungen des Sokrates sowohl für die Einheit der Tugenden als auch für deren Vielheit ergeben, nicht als sich ausschließend zu verstehen.

Somit lässt sich auch kein Gegensatz zwischen einer ‚sokratischen' Auffassung im *Protagoras* und einer platonischen in der *Politeia* (so z.B. Irwin 1995, 237ff.) postulieren; vielmehr schließen sich die Lehrelemente, die sich im *Protagoras* erkennen lassen, erst aus der Perspektive der *Politeia* zusammen.[188] Im Übrigen ist es jeweils der p l a t o n i s c h e Sokrates, der im *Protagoras* und in der *Politeia* spricht. Dass Aristoteles dem h i s t o r i s c h e n Sokrates eine rein intellektualistische Auffassung des Gut-Seins zuschreibt (z.B. eth. Eud. 1216b6), muss für die Interpretation der platonischen Dialoge nichts besagen[189]. Entscheidend ist, dass sowohl die Einheitsthese[190] als auch die

---

[187] Vgl. auch oben S. 212 Anm. 186.

[188] Entsprechendes lässt sich für den *Laches* nachweisen; vgl. Manuwald 2000.

[189] Es kann hier außer Betracht bleiben, inwieweit Aristoteles über unabhängige Nachrichten verfügt und inwieweit er die Dialoge Platons als Quelle benutzt. Eth. Nic. 1145b22–24 jedenfalls zitiert Aristoteles offenbar Prt. 352c1f. und hat also seine ‚Nachricht' über Sokrates aus dem platonischen Dialog gewonnen. Vgl. auch Kahn 1996, 86.

[190] Vgl. oben S. 115 Anm. 55 u. S. 117 mit Anm. 60.

These, die einzelnen Formen des Gut-Seins seien Spezies des Genus ‚Wissen' bzw. qualitativ nicht unterschiedene, jeweils das ganze Wissen umfassende ‚Teile'[191] nach den Hinweisen, die der Dialog *Protagoras* selbst bietet, nicht aufgeht und der Dialog somit für eine andere Lösung offen ist bzw. insoweit auf eine solche verweist.[192]

Von den Einheitsmodellen, die Sokrates gegenüber Protagoras entworfen hatte (329c6ff.), passt zu dem, was sich nach dem Dialog insgesamt ergibt, am ehesten das Modell des Gesichts (329d5ff.) – gewissermaßen ein Vorläufer des Modells der organischen Einheit der Seele –, solange man das Gesicht wirklich als organische Einheit versteht und es nicht mit einer Vorstellung verbindet, die dem Modell eigentlich widerspricht (sc. dass einzelne Teile isoliert vorkommen könnten; vgl. oben S. 115f.). Da es sich um ein gleichnishaftes Bild handelt, muss sich der Vergleich nicht auf alle Facetten des Bildes erstrecken. Nach dem Modell des Gesichts lässt sich das einheitsstiftende Wissen (*sophia*) vorstellen als das Gesicht (oder vielleicht besser: die Gesichtsfläche). Die einzelnen anderen Tugenden (Teile des Gesichts wie Nase, Augen) können ohne das ganze Gesicht (die *sophia*) nicht sein und man kann sie auch nicht je für sich haben, aber sie besitzen eine je eigene ‚Fähigkeit' (*dynamis*), die nicht ‚nur' in Weisheit / Wissen besteht. Insofern ist die *sophia* auch wieder ‚Teil'. Wer e i n e Form des Gut-Seins in vollem Sinne (d.h. in e i g e n e m Wissen des Guten begründet) besitzt, verfügt insoweit auch über die anderen (vgl. 329e4), als Wissen des Guten die zureichende Bedingung für richtiges Handeln ist (352c).[193]

---

191 Vgl. oben S. 210f. mit Anm. 184.

192 Zur Kontinuität zwischen *Protagoras* und *Politeia* vgl. auch (mit z.T. anderen Überlegungen) O'Brien 1967, 140ff.; Gerson 1989; Kahn 1996, 210ff.; Carone 2001. Zur Methode, die in den frühen Dialogen nicht ausdrücklich gelösten Probleme von der in ihnen nicht entfalteten platonischen Lehre her zu verstehen, wie sie besonders in der *Politeia* kenntlich wird, vgl. Erler 1987, bes. 283ff.

193 Zu den Bedingungen dieses Wissens vgl. oben S. 191f. – Vgl. zur Interdependenz der Tugenden auch die in der angelsächsischen Forschung sog. „Biconditionality Thesis" (Vlastos 1971/81, 232ff.) sowie Devereux' Überlegungen anhand des *Laches* (1992, 777f.).

10. Schluss des Hauptgesprächs: Wesen und Lehrbarkeit des Gut-Seins (360e6–362a3)

360e6–362a3 Am Ende des Gesprächs herrscht Verwirrung: Ausgangspositionen und Beweisziele der Gesprächspartner im Dialog erscheinen als widersprüchlich. Es zeigt sich, dass man das Wesen des Gut-Seins und die davon abhängige Frage der Lehrbarkeit von neuem untersuchen muss. Protagoras will sich jedoch einem neuen Thema zuwenden, und für Sokrates ist es ohnehin schon lange Zeit zu gehen.

Sokrates relativiert seinen eben errungenen Sieg über Protagoras: Bei seinem ganzen Fragen gehe es ihm nur um die Sache, nämlich (1) um Probleme, die das Gut-Sein betreffen, und (2) um das Wesen des Gut-Seins (360e7f.). Punkt (1) lassen sich die im Dialog klar artikulierten Themen der Lehrbarkeit des Gut-Seins (vgl. 319a8ff.) und der Einheit seiner Formen (vgl. 329c2ff.) zuordnen. Frage (2) war bisher nicht ausdrücklich gestellt worden, doch war sie in Gestalt der Einheitsfrage stets gegenwärtig; beides lässt sich nicht trennen. Wenn die Einheit im Wissen bestehen sollte, worauf Sokrates hinauswill, indem er versucht, alle Formen des Gut-Seins als Wissen zu erweisen (361b1f.),[194] so legt er sich schon dadurch zumindest auf ein entscheidendes Wesensmerkmal des Gut-Seins fest, als das er

[194] Da das Sokrates (fiktiv sich selbst) vorgehaltene Bestreben sich auch auf die letzte Bestimmung der Tapferkeit beziehen muss, können nicht nur Identifikationsversuche mit dem Wissen schlechthin gemeint sein. Die Stelle ist also nicht so zu verstehen, als wolle Sokrates die einzelnen Formen des Gut-Seins als bloß unterschiedliche Namen für ein und dieselbe Sache bezeichnen. Vielmehr haben alle diese ‚Dinge' Wissenscharakter. Vgl. auch Vlastos 1971/81, 241f.

„Alle Dinge" (*panta chrēmata*) dient als vorgreifender Sammelbegriff für die nachfolgend genannten Formen des Gut-Seins. Dass ausgerechnet dieser Ausdruck gewählt ist, könnte seinen Grund in einer zunächst verbalen Anspielung auf eine Aussage des historischern Protagoras (VS 80 B 1 „Aller Dinge [*chrēmata*] Maß ist der Mensch …") haben, vielleicht auch in einer programmatischen Entgegensetzung: Dem je verschieden urteilenden Menschen steht das gleichbleibende, exakte Wissen gegenüber. Vgl. auch Taylor 1991, 214.

offenbar, wie auch sonst deutlich wird, das Wissen erkennt (vgl. oben S. 210ff.).

Überraschend wird nun auch klar, wovon die Entscheidung der Frage, ob Gut-Sein lehrbar ist, abhängt: Sokrates w e i ß, dass sie sich am ehesten lösen ließe, wenn deutlich geworden ist, was das Gut-Sein an sich ist (360e8–361a3), und wenn es im Wissen besteht, wäre es verwunderlich, wenn es nicht lehrbar wäre (vgl. 361b1–7). Zu seiner methodischen Gewissheit, zu der sich Sokrates plötzlich bekennt (360e8), hat der Verlauf des Dialogs nichts beigetragen; also muss er sie schon vorher gehabt haben und können folglich die G r ü n d e für die ursprünglich von ihm vorgetragene Meinung, Gut-Sein sei nicht lehrbar (319a10ff.), da sie sich nicht auf das Wesen des Gut-Seins beziehen, von vornherein nicht ernst gemeint gewesen sein (vgl. auch oben S. 86f.). Insofern aus Sokrates' Ausführungen immer wieder der Wissenscharakter des Gut-Seins zu erkennen ist und dieser auf die Lehrbarkeit weist, kann die T h e s e der Nicht-Lehrbarkeit (jedenfalls vom so verstandenen Gut-Sein) ebenfalls nicht seiner Überzeugung entsprochen haben und besteht auch inhaltlich der vom personifizierten „Ergebnis der Untersuchung" für Sokrates konstatierte Widerspruch (361a3–b7) nur scheinbar.[195]

So könnte man meinen, in Wirklichkeit seien alle Fragen beantwortet: Gut-Sein ist Wissen; die Formen des Gut-Seins finden ihre Einheit im Wissen; Gut-Sein ist lehrbar. Trotzdem endet der Dialog in der Aporie: Sokrates sieht alles in Verwirrung geraten und eine neuerliche Behandlung des Themas als notwendig an (361c2ff.). Was ist der Sinn dieses Verfahrens?

---

[195] Taylor (1991, 213f.), der den Widerspruch ebenfalls für scheinbar hält, will ihn so erklären: Sokrates arbeite jetzt mit einem ganz anderen Begriff von Gut-Sein als er seiner ursprünglichen These, Gut-Sein sei nicht lehrbar, zugrunde gelegen habe. – Bei dieser Auffassung könnte Sokrates beide Thesen ernsthaft vertreten. Da er das aber bei der ersten, unabhängig vom inhaltlichen Begriff des Gut-Seins, wegen der Art der Begründung sehr wahrscheinlich nicht getan hat (vgl. oben), besteht ohnehin kein wirklicher Widerspruch. Es gibt außerdem keinen Grund anzunehmen, Sokrates' eigener Begriff von Gut-Sein sei nicht durchgängig derselbe. Allenfalls könnte man erwägen, ob Sokrates zwar nicht das Gut-Sein allgemein, von dem er spricht (vgl. 320b5; 329c7), aber etwa das Gut-Sein, von dem in Bezug auf die führenden Leute die Rede ist (319e2), nicht für lehrbar hielt, da er diesen Leuten wohl kaum eigentliches Wissen zuschrieb.

Da die ‚Ergebnisse' nur als intendierte sokratisch-platonische Lehren aus dem Dialog erkennbar, aber nicht wirklich schlüssig bewiesen wurden und entscheidende Einzelheiten offen sind, kann daraus, selbst wenn es innerhalb des platonischen Lehrens schriftlich fixiert werden dürfte, kein eindeutiges Ergebnis resultieren, und es sollte vermutlich auch der Eindruck vermieden werden, der Sieg über Protagoras sei gleichbedeutend mit einer zureichenden Lösung der Probleme auch nur in einem Teilbereich. Es sei noch einmal darauf hingewiesen, dass die Beweisführungen sich immer wieder nicht nur als nicht schlüssig herausstellten und Willkürlichkeiten zu beobachten waren, sondern sich auch Anhaltspunkte dafür ergaben, dass Platon dabei absichtsvoll vorgegangen zu sein scheint.[196]

Wie die einzelnen Formen des Gut-Seins mit dem Wissen des Guten zusammenhängen, ist eine im *Protagoras* nicht beantwortete Frage. Ebenso wäre die bloß grundsätzliche Behauptung der Lehrbarkeit ohne eingehendere Erörterung eine Leerformel, wie sehr schnell vor dem Hintergrund des vielschichtigen, einerseits nicht nur auf Wissen, andererseits auf ein nur wenigen zugängliches Ideenwissen zielenden Erziehungssystems in der *Politeia* deutlich wird.[197] Die Frage der Lehrbarkeit bleibt daher neben dem Wesen des Gut-Seins, das nicht ausdrücklich bestimmt worden war, (wenigstens unter bestimmten Aspekten) von neuem zu untersuchen (vgl. 361c5f.), obwohl grundsätzlich Ersteres von Letzterem abhängt. Vom Verlauf des Dialogs her ist die Forderung des Sokrates nach einer neuen Untersuchung dieser Frage berechtigt. – Zu bedenken ist auch, dass im *Protagoras* nicht nur das Problem der Lehrbarkeit (das, wie aus dem *Menon* erhellt, eng gefasst werden kann, wonach nur Wissen lehrbar ist, 87c1–3) diskutiert, sondern auch das umfassendere der Vermittelbarkeit berührt (vgl. oben S. 86 Anm. 27; ferner R. 518d9ff.), allerdings am Ende des Dialogs nicht wieder aufgenommen wird.

Sokrates reagiert auf die (von ihm festgestellten) ungelösten bzw. nicht endgültig gelösten Fragen sofort mit der entschiedenen Bereitschaft, die Untersuchung mit Protagoras weiterzufüh-

---

196 Vgl. oben S. 121–123; 124; 145 Anm. 96; 156f.; 167f.; 194ff.; 200ff., bes. 208f.; 206 Anm. 177.

197 Vgl. dazu jetzt auch Carone 2001, 143ff.

ren (361c2–d6). Am Ende steht für Sokrates nicht Resignation, etwa weil die Probleme menschliches Erkenntnisvermögen überstiegen, sondern nicht bzw. unzureichend gelöste Fragen sind für ihn Ansporn zu neuem Aufbruch, zumal bei lebenswichtigen Themen (vgl. d3–5) – man vergleiche die exemplarischen Ausführungen zur Funktion der Aporie im *Menon* (84a–c) und den Schluss des *Laches* (201a–c). Zweifel an der grundsätzlichen Lösbarkeit werden nicht geäußert. Im Gegenteil: Sokrates hat in Wirklichkeit Wissen (Prt. 360e8), und hätte man die Chance nur genutzt, hätte der Ratlose (348c6) auch Antworten gegeben (vgl. oben S. 133f.). Nach Sokrates' Vorstellungen dürfte ein Gespräch nicht früher beendet werden, als bis man zu einem Ende (in der Sache) gekommen ist (347c2), d.h. eine Übereinkunft erzielt hat (314c3–7). Und wenigstens die Richtung dieser Übereinkunft ist im Dialog angedeutet, wenn – platonischer Lehrweise entsprechend – auch nicht alles ausgeführt ist.

Protagoras allerdings entzieht sich einer weiteren Klärung der noch ungelösten Fragen und will sich erst einmal einem anderen Thema zuwenden (361d7–e6), als ob sich die Klärung der existentiellen Frage des Gut-Seins auf einen beliebigen Zeitpunkt verschieben ließe. Sie ist für sein Leben offenbar nicht so wichtig wie für das des Sokrates. Seine – eher herablassenden – Komplimente für Sokrates wirken auch deswegen substanzlos, weil er erkennbar die ‚Weisheit' des Sokrates gar nicht beurteilen kann. Der durch die vorausgegangene Niederlage besiegelte Nachweis, dass der Lehrer des Gut-Seins vom Gut-Sein keine zureichende Kenntnis hat, war ein vernichtendes Zeugnis für den Sophisten. Noch härter ist das durch die Schlussszene vermittelte Urteil: Protagoras fehlt auch das unablässige Bemühen, in dieser grundlegenden Frage zu gesicherter Erkenntnis zu kommen. Da kann Sokrates die Verantwortung für das Ende des Gesprächs nur noch Protagoras überlassen und unter dem Vorwand, keine Zeit mehr zu haben (vgl. oben S. 68), weggehen (362a1–3). Bezeichnenderweise erklärt er sein

---

[198] Kallias hatte Sokrates um den Gefallen gebeten zu bleiben (vgl. 335d5), aber Sokrates hatte dies Kallias gegenüber zunächst abgelehnt und sein etwaiges Bleiben von einem Einlenken des Protagoras (336a6) abhängig gemacht (335c8–336b3). Auch einer zweiten Bitte des Kallias folgt er nicht so,

bisheriges Bleiben nicht etwa mit dem Wunsch, mit Protagoras zu diskutieren (347c1f.; 348d5–349a6; 361d6), sondern – der Wahrheit nicht ganz entsprechend[198] – als Zu-Gefallen-Sein gegenüber Kallias, dem Schönen, womit sich der Kreis zur erotischen Thematik des Eingangs (vgl. den schönen Alkibiades, 309a1ff.) schließt. Die Weisheit des Protagoras hat sich am Ende doch nicht als so ‚schön' (vgl. 309c1–d2) erwiesen, dass sie Sokrates weiterhin bei der Zusammenkunft hätte halten können.

---

wie dieser will (338b2ff.). Wenn Sokrates zuletzt tatsächlich bleibt, dann, weil er sich durchgesetzt hat (vgl. oben S. 133), und nicht (nur) Kallias zu Gefallen.

IV. Abschluss der Erzählung des Sokrates (362a4)

362a4 Schlussbemerkung.

Dieser Abschluss besteht nur aus einem einzigen Satz, der sich an die Freunde wendet, denen Sokrates berichtet (vgl. 310a2–7): „Das war es, was wir sagten und zu hören bekamen; dann gingen wir weg." „Wir" sind Sokrates und Hippokrates. Trotz seines im Vorgespräch mit Sokrates demonstrierten Lerneifers hatte sich Hippokrates am Hauptgespräch nicht beteiligt. Bei der Formulierung, „das war es, was wir sagten und zu hören bekamen" trifft also Ersteres auf ihn gar nicht zu. Mit der zitierten Wendung erfolgt durch den Abschluss der Erzählung zugleich ein Rückbezug zum dramatischen Eingangsteil (vgl. 310a1). – Auch Hippokrates bleibt bei dem neuen Thema, dem sich Protagoras zuwenden will (361e6), nicht zugegen: Er ist also nicht Schüler des Protagoras geworden (vgl. auch Dalfen 1979/80, 48f.). Protagoras hat sich für den von ihm beanspruchten Lehrgegenstand als inkompetent erwiesen, und die von Sokrates für nötig erachtete Beratung „mit den Älteren" (314b4f.) über das Problem, welches die richtige Seelennahrung ist und wer die Kompetenz zur Beurteilung hat, steht noch aus – auch für den Leser.

IV. Literatur und Abkürzungen

Für Zitate aus Werken des *Corpus Platonicum* wurde die Zeilenzählung der Ausgabe: Platonis opera, ed. I. Burnet, Bde. 1–5, Oxford 1900–1907, ^{2}1905–1913, zugrunde gelegt. Die Abkürzungen der Werktitel folgen den im *Greek-English Lexicon* von Liddell-Scott-Jones (LSJ) gebrauchten:

Alc. I, II = Alkibiades I, II; Ap. = Apologie; Chrm. = Charmides; Clit. = Kleitophon; Cra. = Kratylos; Cri. = Kriton; Criti. = Kritias; Ep. = Briefe; Euthd. = Euthydemos; Euthphr. = Euthyphron; Grg. = Gorgias; Hipparch. = Hipparchos; Hp.Ma., Mi. = Hippias Maior, Minor; La. = Laches; Lg. = Nomoi; Men. = Menon; Mx. = Menexenos; Phd. = Phaidon; Phdr. = Phaidros; Phlb. = Philebos; Plt. = Politikos; Prm. = Parmenides; Prt. = Protagoras; R. = Politeia; Smp. = Symposion; Sph. = Sophistes; Thg. = Theages; Tht. = Theaitetos; Ti. = Timaios.

Die Abkürzungen der übrigen antiken Autoren und ihrer Werke orientieren sich an: *Der Neue Pauly*, hrsg. v. H. Cancik u. H. Schneider, Bd. 3, Stuttgart / Weimar 1997, XII–XLIV. – Bei Werken, deren Unechtheit gesichert oder wahrscheinlich ist, stehen Autornamen oder Werktitel in eckigen Klammern.

Die Namen von Zeitschriften sind nach der Bibliographie *L'année philologique* abgekürzt.

Adkins 1973	Adkins, A.W.H.: ἀρετή, τέχνη, Democracy and Sophists: *Protagoras* 316b–328d, JHS 93, 1973, 3–12.
Allen 1996	Plato. Ion, Hippias Minor, Laches, Protagoras, Translated with Comment by R.E. Allen, New Haven / London 1996.
v. Arnim 1914	v. Arnim, H.: Platos Jugenddialoge und die Entstehungszeit des Phaidros, Leipzig / Berlin 1914.

Binder / Liesenborghs 1966/76	Binder, G. – L. Liesenborghs: Eine Zuweisung der Sentenz οὐκ ἔστιν ἀντιλέγειν an Prodikos von Keos, MH 23, 1966, 37–43; wieder abgedruckt in überarbeiteter und ergänzter Fassung in: Classen 1976, 452–462 (danach zitiert).
Blank 1985	Blank, D.L.: Socratics Versus Sophists on Payment for Teaching, ClAnt 4, 1985, 1–49.
Bluck 1961	Plato's Meno, ed. with Intr. and Comm. by R.S. Bluck, Cambridge 1961.
Bonitz 1886	Bonitz, H.: Zur Erklärung des Dialogs Protagoras, in: ders., Platonische Studien, Berlin ^{3}1886, 254–269 (Ndr. Hildesheim 1968).
Bossi 2000	Bossi, B.: *Amathia*, *akrasia* and the power of knowledge in the *Laws*: break or unity?, Hermathena 169, 2000, 99–114.
Bowra 1934	Bowra, C.M.: Simonides and Scopas, CPh 29, 1934, 230–239 (vgl. auch dens., Greek Lyric Poetry, Oxford ^{2}1961, 326ff.).
Brancacci 2004	Brancacci, A.: Il *logos* di Ippia. Plat. *Protag.* 337c–338b, in Casertano 2004, Vol. I, 390-401.
Brandwood 1990	Brandwood, L.: The chronology of Plato's dialogues, Cambridge 1990.
Brandwood 1992	Brandwood, L.: Stylometry and chronology, in: R. Kraut (Hrsg.), The Cambridge Companion to Plato (CCP), Cambridge 1992, 90–120.
Burkert 1960	Burkert, W.: Platon oder Pythagoras? Zum Ursprung des Wortes »Philosophie«, Hermes 88, 1960, 159–177.
Capra 1997	Capra, A.: La tecnica di misurazione del *Protagora*, ASNP Ser. 4a, 2 (1), 1997, 273–327.
Capra 2000	Capra, A.: Platone e la storia. La fine di Protagora e lo statuto letterario dei dialoghi socratici, Acme 53, 2000, 19–37.
Capra 2001	Capra, A.: Ἀγὼν λόγων. Il «Protagora» di Platone tra eristica e commedia, Milano 2001 (Il Filarete: Pubblicazioni della Facoltà di Lettere e Filosofia dell'Università degli Studi di Milano, 197).

Carone 2001	Carone, G.R.: *Akrasia* in the *Republic*: Does Plato Change his Mind?, OSAPh 20, 2001, 107–148.
Casertano 2004	Casertano, G. (Hrsg.): Il *Protagora* di Platone: struttura e problematiche, Vol. I–II, Napoli 2004.
Centrone 2004	Centrone, B.: Coraggio e tecnica nel *Protagora* (349d–351b) e nel *Lachete* (192e–193d), in: Casertano 2004, Vol. I, 251–266.
Classen 1959	Classen, C.J.: The Study of Language amongst Socrates' Contemporaries, in: PACA 2, 1959, 33–49. Dt. Fassung (danach zitiert): Das Interesse an der Sprache bei Sokrates' Zeitgenossen, in: ders., Ansätze. Beiträge zum Verständnis der frühgriechischen Philosophie, Würzburg / Amsterdam 1986 (Elementa 39), 217–248.
Classen 1976	Classen, C.J. (Hrsg.): Sophistik, Darmstadt 1976 (WdF 187).
Cossutta 2001	Cossutta, F.: La joute interprétative autour du poème de Simonide dans le *Protagoras*: herméneutique sophistique, herméneutique socratique?, in: La forme dialogue chez Platon: évolution et réceptions. Textes réunis par F. Cossutta et M. Narcy, Grenoble 2001, 119–154.
Dalfen 1979/80	Dalfen, J.: Literarische Techniken Platons. Beispiele aus dem Protagoras, Bollettino dell'Istituto di Filologia Greca dell'Università di Padova 5, 1979/80 [1982], 41–60.
Dancy 2004	Dancy, R.M.: Plato's Introduction of Forms, Cambridge 2004.
De Martino 1997	De Martino, F.: Socrate, Simonide e il prototipo dei commenti, Kleos 2, 1997, 21–41.
Devereux 1975	Devereux, D.T.: Protagoras on Courage and Knowledge: *Protagoras* 351 A–B, Apeiron 9, 1975, 37–39.
Devereux 1992	Devereux, D.T.: The Unity of the Virtues in Plato's *Protagoras* and *Laches*, PhR 101, 1992, 765–789.
Dodds 1959	Plato, Gorgias. A Rev. Text with Introd. and Comm. by E.R. Dodds, Oxford 1959.

Döring 1981 Döring, K.: Die politische Theorie des Protagoras, in: G.B. Kerferd (Hrsg.), The Sophists and their Legacy, Wiesbaden 1981 (Hermes Einzelschriften 44), 109–115.

Döring 1998 Döring, K.: Sokrates, die Sokratiker und die von ihnen begründeten Traditionen, in: Grundriss der Geschichte der Philosophie (Ueberweg). Die Philosophie der Antike, Bd. 2/1: Sophistik – Sokrates – Sokratik – Mathemathik –Medizin, hrsg. v. H. Flashar, Basel 1998, 139–364.

Dover 1968 Aristophanes, Clouds, ed. with introd. and comm. by K.J. Dover, Oxford 1968.

Dyson 1976 Dyson, M.: Knowledge and Hedonism in Plato's *Protagoras*, JHS 96, 1976, 32–45.

Eckert 1911 Eckert, W.: Dialektischer Scherz in den früheren Gesprächen Platons, Diss. Erlangen 1909, Nürnberg 1911.

Erbse 1968 Erbse, H.: Über Platons Methode in den sogenannten Jugenddialogen, Hermes 96, 1968, 21–40.

Erler 1987 Erler, M.: Der Sinn der Aporien in den Dialogen Platons. Übungsstücke zur Anleitung im philosophischen Denken, Berlin / New York 1987 (UaLG 25).

Erler 2006 Erler, M.: Platon, München 2006.

Fehling 1965/76 Fehling, D.: Protagoras und die ὀρθοέπεια, in: Classen 1976, 341–347 (ursprünglich: Zwei Untersuchungen zur griechischen Sprachphilosophie: 1. Protagoras und die ὀρθοέπεια; 2. Φύσις und θέσις, RhM 108, 1965, 212–229).

Ferejohn 1982 Ferejohn, M.T.: The Unity of Virtue and the Objects of Socratic Inquiry, JHP 20, 1982, 1–21.

Ferrari 2004 Ferrari, F.: I *Pragmata* e il problema dell'unità della virtù, in: Casertano 2004, Vol. I, 292–300.

FGrHist Die Fragmente der griechischen Historiker, ed. F. Jacoby, Berlin (später Leiden) 1923ff.

Fränkel 1924/68 Fränkel, H.: Eine Stileigenheit in der frühgriechischen Literatur (1924), in: ders., We-

	ge und Formen frühgriechischen Denkens, hrsg. v. F. Tietze, München [3]1968 ([1]1955, [2]1960), 40–96.
Fränkel 1969	Fränkel, H.: Dichtung und Philosophie des frühen Griechentums, New York [1]1951, München [3]1969.
Frede 1986	Frede, D.: The Impossibility of Perfection: Socrates' Criticism of Simonides' Poem in the Protagoras, RMeta 39, 1986, 729–753.
Frege 1892	Frege, G.: Über Sinn und Bedeutung, Zschr. f. Philosophie 100, 1892, 25–50.
Friedländer 1964	Friedländer, P.: Platon. Bd. II. Die Platonischen Schriften. Erste Periode, Berlin [3]1964.
Gaiser 1959	Gaiser, K.: Protreptik und Paränese bei Platon. Untersuchungen zur Form des platonischen Dialogs, Stuttgart 1959 (Tübinger Beiträge zur Altertumswissenschaft 40).
Gallop 1964	Gallop, D.: The Socratic Paradox in the Protagoras, Phronesis 9, 1964, 117–129.
Gerson 1989	Gerson, Ll.P.: Plato on Virtue, Knowledge, and the Unity of Goodness, in: J.P. Anton – A. Preus (Hrsg.), Essays in ancient Greek philosophy III. Plato, Albany / New York 1989, 85–100.
Giannantoni	Socratis et Socraticorum Reliquiae. Collegit, disposuit, apparatibus notisque instruxit G. Giannantoni, Vol. I–IV, Napoli 1990.
Gigon 1946	Gigon, O.: Studien zu Platons Protagoras, in: Phyllobolia für P. Von der Mühll, Basel 1946, 91–152; wieder abgedruckt in: ders., Studien zur antiken Philosophie, Berlin / New York 1972, 98–154 (danach zitiert).
Görgemanns 1994	Görgemanns, H.: Platon, Heidelberg 1994 (Heidelberger Studienhefte zur Altertumswissenschaft).
Gulley 1971	Gulley, N.: Socrates' Thesis at Protagoras 358 B–C, Phoenix 25, 1971, 118–123.
Gundert 1952	Gundert, H.: Die Simonides-Interpretation in Platons Protagoras, in: ΕΡΜΗΝΕΙΑ. Festschrift Otto Regenbogen, Heidelberg 1952, 71–93 (wieder abgedruckt in ders., Platon-

	Platonstudien, hrsg. von K. Döring und F. Preißhofen, Amsterdam 1977, 23–45).
Guthrie	Guthrie, W.K.C.: A History of Greek Philosophy, Vol. I–VI, Cambridge 1962–81.
Havlíček / Karfík 2003	Havlíček, A. – F. Karfík (Hrsg.): Plato's *Protagoras*. Proceedings of the Third Symposium Platonicum Pragense, Prague 2003.
Heinemann 2003	Heinemann, G.: Das „Ordnen" der „Naturen" (*Prot.* 320d–321c), in: Havlíček / Karfík 2003, 71–95.
Heinimann 1945	Heinimann, F.: Nomos und Physis. Herkunft und Bedeutung einer Antithese im griechischen Denken des 5. Jahrhunderts, Basel 1945 (Schweizerische Beiträge zur Altertumswissenschaft 1; Ndr. Darmstadt 1965).
Heitsch 1972	Heitsch, E.: Die Entdeckung der Homonymie, Akad. d. Wiss. u. d. Lit., Mainz. Abh. d. geistes- u. sozialwiss. Kl. 1972, Nr. 11, Wiesbaden 1972.
Heitsch 1989	Heitsch, E.: Wollen und Verwirklichen. Von Homer zu Paulus, Akad. d. Wiss. u. d. Lit., Mainz. Abh. d. geistes- u. sozialwiss. Kl. 1989, Nr. 12, Stuttgart 1989.
Heitsch 1994	Heitsch, E.: Argumentation und Psychagogie. Zu einem Argumentationstrick des Platonischen Sokrates, Philologus 138, 1994, 219–234.
Hoffmann 1997	Hoffmann, K.F.: Das Recht im Denken der Sophistik, Stuttgart / Leipzig 1997 (BzA 104).
Hutchinson 2001	Hutchinson, G.O.: Greek Lyric Poetry. A Commentary on Selected Larger Pieces, Oxford 2001.
Ildefonse 1997	Platon, Protagoras. Traduction inédite, introduction et notes par F. Ildefonse, Paris 1997.
Irwin 1995	Irwin, T.: Plato's Ethics, New York / Oxford 1995.
K.-A.	Poetae Comici Graeci, ed. R. Kassel – C. Austin, Berlin / New York 1983ff.
Kahn 1988	Kahn, Ch.H.: On the Relative Date of the *Gorgias* and the *Protagoras*, OSAPh 6, 1988, 69–102.

Kahn 1996	Kahn, Ch.H.: Plato and the Socratic Dialogue. The philosophical use of a literary form, Cambridge 1996.
Kahn 2003	Kahn, Ch.H.: Socrates and Hedonism, in: Havlíček / Karfík 2003, 165–174.
Kannicht 1996	Kannicht, R.: Zum Corpus Euripideum, in: Chr. Mueller-Goldingen – K. Sier (Hrsg.), LHNAIKA. Festschrift für Carl Werner Müller, Stuttgart / Leipzig 1996 (BzA 89), 21–31.
Kerferd 1950	Kerferd, G.B.: The First Greek Sophists, CR 64, 1950, 8–10.
Kerferd 1976	Kerferd, G.B.: The Image of the Wise Man in Greece in the Period before Plato, in: F. Bossier et al. (Hrsg.), Images of Man in Ancient and Medieval Thought. Studia Gerardo Verbeke ab amicis et collegis dicata, Leuven 1976, 17–28.
Kerferd 1981	Kerferd, G.B.: The sophistic movement, Cambridge 1981.
Klosko 1979	Klosko, G.: Toward a Consistent Interpretation of the *Protagoras*, AGPh 61, 1979, 125–142.
Klosko 1980	Klosko, G.: On the Analysis of *Protagoras* 351B–360E, Phoenix 34, 1980, 307–322.
Krämer 1959	Krämer, H.J.: Arete bei Platon und Aristoteles. Zum Wesen und zur Geschichte der platonischen Ontologie, Heidelberg 1959.
Krämer 1990	Krämer, H.J.: Zur aktuellen Diskussion um den Philosophiebegriff Platons, PPh 16, 1990, 85–107.
Kullmann 1991	Kullmann, W.: Platons Schriftkritik, Hermes 119, 1991, 1–21.
Leszl 2004	Leszl, W.: Le funzioni della tesi edonistica nel *Protagora* e oltre, in: Casertano 2004, Vol. II, 574–638.
LSJ	Liddell, H. – R. Scott: A Greek-English Lexicon. A new edition, rev. … by St. Jones – R. McKenzie, Oxford [9]1940 (Nachdrucke); Revised Supplement, ed. by P.G.W. Glare with the assistance of A.A. Thompson, Oxford 1996.

Malcolm 1991 Malcolm, J.: Plato on the Self-Predication of Forms. Early and Middle Dialogues, Oxford 1991.

Manuwald 1975 Manuwald, B.: Lust und Tapferkeit: Zum gedanklichen Verhältnis zweier Abschnitte in Platons ‚Protagoras', Phronesis 20, 1975, 22–50.

Manuwald 1996 Manuwald, B.: Platon oder Protagoras? Zur großen Rede des Protagoras (Plat. Prot. 320c8–328d2), in: Chr. Mueller-Goldingen – K. Sier (Hrsg.), LHNAIKA. Festschrift für Carl Werner Müller, Stuttgart / Leipzig 1996 (BzA 89), 103–131.

Manuwald 1999 Platon, Protagoras. Übersetzung und Kommentar von B. Manuwald, Göttingen 1999 (Platon Werke VI 2).

Manuwald 2000 Manuwald, B.: Die Schlußaporie in Platons *Laches*, RhM 143, 2000, 179–191.

Manuwald 2002 Manuwald, B.: Platons Mythenerzähler, in: M. Janka – Chr. Schäfer (Hrsg.), Platon als Mythologe. Neue Interpretationen zu den Mythen in Platons Dialogen, Darmstadt 2002, 58–80.

Manuwald 2003a Manuwald, B.: Der Mythos im *Protagoras* und die Platonische Mythopoiie, in: Havlíček / Karfík 2003, 39–59.

Manuwald 2003b Manuwald, B.: Der Platonische Dialog als Kommunikationsform, in: H. von Hesberg – W. Thiel (Hrsg.), Medien in der Antike. Kommunikative Qualität und normative Wirkung, Köln 2003 (Schriften des Lehr- und Forschungszentrums für die antiken Kulturen des Mittelmeerraumes 1), 123–144.

Manuwald 2003c Manuwald, B.: Tugend und Wissen in Platons *Gorgias* (Zu Grg. 506d–507c), RhM 146, 2003, 291–302.

Manuwald 2005 Manuwald, B.: The Unity of Virtue in Plato's *Protagoras*, OSAPh 29, 2005, 115–135.

McKirahan 1984 McKirahan, Jr., R.D.: Socrates and Protagoras on ΣΩΦΡΟΣΥΝΗ and Justice. *Protagoras* 333–334, Apeiron 18, 1984, 19–25.

McPherran 1990 McPherran, M.L.: Kahn on the Pre-Middle Platonic Dialogues. Comments on Charles Kahn, 'On the Relative Date of the *Gorgias* and the *Protagoras*', OSAPh 8, 1990, 211–236.

McPherran 2000 McPherran, M.L.: Piety, Justice, and the Unity of Virtue, JHPh 38, 2000, 299–328.

Migliori 2004 Migliori, M.: Socrate è forse un edonista?, in: Casertano 2004, Vol. II, 528–573.

Most 1994 Most, G.W.: Simonides' Ode to Scopas in Contexts, in: I.J.F. de Jong – J.P. Sullivan (Hrsg.), Modern critical theory and classical literature, Leiden / New York / Köln 1994 (Mnemosyne Suppl. 130), 127–152.

Müller 1967/74 Müller, C.W.: Protagoras über die Götter, Hermes 95, 1967, 140–159; wieder abgedruckt mit einem Nachtrag in: Classen 1976, 312–340 (danach zitiert).

Müller 1975 Müller, C.W.: Die Kurzdialoge der Appendix Platonica. Philologische Beiträge zur nachplatonischen Sokratik, München 1975 (Studia et testimonia antiqua XVII).

Nussbaum 1986 Nussbaum, M.C.: The fragility of goodness. Luck and ethics in Greek tragedy and philosophy, Cambridge 1986.

O'Brien 2003 O'Brien, D.: Socrates and Protagoras on Virtue, OSAPh, 24, 2003, 59–131 (auch in italienischer Sprache publiziert: Socrate e Protagora sulla virtù, in: Casertano 2004, Vol. I, 173–250).

O'Brien 1961 O'Brien, M.J.: The "Fallacy" in *Protagoras* 349D–350C, TAPhA 92, 1961, 408–417.

O'Brien 1967 O'Brien, M.J.: The Socratic Paradoxes and the Greek Mind, Chapel Hill 1967.

Penner 1973 Penner, T.: The Unity of Virtue, PhR 82, 1973, 35–68 (wieder abgedruckt in: H.H. Benson [ed.], Essays on the Philosophy of Socrates, New York / Oxford 1992, 162–184).

Penner 1997 Penner, T.: Socrates on the Strength of Knowledge: *Protagoras* 351B–357E, AGPh 79, 1997, 117–149.

Pfeiffer 1978	Pfeiffer, R.: Geschichte der Klassischen Philologie. Von den Anfängen bis zum Ende des Hellenismus, München ^{2}1978.
PMG	Poetae Melici Graeci, ed. D.L. Page, Oxford 1962.
Reale 2004	Reale, G.: Il mito in Platone con particolare riguardo al mito nel "Protagora", in: Casertano 2004, Vol. I, 128–144.
Robinson	Contrasting Arguments. An Edition of the Dissoi Logoi by T.M. Robinson, New York 1979.
Robinson 2003	Robinson, T.M.: Protagoras, the *Protagoras* and the *Dissoi Logoi*, in: Havlíček / Karfík 2003, 233–245.
Romano 2004	Romano, F.: I due livelli dell'argomentazione di Protagora in favore dell'insegnabilità della virtù. Analisi di Plat. *Prt.* 316a–32d, in: Casertano 2004, Vol. I, 159–172.
Roochnik 1996	Roochnik, D.: Of Art and Wisdom. Plato's Understanding of Techne, University Park, Pa. 1996.
Rowe 1983	Rowe, C.J.: Plato on the Sophists as Teachers of Virtue, HPTh 4, 1983, 409–427.
Rowe 2003	Rowe, C.J.: Hedonism in the *Protagoras* again: *Protagoras*, 351bff., in: Havlíček / Karfík 2003, 133–147.
Rowe 2004	Rowe, C.J.: Socrate e Simonide (337c–348a), in: Casertano 2004, Vol. II, 460–473.
Russell 2005	Russell, D.C.: Plato on Pleasure and the Good Life, Oxford 2005.
Rutherford 1995	Rutherford, R.B.: The Art of Plato, Ten Essays in Platonic Interpretation, London 1995.
Santas 1964/79	Santas, G.: The Socratic Paradoxes, PhR 73, 1964, 147–164; wieder abgedruckt „with minor revisions" in: ders., Socrates. Philosophy in Plato's Early Dialogues, London usw. 1979, 183–194; 314–317.
Santas 1966	Santas, G.: Plato's *Protagoras* and Explanations of Weakness, PhR 75, 1966, 3–33 (wieder abgedruckt in: ders., Socrates. Phi-

	losophy in Plato's Early Dialogues, London usw. 1979, 195–217; 318–323).
Saunders 1981	Saunders, T.J.: Protagoras and Plato on Punishment, in: G.B. Kerferd (Hrsg.), The Sophists and their Legacy, Wiesbaden 1981 (Hermes Einzelschriften 44), 129–141.
Schöpsdau 1994	Platon, Nomoi (Gesetze), Buch I–III. Übersetzung und Kommentar von K. Schöpsdau, Göttingen 1994 (Platon Werke IX 2).
Schütrumpf 1987	Schütrumpf, E.: Simonides an Skopas (542 PMG), WJA N.F. 13, 1987, 11–23.
Seeck 1997	Seeck, G.A.: Nicht-Denkfehler und natürliche Sprache bei Platon. Gerechtigkeit und Frömmigkeit in Platons Protagoras, München 1997 (Zetemata 96).
Segvic 2000	Segvic, H.: No One Errs Willingly: The Meaning of Socratic Intellectualism, OSAPh 19, 2000, 1–45.
Sicking 1998	Sicking, C.M.J.: Plato's *Protagoras*: A 'battle of wits'?, in: Ders., Distant Companions. Selected Papers, Leiden / Boston 1998 (Mnemosyne Suppl. 185), 183–208.
Sier 1997	Sier, K.: Die Rede der Diotima. Untersuchungen zum platonischen Symposion, Stuttgart / Leipzig 1997 (BzA 86).
Sihvola 1989	Sihvola, J.: Decay, Progress, the Good Life? Hesiod and Protagoras on the Development of Culture, Helsinki 1989 (Commentationes Humanarum Litterarum 89).
Spinelli 2004	Spinelli, E.: Un Socrate inconcludente?, in: Casertano 2004, Vol. II, 496–512.
Sprague 1962	Sprague, R.K.: Plato's Use of Fallacy. A Study of the *Euthydemus* and Some Other Dialogues, London 1962.
Sprague 1967	Sprague, R.K.: An Unfinished Argument in Plato's "Protagoras", Apeiron 1, 1967, 1–4.
Stalley 1995	Stalley, R.F.: Punishment in Plato's *Protagoras*, Phronesis 40, 1995, 1–19.
Steidle 1950	Steidle, W.: Der Dialog Laches und Platons Verhältnis zu Athen in den Frühdialogen, MH 7, 1950, 129–146.

Stokes 1986 — Stokes, M.C.: Plato's Socratic Conversations. Drama and Dialectic in Three Dialogues, London 1986.

Sullivan 1961 — Sullivan, J.P.: The Hedonism in Plato's Protagoras, Phronesis 6, 1961, 10–28.

Szlezák 1976 — Szlezák, Th.A.: Unsterblichkeit und Trichotomie der Seele im zehnten Buch der Politeia, Phronesis 21, 1976, 31–58.

Szlezák 1985 — Szlezák, Th.A.: Platon und die Schriftlichkeit der Philosophie. Interpretationen zu den frühen und mittleren Dialogen, Berlin, New York 1985.

Szlezák 1993 — Szlezák, Th.A.: Platon lesen, Stuttgart-Bad Cannstatt 1993 (legenda 1).

Taormina 2004 — Taormina, D.P.: Il *logos* di Prodico (337A1–C4), in: Casertano 2004, Vol. I, 375–389.

Taylor 1991 — Plato, *Protagoras*. Translated with Notes by C.C.W. Taylor, Oxford [1]1976, [2]1991 (Clarendon Plato Series).

Taylor 2003 — Taylor, C.C.W.: The Hedonism of the *Protagoras* Reconsidered, in: Havlíček / Karfík 2003, 148–164.

Taylor 2004 — Taylor, C.C.W.: Saggezza e coraggio nel *Protagora* e nell'*Etica Nicomachea*, in: Casertano 2004, Vol. II, 716–728.

Trabattoni 2004 — Trabattoni, F.: Unità della virtù e autopredicazione in *Protagora* 329e–332a, in: Casertano 2004, Vol. I, 267–291.

TrGF — Tragicorum Graecorum Fragmenta, ed. B. Snell, R. Kannicht, S. Radt, Bd. Iff., Göttingen 1971ff.

Trapp 1987 — Trapp, M.: Protagoras and the Great Tradition, in: Homo viator. Classical Essays for John Bramble, ed. by M. Whitby et al., Bristol, Oak Park 1987, 41–48.

Vlastos 1969 — Vlastos, G.: Socrates on Acrasia, Phoenix 23, 1969, 71–88.

Vlastos 1971/81 — Vlastos, G.: The Unity of Virtues in the *Protagoras* (1971), RMeta 25, 1972, 415–58; wieder abgedruckt "with substantial additions and corrections" in: ders., Platonic Studies, Princeton 1973, 221–269; weitere

	Ergänzungen in der zweiten Aufl. 1981, 427–445 (danach zitiert).
Vlastos 1974/81	Vlastos, G.: A Note on "Pauline Predications" in Plato, Phronesis 19, 1974, 95–101; wieder abgedruckt "with corrections and deletions" in: ders., Platonic Studies, Princeton ²1981, 404–409 (danach zitiert).
Vlastos 1980	Vlastos, G.: Socrates on "The Parts of Virtue" (1980), in: ders., Platonic Studies, Princeton ²1981, 418–423.
Vlastos 1994	Vlastos, G.: The Protagoras and the Laches, in: ders., Socratic Studies, ed. by M. Burnyeat, Cambridge 1994, 109–126.
VS	Die Fragmente der Vorsokratiker. Griechisch und deutsch von H. Diels. Sechste Aufl. hrsg. von W. Kranz, Bde. 1–3, Berlin 1951–1952.
Weingartner 1973	Weingartner, R.H.: The Unity of the Platonic Dialogue. The Cratylus, The Protagoras, The Parmenides, Indianapolis / New York 1973.
Weiss 1985	Weiss, R.: Courage, Confidence, and Wisdom in the *Protagoras*, AncPhil 5, 1985, 11–24.
Weiss 1989	Weiss, R.: The Hedonic Calculus in the *Protagoras* and the *Phaedo*, JHPh 27, 1989, 511–529.
Wesoly 2004	Wesoly, M.: La salvezza della vita: 'un'arte e una scienza del misurare' (*Protagora*, 356c–357a), in: Casertano 2004, Vol. II, 513–527.
West 1994	Greek Lyric Poetry. Translated with Introduction and Notes by M.L. West, Oxford / New York 1994.
Wieland 1982/99	Wieland, W.: Platon und die Formen des Wissens, Göttingen ¹1982, ²1999.
Wolfsdorf 1997	Wolfsdorf, D.: The Dramatic Date of Plato's *Protagoras*, RhM 140, 1997, 223–230.
Woolf 1999	Woolf, R.: The Written Word in Plato's *Protagoras*, AncPhil 19, 1999, 21–30.

Zeyl 1980 Zeyl, D.J.: Socrates and Hedonism: Protagoras 351b–358d, Phronesis 25, 1980, 250–269.

V. Register

1. Namen

Adeimantos, Bruder Platons X
Adeimantos, Sohn des Kepis 10[17]
Adeimantos, Sohn des Leukolophides 10[17]
Agathokles 11[24]
Agathon XXXII; 9[15]; 10[16]
Alkibiades XX; XXIII; XXV; XXVIIIf.; XXXf.; XXXII; 67; 86; 129f.
Anacharsis 148[100]
Anaxagoras 148[100]
Anaximander 148[100]
Andron 9[13]
Antimoiros von Mende 8[8]
Anytos 110
Archytas IXf.
Ariphron XXVIII; 16[30]
Aristoteles 151; 153; 154[111]; 214
Athena 18[32]
Bias 44[47]; 148[100]
Charmides X; XXXIII; 8[6]
Chilon 44[47]; 148[100]
Damon 11[24]
Dion IXf.
Dionysios I. IX
Dionysios II. IXf.
Epimetheus 16[31]; 100
Eryximachos XXXII; 9[11]
Eupolis XXXI; 78
Euripides 154[111]
Eurybatos 25[37]
Glaukon, Bruder Platons X
Gorgias XXVII; XXXIX
Hephaistos 18[32]
Herakles 92
Hermes 19[34]
Herodikos 11[23]
Herodot 148[100]
Hesiod 11[19]; 98; 100; 143
Hippias XII; XVI; XX; XXII; XXIV; XXVII–XXIX; 78f.; 82; 128ff.; 147[100]; 158; 191; 195
Hippokrates (Arzt) 4[3];
Hippokrates (Dialogteilnehmer) XI; XXf.; XXIIf.; XXIVf.; XXX; 69ff.; 221
Hipponikos 8[5]; 78
Homer 11[18]
Ikkos 11[22]
Isokrates 8[7]
Kallias XX–XXIII; XXV–XXIX; XXXI; 8[5]; 69; 75; 77f.; 128; 130; 220
Kallikles 9[13]; 178
Kallippos X
Kleinias (Bruder des Alkibiades) 86
Kleobulos 44[47]
Krison 35[38]
Kritias X; XX; XXV; XXX; 130f.
Musaios 11[21]

Myson 44[47]
Orpheus 8[9]; 11[21]
Orthagoras 13[27]
Paralos XXIX; XXXI; 8[5]
Pausanias XXXII; 9[15]
Perikles XXVIII; XXXI; 8[5]; 85; 89f.; 108; 110; 113
Periktione 8[6];
Phaidros XXXIIf.; 9[12]
Pheidias 4[4]
Pherekrates XXXI; 89
Philippides 8[7]
Phrynondas 25[37]
Pittakos 39[42]; 44[47]; 148[100]
Platon passim
– Leben und Werk IXf.
Polykleitos 4[4]
Prodikos XII; XVIII; XX; XXII; XXIV; XXVIIff,; 78f.; 92; 130; 191; 194f.
– als Synonymiker 131; 142–145
Prometheus 16[31]; 93; 100; 102
Protagoras XXVIf. u. passim
– Anspruch XXIII; 83[24]; 160
– Charakterisierung XXIIIf.; 219f.
– als Dialogpartner XVf.; 113f.; 123; 207; 219
– Epideixis 89
– Götter 97
– Grundsatz, anthropol.-polit. 97f.;
– *Homo mensura* 98; 127
– Honorar 71; 160
– als Interpret 140ff.
– Kompetenz / Wissen XIII; 219; 221
– als wissender Lehrer XVI; XXII; XXIII; 110f.
– Lehrgegenstand, -ziel 71f.; 80; 82f.; 89f.; 140f.; 160
– – seine Lehrbarkeit 84ff.; 110f.
– – Naturanlage / Übung 104[47]
– im Redeagon 129
– als Redner XXIV; 113
Pythokleides 11[24]; 11[25]
Sieben Weise 39[42]; 44[47]; 148[100]; 149
Simoeis 40[44]
Simonides 11[20]; 38[40]; 135
Skamander 40[44]
Skopas 38[40]; 135
Sokrates XXVf. u. passim
– Charakterisierung XXIII
– als Dialogpartner XVf.; 133; 218f.
– Elenktik XIII; XXVI
– als Fragender / Antwortender XVII; 115[54]; 118; 120f.; 133f.
– hedonistischer Standpunkt? 172ff.; 182f.
– Homoerotik XXIX; 67; 220
– als Interpret 142ff.; 149ff.
– Ironie XII; XVI; XXIII; 70; 75; 86; 128f.; 147; 160
– als wahrer Philosoph 79
– als Redner XVI; 146
– als Seelenarzt XXIII; 70; 75
– wissend / nichtwissend XVIff.; XXIII; XXVI; 133f.; 160; 217
Solon 44[47]
Thales 44[47]; 148[100]
Xanthippos XXIX; XXXI; 8[5]
Zeus 93; 95; 97f.; 100; 106
Zeuxippos 13[26]

2. Sachen

aidōs 95; 97f.
Analogien 72
Angst, Furcht 199
Aporie XVIf.; 217–219
aretē, aretai
– Begriff 84ff.
– ‚Bezeichnungen', ‚Namen' XIV; 114f.
– Biconditionality Thesis 215[193]
– ‚bürgerliche' 90[32]
– Einheit XIf.; XIIIf.; 89ff.; 114ff.; 161f.; 208–211; 214f.
– Genus / Spezies XIV; 209f.; 211; 215
– Ideencharakter XIV; 118ff.; 209; 213
– Konzeption der Megariker 115[55]
– Lehrbarkeit XIf.; XIII–XV; 86ff.; 107; 110f.; 112; 217f.
– Modelle XIV; 114ff.; 161f.; 209[181]; 215
– Naturanlage 104; 170
– Teile XIV; 114ff.; 161f.; 212[186]
– Tugendwissen XIIf.; XIV; 151f.; 178ff.
– Unity Thesis XIIIf.; 117; 209; 214
– Wesen XIf.; 216f.; 218
– Wissenscharakter 211ff.; 216ff.
Athen, Athener 37[39]; 96
Ausssparungsformel XIX; 188f.
Begabung 102; 109
Bildung
– allgemeine / fachliche 69; 72
– sokratisch-platonische 74f.; 82[22]
– sophistische 74; 82f.
Brachylogie 147f.
Bücher (dialogunfähig) XVI; 113[52]; 158f.
deinon 144
Dialog / Rede XVf.; 113f.; 113[52]; 129f.; 132f.
– Form XX; 67f.
– Fragen / Antworten XVII; 120f.; 132f.; 177[139]
– Gespräch, sokratisches XI; XVf.; XXII; 77; 123; 158f.; 218f.
– Gesprächskrisen XVI
– Personal X; XXV
Dichterinterpretation XVI; XIX; 140ff.; 158f.
dikē, *dikaiosynē*, Gerechtigkeit 95; 97f.; 103; 114; 117ff.; 125ff.; 213
dynamis / *dynameis* 99[41]; 116[56]
epangelma 83[24]
Epideixis, epideiktisch 89[30]
Eristisches, Fehlschlüsse XVIII; 124; 167f.; 202ff.; 206[177]; 218[196]
Erziehung 87; 108f.

– durch Dichtung 81
– Vermittelbarkeit 86[27]
euboulia / *eu bouleuesthai* 83[23]; 126
eu prattein 127; 152
Eunuch (als Pförtner) 77[10]
euthŷnai 24[35]
Fachleute / Nicht-Fachleute 96; 109f.; 152
Fertigkeiten (technische / politische) 93; 96; 100
Feuer (als Kulturgrundlage) 100
freiwillig 153ff.
Frömmigkeit 97; 114[53]; 117ff.
Gegensätze (kontradiktorisch, konträr, polar) 121; 124f.; 156f.; 206[177]
Gerechtigkeit s. *dikē*
Gleichheit / Andersheit 121ff.
gut 83f.; 137ff.; 150ff.; 172ff.; 195f.; 202ff.
– gut / nützlich 126f.
Gute, das 126; 175; 182; 191; 208
Gut-Sein s. *aretē*
Gut-beraten-sein s. *euboulia*
Haus des Kallias 78f.
Hedonismus s. Lust
Hedonistische Erörterung XIIf.; XXI; 171; 178ff.; 202; 207f.
Homologie / Übereinstimmung 77; 159; 160
Kardinaltugenden 114[53]
Kreta 147ff.
Kulturentstehung 98ff.
Lakonismus 147ff.
Lehren
– platonisches XVIff.; 74f.; 156f.; 158f.
– sokratisches XI; XVf.; XXIII
Lenäen 25[36]
lexis eiromenē 92
lobenswert / schimpflich, verwerflich) 153ff.; 163; 166; 173; 178; 195f.; 202ff.
logistikon XIV; 211ff.
Logos (Hilfe für den Logos) XVIII; 145
Lust XV; 172ff.
– Macht der Lust XIII; 179; 185; 208
– als Norm des Handelns 181f.
lustvoll / angenehm 173ff.; 203ff.
Meinen 196; 204[173]; 206
Menge XIII; 173ff.
Messkunst, Lustmesskunst XV; 185ff.; 201
metaxy 157
moria s. *aretē*, ‚Teile‘
Mythos / Logos 92f.; 94ff.; 112
Name / Sache 115[55]
Naturanlage / Übung 87; 104[47]
onomata s. *aretē*, ‚Bezeichnungen‘
Nomos / Physis 132
orthoepeia 140[90]
ousia 161
Paradoxon, sokratisches 153ff.; 195[163]; 199[167]
Philosoph, Philosophie XVIII; 147ff.
– ihre ‚Tradition‘ 147ff.
politikē technē 83; 94f.

Prädikation 118
– Paulinische 119
– Selbst-Prädikation 119
pragma 118; 161
Probe (Auf-die-Probe-Stellen) XVIII; 87; 117; 123; 145; 167
Prytanen, Prytaneion 15[28]; 37[39]
Quadrivium 82[22]
Rechenschaft geben 132
Respektierung des anderen s. *aidōs*
Schauplätze des Dialogs XXII
schimpflich s. lobenswert
schlecht 139; 144; 152; 157
Seele
– Seele / Körper 74
– Seelenarzt XXIII; 70; 75
– Seelenlehre XV; 211ff.
– Seelennahrung 75
Sein / Werden 143; 150f.
Simonides-Interpretation XIIf.; 135ff.
Selbstbescheidung s. *sōphrosynē*
sophia s. Weisheit
Sophisten, Sophistik XIf.; XVf.; XXII; 74f.; 77f.
– Begriff 70[4]; 81
– Einschätzung 70[4]; 77f.
– Erwartung der Schüler 80
– Gehabe 78f.
– als Hadesgestalten 79
– als Händler 70; 74
– Honorar für Lehre 71f.; 160
– Lehrgegenstand 71ff.; 160
– „Menschen erziehen" 80[16]; 160
– Redekunst XII; 73
– Tradition 80f.
sōphrosynē 95; 103[45]; 114; 124; 125ff.
Synonymik 131; 143ff.
Sparta 147ff.
Straftheorie 106
Symposion 158
Tapferkeit XI; XIII; XXXIII; 116; 162ff.; 170;
– ‚bürgerliche' 212
– und Hedonismus 200ff.
– in der *Politeia* 206[178]; 212f.
– = Wissen? 163ff.;
– = Teilbereich des Wissens? 207; 208ff.
technē, *technai* 82f.; 188
Telos XV; 172ff.; 182; 191; 196; 208
Tetralogien X
tollkühn 166
Tugend s. *aretē*
Übung 87; 104[47]
Unwissen / Nichtwissen 190; 196; 207
Väter (tüchtige) / Söhne (untüchtige) 107ff.
Verhalten, rechtliches s. *dikē*
verwerflich s. lobenswert ...
wagemutig 163ff.
Weisheit 90; 116; 207
Wissen
– ethisches / technisches 166f.
– göttliches 147[99]; 151
– Macht und Funktion XIII; XIVf.; 152; 179; 185; 191ff.; 208; 210f.; 213f.; 215
– menschliches XIV; 151
– Scheinwissen (seine Destruktion) 73; 156